Kontrapunkt. Grundlagen und zweistimmiger Satz

Friedrich Jaecker

KONTRAPUNKT

Grundlagen und zweistimmiger Satz

Edition Cinquecento

Erste Auflage 2019

An der Weide 4
D-50129 Bergheim
www.friedrich-jaecker.de

ISBN 9789463865050

Gedruckt in Deutschland

Die Deutsche Nationalbibliothek verzeichnet diese Publikation in der Deutschen Nationalbibliografie.

Inhalt

Vorwort

Meine erste Begegnung mit „Kontrapunkt" während des Musikstudiums bestand in überaus langatmigen Übungen, die einem strengen Regelwerk folgten: Einer Melodie in ganzen Noten sollten Gegenstimmen zunächst in ganzen, dann in halben Noten, Viertelnoten, Synkopen und schließlich in gemischten Notenwerten hinzugefügt werden. Diese Übungen gehen auf den *Gradus ad Parnassum* zurück, den Johann Joseph Fux 1725 in Wien veröffentlichte und der weiteste Verbreitung fand. Die Kontrapunkt-Lektionen, die den zweiten Teil seines Buchs ausmachen, sind als Dialog zwischen dem Schüler Joseph und seinem Meister Aloysius verfasst. Damit sind Fux selbst und der Komponist Giovanni Perluigi da Palestrina (1525–1594), auf Deutsch Johannes Petrus Aloysius aus Palestrina, gemeint. Die schematische Propädeutik von Fux eröffnet aber kaum den Zugang zu Palestrinas Musik, denn diese lebt von der melodischen Vielfalt gleichberechtigter Stimmen. Auch weitere wichtige Gestaltungsmittel seiner Musik kommen im *Gradus* nur unzureichend zur Sprache.

Während im musiktheoretischen Unterricht noch lange Zeit auf die Fuxschen Übungen zurückgegriffen wurde, befasst sich die historische Musikwissenschaft seit jeher ausführlich mit den Werken der „alten" Musik. Von den Anfängen der Mehrstimmigkeit über die komplexen Regeln der Mensuralnotation bis zur strukturellen und formalen Analyse etwa der Werke Josquins erstreckt sich ein riesiges und vielfältiges Forschungsgebiet. Bis zur Mitte des 16. Jahrhunderts jedoch vereinfachten sich Rhythmik, Metrik und Notation der Musik. Es setzte sich eine Regelhaftigkeit durch, an der sich alle Komponisten der Zeit orientierten. Die Musik Palestrinas und seiner Zeitgenossen kann als Höhepunkt dieser Entwicklung angesehen werden. Die satztechnischen Mittel fanden eine perfekte Balance, die als „klassisch" angesehen wurde und fortan als Inbegriff des Kontrapunktischen galt. Als *prima prattica* oder *stile antico* wurde diese Kompositionsart noch lange nach dem epochalen Umbruch zu Beginn des 17. Jahrhunderts weiter praktiziert.

Welchen Gewinn verspricht es heute, sich mit dem „alten Stil" zu beschäftigen? Jede Harmonie- und Satzlehre baut letztlich auf der Musiktheorie der Renaissance auf: Man denke nur an eine so allgegenwärtige Erscheinung wie die Subdominante mit Quinte und Sexte, deren Stimmführung erst durch die Klausellehre verständlich wird. Durch ihre Schlichtheit und Klarheit ermöglicht die polyphone Vokalmusik des 16. Jahrhunderts einen idealen Einstieg in die Musiktheorie und den Tonsatz. Das Repertoire an melodischen und satztechnischen Mitteln ist überschaubar, aber für die Musik einer ganzen Epoche und darüber hinaus von Bedeutung.

Will man das Studium des Kontrapunkts mit dem zweistimmigen Satz beginnen, kann man nicht auf Werke Palestrinas zurückgreifen, weil dieser keine selbständigen zweistimmigen Sätze geschrieben hat. Von seinem Zeitgenossen Orlando di Lasso (1532–1594) sind dagegen zahlreiche Duos überliefert. Die posthum von Lassos Söhnen Ferdinand und Rudolph herausgegebene Werkausgabe *Magnum opus musicum* beginnt mit jeweils zwölf textierten und untextierten Duos. Darüber hinaus werden zahlreiche vollstimmige Werkzyklen, beispielsweise Messen, Magnificats oder die Bußpsalmen, durch geringstimmige Sätze gegliedert. Lasso scheint sich sogar ganz besonders für den zweistimmigen Satz interessiert zu haben, denn seine Duos sind nicht nur melodisch und satztechnisch besonders anspruchsvoll, sondern auch rhetorisch durchgestaltet. Auch andere Komponisten der Zeit haben zweistimmige Sätze geschrieben, nur nicht auf so hohem Niveau oder in so großer Zahl.

Zweistimmige Kompositionen des 16. Jahrhunderts sind in gängigen Notenausgaben nur wenig verbreitet. Daher wird in dem vorliegenden Buch großer Wert auf instruktive Literaturbeispiele gelegt. Sie bilden den ersten seiner drei Teile. Der Schwerpunkt liegt auf Werken mit lateinischen geistlichen Texten: motettischen Sätzen, Messensätzen und Sätzen mit Cantus firmus. Aber auch volkssprachliche Gattungen sind vertreten, besonders aus dem Bereich der protestantischen Kirchenmusik. Französische Chansons, deutsche Liedsätze und Kanons ergänzen die Sammlung. Vor allen anderen Bemühungen sollte man sich mit dieser Literatur vertraut machen. Als Vokalmusik erschließt sie sich vor allem durch das Singen.

Im zweiten Teil des Buchs werden die wichtigsten Merkmale des polyphonen Satzes herausgearbeitet, wie sie sich aus der Analyse der Musikwerke ergeben. Dabei wird der melodischen Gestaltung besondere Aufmerksamkeit geschenkt. Denn wenn die einzelne Stimme nicht tragfähig ist, kann es auch der mehrstimmige Satz nicht sein. Um die Bedeutung dieses Aspekts zu betonen, heißt der zweite Teil des Buchs „Melodie- und Satzlehre".

Das Interesse soll aber nicht durch eine Überfrachtung mit theoretischen Informationen erlahmen, bevor auch nur die erste Note geschrieben wird. Daher vermittelt der dritte Teil als Lehrgang nur jeweils so viel an Theorie, wie zu einer praktischen Übung notwendig ist. Oder anders gesagt: Möglichst jede theoretische Information soll durch eine Übung begleitet werden. Aus diesem Grund ist der Lehrgang kleinschrittig angelegt. Um sich aber nicht im Detail zu verlieren, gehören oft mehrere Aufgaben zusammen, indem sie beispielsweise eine zusammenhängende Komposition bilden oder Varianten einer melodischen oder satztechnischen Situation darstellen. Zu verstehen, wie eine vollständige Komposition angelegt ist und eine solche auch selbst gestalten zu können, ist letztlich das Ziel dieses Buchs.

Der Lehrgang bildet den roten Faden, der die Studierenden in Verbindung mit den Übungen Schritt für Schritt durch die ersten beiden Teile des Buchs führt. In den einzelnen Aufgaben liest man, welche Literaturbeispiele jeweils analysiert werden sollen, welche Texte zu lesen und welche Melodien oder Sätze zu schreiben sind. Der Basislehrgang thematisiert den polyphonen imitatorischen Satz als Grundlage der anderen Gattungen. Er kann erfahrungsgemäß in einem Studienjahr gut bewältigt werden. Zur Vertiefung dienen weitere Aufgaben zu anderen Gattungen, etwa zu Messensätzen oder Geistlichen Liedsätzen. Zu einigen wichtigen Übungen sind Lösungsvorschläge des Verfassers abgedruckt. Weitere Lösungen, Hinweise auf Tonaufnahmen und anderes mehr findet man auf der Website http://www.friedrich-jaecker.de/images/pdfs/Kontrapunkt.pdf. Das Buch soll und kann einen Lehrer nicht ersetzen. Es schafft aber die Möglichkeit, viele Details selbständig zu erarbeiten. Der Unterricht kann dadurch entlastet werden, sodass genügend Zeit für Fragen der musikalischen Gestaltung bleibt.

Ein unschätzbarer Vorteil des Musiktheorie- bzw. Tonsatzunterrichts, wie er gegenwärtig an den Musikhochschulen gehandhabt wird, besteht in der Verbindung von Theorie und Praxis. Das Verständnis der theoretischen Grundlagen wird durch praktische Übungen gefestigt, und das Schreiben von Tonsätzen bekommt einen rationalen Unterbau. Weder die wissenschaftliche Durchdringung allein noch das undurchdachte Anfertigen von Tonsätzen kann einen künstlerischen Zugang zur Musik eröffnen. Es reicht aber nicht aus, die einzelnen melodischen und satztechnischen Mittel zu kennen und anzuwenden. Wichtig sind darüber hinaus ihre Verbindung und spezifische Wechselwirkung, die nicht allein verstanden, sondern auch gehört und empfunden werden wollen.

Im Kontrapunktunterricht geht es nicht um ein praxisfernes Spezialistentum. Die Musik des 16. Jahrhunderts zeigt vielmehr exemplarisch, wie die musikalischen Mittel einer Zeit aufeinander abgestimmt sind und sich gegenseitig bedingen. Das Verständnis und das Gespür für eine derartige Balance ist ein zentrales Anliegen des musiktheoretischen Unterrichts. Es sollte möglichst jedem angehenden Musiker vermittelt werden.

Köln, im August 2019 Friedrich Jaecker

Erster Teil

Zweistimmige Sätze

Inhalt Zweistimmige Sätze

ZWEISTIMMIGE SÄTZE

1 Motettische Sätze

1.1 Orlando di Lasso, *Discedite a me*

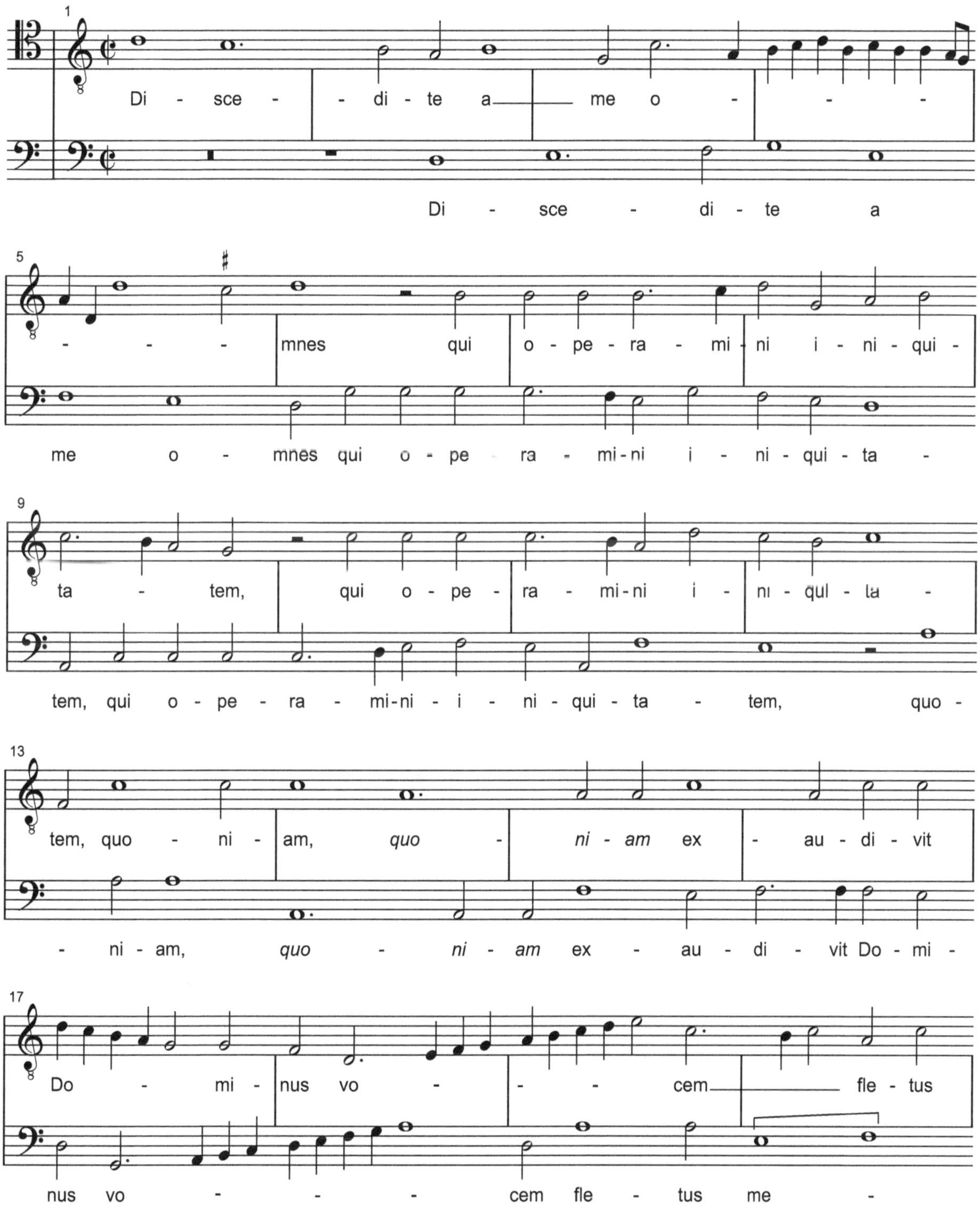

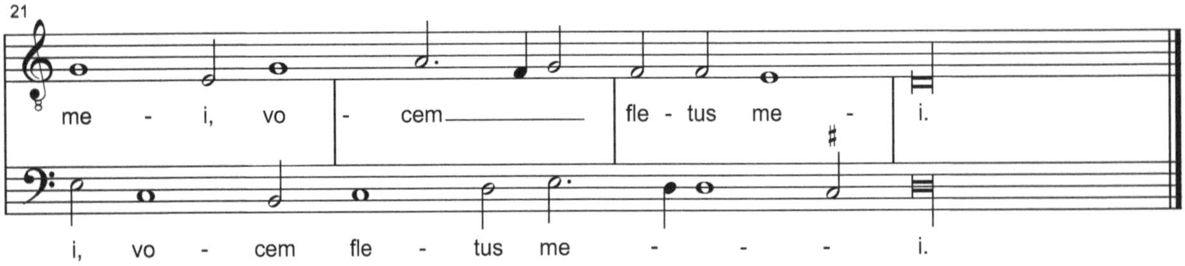

Discedite a me omnes
qui operamini iniquitatem,
quoniam exaudivit Dominus vocem fletus mei.
(Psalm 6, 9)

Weichet von mir alle,
die ihr Frevel übt,
denn der Herr hat mein Wehklagen erhört.

Lasso, 1. Bußpsalm *Domine, ne in furore,* NR 26, Nr. 1, Vers 8
Tenor, Bassus

1.2 Orlando di Lasso, *Ipsa te cogat pietas*

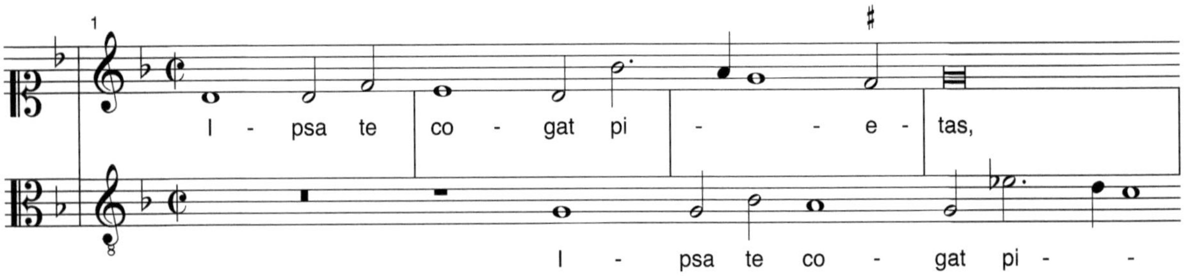

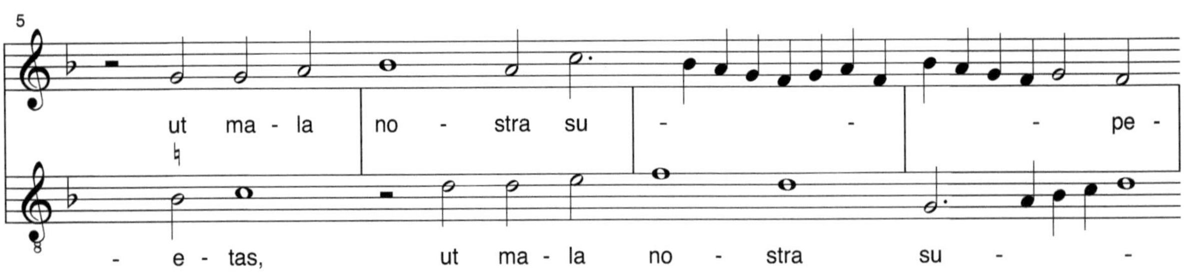

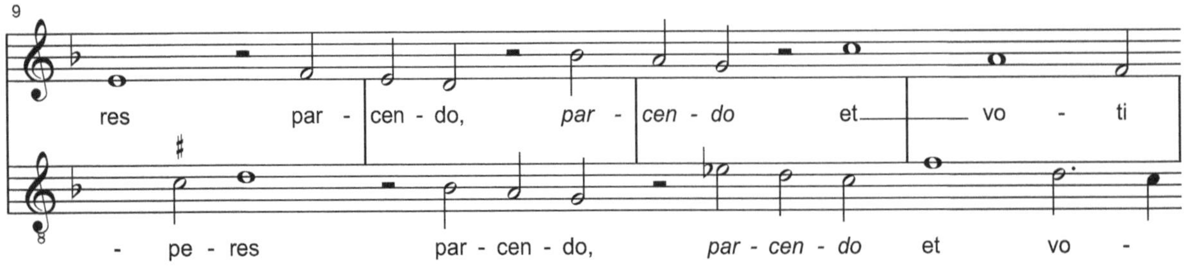

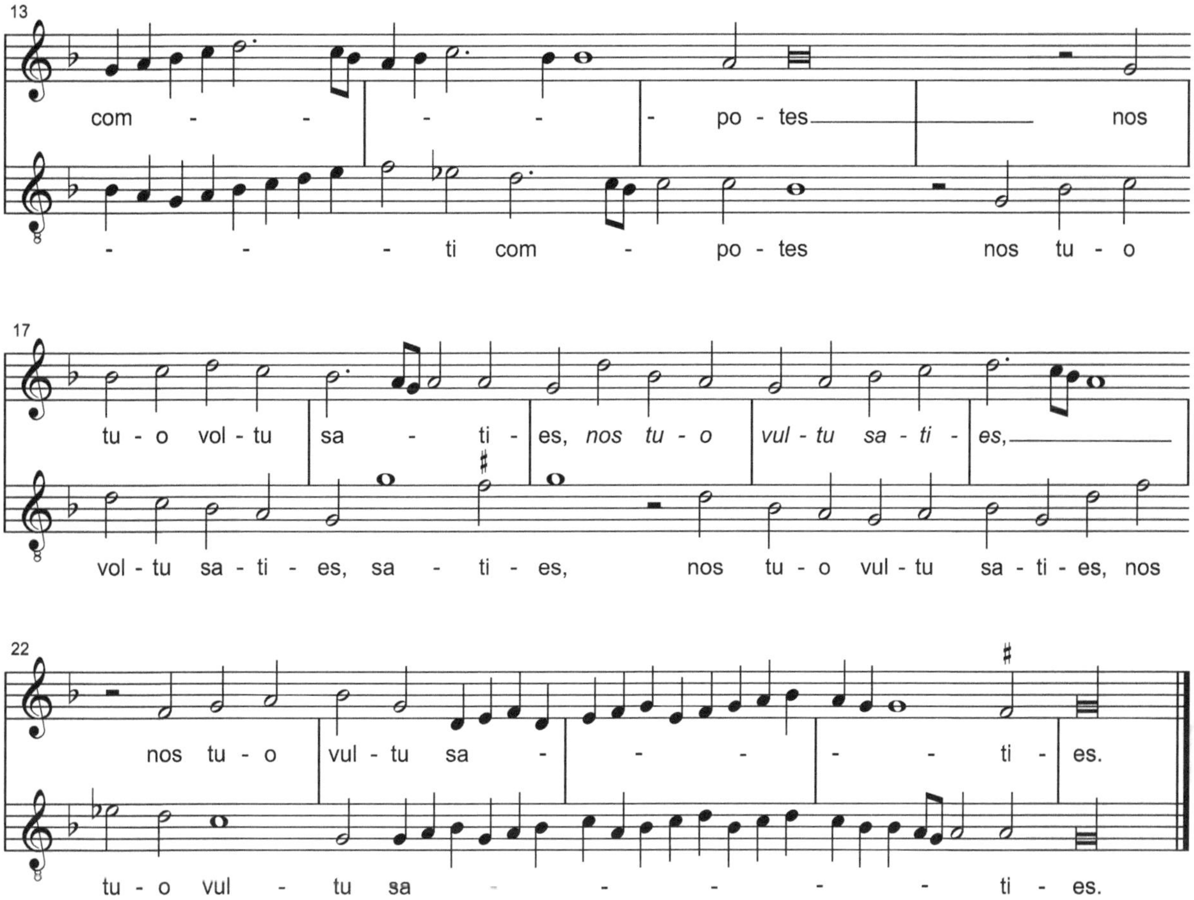

Ipsa te cogat pietas,
ut mala nostra superes
parcendo et voti compotes
nos tuo vultu saties.
(Hymnus *Jesu nostra redemptio*)

Diese Güte möge dich drängen,
über unsere Übel hinwegzugehen
und uns zu schonen, und mögest du die Gebete empfangen
und uns durch deinen Anblick sättigen.

Lasso, SW 13, Nr. 488 (339, 3. Teil)
Cantus, Altus (II) (5. vox)

1.3 Orlando di Lasso, *Intellectum tibi dabo*

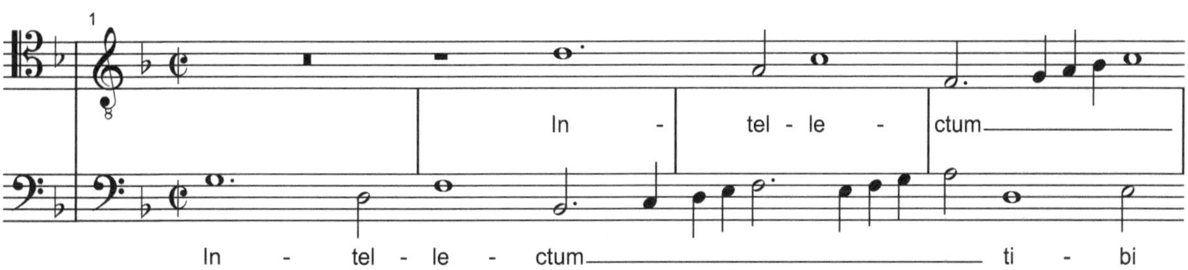

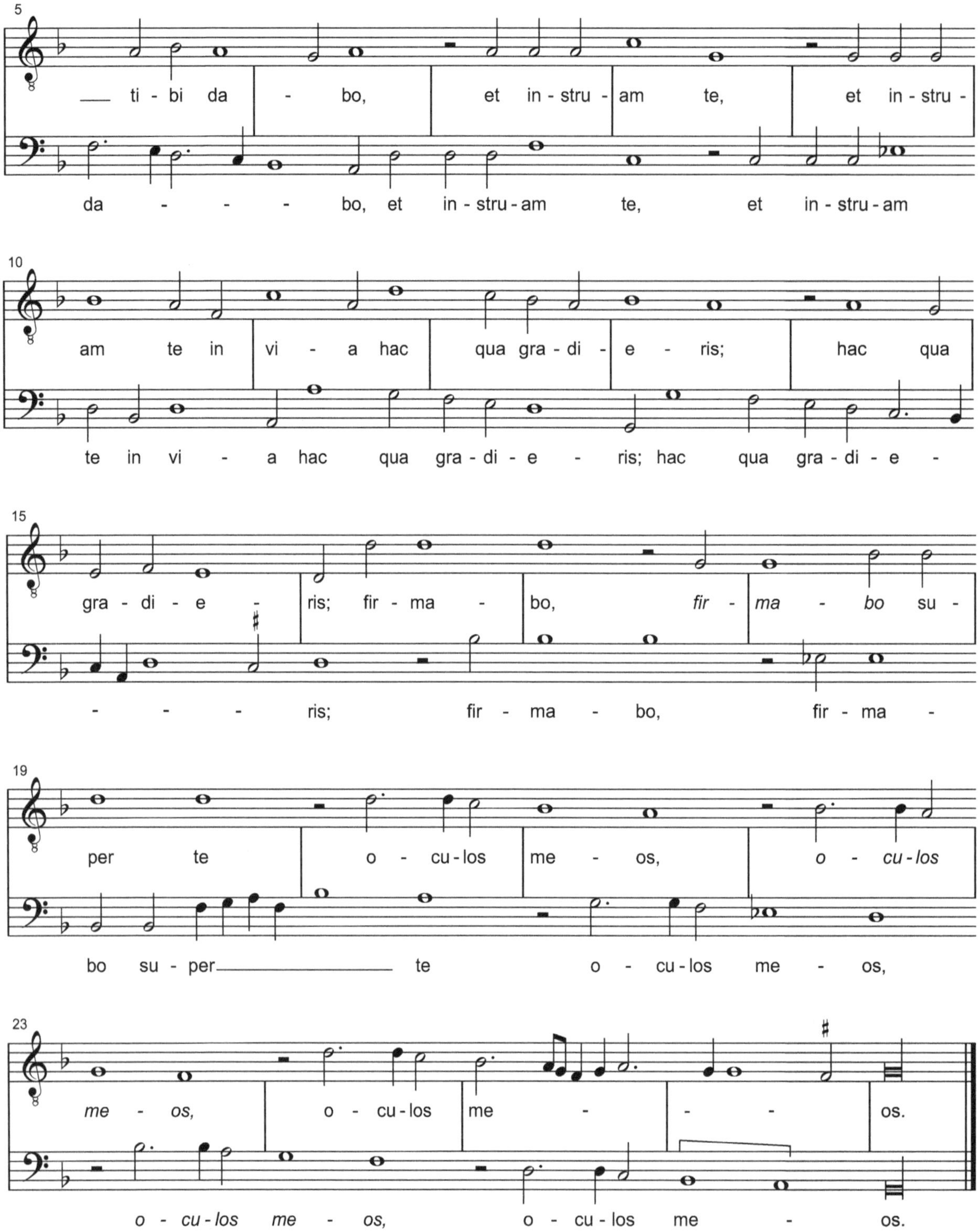

Intellectum tibi dabo,
et instruam te in via hac qua gradieris;
firmabo super te oculos meos.
(Psalm 32, 8)

Ich werde Dir Einsicht geben
und dich den Weg lehren, den du gehen sollst;
ich werde meine Augen auf dir ruhen lassen.

Lasso, 2. Bußpsalm *Beati quorum,* NR 26, Nr. 2, Vers 10
Tenor, Bassus

1.4 Orlando di Lasso, *Putruerunt et corruptae*

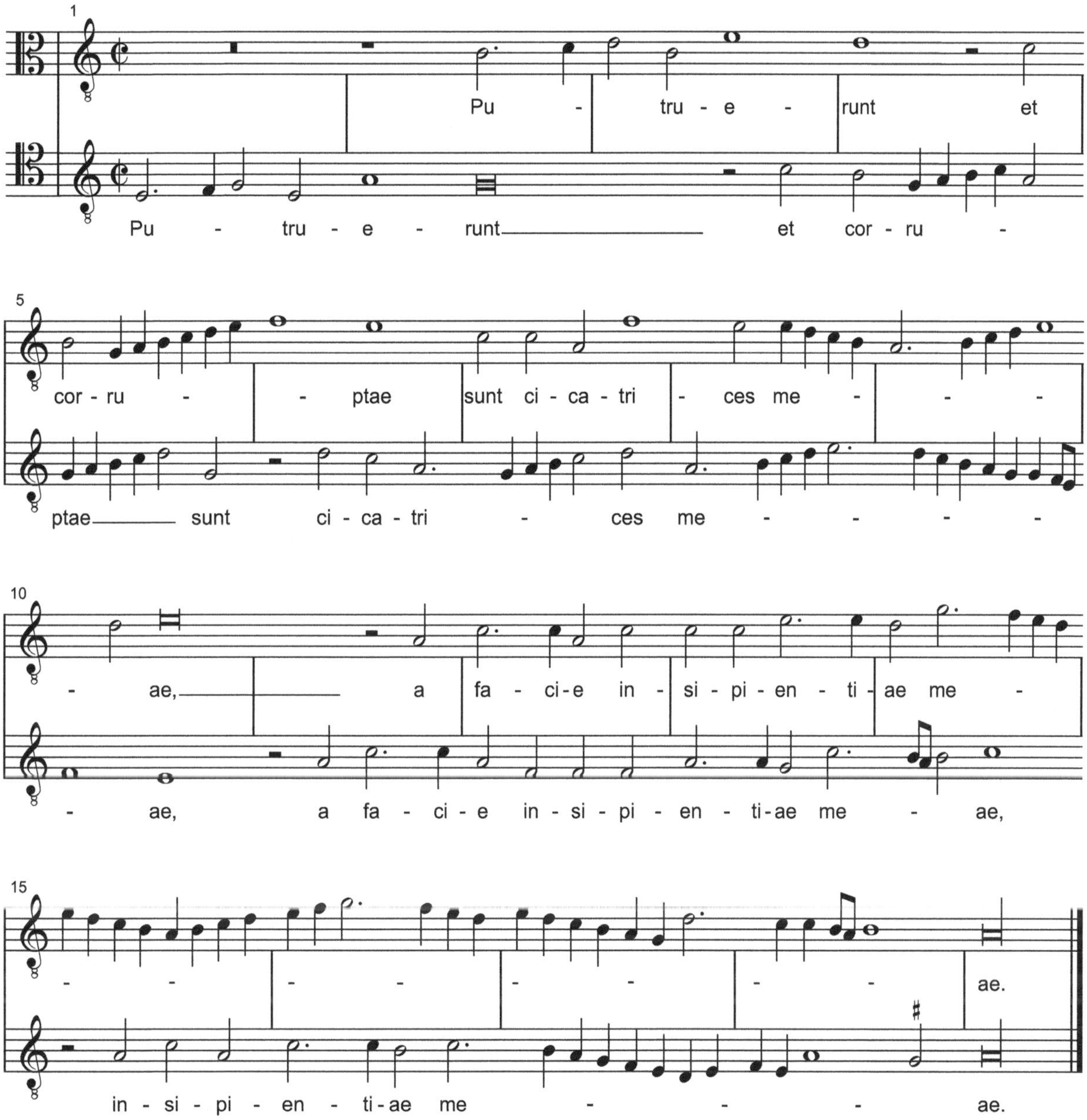

Putruerunt et corruptae sunt cicatrices meae,
a facie insipientiae meae.
(Psalm 38, 6)

Meine Narben sind entzündet und eitern angesichts meines Unverstands.

Lasso, 3. Bußpsalm *Domine, ne in furore,* NR 26, Nr. 3, Vers 5
Altus, Tenor (Quinta vox)
Da Lassos Bußpsalmen einen modal geordneten Zyklus bilden, steht der 3. Bußpsalm im 3. Modus (authentisches Phrygisch). Von den 25 Versen enden 14 auf dem Ton *e*, 10 auf *a* und einer auf *c*.

1.5 Orlando di Lasso, *Qui sequitur me*

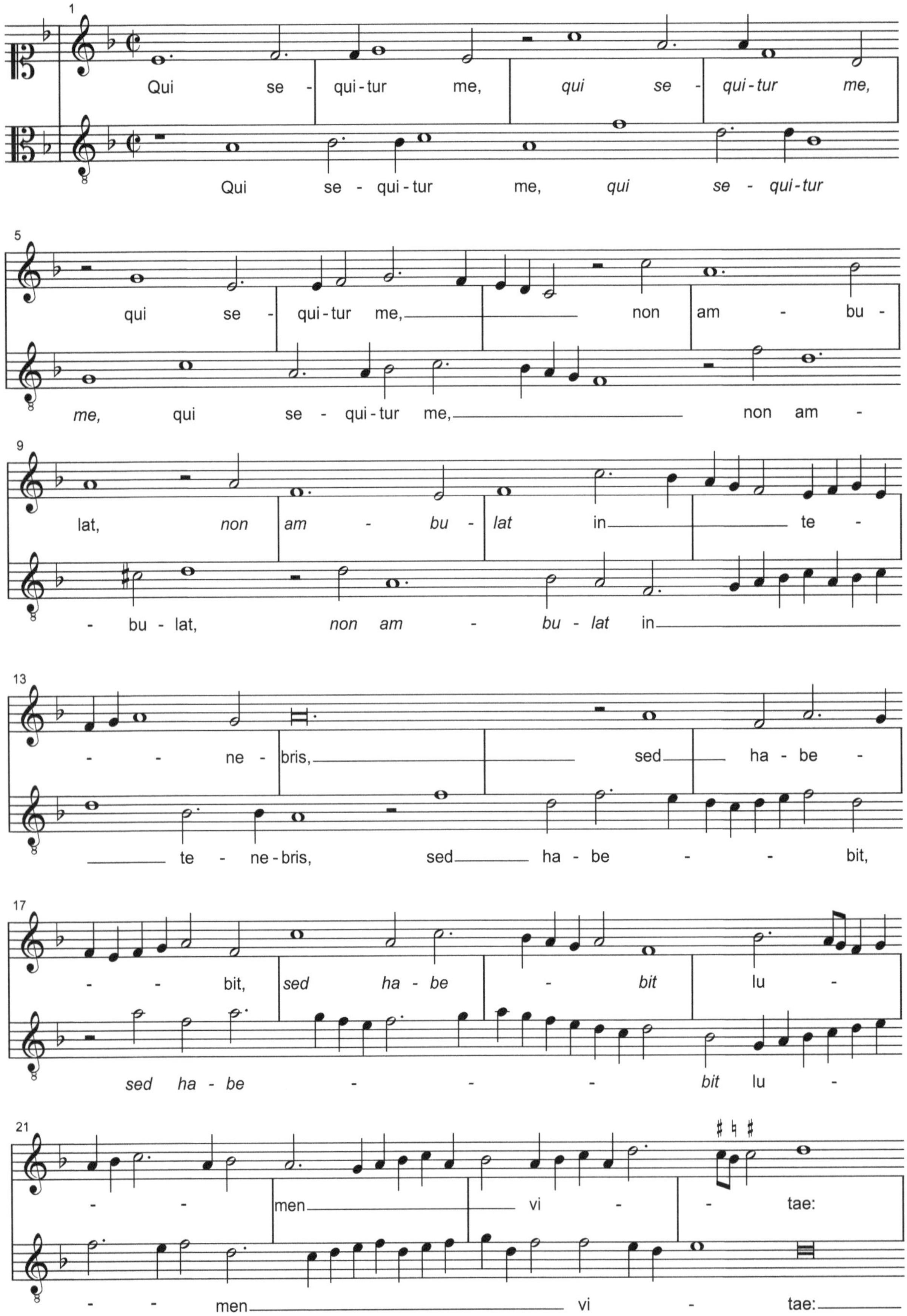

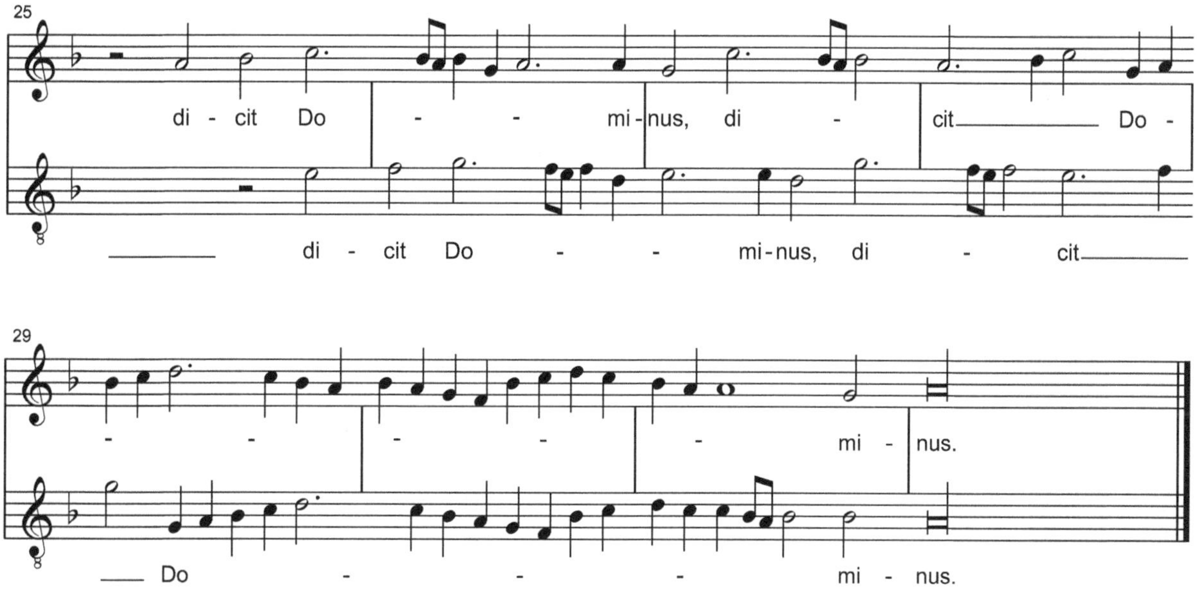

Qui sequitur me,
non ambulat in tenebris,
sed habebit lumen vitae:
dicit Dominus.
(Johannes 8, 12)

Wer mir nachfolgt,
wird nicht wandeln in der Finsternis,
sondern wird das Licht des Lebens haben:
so spricht der Herr.

Lasso, SW 1, Nr. 6
Cantus (6. vox), Altus (5. vox)

1.6 Orlando di Lasso, *Non avertas faciem*

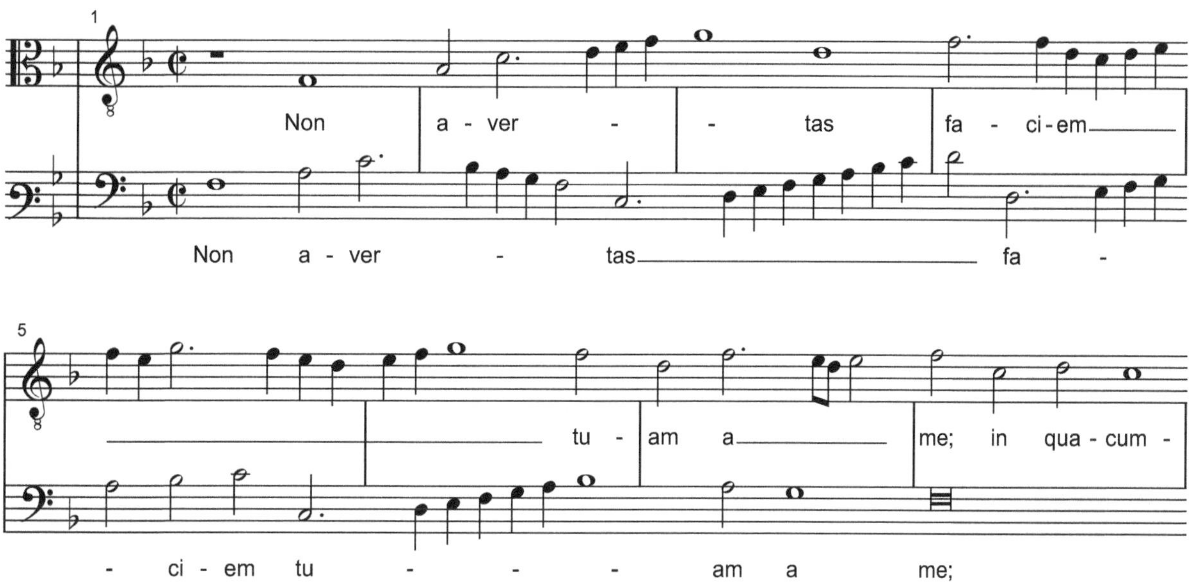

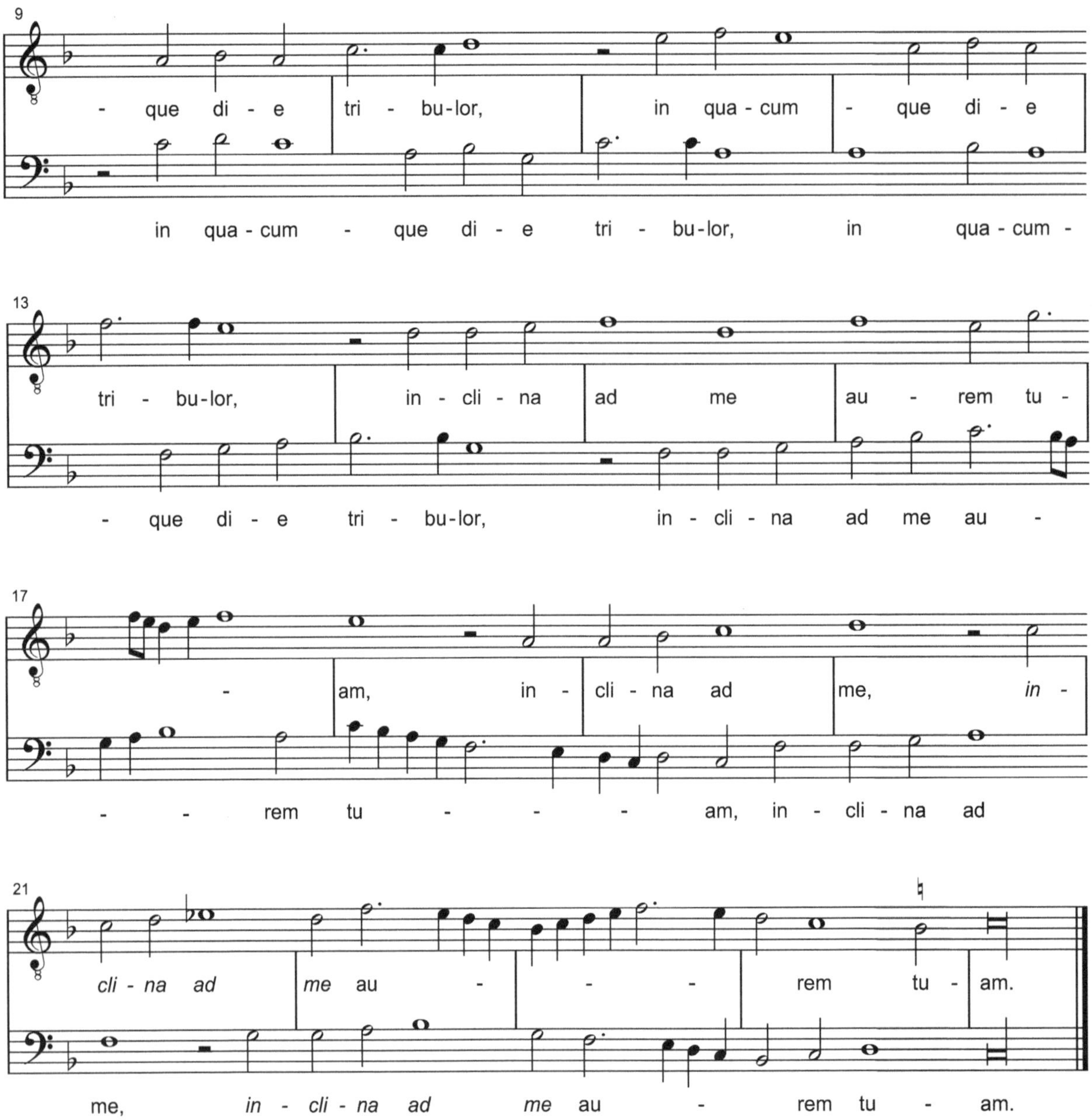

Non avertas faciem tuam a me;
in quacumque die tribulor,
inclina ad me aurem tuam.
(Psalm 102, 3)

Wende dein Antlitz nicht von mir;
wenn ich gepeinigt werde,
neige dein Ohr zu mir.

Lasso, 5. Bußpsalm *Domine, exaudi orationem meam,* NR 26, Nr. 5, Vers 2
Quinta vox, Bassus
Der 5. Bußpsalm steht im 5. Modus (authentisches Lydisch). Von den 31 Versen enden 20 auf *f* und 11 auf *c*.

1.7 Orlando di Lasso, *Quoniam qui talia agunt*

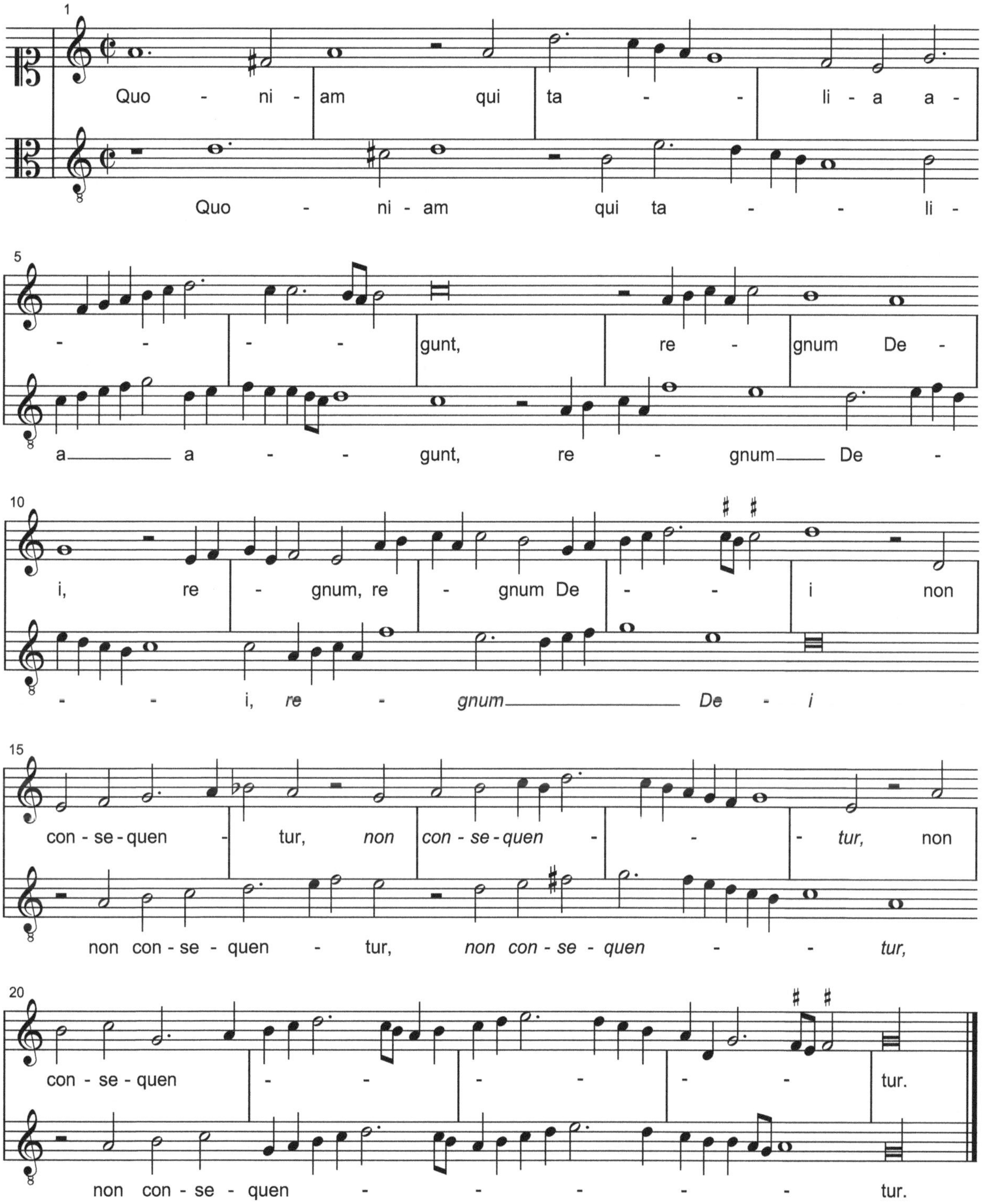

Quoniam qui talia agunt,
regnum Dei non consequentur.
(Galater 5, 21)

Denn die solches tun,
werden das Reich Gottes nicht erlangen.

Lasso, SW 1, Nr. 89 (67, 2. Teil)
Cantus, Altus
Der erste Teil der dreiteiligen Komposition endet mit einer Kadenz auf *d*. Dadurch sind die Tonstufen der Anfangs-Imitation bedingt.

2 Messensätze

2.1 Pierre Certon, *Domine Deus*

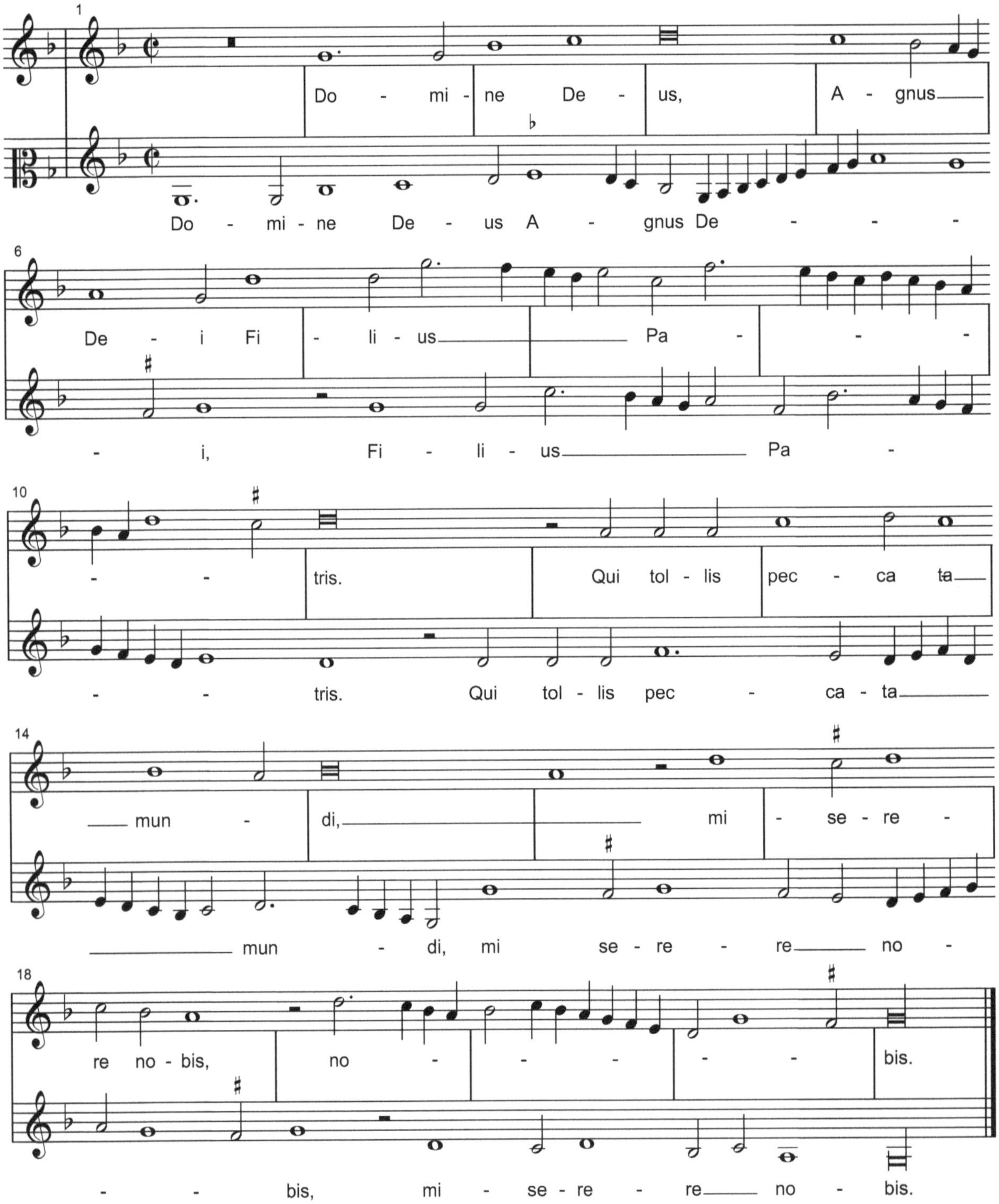

Domine Deus, Agnus Dei, Filius Patris,
qui tollis peccata mundi, miserere nobis.

Herr Gott, Lamm Gottes, Sohn des Vaters,
der du hinwegnimmst die Sünden der Welt,
erbarme dich unser.

Certon, Messe *Sus le pont d'Avignon*, Gloria
Superius, Altus

2.2 Orlando di Lasso, *Crucifixus*

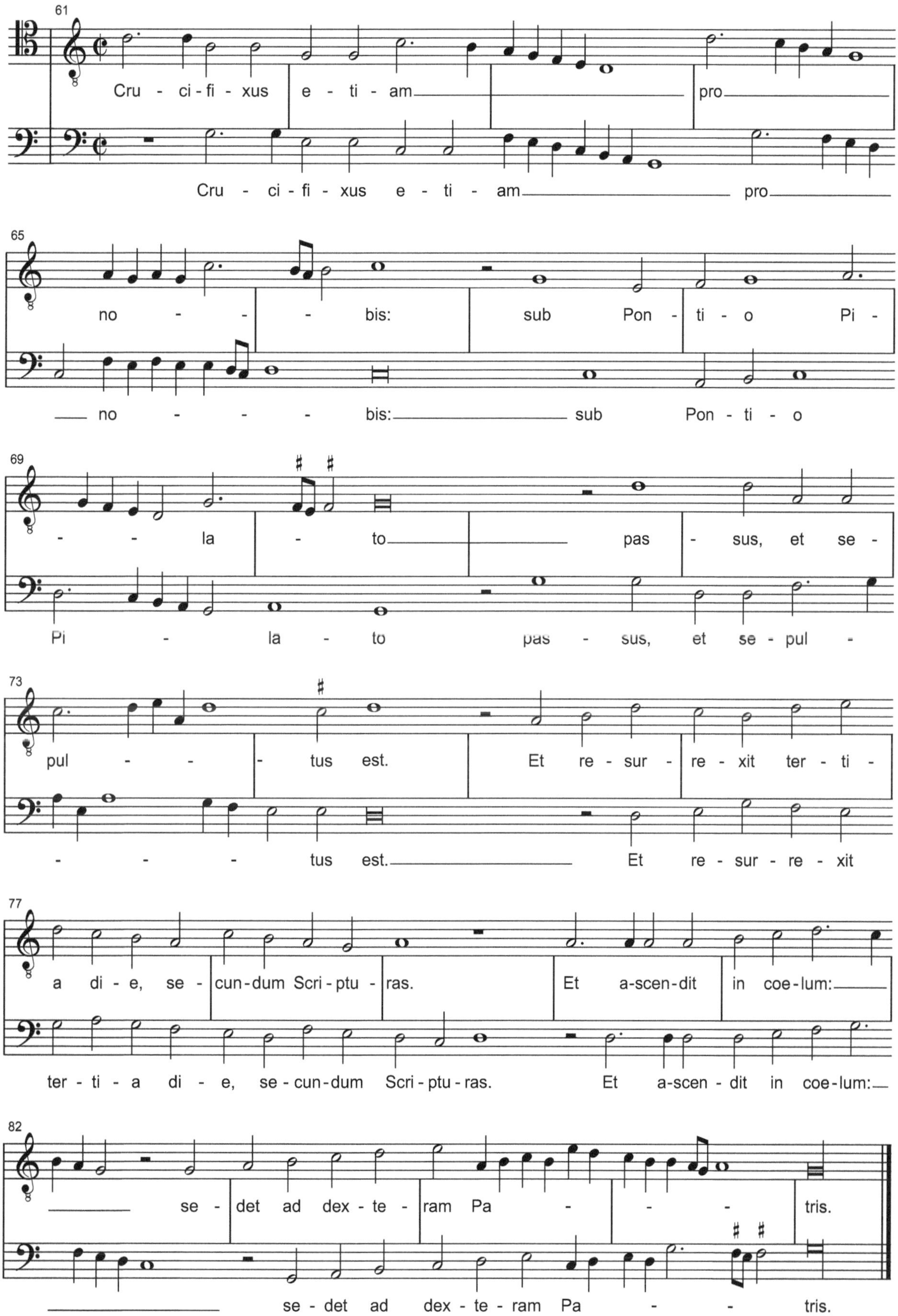

Crucifixus etiam pro nobis sub Pontio Pilato, passus, et sepultus est. Et resurrexit tertia die secundum Scripturas. Et ascendit in coelum, sedet ad dexteram Patris.	*Gekreuzigt wurde er sogar für uns unter Pontius Pilatus, hat gelitten und ist begraben worden. Und er ist auferstanden am dritten Tage, gemäß der Schrift. Und er ist aufgefahren in den Himmel, er sitzt zur Rechten des Vaters.*

Lasso, *Missa Laudate Dominum*, NR 7, Nr. 30, Credo
Tenor, Bassus

2.3 Claude Goudimel, *Pleni sunt coeli*

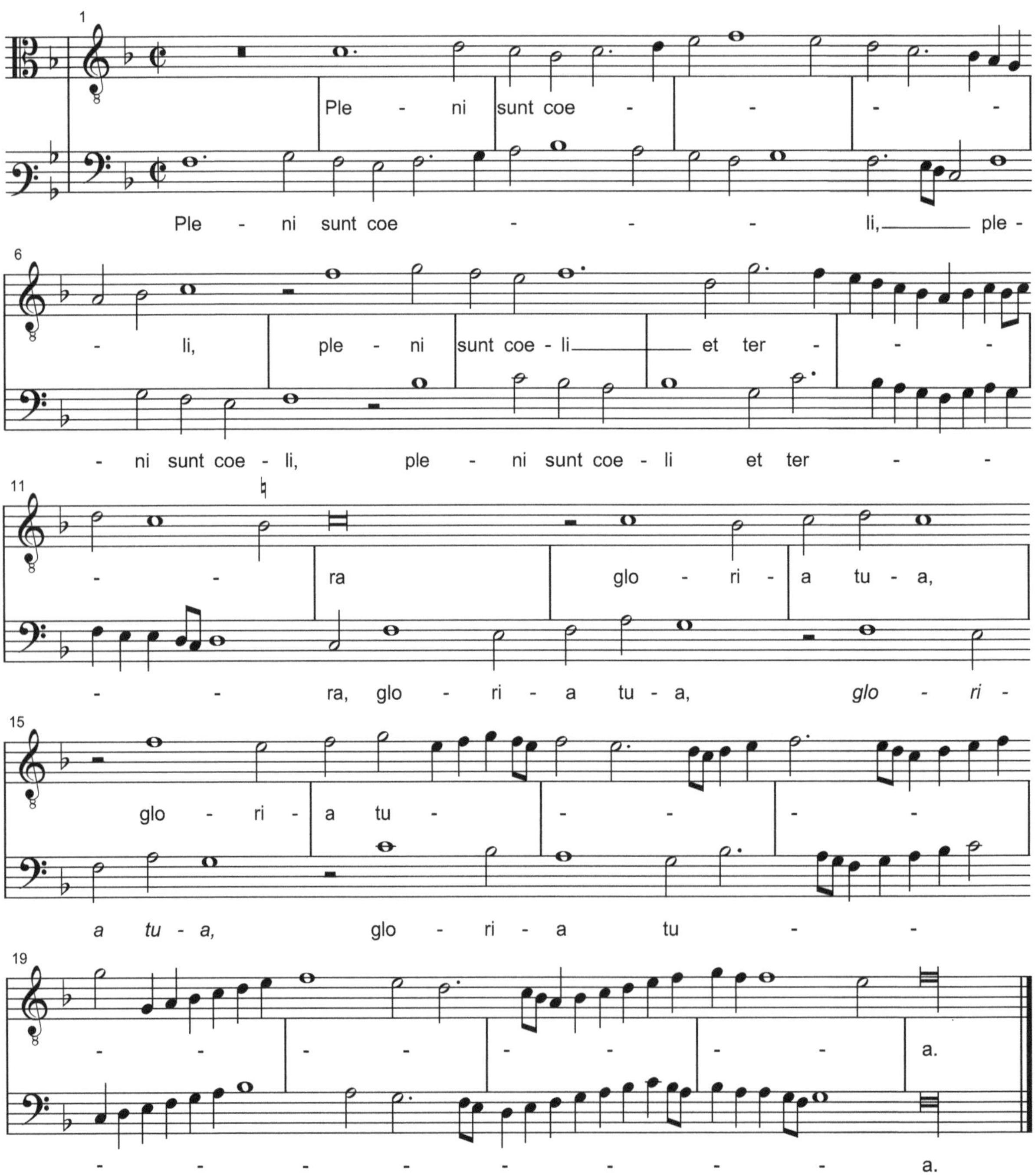

Pleni sunt coeli et terra gloria tua. *Erfüllt sind Himmel und Erde von Deiner Herrlichkeit.*

Goudimel, *Missa Audi filia*, OC 12, Sanctus
Tenor, Bassus

2.4 Orlando di Lasso, *Benedictus*

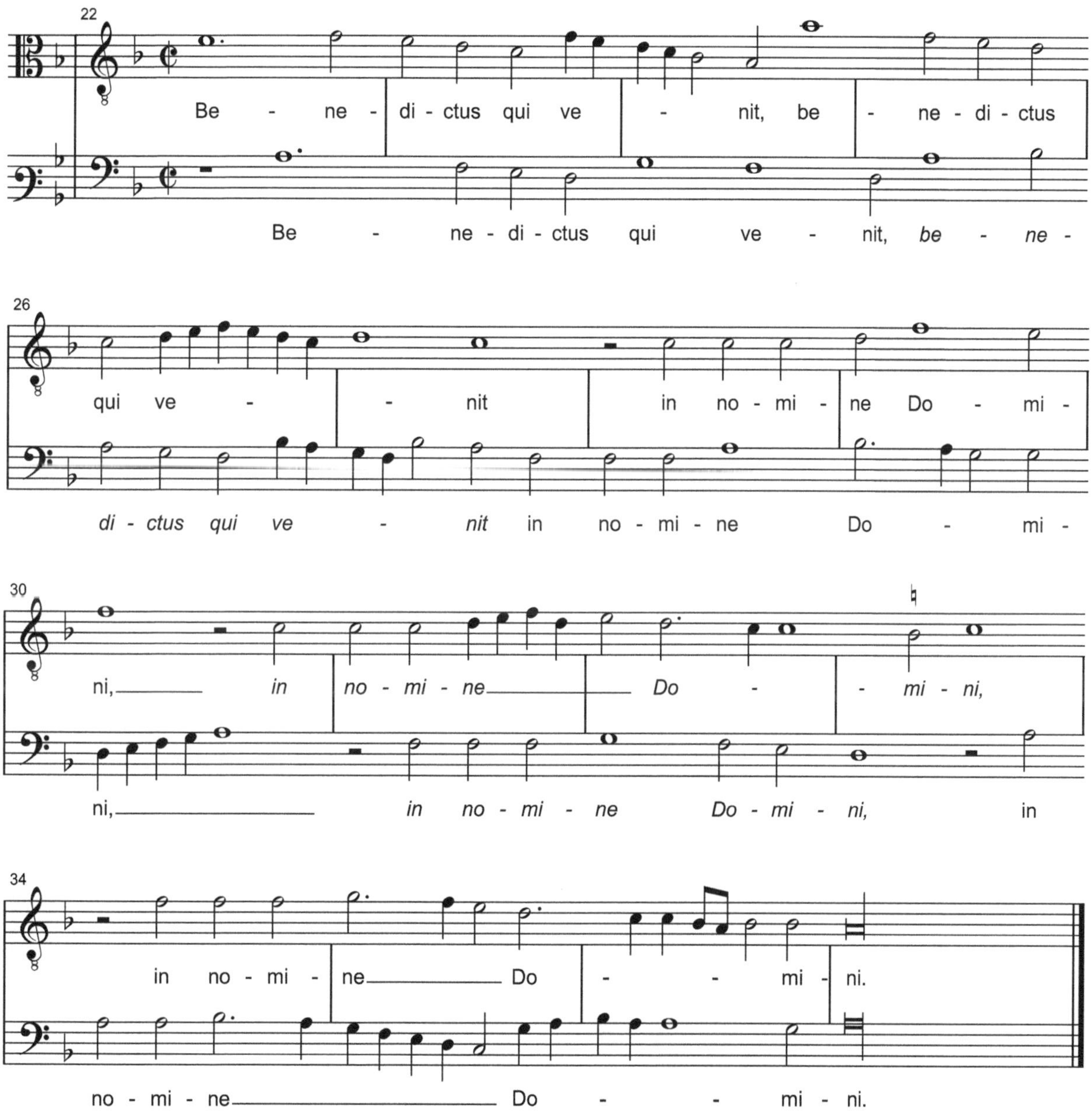

Benedictus qui venit in nomine Domini. *Gepriesen sei, der da kommt im Namen des Herrn.*

Lasso, *Missa Je suis desheritée,* NR 10, Nr. 52, Sanctus
Tenor, Bassus

2.5 Pierre Certon, *Agnus Dei*

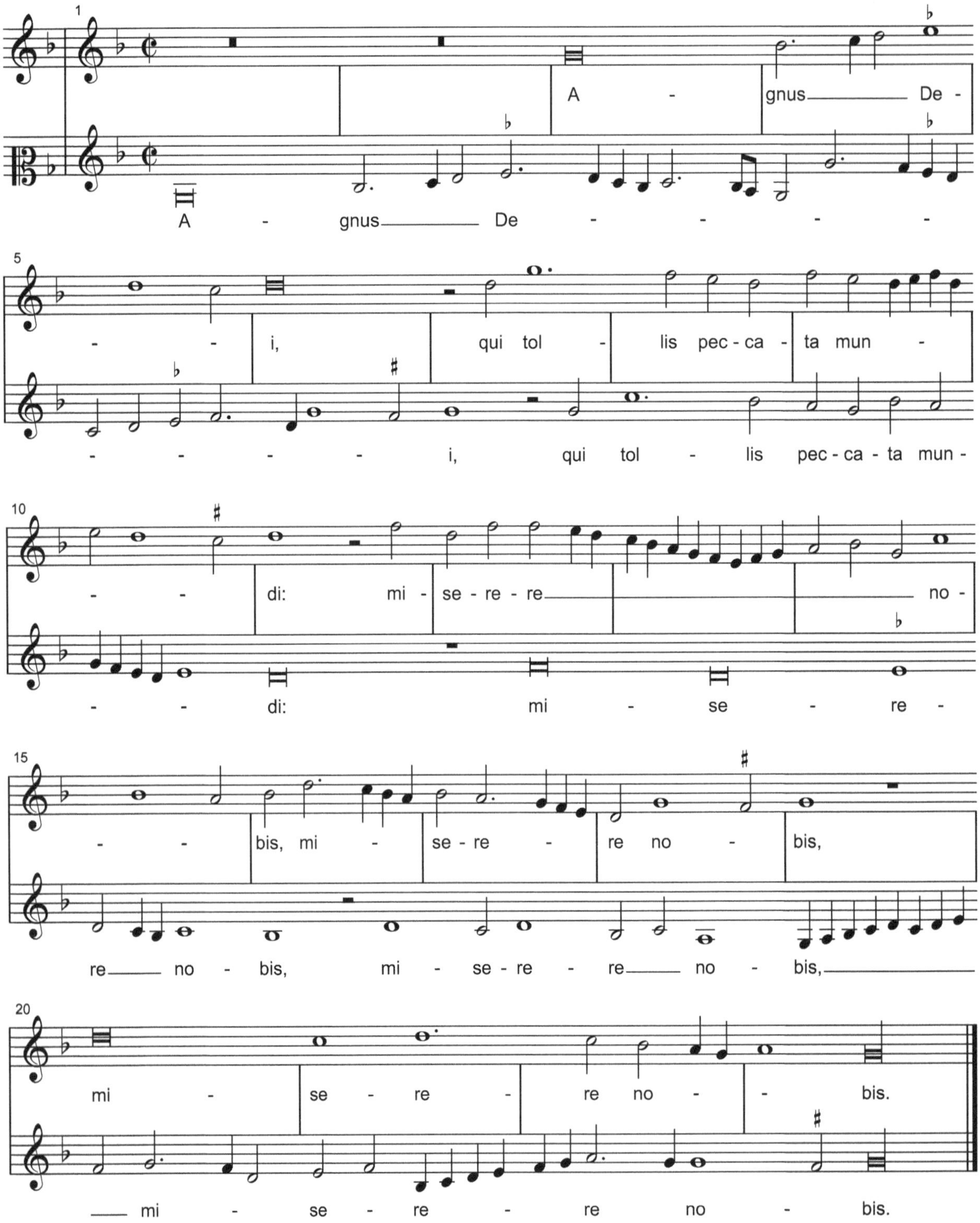

Agnus Dei,
qui tollis peccata mundi,
miserere nobis.

Lamm Gottes,
das Du hinwegnimmst die Sünden der Welt,
erbarme Dich unser.

Certon, Messe *Sous le pont d'Avignon*, Agnus (Duo)
Superius, Altus

3 Kanons

3.1 J[oachim] H[eller], *Quam pulchra es*

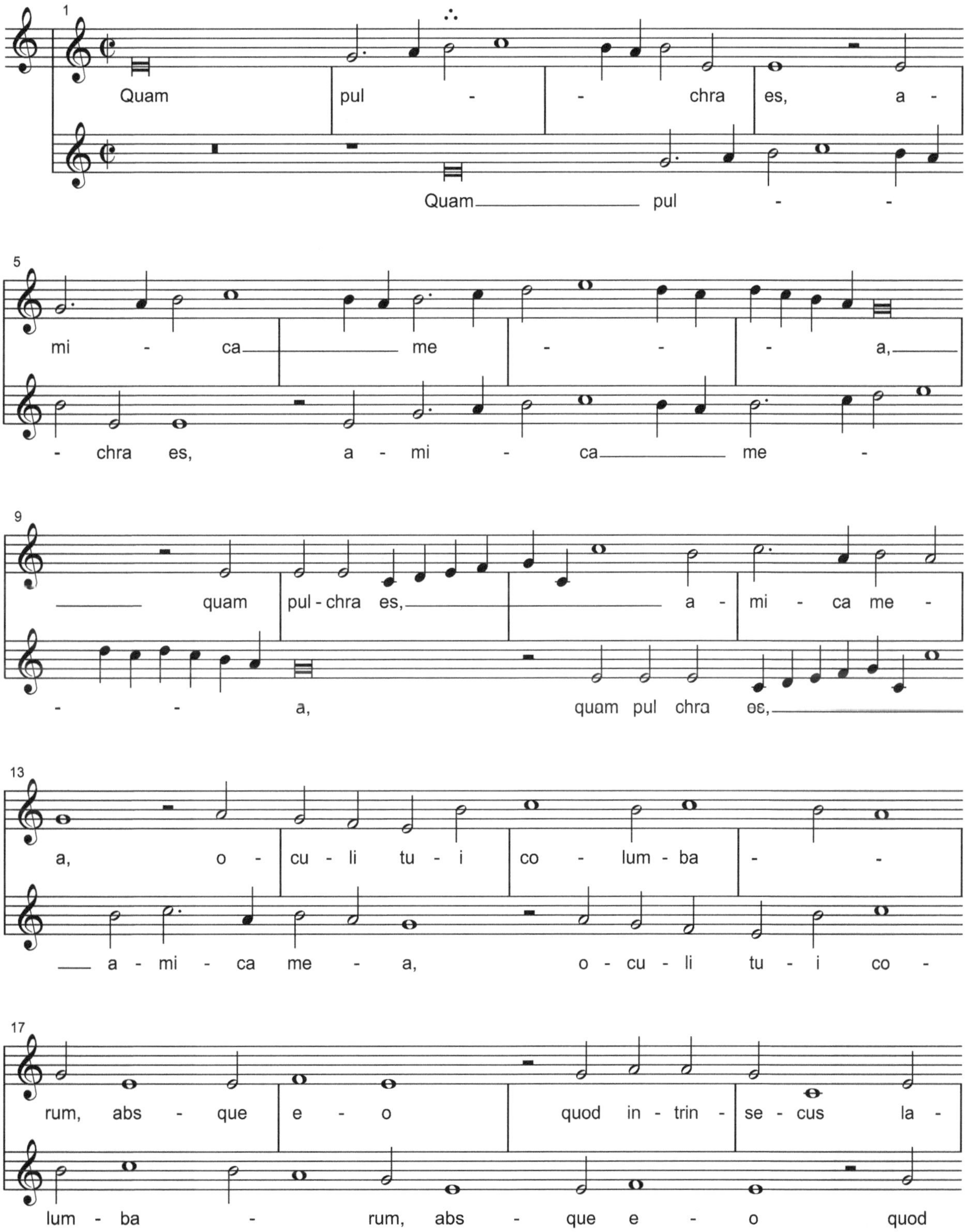

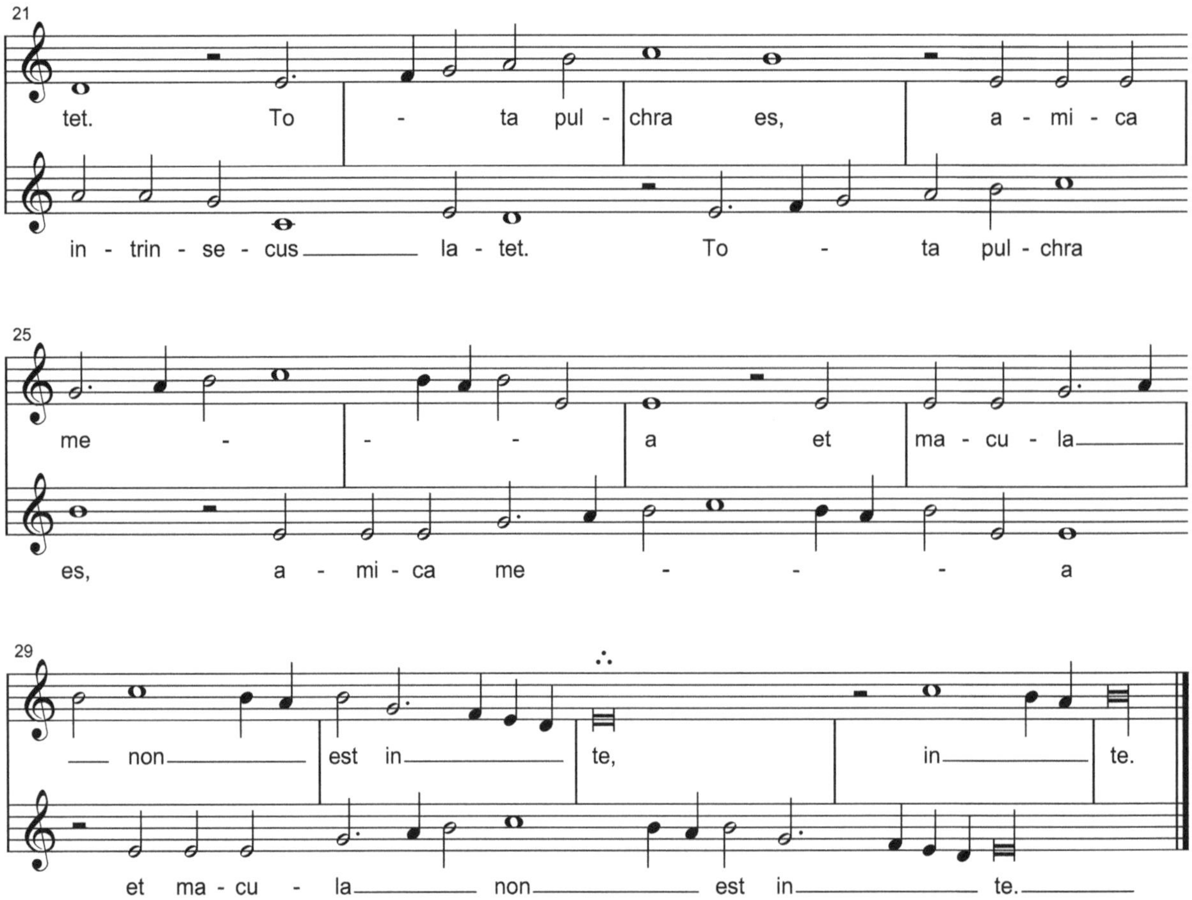

Quam pulchra es, amica mea,
oculi tui columbarum, absque eo
quod intrinsecus latet.
Tota pulchra es, amica mea
et macula non est in te.
(Hohelied Salomonis 4, 1,7)

Wie schön bist du, meine Freundin,
deine Augen sind wie die der Tauben, ohne das,
was im Inneren verborgen ist.
Völlig schön bist du, meine Freundin,
und kein Makel ist an dir.

Rhau, Bicinia II, Nr. 104
Inferior vox (In unisono post sesqui tempus)

3.2 Johann Walter, Fuga *Primi et secundi in diapente*

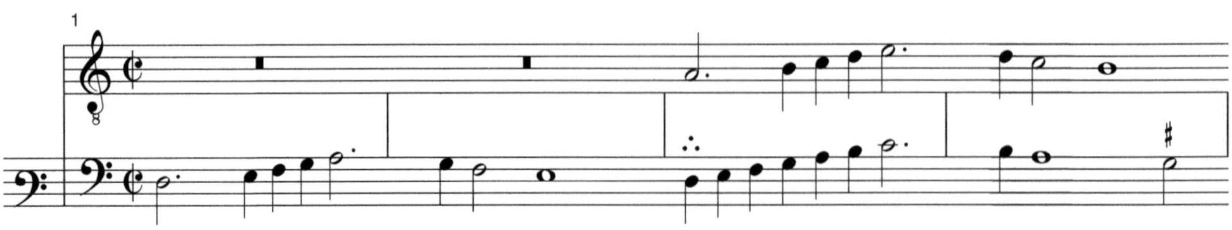

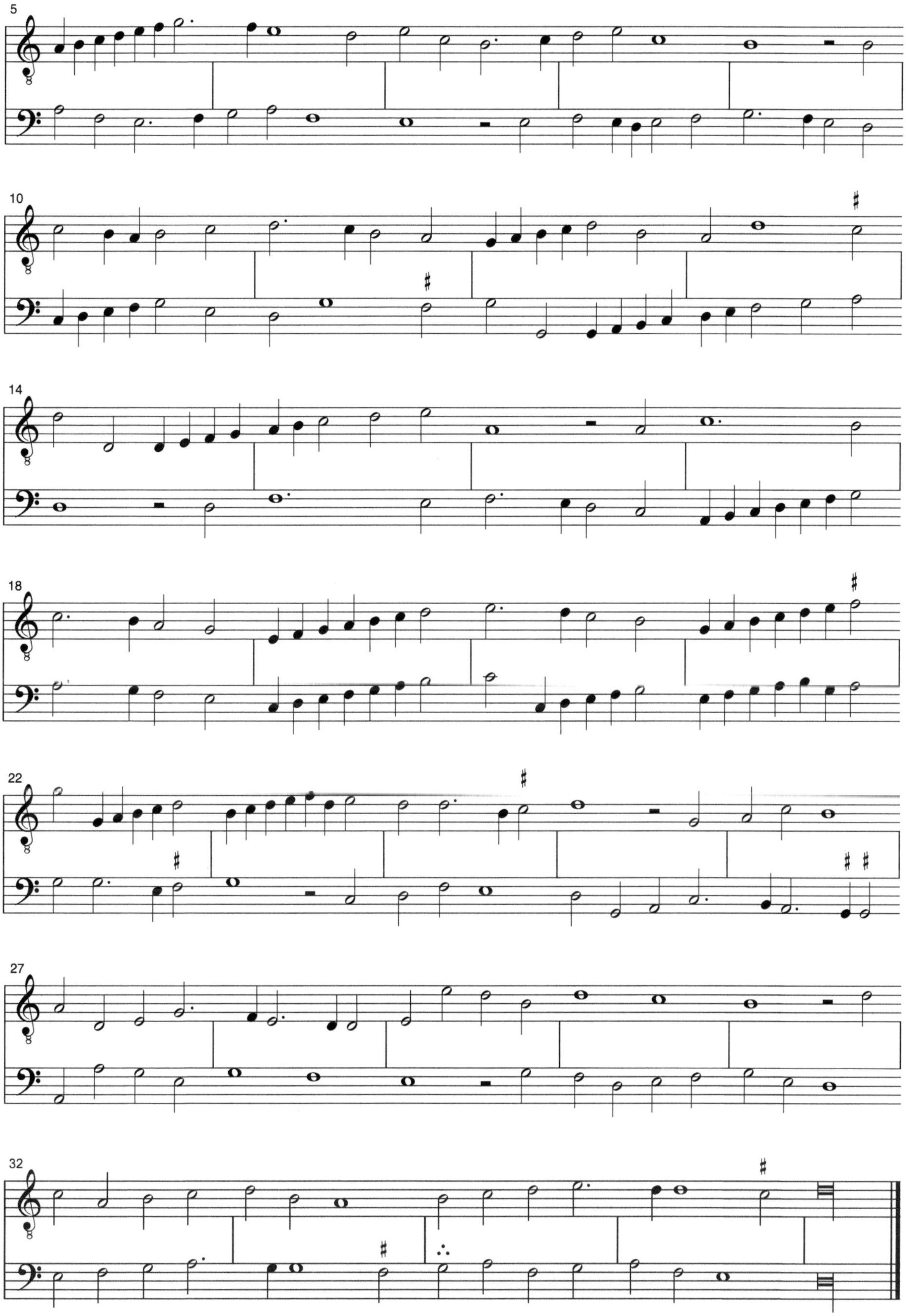

Walter, SW, Bd. 4, Fugen, Nr. 3

4 Lateinische Cantus-firmus-Sätze

4.1 Orlando di Lasso, *Quo agnito discipuli*

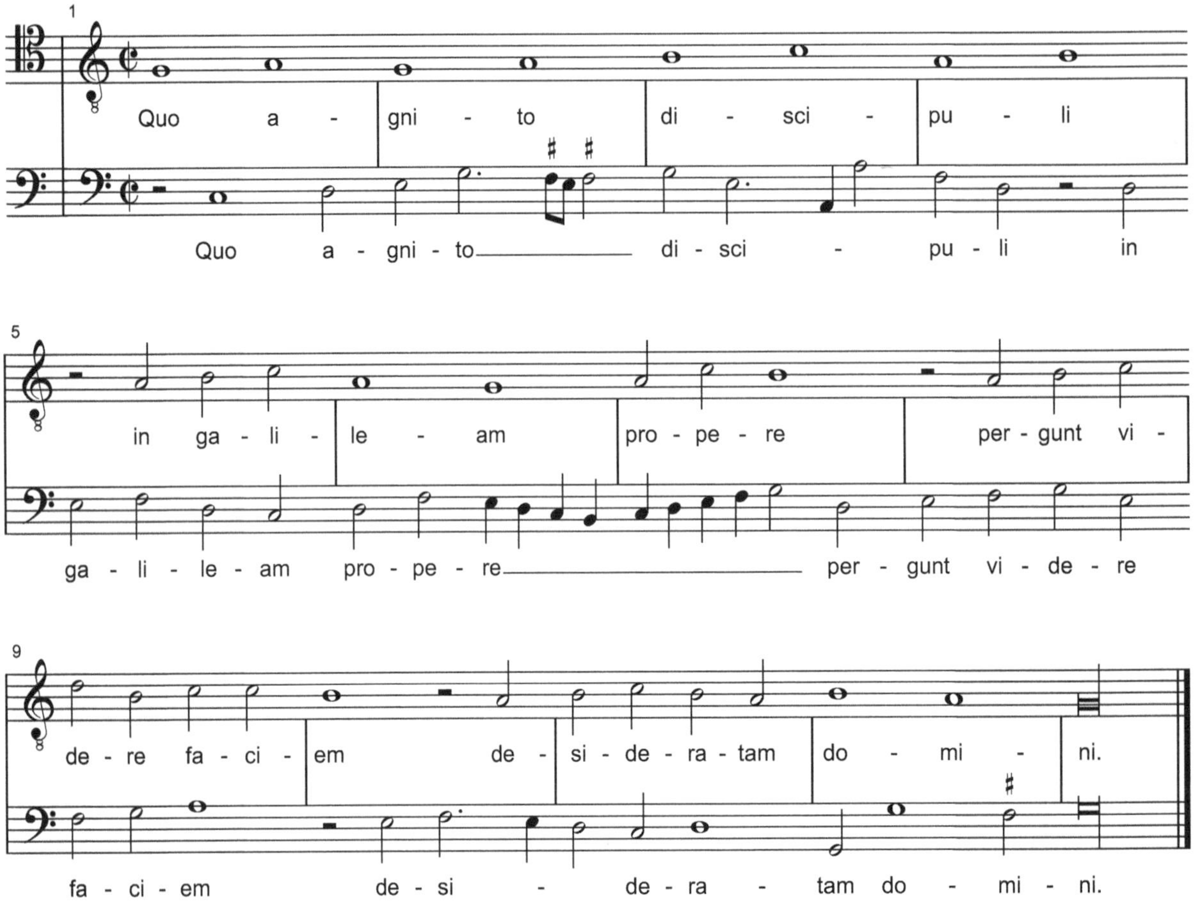

Quo agnito discipuli
in galileam propere
pergunt videre faciem
desideratum domini.

Da die Jünger [ihn] erkannt,
machen sie sich eilends nach
Galiläa auf, um zu sehen das Angesicht,
das ersehnte, des Herrn.

Lasso, Hymnus *Tristes erant apostoli,* NR 18, Nr. 26, Vers 4
Tenor, Bassus
Der c. f. steht im Lehrgang auf S. 203.

4.2 Orlando di Lasso, *Cuius forti potentiae*

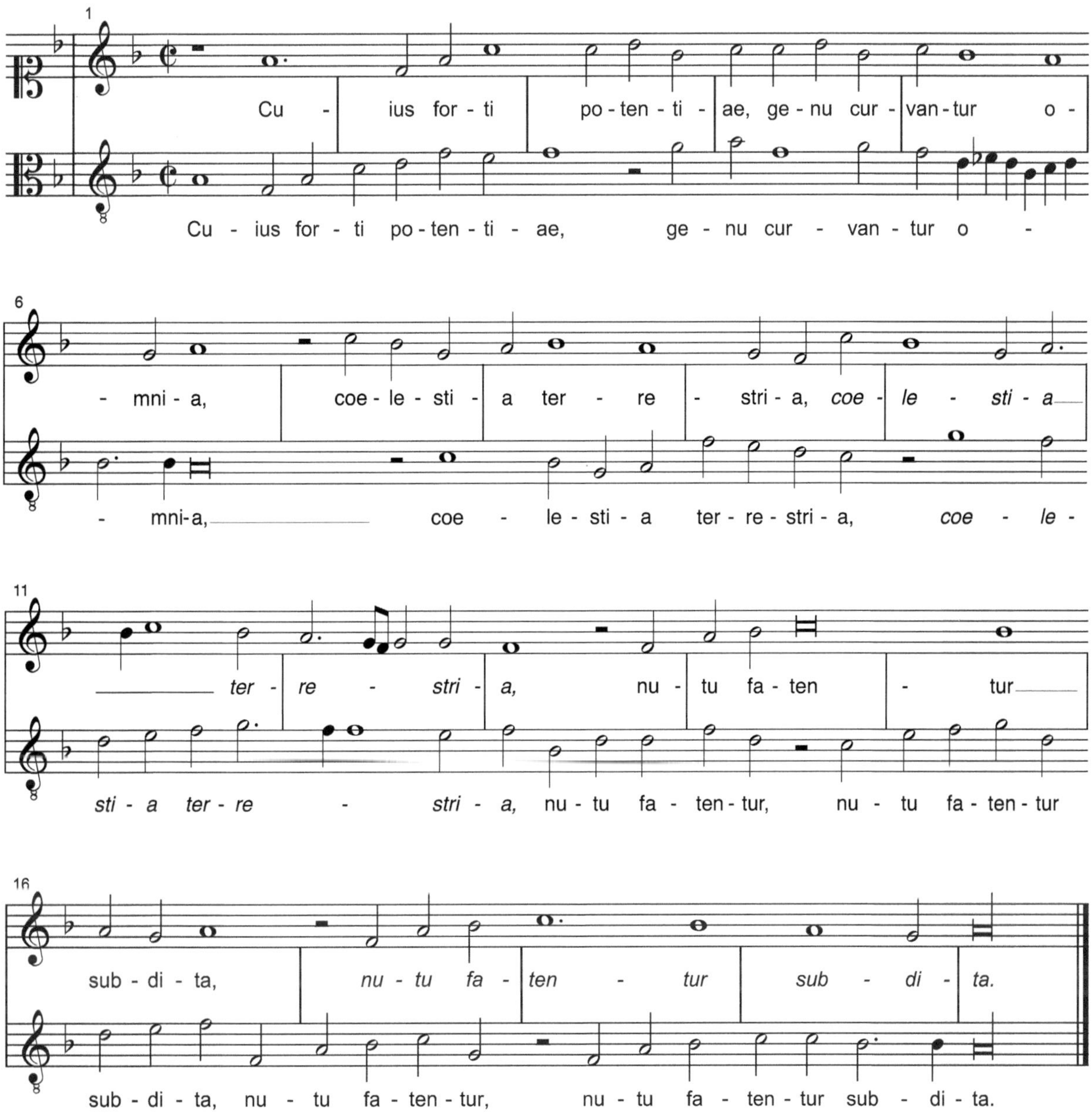

Cuius forti potentiae,
genu curvantur omnia,
coelestia terrestria,
nutu fatentur subdita.

Vor dessen starker Macht
beugen alle das Knie
im Himmel und auf Erden,
zu seinem Willen bekennen sie sich unterwürfig.

Lasso, Hymnus *Conditor alme siderum*, NR 18, Nr. 4, Vers 4
Superius, Altus
Der c. f. steht im Lehrgang auf S. 202.

4.3 Orlando di Lasso, *Esurientes*

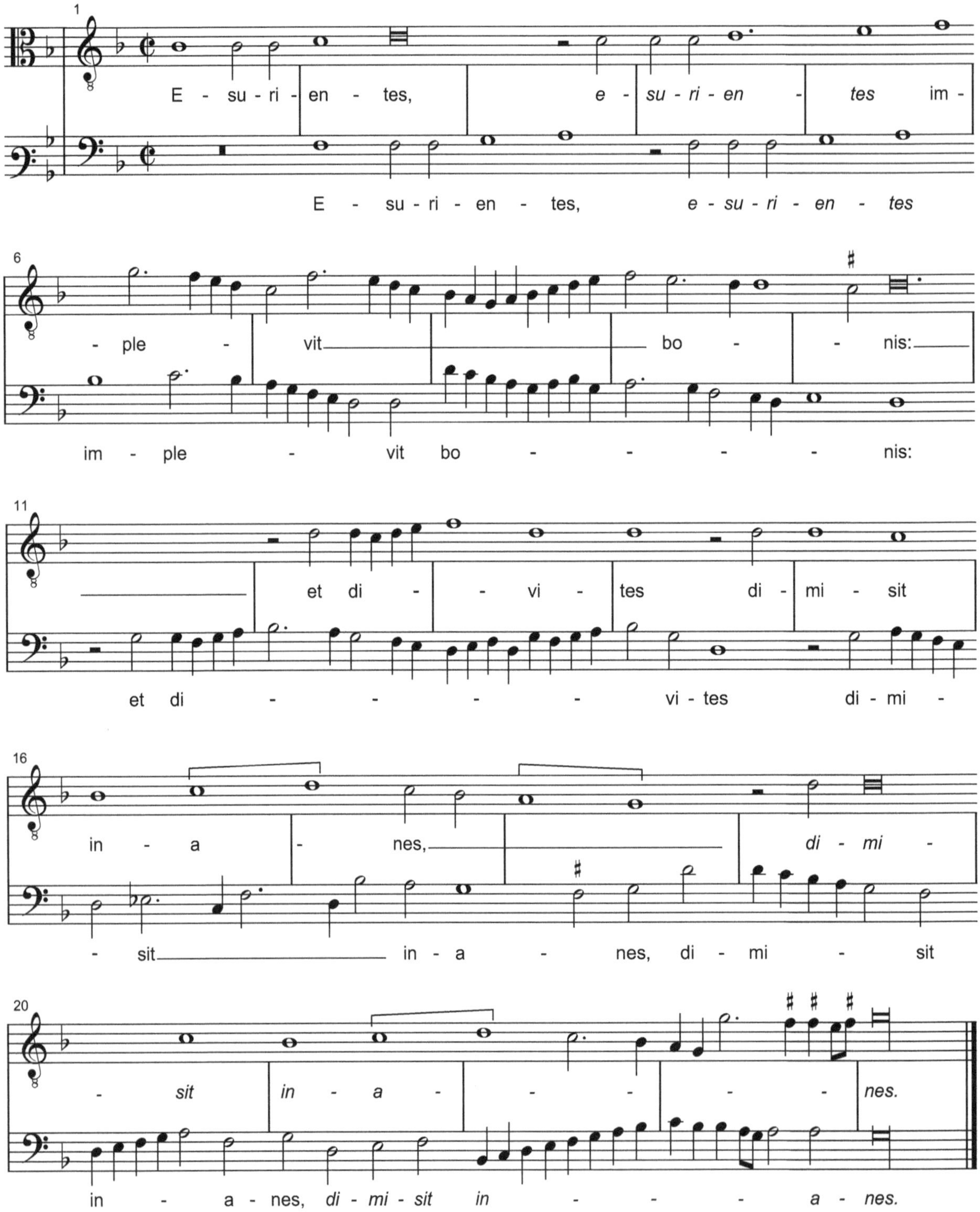

Esurientes implevit bonis:
et divites dimisit inanes.

Die Hungernden erfüllt er mit Gaben
und lässt die Reichen leer ausgehn.

Lasso, *Magnificat Primi Toni*, NR 13, Nr. 9, Vers 8
Tenor I, Bassus
Der c. f. steht in der Melodie- und Satzlehre auf S. 146, 1. Ton.

4.4 Orlando di Lasso, *Esurientes*

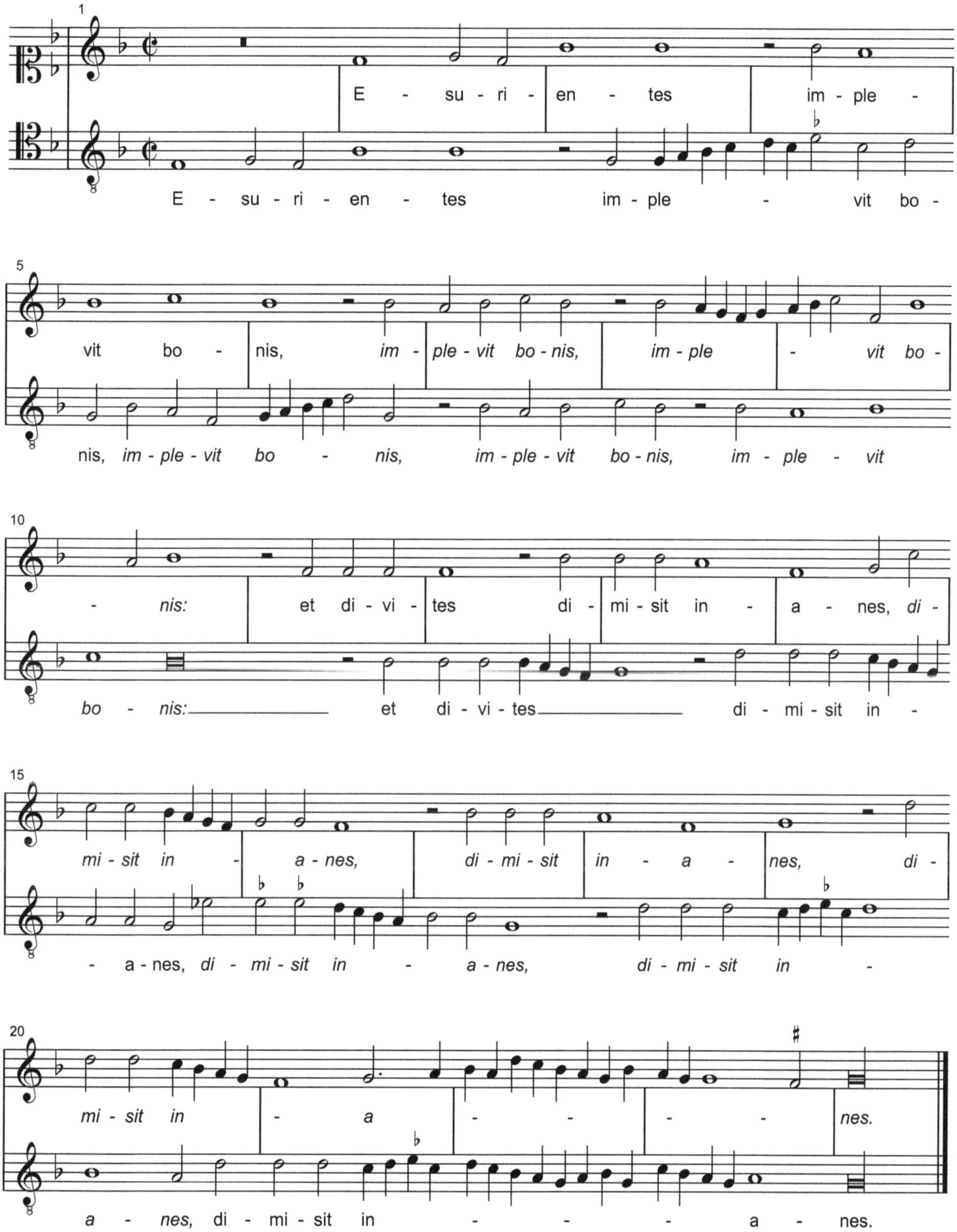

Lasso, *Magnificat Secundi Toni*, NR 13, Nr. 10, Vers 8
Superius, Tenor I
Deutsche Übersetzung siehe vorige Seite.
Der c. f. steht in der Melodie- und Satzlehre auf S. 146, 2. Ton.

4.5 Orlando di Lasso, *Caro cibus*

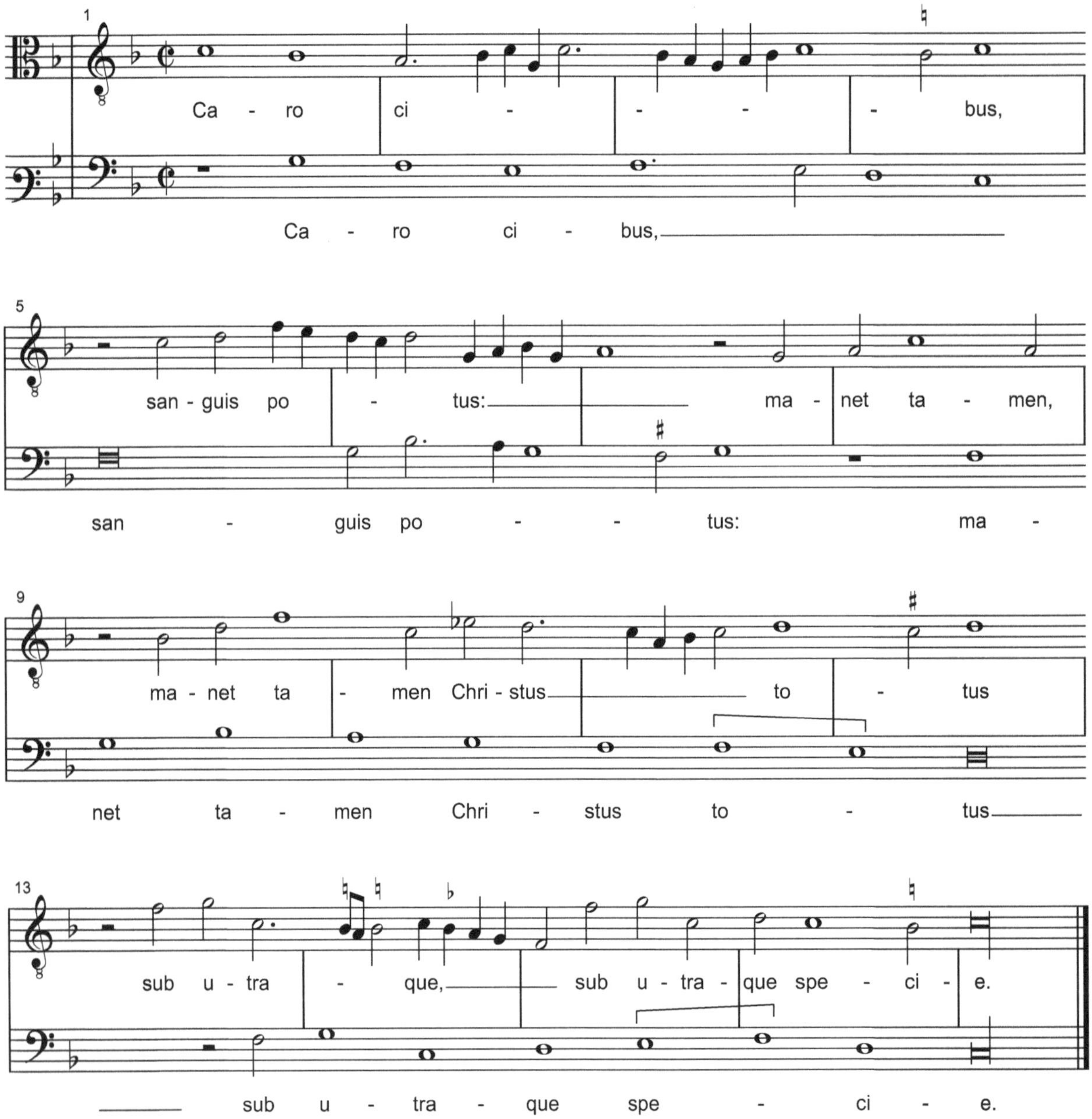

Caro cibus, sanguis potus:
manet tamen Christus totus
sub utraque specie.

Fleisch wird Speise, Blut wird Trank:
bleibet dennoch Christus ganz
unter beiderlei Gestalt.

Lasso, Sequenz *Lauda Sion Salvatorem*, NR 23, Nr. 19, Vers 14
Tenor II, Bassus
Der c. f. steht im Lehrgang auf S. 200.

5 Chansons

5.1 Anonymus, *Il maviendra ce que vouldra*

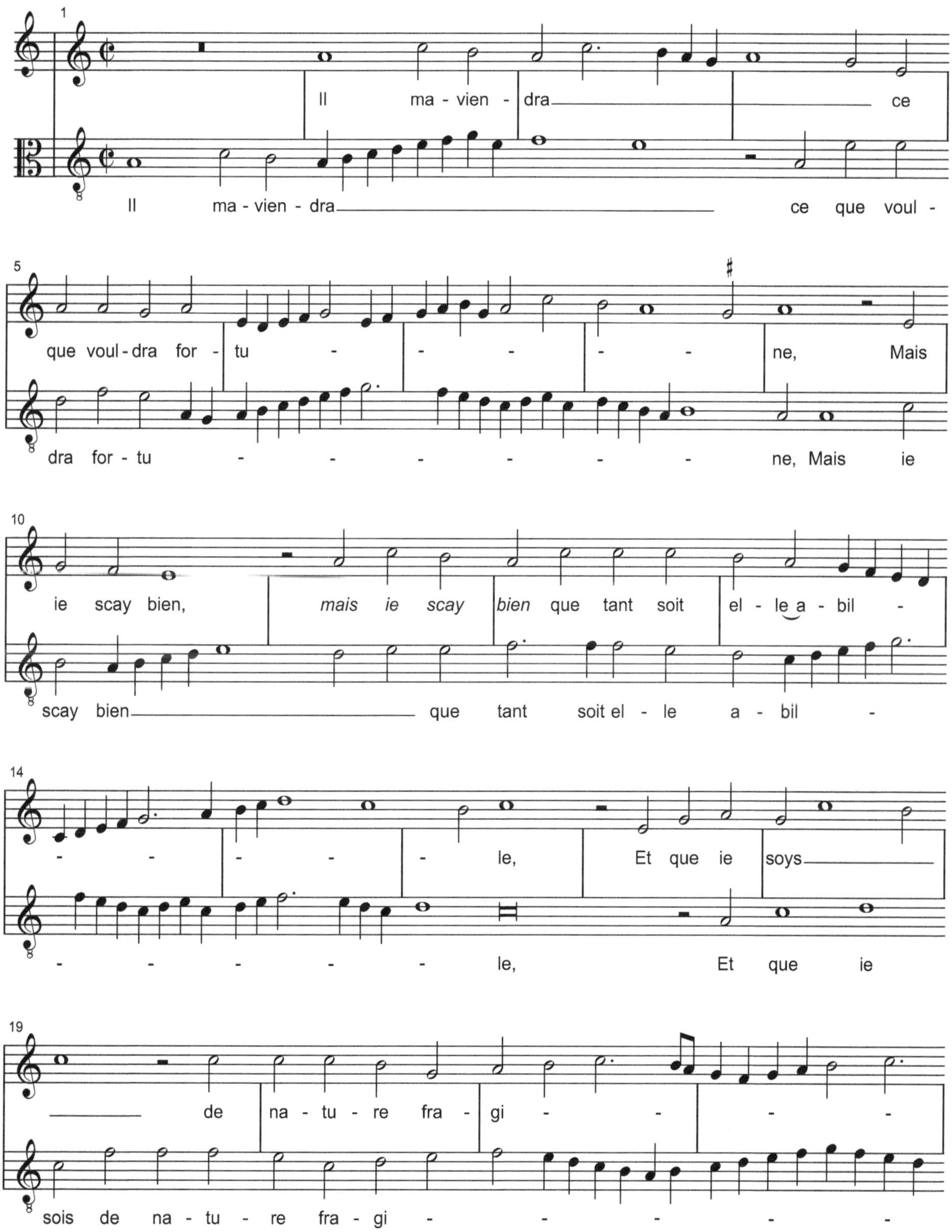

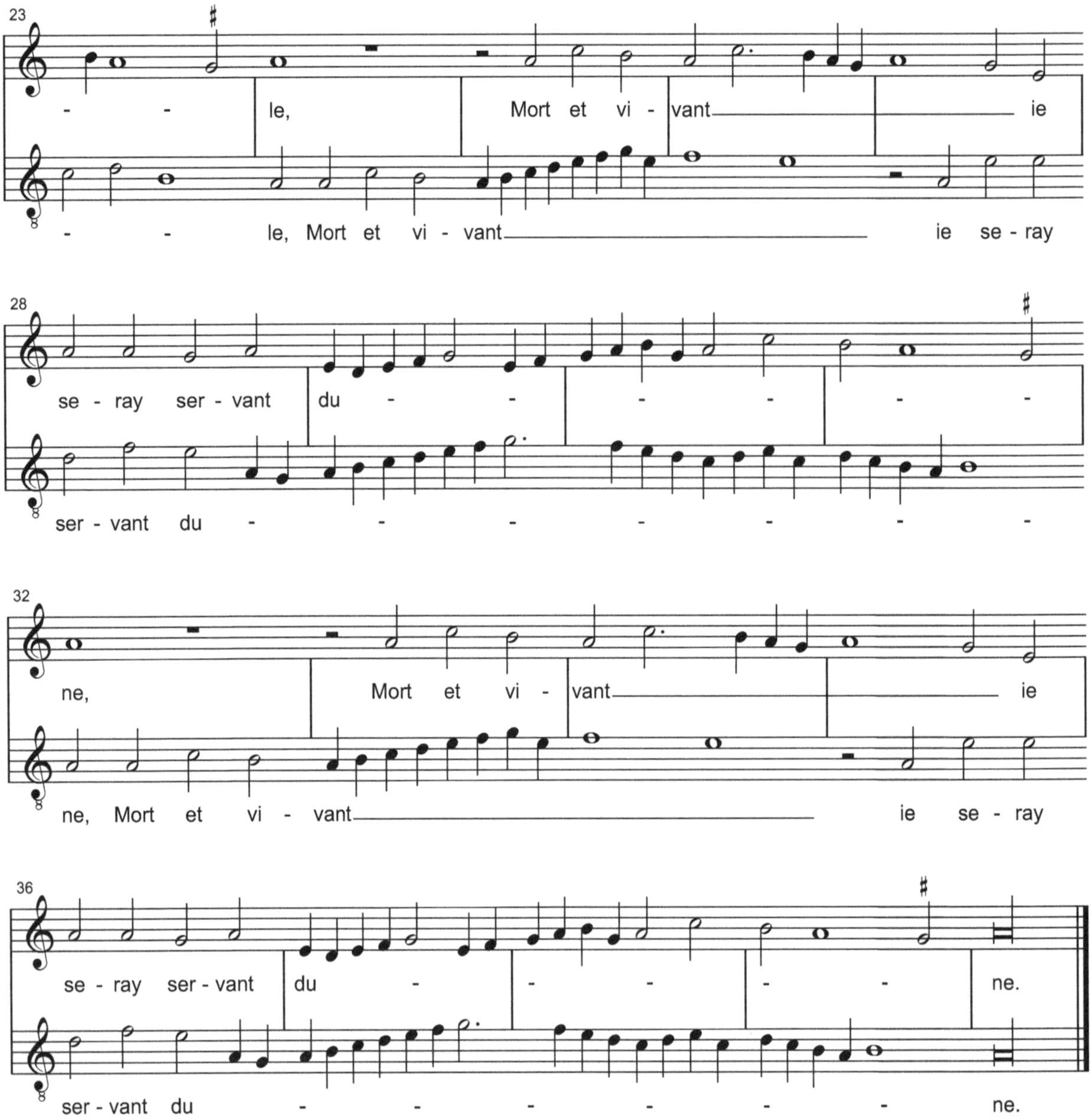

Il m'adviendra ce que la fortune vouldra,
Mais je sais: bien qu'elle soit tant habile
Et que je sois de nature fragile,
Mort et vivant je serai servant d'une.

Es wird mir zukommen, was das Schicksal will,
Aber ich weiß, dass, obwohl sie so geschickt ist
Und ich von schwacher Natur bin,
Ich tot und lebendig einer einzigen dienen werde.

Rhau, Bicinia II, Nr. 7
Superior vox, Inferior vox
Die Wiederholung ab T. 32 ist im Original durch Wiederholungszeichen angezeigt.
Übertragung der Chansontexte ins Neufranzösische und Deutsche: Christiane Strucken-Paland.

5.2 Anonymus, *Du cueur le don*

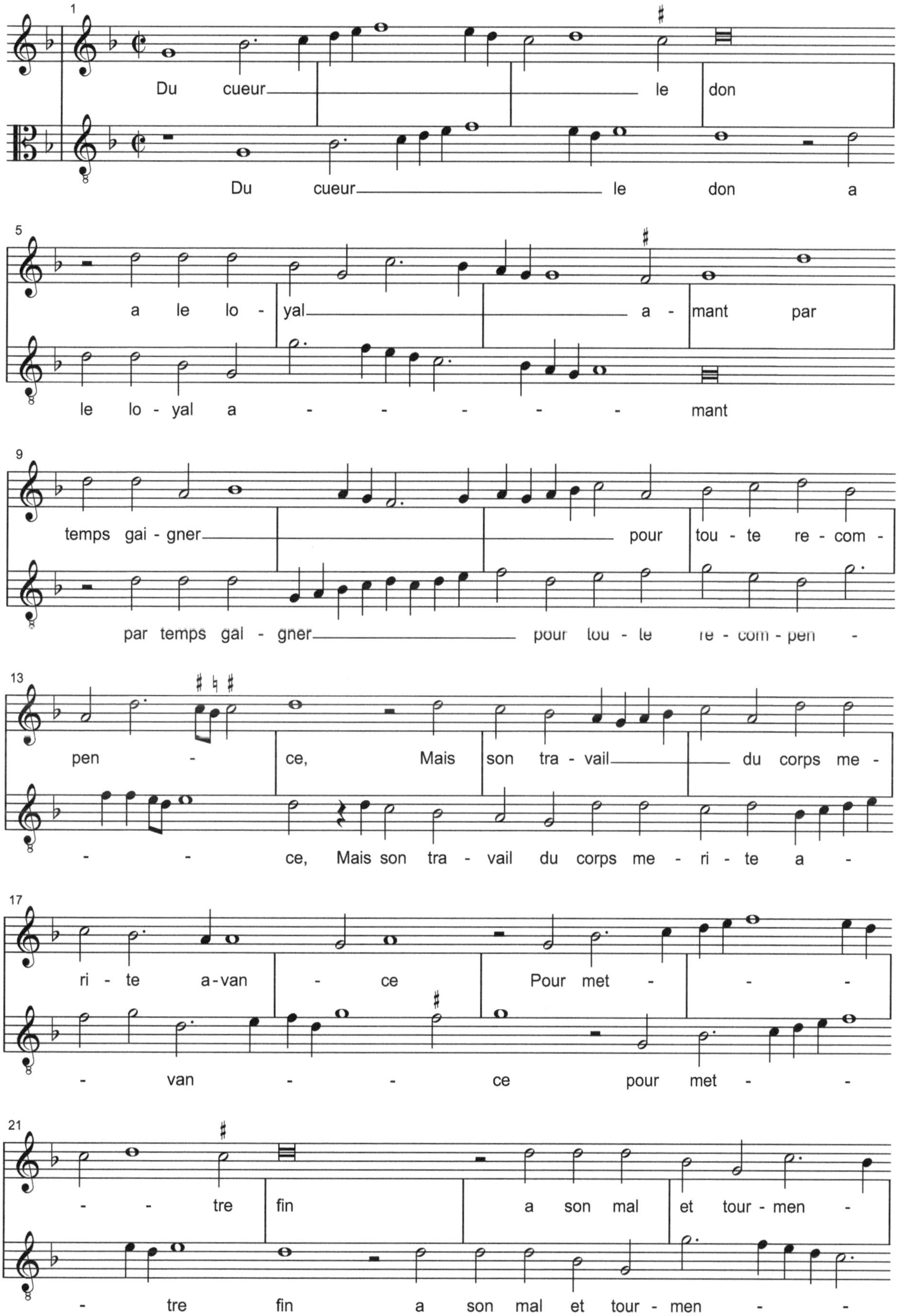

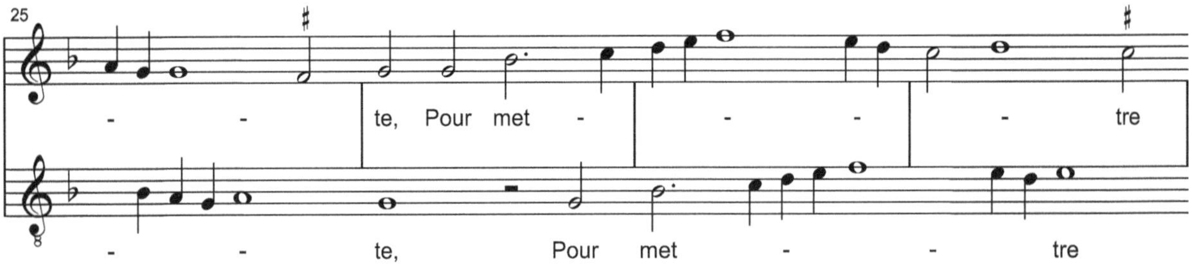

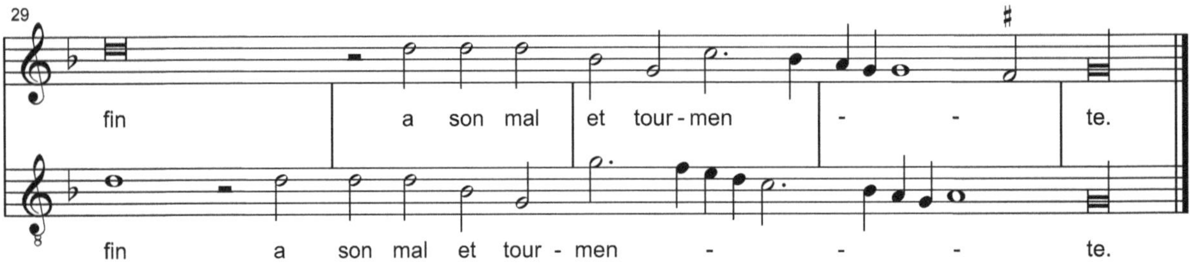

Le loyal amant a le don du coeur
Pour gagner avec le temps toute récompense,
Mais ses tourments du corps méritent avance
Pour mettre fin à son mal et tourmente.

Der treue Liebhaber hat die Herzensgabe,
Um mit der Zeit alle Belohnung zu gewinnen,
Aber seine körperlichen Qualen verdienen Vorschuss,
Um seinem Schmerz und seiner Pein ein Ende zu bereiten.

Rhau, Bicinia II, Nr. 24
Superior vox, Inferior vox
Die Wiederholung ab T. 26 ist im Original durch Wiederholungszeichen angezeigt.

5.3 Anonymus, *Donnez moy donc le don*

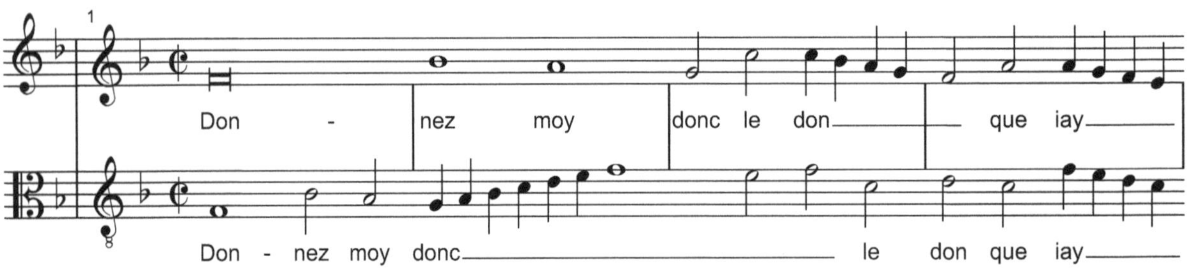

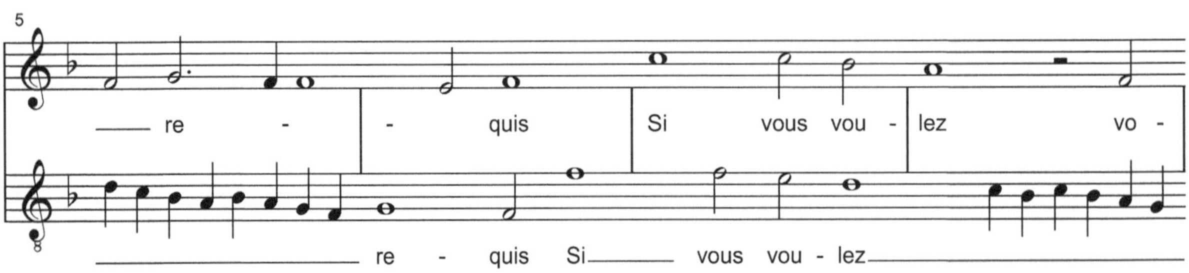

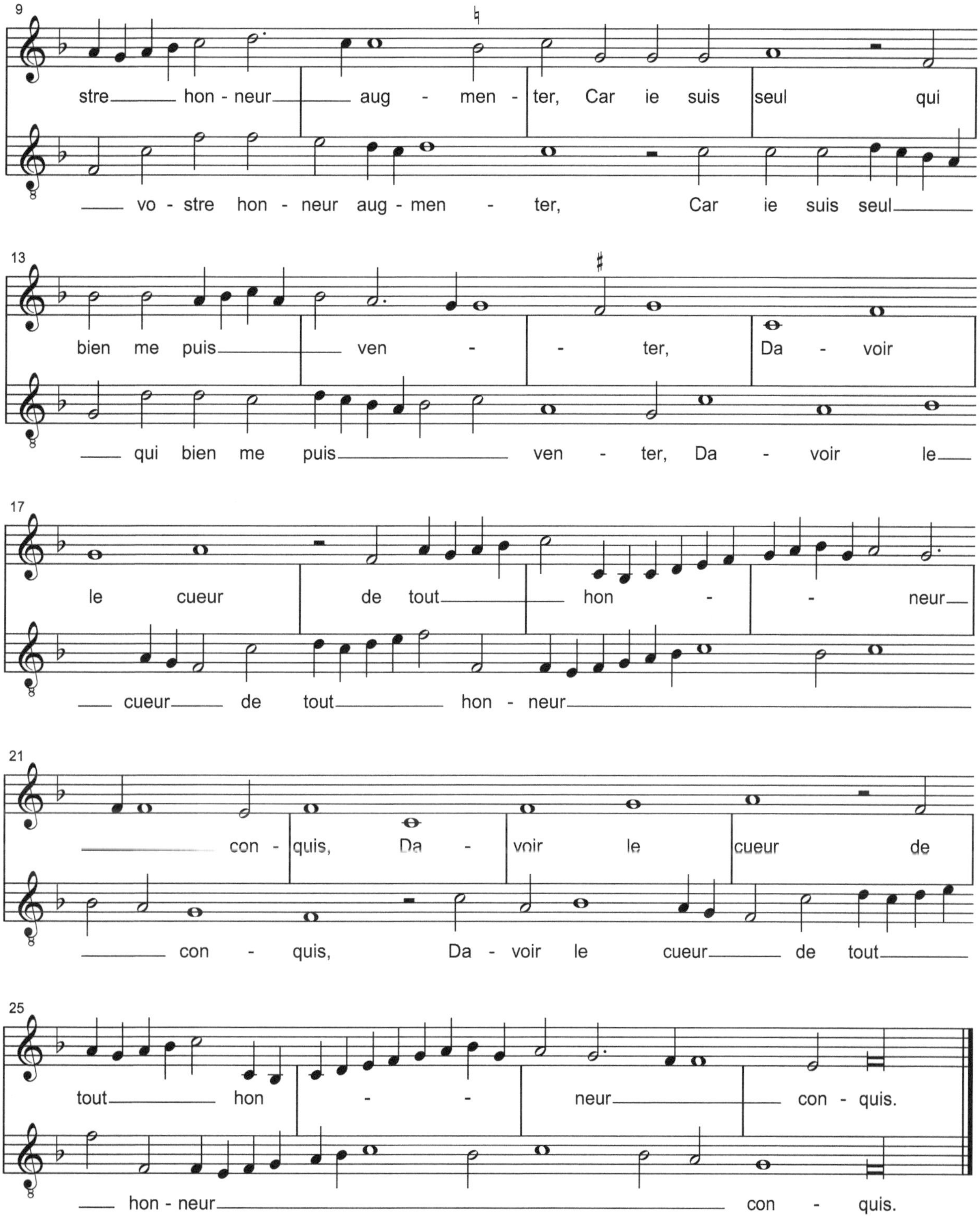

Donnez-moi donc le don que j'ai requis
Si vous voulez augmenter votre honneur
Car je suis le seul à pouvoir me vanter,
D'avoir conquis le coeur en tout honneur.

Gebt mir also die Belohnung, die ich verlangt habe,
Wenn Ihr Eure Ehre vermehren wollt.
Denn ich allein könnt' mich wohl rühmen,
Das Herz ganz ehrenhaft erobert zu haben.

Rhau, Bicinia II, Nr. 42
Superior vox, Inferior vox
Die Wiederholung ab T. 22 ist in der Oberstimme des Originals durch Wiederholungszeichen angezeigt.

6 Weltliche Liedsätze

6.1 Anonymus, *Entlaubet ist der Walde*

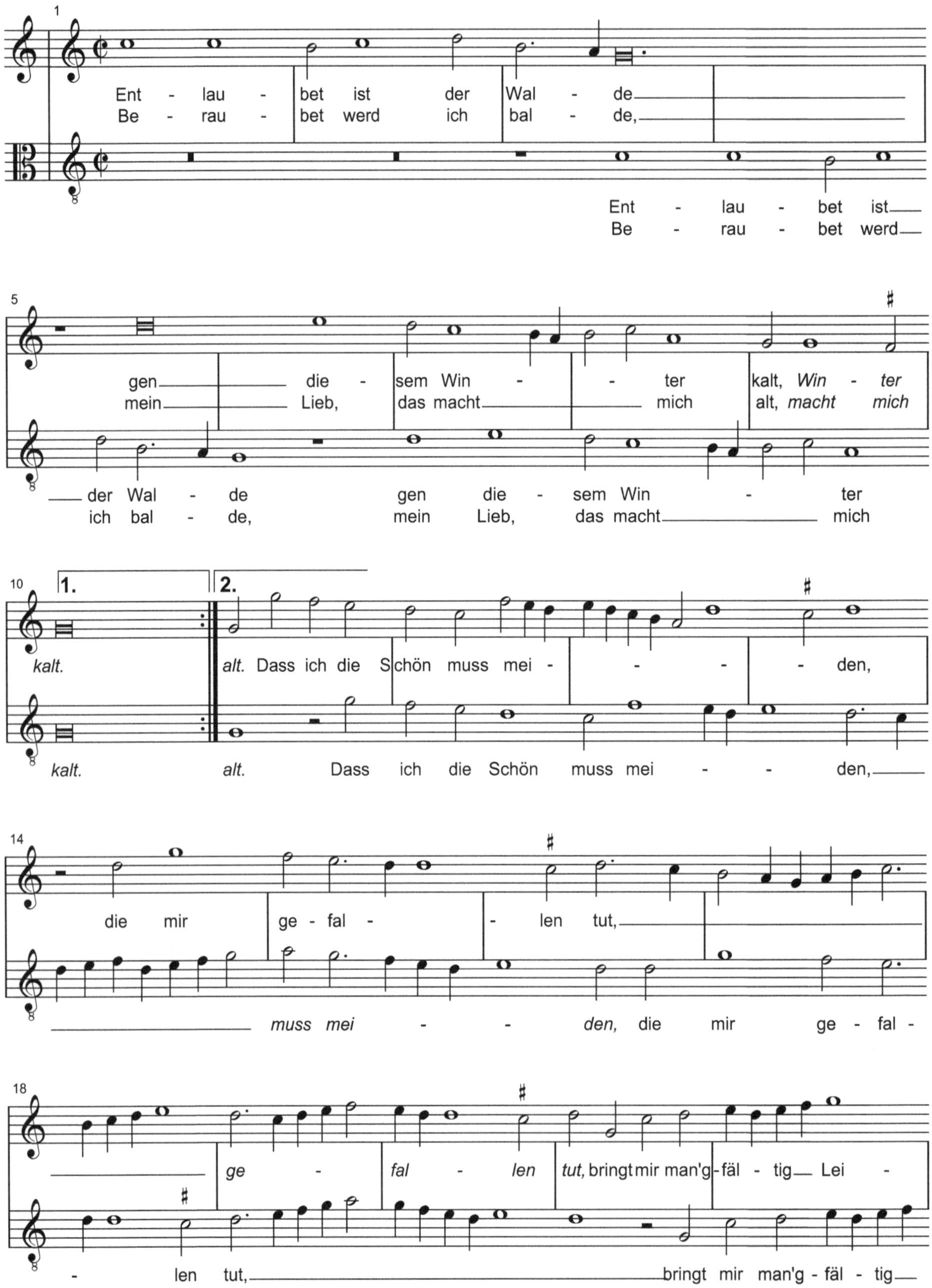

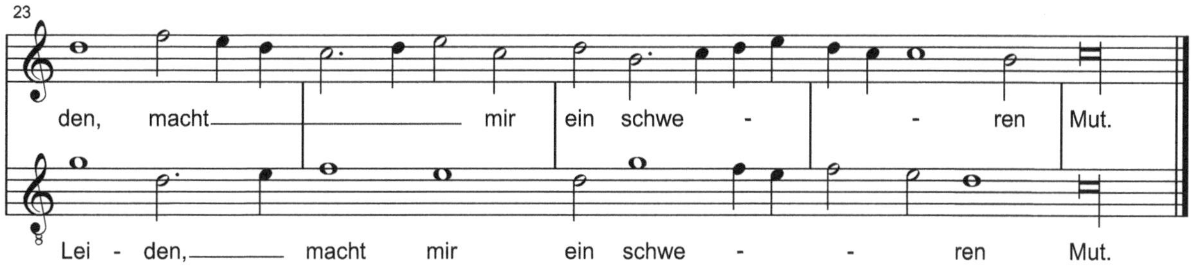

Rhau, Bicinia II, Nr. 93
Superior vox, Inferior vox
Die Liedmelodie in der Fassung von Thomas Stoltzer steht im Lehrgang auf S. 209. Stoltzer vermeidet die fehlerhafte Dissonanzbehandlung in T. 7, indem er die erste ganze Note durch eine halbe Pause und eine halbe Note ersetzt. Man beachte auch die Satzfehler in T. 18 und 19.

6.2 Johann Wannenmacher, *Was wird es doch*

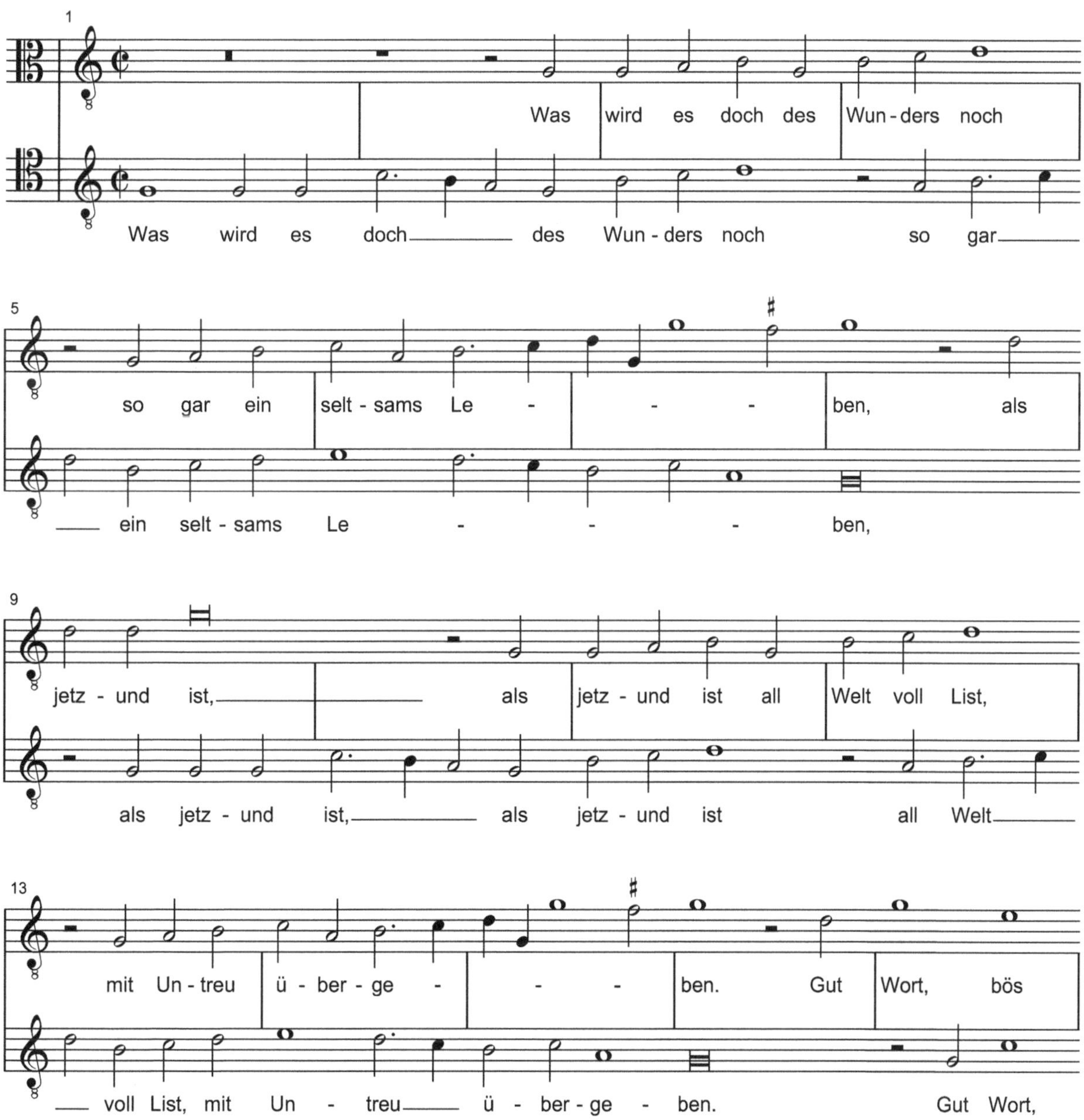

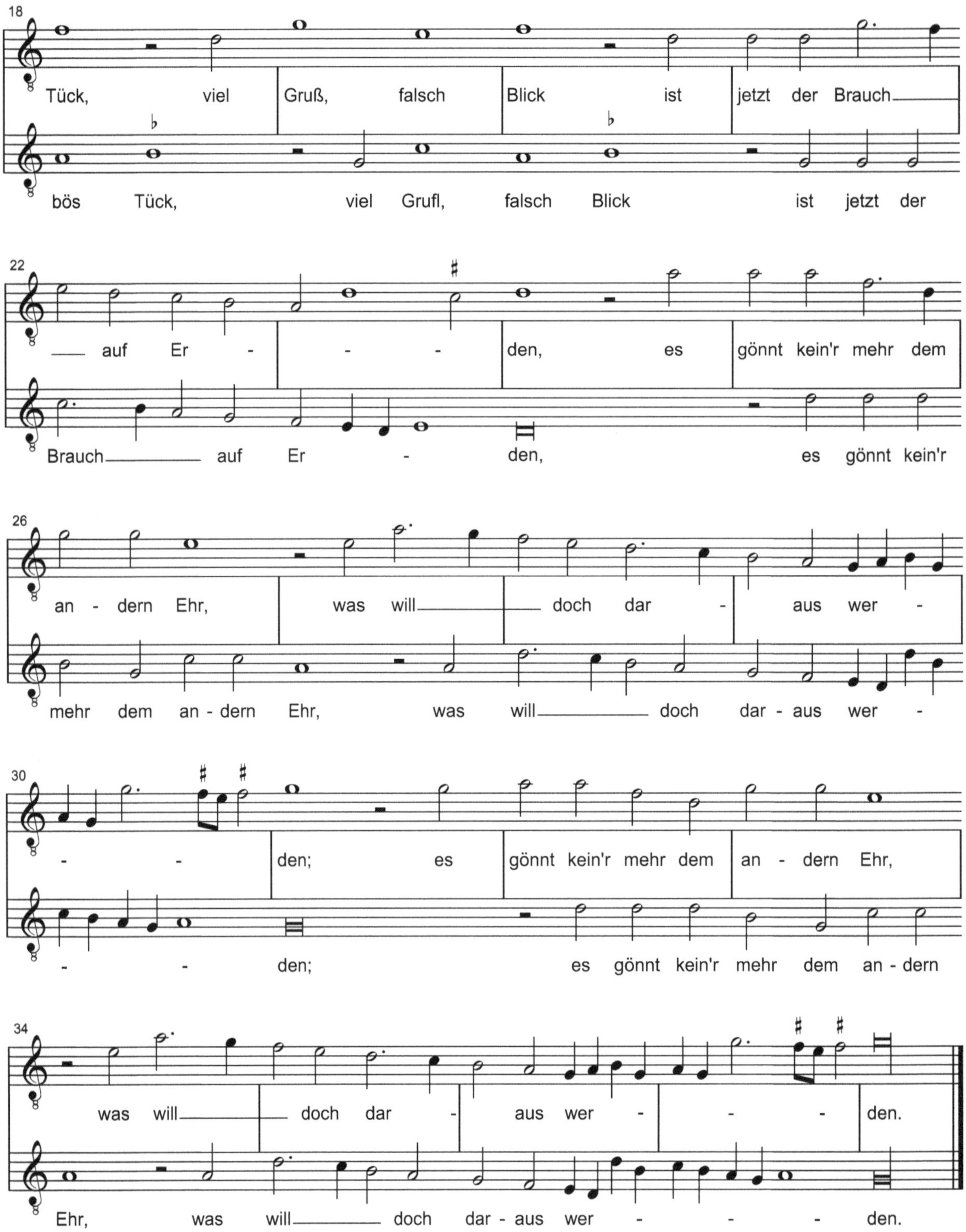

Wannenmacher, Bicinia II, Nr. 3
Vox libera, Vox communis
Die drei ersten Töne der Unterstimme lauten in der Quelle irrtümlich *e - e - e*. Man beachte die Freiheiten in der Dissonanzbehandlung in T. 6, 13, 22, 28 und 35.

7 Geistliche Liedsätze

7.1 Caspar Othmayr, *Es woll uns Gott genädig sein*

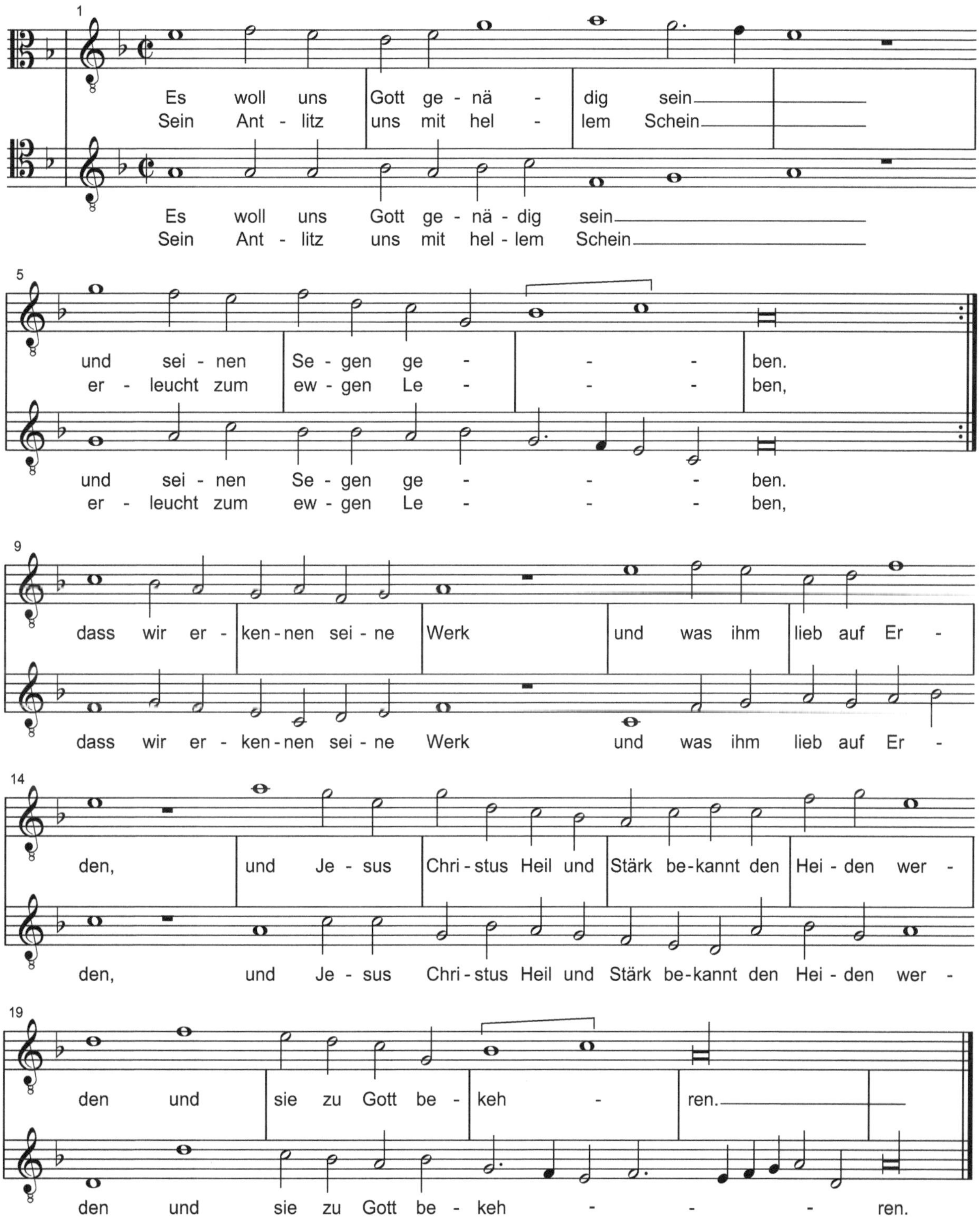

Othmayr, Bicinia sacra, Nr. 10
Vox vulgaris, Altera vox
Die untransponierte Liedmelodie steht im Lehrgang auf S. 211.

7.2 Caspar Othmayr, *Ein feste Burg ist unser Gott*

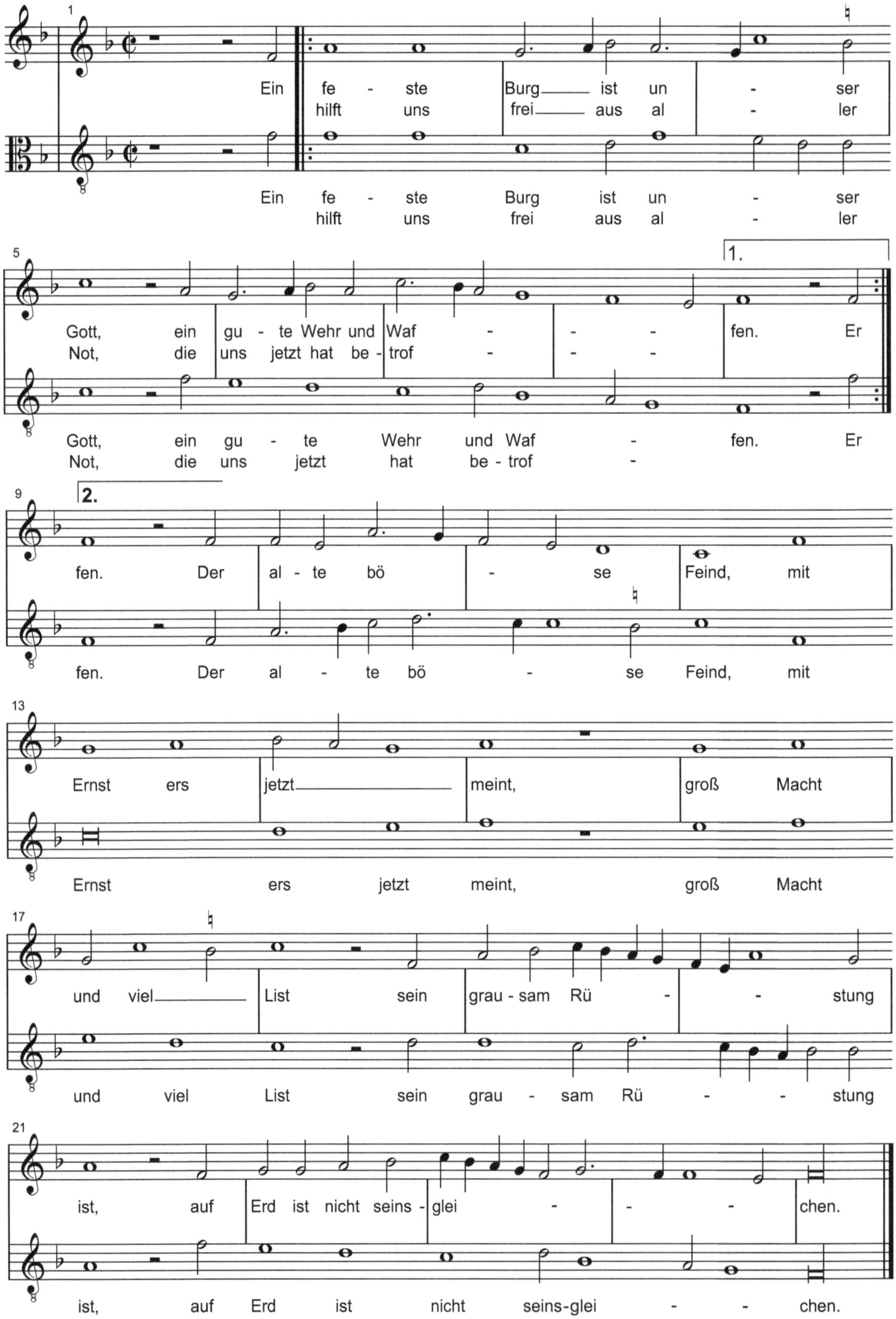

Othmayr, Bicinia sacra, Nr. 2
Altera vox, Vox vulgaris
Die Liedmelodie steht im Lehrgang auf S. 213.

7.3 Caspar Othmayr, *Aus tiefer Not schrei ich zu dir*

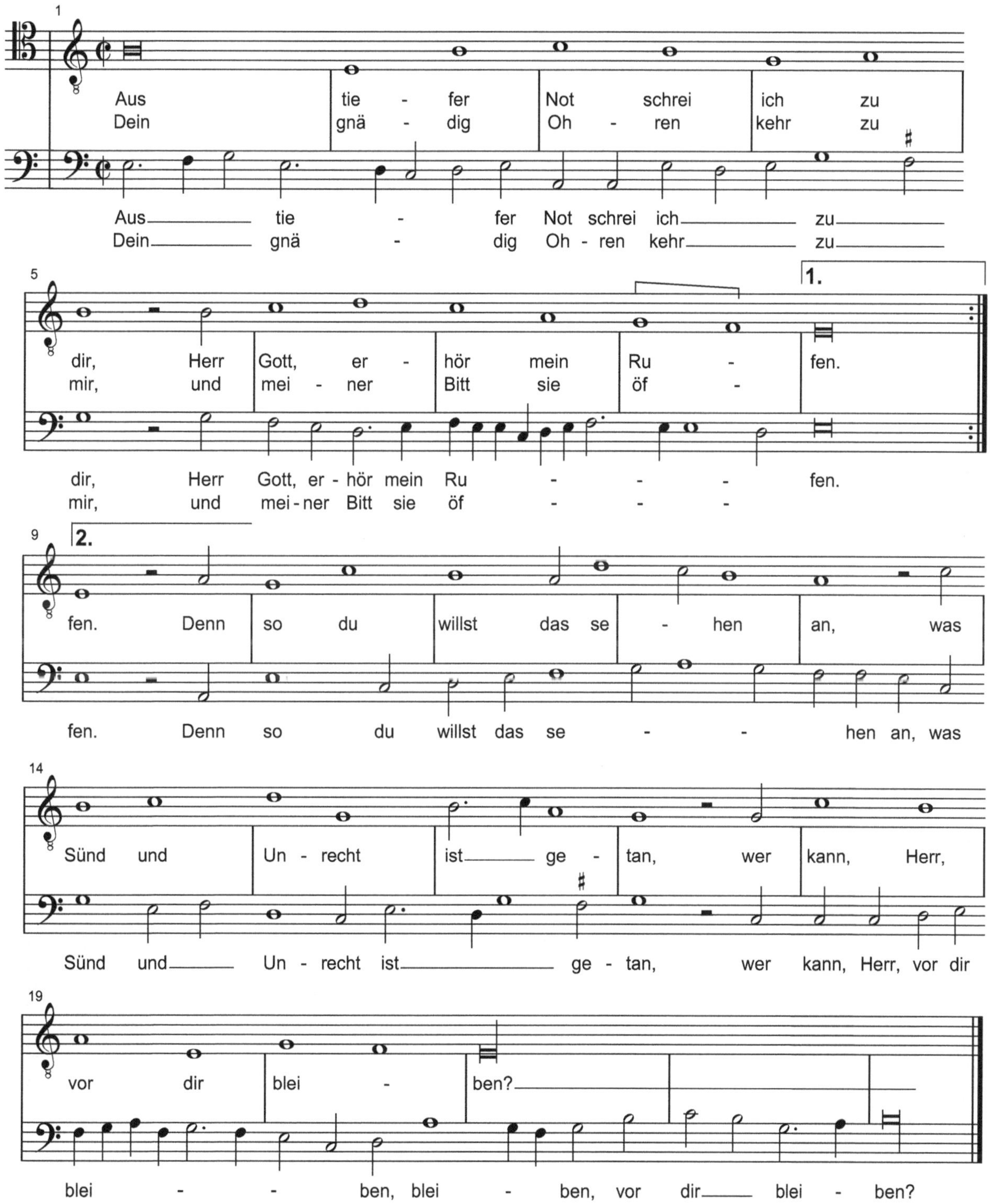

Othmayr, Bicinia sacra, Nr. 13
Vox vulgaris, Altera vox
Die Liedmelodie steht im Lehrgang auf S. 211.

7.4 Caspar Othmayr, *Gelobet seist du, Jesu Christ*

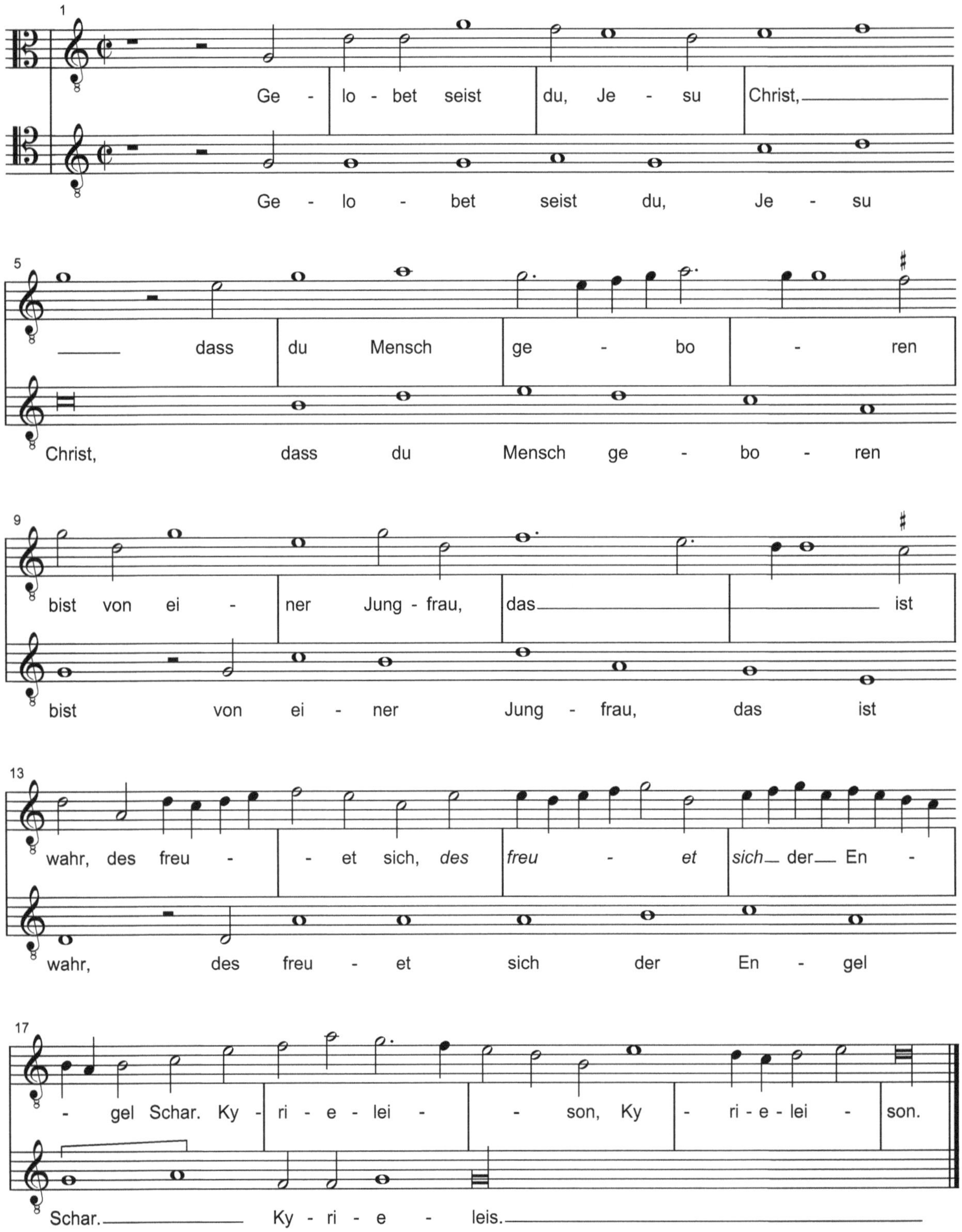

Othmayr, Bicinia sacra, Nr. 4
Altera vox, Vox vulgaris
Die Liedmelodie steht im Lehrgang auf S. 214.

Zweiter Teil

Melodie- und Satzlehre

Inhalt Melodie- und Satzlehre

I GRUNDLAGEN

1 Melodik

1.1 Stimmlagen und Notenschlüssel

Die vier Stimmlagen *Sopran, Alt, Tenor* und *Bass* entsprechen in der Musik der Renaissance nur zum Teil denjenigen eines heutigen gemischten Chors. Der Sopran wurde von Knabenstimmen oder von Falsettisten ausgeführt. Auch der Alt wurde von besonders geschulten Männerstimmen gesungen, sein Umfang liegt tiefer als der einer weiblichen Altstimme. In der originalen Notation werden die Töne mit Hilfe dreier Schlüssel notiert, welche die Töne g^1, c^1 und *f* festlegen. Die Schlüssel werden so auf den Notenlinien platziert, dass die Stimme ohne Hilfslinien notiert werden kann. Liegt der Satz in normaler Höhe, werden die vier Standardschlüssel verwendet. Liegt er höher, kommen die „hohen" Schlüssel zum Einsatz (Näheres dazu auf S. 116). So ergeben sich sieben verschiedene Schlüssel (der C-Schlüssel auf der mittleren Linie wird sowohl als normaler Alt- als auch als hoher Tenorschlüssel verwendet).[1] Die Vielfalt der „alten" Schlüssel war für die Musiker der Zeit kein Problem, denn diese lasen in erster Linie Melodiestufen und nicht absolute Tonhöhen. In modernen Ausgaben werden der Sopran und der hohe Alt im Violinschlüssel, der normale Alt und der Tenor im oktavierenden Violinschlüssel und der Bass im normalen Bassschlüssel notiert. In der Übersicht rechts stehen zuerst die Originalschlüssel, in Klammern dahinter die entsprechenden modernen Schlüssel und die Tonumfänge, die in der Originalnotation ohne Hilfslinien darstellbar sind.

Hoher Sopranschlüssel („Violinschlüssel")
Sopranschlüssel (Diskantschlüssel)
Hoher Altschlüssel („Mezzosopranschlüssel")
Altschlüssel bzw. hoher Tenorschlüssel
Tenorschlüssel
Hoher Bassschlüssel („Baritonschlüssel")
Bassschlüssel

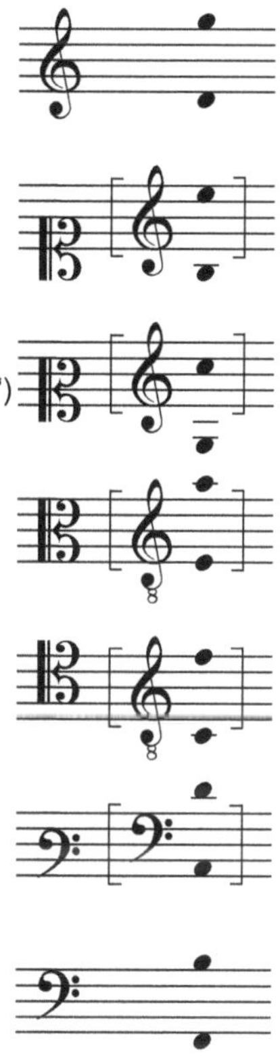

1.2 Modi

Die siebenstufige Stammtonreihe *c – d – e – f – g – a – h* lässt sich nach pythagoreischer Tradition aus der Quintenreihe *f – c – g – d – a – e – h* ableiten. Aus der Stammtonreihe werden die *Modi* gebildet. Der bestimmende Ton eines Modus ist seine *Finalis* (Endton). Die vier ursprünglichen Modi sind

- *Dorisch* (Finalis *d*),
- *Phrygisch* (auf *e*),
- *Lydisch* (auf *f*) und
- *Mixolydisch* (auf *g*).

Dazu kamen später noch

- *Äolisch* (auf *a*) und
- *Ionisch* (auf *c*).

Einen *lokrischen* Modus (auf *h*) hat es in der Praxis nicht gegeben.

Die Modi unterscheiden sich durch die Anordnung der Ganz- und Halbtonschritte und erhalten dadurch ihren je eigenen Charakter. Der Tonraum eines Modus beträgt normalerweise eine Oktave. Dieser Oktavrahmen wird nicht immer völlig ausgeschöpft, er kann andererseits auch überschritten werden. Er ist also keine starre Grenze, sondern ein Merkmal, durch das ein Modus erkennbar wird. Jeden Modus gibt es in zwei Arten: Im *authentischen* (eigentlichen) Modus liegt der *Ambitus* (Tonumfang) über der Finalis, im *plagalen* (abgeleiteten) um die Finalis herum. So erstreckt sich zum Beispiel der Oktavrahmen des authentischen Dorisch von *d* bis *d* und der des plagalen Dorisch von *a* bis *a*. Finalis ist in beiden Fällen der Ton *d*. Die plagalen Modi können auch durch den Zusatz „Hypo-" bezeichnet werden (*Hypodorisch, Hypophrygisch* usw.). Verbreiteter als diese „pseudoklassischen" Bezeichnungen[2] war die Durchnummerierung der Modi mit ihren authentischen und plagalen Arten:

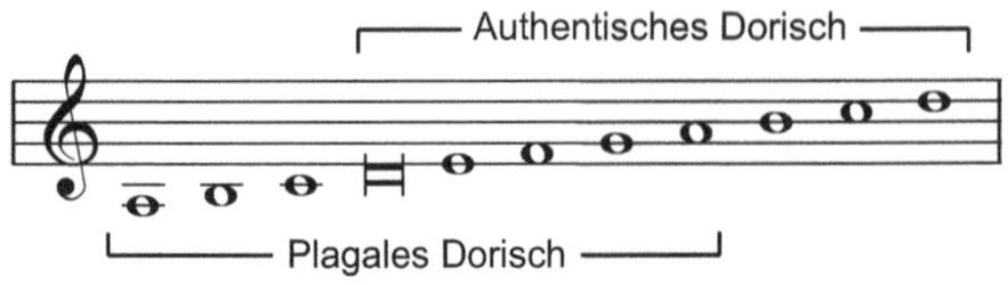

„Klassische" Modi:

1. Modus: authentisches Dorisch,
2. Modus: plagales Dorisch (Hypodorisch),
3. Modus: authentisches Phrygisch,
4. Modus: plagales Phrygisch (Hypophrygisch),
5. Modus: authentisches Lydisch,
6. Modus: plagales Lydisch (Hypolydisch),
7. Modus: authentisches Mixolydisch,
8. Modus: plagales Mixolydisch (Hypomixolydisch),

Erweitertes System:

9. Modus: authentisches Äolisch,
10. Modus: plagales Äolisch (Hypoäolisch),
11. Modus: authentisches Ionisch,
12. Modus: plagales Ionisch (Hypoionisch).[3]

Die Stammtonreihe und damit die Modi können um eine Quinte nach unten transponiert werden. Im transponierten System wird dann ein ♭ vorgezeichnet. Der transponierte 1. Modus (authentisches Dorisch) zum Beispiel ist auf der Finalis *g* aufgebaut. Andere Transpositionen als die um eine Quinte nach unten (bzw. um eine Quarte nach oben) sind nicht üblich. Es gibt also neben dem „natürlichen" (untransponierten) System ohne Tonartvorzeichen nur ein transponiertes System mit einem vorgezeichneten ♭.

1.3 *H* und *B*

Erweitert man die pythagoreische Quintenreihe um eine Quinte nach unten, so erhält man die Töne *b – f – c – g – d – a – e – h*. Es gehört zu den Besonderheiten des modalen Tonsystems, dass sowohl *b* als auch *h* Verwendung finden. Zwar sind sie chromatische Varianten voneinander, bilden in der Quintenreihe aber den äußersten Gegensatz. Die Töne *h* und *b* (bzw. *e* und *es* im transponierten System) dürfen nicht direkt aufeinander folgen, und zwar weder in einer (Chromatik) noch in verschiedenen Stimmen (Querstand). In der Notenschrift wird aus dem „runden" *b* (*b rotundum,* ♭) durch Hinzufügung eines rechten Abwärtsstrichs das „eckige" *h* (*b quadratum,* ♮).

Ein Grund für die Wahl des *b* an Stelle des *h* (bzw. des *es* statt des *e* im transponierten System) ist vor allem die Vermeidung des melodischen Tritonus. Dieses Intervall wurde in einem weit verbreiteten Merkspruch regelrecht „verteufelt": *Mi contra fa est diabolus in musica.*[4] Sowohl der direkte Tritonus (linkes Beispiel) als auch der indirekte (rechtes Beispiel) werden durch die Erniedrigung der Stufe vermieden.

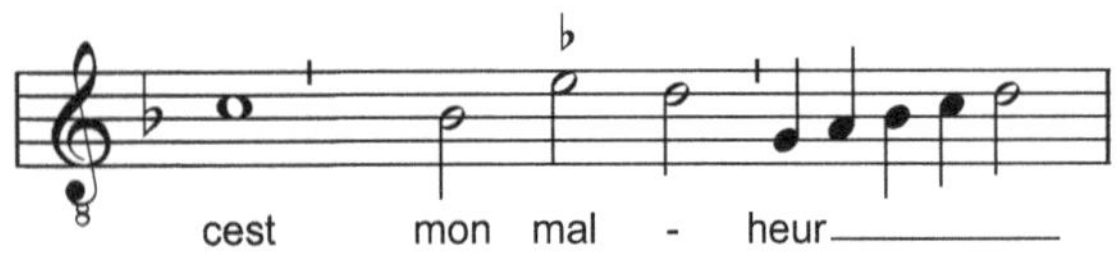

Gardane, Chanson *Las fortune de toy ie fais*
Rhau, Bicinia I, Nr. 21, T. 20, Alt

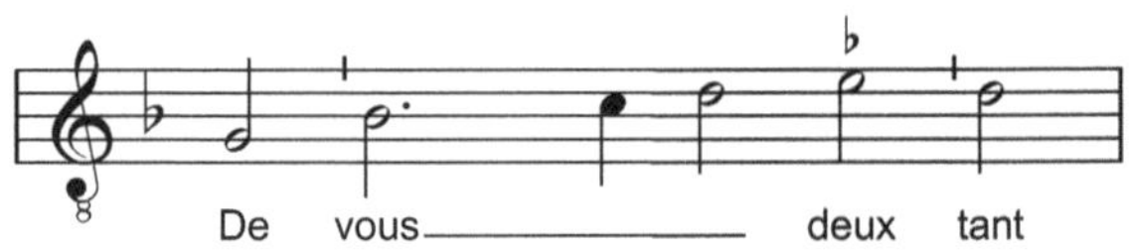

Manchicourt, Chanson *Doulce memoire en plaisir*
Rhau, Bicinia II, Nr. 15, T. 13, Alt

Ob *b* oder *h* zu singen ist (im transponierten System *es* oder *e*), wurde in der originalen Notation oft nicht durch ein Versetzungszeichen angegeben, sondern musste vom Ausführenden aus dem Zusammenhang erschlossen werden. In einem verbreiteten zeitgenössischen Merkspruch heißt es: *Una nota super la, semper est canendum fa.* Das will sagen: Steigt die Melodie um nur eine Stufe über *a* (im transponierten System *d*), ist immer ein Halbtonschritt (das Intervall zwischen *mi* und *fa*) zu singen. Andernfalls entstünde ein melodischer Tritonus. Im folgenden Beispiel hätte ein *h* in der ersten Phrase außer dem indirekten Tritonus auch einen unzulässigen großen Sextsprung zur Folge. Steigt die Melodie dagegen über *a* (im transponierten System *d*) weiter aufwärts wie in der zweiten Phrase, wird die Stufe nicht erniedrigt.

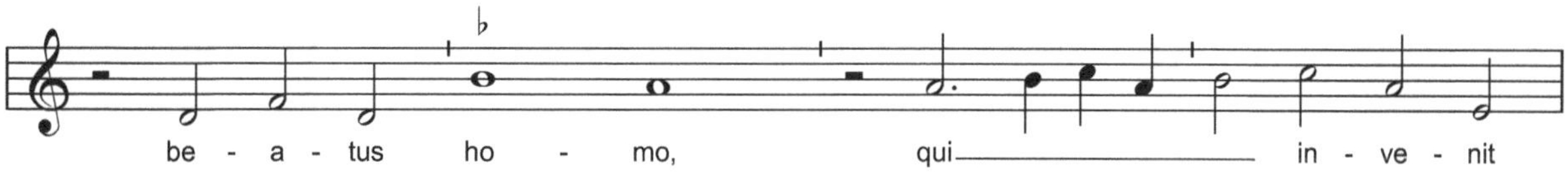

Lasso, *Beatus homo,* SW 1, Nr. 2, T. 4, Sopran

Die Una-nota-Regel gilt nicht uneingeschränkt. So wird zum Beispiel die fünfte Stufe der phrygischen Modi normalerweise nicht erniedrigt, weil die reine Quinte über der Finalis eine Hauptstufe ist. Darüber hinaus bleiben letztlich eine Reihe von Zweifelsfällen oder Ermessensentscheidungen. Im 16. Jahrhundert gab es zwischen Sängern mitunter heftige Auseinandersetzungen über die chromatischen Veränderungen.[5] Man ging daher mehr und mehr dazu über, diese im Notentext aufzuschreiben. In modernen Ausgaben werden nicht notierte Versetzungszeichen in Dünndruck über die Note gesetzt.

1.4 Lydisch

Bildet man von *f* aus eine Quarte nach oben, so entsteht der Tritonus *f – h*. Ist *f* die Finalis, kann der Tritonus die Stabilität des Modus gefährden, weil *h* als dominierender Leitton zu *c* empfunden wird. Diese Leittonwirkung kann vermieden werden, indem die vierte Stufe *h* zu *b* erniedrigt wird. In der Entwicklung der mehrstimmigen Komposition ging man der Einfachheit halber dazu über, das ♭ als für den ganzen Satz geltendes Vorzeichen neben dem Notenschlüssel zu notieren.[6] Damit aber ist der Intervallaufbau identisch mit dem des quintabwärts transponierten Ionisch: Lydisch ist das transponierte Ionisch. Wenn Lydisch aber zum transponierten System gehört, kann es nicht noch einmal quintabwärts transponiert werden, sondern nur quintaufwärts zurück ins Ionische. Obwohl es demnach streng genommen nur zehn statt zwölf Modi gibt, hielten die Komponisten und Theoretiker an der Bezeichnung „Lydisch" bzw. an der Nummerierung als 5. bzw. 6. Modus fest. Im natürlichen System erhalten wir somit die folgenden Modi:

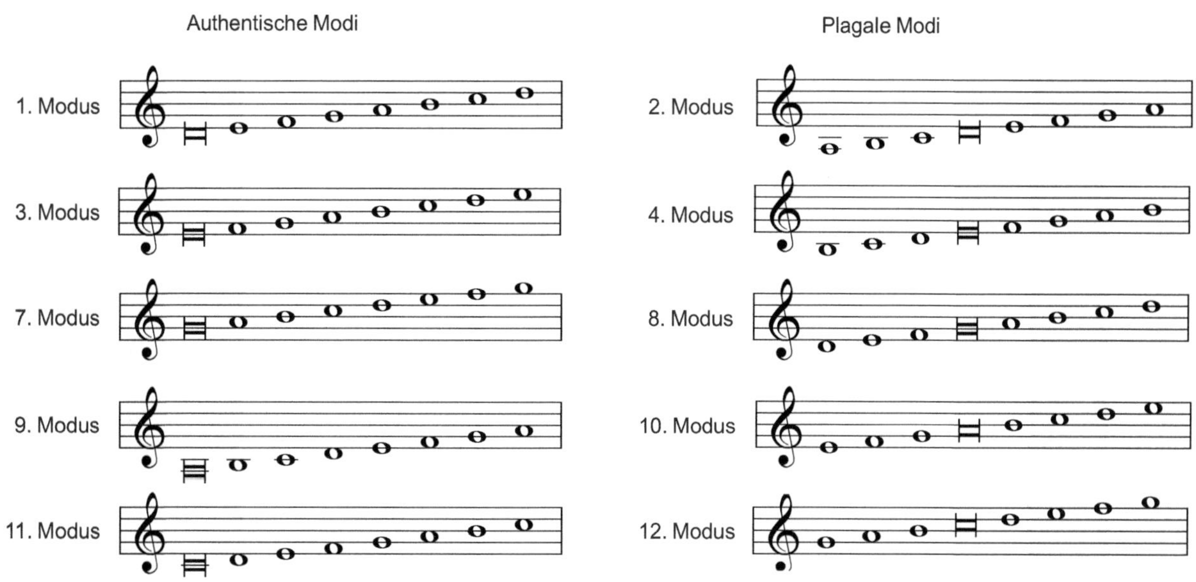

Die Modi im transponierten System:

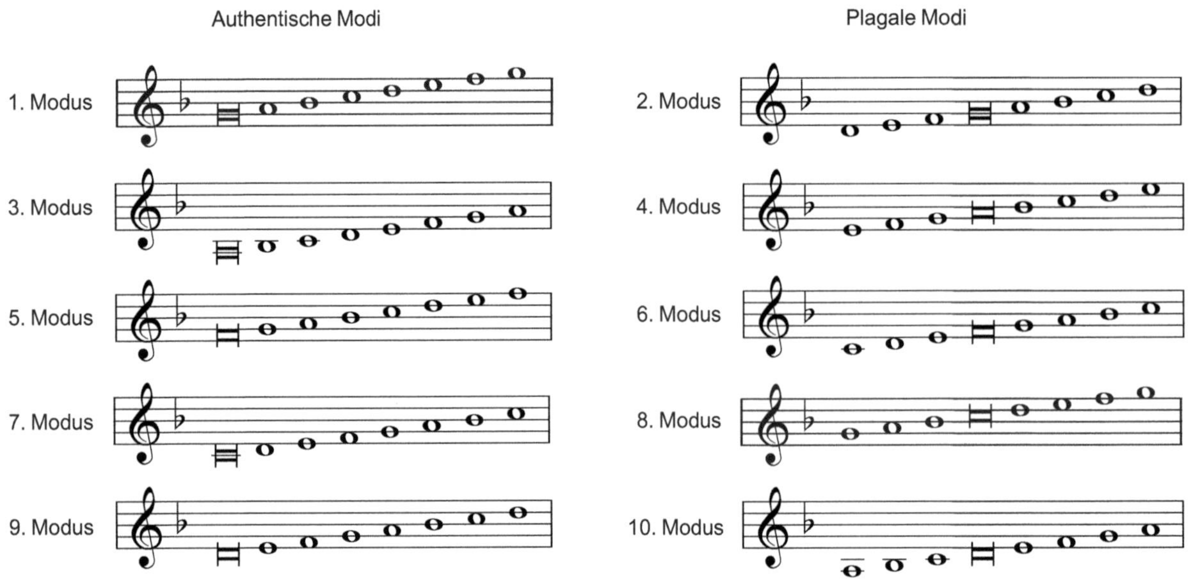

1.5 Akzidentien

Während die mögliche Erniedrigung von *h* zu *b* (im transponierten System von *e* zu *es*) eine essentielle Eigenschaft des modalen Tonsystems ist, wird die chromatische Erhöhung eines Stammtons als *akzidentiell* („zufällig“ im Sinne von „hinzukommend“) angesehen. Das *Akzidens* wird entweder als Versetzungszeichen notiert oder aus dem Zusammenhang erschlossen. Wird der Schlusston einer Melodiephrase mit einem steigenden Schritt erreicht, muss dieser ein Halbtonschritt sein (ein *subsemitonium modi*). Der vorletzte Ton der sogenannten *Sopranklausel* wird dadurch zum Leitton (linkes Beispiel). Stufen, die einen Ganz- und einen Halbtonschritt über sich haben (rechtes Beispiel), können jedoch nicht erhöht werden, weil der resultierende Ton (in diesem Fall ein *dis*) im modalen Tonsystem nicht existiert.

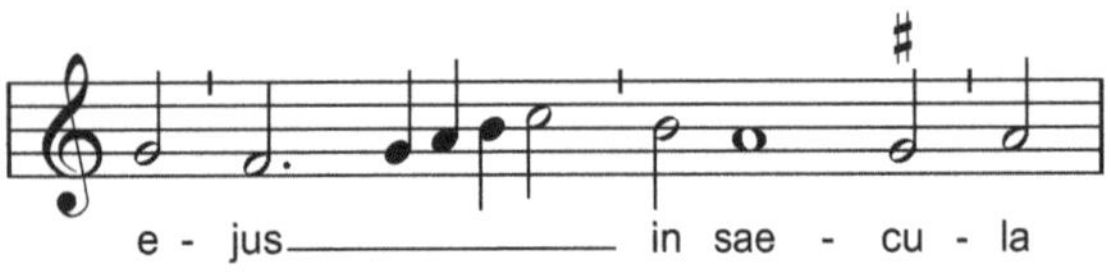

Lasso, *Magnificat Quarti Toni*
NR 17, Nr. 106, Vers 10, T. 17, Sopran

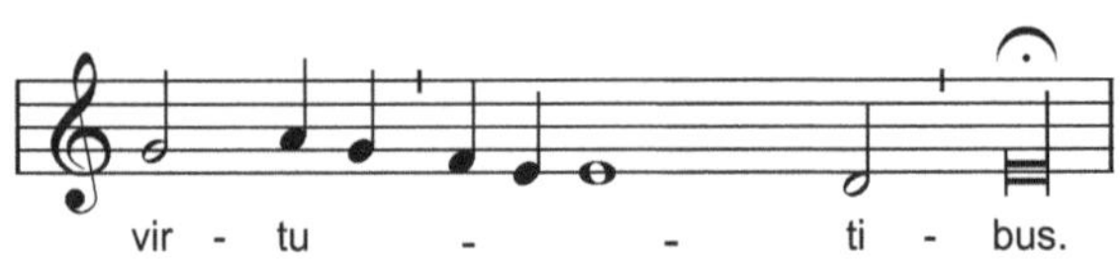

Lasso, Hymnus ***Exultet coelum laudibus***
NR 18, Nr. 29, 4. Strophe, T. 21, Sopran

Somit können nur drei Stufen chromatisch erhöht werden: Im untransponierten System *c* zu *cis, f* zu *fis* und *g* zu *gis,* im transponierten *f* zu *fis, b* zu *h* und *c* zu *cis.*[7]

Natürliches System

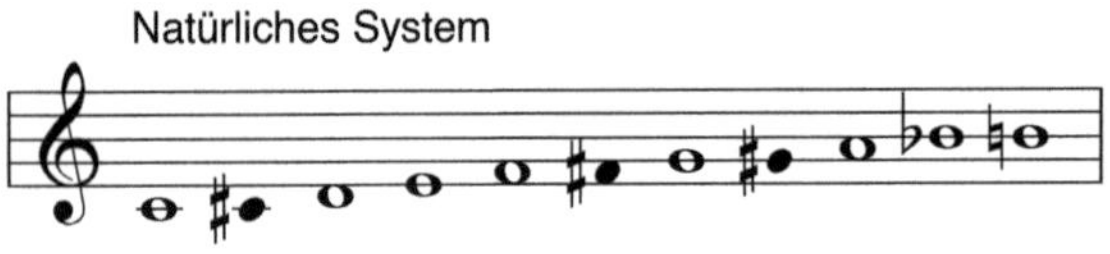

Transponiertes System

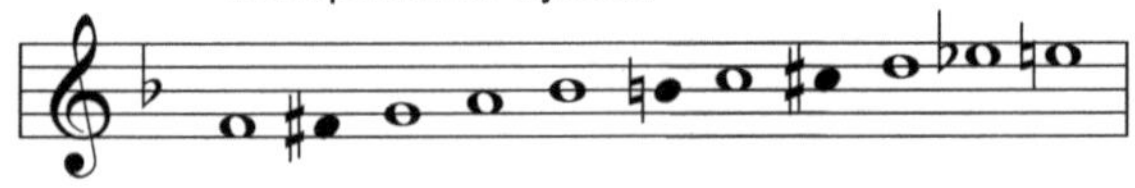

Aus den Stammtönen und Akzidentien ergibt sich jeweils ein Tonvorrat von elf Tönen. Das natürliche und das transponierte System zusammen enthalten zwar alle zwölf chromatischen Stufen,[8] doch in einem Satz können nur elf verschiedene Töne vorkommen, denn *gis* gibt es nur im natürlichen, *es* nur im transponierten System. Jeder Ton ist eindeutig einer Stufe zugeordnet, enharmonische Verwechslungen sind nicht möglich.

2 Rhythmik

2.1 Notenwerte

Die folgende Übersicht zeigt die Noten- und Pausenwerte, die in der Musik des 16. Jahrhunderts verwendet werden. Heute nicht mehr gebräuchlich sind die *Brevis* (im Wert von zwei ganzen Noten bzw. Pausen) und die *Longa* (im Wert von zwei Breven).[9] Die *Maxima* hat ursprünglich den Wert von zwei Longen, wird aber nur noch als Schlussnote von unbestimmter Dauer verwendet. Schlussnoten werden auch als Longa oder Brevis mit Fermate notiert. Achtel gibt es nur paarweise, daher entfällt ein Zeichen für die einzelne Achtelpause. Die ursprüngliche Form der Noten- und Pausenwerte (unter anderem eckige statt runder Notenköpfe) unterscheidet sich nur geringfügig von der heute üblichen.

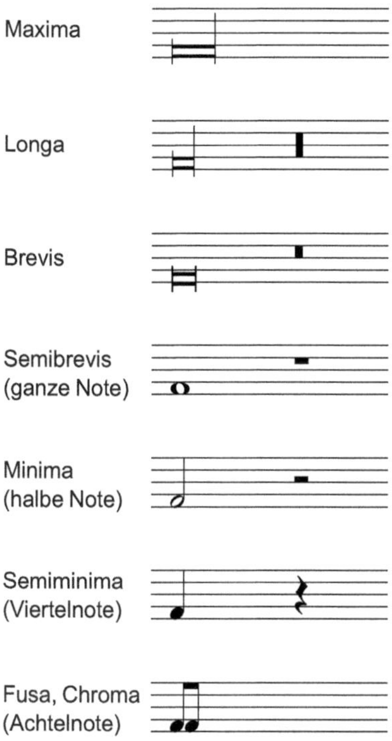

In vielen Ausgaben des 19. und 20. Jahrhunderts werden die Notenwerte im Verhältnis 1:2 oder sogar 1:4 verkürzt, um sie den heutigen Gewohnheiten anzupassen. Die langen Notenwerte der originalen Notation bedürfen einer gewissen Gewöhnung, stellen dann erfahrungsgemäß aber keine Schwierigkeit mehr dar. Daher wird hier an der originalen Schreibweise festgehalten.

Alle Noten außer der Maxima, der Viertel und der Achtel können punktiert und damit um die Hälfte ihres Werts verlängert werden. Doppelpunktierungen gibt es nicht, auch keine Haltebögen zur Tonverlängerung (zumindest nicht in der Aufführungsnotation). Daher sind siebenzeitige (o · ·) oder fünfzeitige Notenlängen (o‿♩) nicht darstellbar.

Zwei oder mehr Noten können zu einem Zeichen verbunden werden. Solche *Ligaturen* (verbundene Noten) gehen auf die Notation des mittelalterlichen Chorals zurück und wurden ein wichtiges Element der *Mensuralnotation* (*mensura* heißt Maß, Verhältnis). Diese vereinfachte sich im Lauf der Zeit so sehr, dass nur noch die Ligatur aus zwei ganzen Noten gebräuchlich ist. In modernen Ausgaben werden Ligaturen durch eine eckige Klammer über den Noten gekennzeichnet (siehe im nebenstehenden Notenbeispiel links). Ein selten anzutreffendes Relikt der Mensuralnotation ist auch die „geschwärzte“ (ausgefüllte) ganze Note, die eine punktierte Halbe bedeutet. Schwärzungen werden heute durch eckige Markierungen angezeigt (im Beispiel rechts).

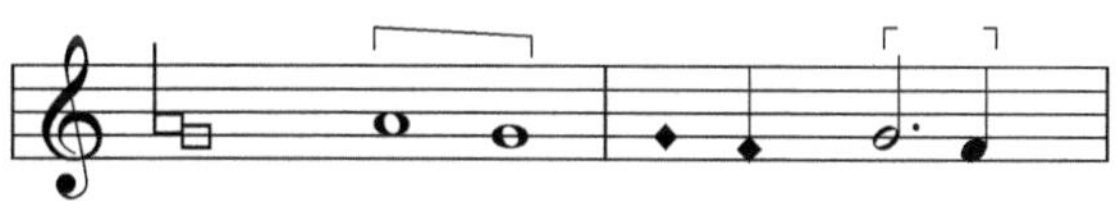

2.2 Takt

Die grundlegende Taktart ist das *tempus imperfectum diminutum,* das durch das Zeichen ¢ angezeigt wird. Wie in unserer heutigen Notation wird ein großer Notenwert in zwei kleine unterteilt (die Brevis in zwei Ganze, die Ganze in zwei Halbe usw.). Die Taktlänge ist die Brevis *(tactus alla breve),* man spricht daher noch heute vom „Alla-breve-Takt“. Mit *tactus* (Berührung, Schlag) ist die Dirigierbewegung des Vorsängers durch Abwärts- und Aufwärtsbewegung der Hand gemeint. Senkung *(positio)* und Hebung *(levatio)* haben jeweils die Länge einer ganzen Note. Die Geschwindigkeit des Schlages kann als ruhiges Schreiten oder als ruhiger Pulsschlag vorgestellt werden, das Tempo der ganzen Note dürfte also ungefähr MM 60 betragen.[10] Eine besondere Tempoangabe erübrigt sich daher.

Neben dem vorherrschenden zweizeitigen Alla-breve-Takt ist auch noch ein dreizeitiger Takt gebräuchlich. Er wird durch die Symbole Φ$\frac{3}{2}$, Φ3 , ¢$\frac{3}{2}$ oder ¢3 angezeigt. Die Brevis als unveränderliche Zeiteinheit *(integer valor)* wird dann in drei Ganze unterteilt, das Tempo der Ganzen beträgt somit etwa MM 90.[11] Durch den dreizeitigen Takt können vor allem „freudige" Texte hervorgehoben werden wie etwa das „Hosanna in excelsis" aus dem Sanctus der Messe.

Im Unterschied zur heutigen Chorpraxis sangen die damaligen Sänger aus Büchern, die jeweils die einzelnen Stimmen enthielten. Partituren wurden nur zum Komponieren benutzt.[12] Die Stimmbücher enthalten im Gegensatz zu den Partituren keine Taktstriche. Die Koordination der Stimmen wurde durch das weitgehend einheitliche Tempo und die Dirigierbewegung des Vorsängers gewährleistet. In modernen Ausgaben werden die Stimmen zu Partituren zusammengefasst. „Mensurstriche" zwischen den Notensystemen erleichtern das Lesen, ohne die originale Notation allzu sehr zu verändern.

2.3 Metrum

Der Brevis-Takt ist die Zähleinheit des Satzes. Wird die Brevis in zwei ganze Noten geteilt, bedeutet das aber nicht, dass die erste Ganze eine andere Qualität hat als die zweite. Andernfalls wären Imitationen oder gar Kanons im Abstand ungeradzahliger ganzer Noten gar nicht möglich. Ein Beispiel: Die beiden Stimmen im Kanon *Quam pulchra es* von Joachim Heller (S. 25–26) sind völlig gleichartig, obwohl die nachfolgende Stimme gegenüber dem Takt um eine ganze Note verschoben ist. Wie kein Pulsschlag wichtiger ist als der andere, so hat auch jede Ganze dasselbe „Gewicht". Unterteilt man dagegen eine ganze Note in zwei Halbe, so fällt die erste auf den Ganze-Schlag, die zweite aber nicht. Die erste erhält dadurch mehr Aufmerksamkeit, sie ist ge-wichtiger, „schwerer". Die zweite Halbe wird dagegen nicht so stark beachtet, sie ist „leichter". Die schwere Zeit wird durch das Zeichen – angezeigt, die leichte durch ⌣ . In der musikalischen Metrik ist damit aber aber keine keine Akzentuierung, etwa durch dynamische Betonung, gemeint (im Gegensatz zur deutschen Verslehre, die die Zeichen anders zuordnet).[13] Die metrische Differenzierung gehört zu den wichtigsten Grundlagen des Tonsatzes. So werden zum Beispiel Dissonanzen auf der schweren Halben anders behandelt als solche auf der leichten. Während also die Teilung der Brevis metrisch neutrale Ganze ergibt, führt die Teilung der Ganzen zu metrisch differenzierten Halben. Die Brevis als Zähleinheit wird *tactus maior* (großer Takt) genannt, die Ganze als metrische Einheit *tactus minor* (kleiner Takt).[14] Im übertragenen Sinne kann man auch im Tactus minor von Senkung (schwer) und Hebung (leicht) sprechen.[15] Unterteilt man eine halbe Note, erhält man wieder eine metrisch differenzierte Viertel-Senkung und -Hebung. Leichte Viertelnoten können auch in zwei Achtelnoten aufgeteilt werden, während es auf der schweren Viertel-Position keine Achtel gibt. Der metrische Unterschied zwischen der ersten und zweiten Achtelnote ist praktisch ohne Bedeutung.

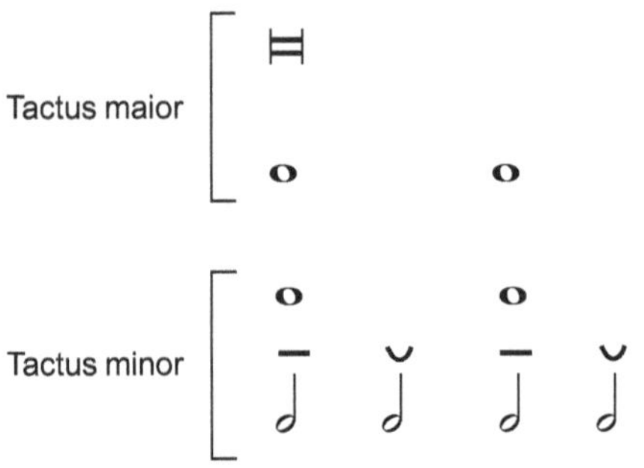

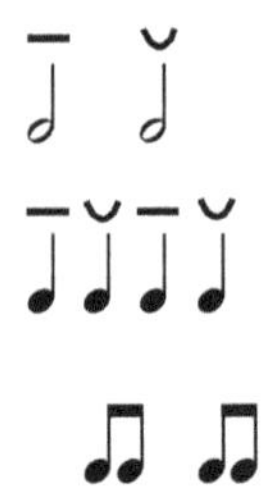

2.4 Rhythmus

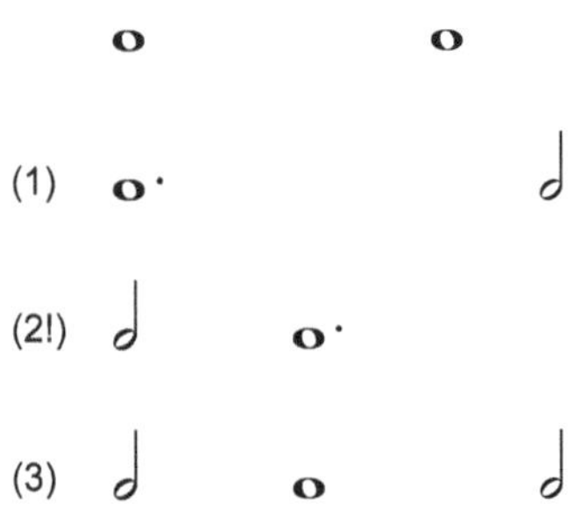

Es sollen nun einige typische Rhythmen beschrieben werden, zunächst solche mit der halben Note als kürzestem Wert. Die punktierte ganze Note beginnt immer auf dem Schlag (1), eine „umgekehrte" Punktierung ist unzulässig (2). Die Synkope (3) ist für die zwischen Stauung und Lösung schwingende Rhythmik der Renaissancemusik von großer Bedeutung, insbesondere für die Bildung von Schlüssen. Weil die ganze Note auf der Hebung einsetzt und die folgende Senkung ohne Toneinsatz bleibt, entsteht eine Sogwirkung, die durch die Töne auf der folgenden Hebung und Senkung wieder aufgelöst wird.

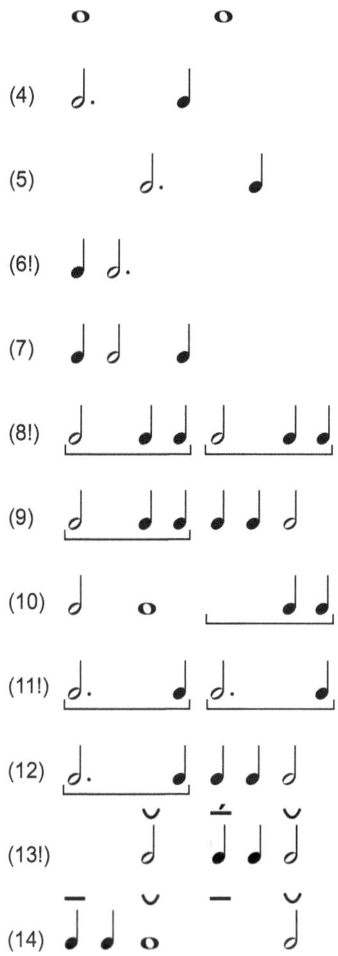

Diminuiert (verkürzt) man die Notenwerte, so erhält man zunächst eine punktierte Halbe, und zwar entweder auf dem Schlag (4) oder als synkopische Punktierung (5). Die punktierten halben Noten beginnen immer auf der Halbe-Position, eine „umgekehrte" Punktierung ist auch hier unzulässig (6). Die „kleine" Synkope (7) ist nur eine Randerscheinung, sie kommt in den meisten Sätzen gar nicht vor.

Besondere Beachtung verdienen die *metrischen Rhythmen.* In der antiken Metrik (Verslehre) wechseln lange und kurze Silben in bestimmten Mustern regelmäßig miteinander ab. So wird beispielsweise das Metrum aus einer langen und einer kurzen Silbe *Trochäus* (auftaktig *Jambus)* genannt, das aus einer langen und zwei kurzen Silben *Daktylus* (auftaktig *Anapäst)*. In der *quantitierenden,* auf festen Längenverhältnissen beruhenden musikalischen Metrik besteht der Daktylus aus einer halben und zwei Viertelnoten und der zweizeitige Trochäus aus einer punktierten halben und einer Viertelnote.

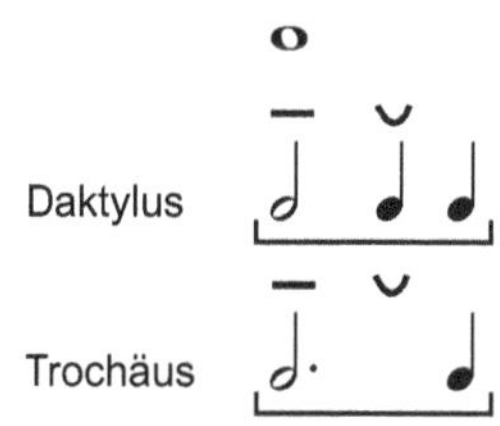

Der Spannungsverlauf der metrischen Rhythmen entspricht also demjenigen des „kleinen" Taktes: Auf der Taktsenkung, dem schweren (entspannten) Taktteil, liegt ein langer Ton, und auf der Hebung, dem leichten (gespannten) Taktteil, ein oder mehrere kurze Töne. Metrische Rhythmen machen den Takt hörbar.

Eine starke Hervorhebung der Taktmetrik, wie sie in der Musik der Wiener Klassik durchaus üblich ist, wird in der Renaissance vermieden. Die unmittelbare Aufeinanderfolge metrischer Rhythmen (8 und 11) ist daher nicht erwünscht. Setzt man die metrischen Rhythmen aber durch Viertelbewegung fort (9 und 12) oder integriert sie in eine Synkope (10), stellt sich die stiltypische Balance von klaren Taktschwerpunkten und fließender Bewegung ein.

Verschiebt man den Daktylus um eine halbe Note, so fällt das Viertelpaar und damit die rhythmische Spannung auf die Taktsenkung und die Halbe als rhythmische Entspannung auf die Takthebung. Der Spannungsverlauf widerspricht somit dem Taktmetrum. Den verschobenen (oder auch umgekehrten) Daktylus kann man auch als *rhythmischen Akzent* bezeichnen (⩦). Die akzentuierende Wirkung ist nur dann gegeben, wenn das Viertel-Paar auf der Senkung steht und von längeren Notenwerten umgeben ist (13). Dieser Rhythmus ist unzulässig! Wenn dem Viertelpaar dagegen ein oder mehrere Viertel vorausgehen (9 und 12) oder nachfolgen, besteht auch keine akzentuierende Wirkung und der Rhythmus ist regelgerecht. Üblich ist auch die Integration des rhythmischen Akzents in eine Synkope (14); man kann diese als vorübergehend verschobene Senkung verstehen, die durch einen ebenfalls verschobenen Daktylus eingeführt wird.

2.5 *Quantitativo*

Das folgende Beispiel (auf der nächsten Seite) beginnt mit den Notenwerten Brevis – Ganze – punktierte Halbe – Viertel. Es folgen nur benachbarte Notenwerte und deren Punktierungen aufeinander, die größte Proportionen beträgt daher 3:1. Auf diese Weise werden übermäßige rhythmische Kontraste vermieden. Das Beispiel folgt einem Grundsatz, den der Musiktheoretiker Gioseffo Zarlino als *Quantitativo* bezeichnet.[16]

Die Synkope in T. 3–4 scheint allerdings gegen die Quantitativo-Regel zu verstoßen, denn die ganze Note wird durch Viertel eingeführt und fortgesetzt. Hier liegt also die Proportion 4:1 vor. Offenbar wird der Ganz-

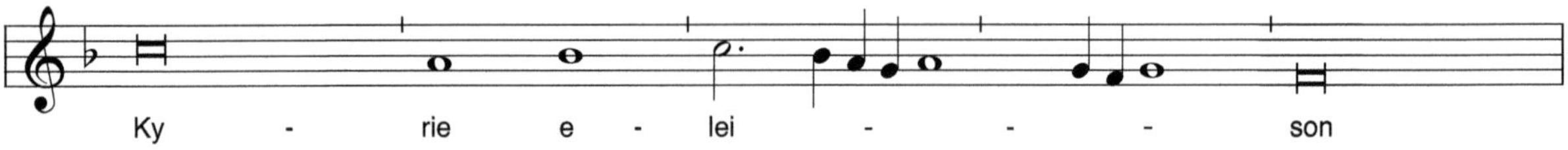

Palestrina, *Missa „Brevis"*, W 12, Kyrie, T. 5, Sopran

noten-Schlag als so stark empfunden, dass er die Synkope gleichsam in zwei Halbe teilt und damit die Proportion 2:1 herstellt (♩ ♩ 𝅗𝅥 | 𝅗𝅥 ♩ ♩). Synkopen sind daher von der Quantitativo-Regel ausgenommen. Auch punktierte ganze Noten werden durch den Schlag geteilt und können direkt mit Viertelnoten fortgesetzt werden (siehe das folgende Beispiel). Das Gleiche ist bei diminuierten Notenwerten der Fall: Auf eine punktierte Halbe dürfen zwei Achtel folgen (zweites Beispiel).

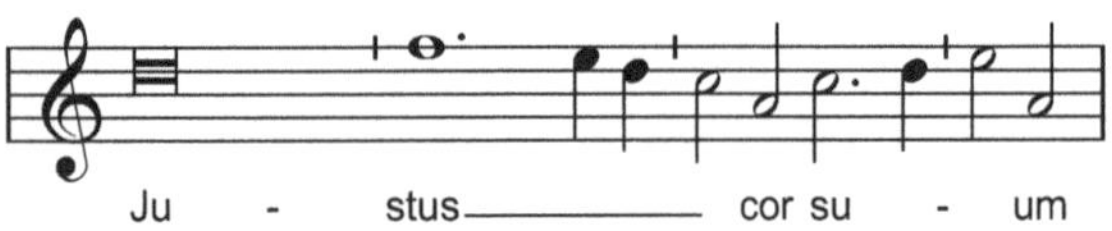

Lasso, ***Justus cor suum***
SW 1, Nr. 4, T. 1, Sopran

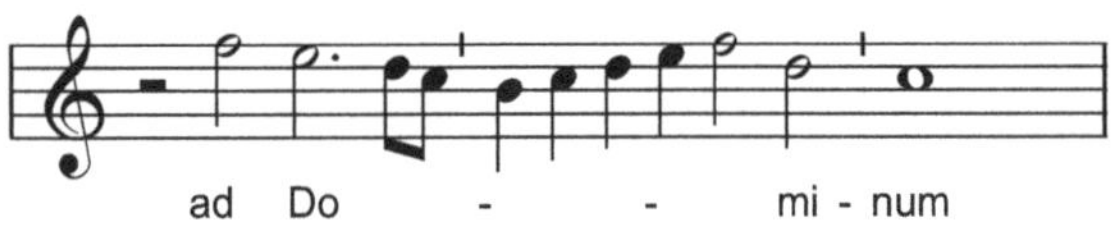

Lasso, ***Justus cor suum***
SW 1, Nr. 4, T. 12, Sopran

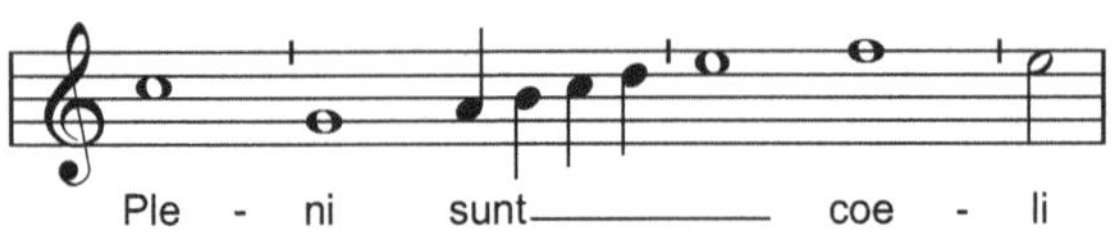

Palestrina, *Missa Ave Maria*
W 16, Sanctus, Pleni, T. 2, Sopran

Eine weitere Ausnahme kann man im Beispiel oben auf der Seite sehen. Dort folgt auf das Viertelpaar im vorletzten Takt direkt eine ganze Note. Diese ist der vorletzte Ton einer Tenorklausel (einer melodischen Schlusswendung). Die Einmündung in Klauseln ist jedoch von der Quantitativo-Regel ausgenommen. Das Gleiche gilt für die Fortschreitung in den Schlusston.

Anders verhält es sich im dritten Beispiel links. Hier setzt sich Palestrina demonstrativ über die Quantitativo-Regel hinweg und beginnt seinen Satz mit einem sehr auffallenden, gleichsam holzschnittartigen Rhythmus. Dessen Prägnanz entfaltet sich aber erst auf dem Hintergrund der normalerweise üblichen rhythmischen Proportionen, von denen er sich abhebt. Solche Regelverstöße sind erprobte „rhetorische" Mittel, um bestimmte Stellen aus dem Ebenmaß des rhythmischen Flusses hervorzuheben.

2.6 Varietas

Der Grundsatz der Varietas wurde oben schon erwähnt.[17] Er wird auf alle Gestaltungsebenen eines Satzes bezogen, zum Beispiel auf die melodische Abwechslung von Schritt und Sprung oder die Begrenzung parallel geführter unvollkommener Konsonanzen. Hier soll es zunächst nur um rhythmische Varietas gehen. Ein Verstoß gegen das Gebot der Vielfalt und Abwechslung stellt zum Beispiel die unmittelbare Wiederholung metrischer Rhythmen dar. Untersucht man die folgende Eröffnung eines motettischen Satzes von Orlando di Lasso (auf der folgenden Seite) auf rhythmische Varietas hin, so sieht man:

- Fast alle üblichen Notenwerte werden verwendet (namentlich in der Oberstimme), einschließlich der Punktierung und der Synkope.
- Die rhythmische Gestaltung ändert sich ständig, kein Takt gleicht dem anderen.
- Selten folgen gleiche Notenwerte aufeinander. Ausnahmen sind nur die beiden Ganzen am Schluss der Unterstimme und die Viertelkette in T. 4–5 der Oberstimme.
- Kommen gleiche Rhythmen in zwei Takten hintereinander vor (wie hier die synkopischen Punktierungen in T. 4 und 5 der Oberstimme), werden sie unterschiedlich ein- oder weitergeführt.
- Anfang, Mitte und Schluß sind rhythmisch verschieden gestaltet (langsamer Beginn, Verkürzung der

Notenwerte, Schlussbildung durch typische Klauseln). Vergleicht man die Rhythmik der Stimmen untereinander, so stellt man fest:

- An keiner Stelle kommt in der Ober- und Unterstimme gleichzeitig derselbe rhythmische Wert vor.
- Ruhige Bewegung in der einen Stimme wird durch lebhafte Bewegung in der anderen ergänzt.

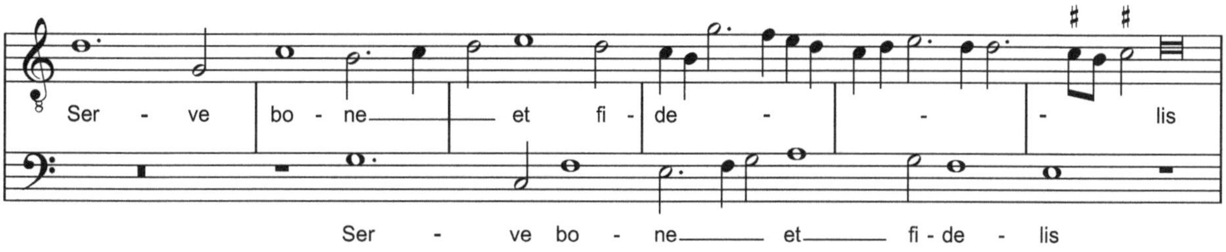

Lasso, *Serve bone,* SW 1, Nr. 10, T. 1

Ein völlig anderes Bild ergibt sich in dem folgenden Satzausschnitt desselben Komponisten.

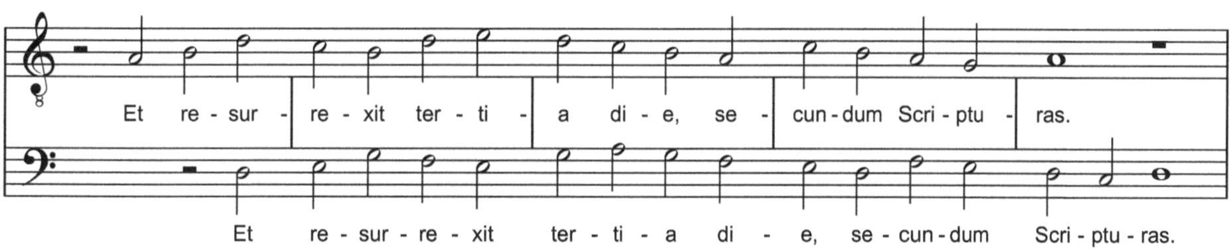

Lasso, *Missa super Laudate Dominum,* NR 7, Credo, T. 75-79

Außer den Schlusstönen werden nur halbe Noten verwendet. Statt Vielgestaltigkeit herrscht absolute Einförmigkeit. Der Sinn dieser auffällig einfachen Satzgestaltung erschließt sich erst, wenn man den Zusammenhang einbezieht (siehe den gesamten Crucifixus-Satz auf S. 21). Unser Ausschnitt ist von anderen Abschnitten eingerahmt, die dem Varietas-Gebot weitgehend entsprechen. „Varietas" bezieht sich hier also auf die Differenzierung der Abschnitte untereinander. In diesem besonderen Fall hat die Schlichtheit des Satzes darüber hinaus auch etwas mit dem Text zu tun. Bei der Darstellung des zentralen Glaubenssatzes über die Auferstehung „secundum Scripturas" („gemäß der Schrift") tritt die musikalische Gestaltung bescheiden hinter die Deklamation des Textes zurück und hebt ihn dadurch rhetorisch hervor. Auch die Sätze von zyklischen Kompositionen werden oft abwechslungsreich gestaltet. Textreiche Teile der Messe wie das Gloria und das Credo werden vorwiegend syllabisch vertont, textarme Teile wie das Kyrie melismatisch. Auf diese Weise kann die Länge der Messensätze in etwa angeglichen werden. Varietas ist demnach kein starres Schema: Wäre sie stets im gleichen Maße und in gleicher Art vorhanden, würde Mannigfaltigkeit in Einförmigkeit umschlagen.

Anmerkungen

1. Der normale Sopran wird gelegentlich auch im G-Schlüssel auf der mittleren Linie notiert, der hohe Bass mit dem C-Schlüssel auf der oberen Linie. Liegt der Bass noch höher, bewegt er sich in der Lage des normalen Tenors und wird dementsprechend im C-Schlüssel auf der zweiten Linie notiert. Der Subbassschlüssel (F-Schlüssel auf der oberen Linie) wird nur ausnahmsweise verwendet.

2. Die pseudoklassische Benennung der Modi nach griechischen Völkern geht auf Boethius zurück. Die Zuordnung wurde allerdings im 9. Jh. verwechselt (vgl. MGG [2], Sachteil 6, Sp. 400-404).

3. Das System der zwölf Modi hat zum ersten Mal Heinrich Glarean in seiner Schrift *Dodekachordon* (Basel 1547) dargestellt. Gioseffo Zarlino zählt in der zweiten Auflage seiner *Istitutioni harmoniche* (Venedig 1573) den Modus auf *c* als 1. bzw. 2. Ton, *d* als 3. bzw. 4. Ton usw. Diese Zählung hat sich allerdings nicht durchgesetzt.

4. Johann Joseph Fux prägte diesen Merkspruch in seinem *Gradus ad Parnassum* (Wien 1725). *Mi* und *fa* sind Tonsilben der Hexachordlehre. Diese wurde von Guido von Arezzo im 11. Jh. begründet (vgl. MGG, Bd. 6, Sp. 349 ff.). Sie sollte den Sängern helfen, die Lage der Ganz- und Halbtonschritte zu erinnern. Ein *Hexachord* (Sechstongruppe) besteht aus einem Halbtonschritt (*mi – fa*), der jeweils oben und unten von zwei Ganztonschritten umgeben ist. Überschreitet eine Melodie den Umfang des Hexachords, so wird in ein anderes Hexachord gewechselt, das auf einer anderen Tonstufe steht *(Mutation)*. Auch bei chromatischen Erhöhungen oder Erniedrigungen muss mutiert werden. In der folgenden Übersicht (nach Hermann Finck, *Practica musica,* 1556, zit. nach MGG, Bd. 6, Sp. 353) sieht man das *Hexachordum durum* (beginnend auf *g*), das *Hexachordum naturale* (auf *c*) und das *Hexachordum molle* (auf *f*). Letzteres enthält enthält den Ton *b (b molle),* wohingegen die beiden ersten den Ton *h* enthalten *(b durum).*

	Hexacordum durum	*Hexachordum naturale*	*Hexachordum molle*				
ee							la
dd						la	sol
cc						sol	fa
bb						fa	♮ mi
aa					la	mi	re
g					sol	re	ut
f					fa	ut	
e				la	mi		
d			la	sol	re		
c			sol	fa	ut		
b			fa	♮ mi			
a		la	mi	re			
G		sol	re	ut			
F		fa	ut				
E	la	mi					
D	sol	re					
C	fa	ut					
♮	mi						
A	re						
G	ut						

Zwischen dem *mi* des Hexachordum durum und dem *fa* des Hexachordum naturale ergibt sich eine verminderte Quinte bzw. ein Tritonus *(h – f),* desgleichen zwischen dem *mi* des Hexachordum naturale und dem *fa* des Hexachordum molle *(e – b).* Beim Wechsel vom Hexachordum durum ins Hexachordum naturale sowie von diesem ins Hexachordum molle wäre folglich die Abfolge *mi – fa* zu vermeiden.

5. Vgl. Finscher (Hg.), Die Musik des 15. und 16. Jahrhunderts. Laaber 1996, S. 185.

6. Zwei der äußerst seltenen mehrstimmigen Kompositionen in „echtem" Lydisch ohne vorgezeichnetes ♭ sind Palestrinas *Magnificat Quinti Toni* (W 27, Nr. 13) und Lassos *Magnificat Sexti Toni* (NR 16, Nr. 76).

7. Die erniedrigten und erhöhten Töne fasste man auch unter dem Begriff *musica ficta* oder *falsa* (umgeformte oder falsche Töne) zusammen, im Gegensatz zur *musica recta* oder *vera* (richtige oder echte Töne der Stammtonleiter).

8. Das macht verständlich, warum nur eine einzige Transposition praktiziert wurde: Jede weitere würde den Tonvorrat vergrößern und somit die Geschlossenheit der zwölf Töne sprengen.

9. Longa und Brevis, die „lange" und die „kurze" Note, standen am Beginn der Entwicklung einer *quantitierenden* (auf festen Längenverhältnissen fußenden) Rhythmik. An der Bezeichnung eines Notenwerts, der doppelt so lang wie der längste heute gebräuchlichen Notenwert ist, als *Brevis,* also als „kurze" Note, kann man ablesen, wie weit sich die Notenwerte im Verlauf der Musikgeschichte verkürzt haben.

10. Vgl. Willi Apel, *Die Notation der polyphonen Musik,* Leipzig 1962, S. 207 f.

11. Der dreizeitige Takt kann auch durch die „normale" Schwärzung dargestellt werden, bei der die geschwärzte Note ein Drittel ihres Wertes verliert. Dann entsprechen zum Beispiel drei geschwärzte Semibreven dem Wert von zwei ungeschwärzten (◆ ◆ ◆ = o o).

12. Um mehrstimmige, komplexe Sätze zu schreiben, benutzten die Komponisten der Renaissance löschbare Tafeln. Auf einer solchen *Cartella* wurde die Partitur in einem Zehnliniensystem, der *Scala decemlinealis,* mit Taktstrichen und teilweise auch mit Haltebögen skizziert.

13. In der deutschen Verslehre bedeutet „Hebung" die Betonung einer Silbe durch Anheben bzw. dynamische Akzentuierung („Starkton"), während die Senkung unbetont bleibt („Schwachton") (vgl. Ivo Braak, *Poetik in Stichworten,* Kiel 1966, S. 39 ff.).

14. Vgl. Apel, Notation, S. 207.

15. Ob der *tactus minor* dirigiert wurde, ist nicht bekannt.

16. Zarlino, *Istitutioni harmoniche,* S. 202.

17. *Varietas delectat* (Mannigfaltigkeit erfreut): Diesen Grundsatz der antiken Rhetorik bezieht der Musiktheoretiker Johannes Tinctoris in seinem *Liber de arte contrapuncti* (S. 155) auf die Musik im Allgemeinen und auf das Vermeiden von Tonwiederholungen im Besonderen.

II MELODIK

1 Grundlagen der Melodik

1.1 Intervalle

Die folgenden melodischen Intervalle werden verwendet:
- Prime,
- Sekunden,
- Terzen,
- Quarte,
- Quinte und
- Oktave, jeweils auf- wie abwärts, sowie die
- kleine Sexte aufwärts.

Melodisch nicht verwendet werden dagegen die
- kleine Sexte abwärts, die
- große Sexte in beiden Richtungen,
- Septimen,
- alle Intervalle, die größer als eine Oktave sind, sowie
- übermäßige oder verminderte Intervalle.

1.2 Schritt und Sprung

Schritte (große und kleine Sekunden) sind die Grundbausteine der Melodik. Auch längere Melodien, die ausschließlich aus Schritten bestehen, können durchaus spannungsvoll sein.

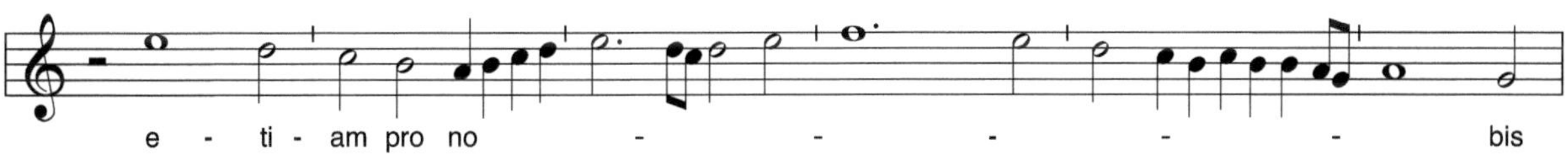

Palestrina, ***Missa L'Homme Armé,*** W 12, Credo, T. 106, Sopran

Neben der rhythmischen Differenzierung sorgt die wechselnde Bewegungsrichtung für Abwechslung. Die Melodie tritt nicht auf der Stelle, denn der Tonraum wird planmäßig erschlossen: Der zu Beginn eröffnete Quintraum $e^2 – a^1$ wird in wellenförmiger Bewegung um jeweils einen Ton nach oben bis zum f^2 und nach unten zum g^1 erweitert.

Der Normalfall ist allerdings nicht die reine Sekundmelodik, sondern eine ausgewogene Mischung von Schritten und Sprüngen. In den folgenden beiden Melodiephrasen werden Terzsprünge nach unten und oben jeweils durch einen Schritt in die entgegengesetzte Richtung ausgeglichen. Entscheidend ist die

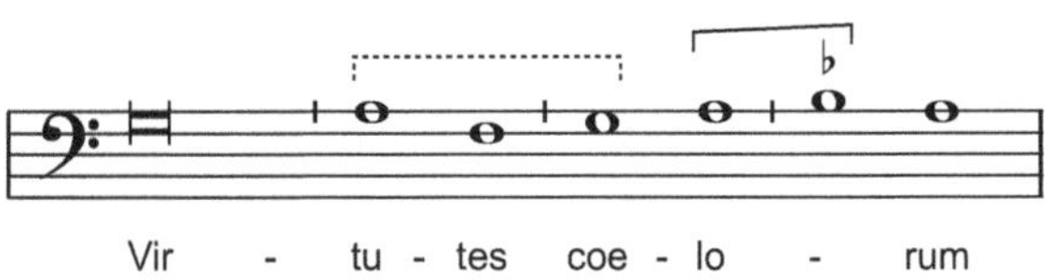

Palestrina, Motette ***Salvator mundi***
W 5 I, Nr. 23, T. 31, Bass

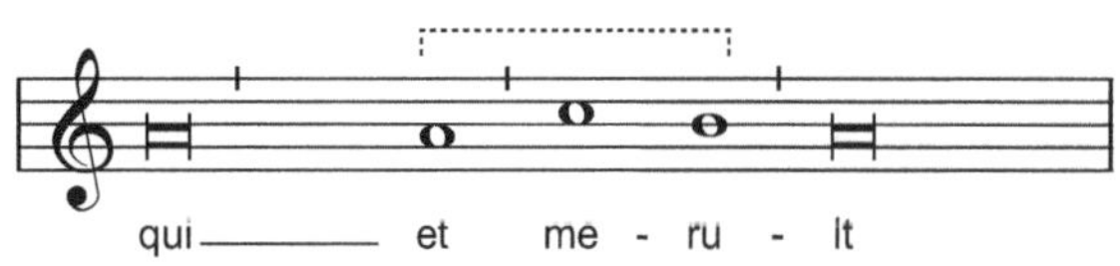

Palestrina, Motette ***Magnus sanctus Paulus***
W 5 I, Nr. 15, T. 52, Sopran

daraus resultierende indirekte Sekundfortschreitung (punktierte Klammer).[1] Im Beispiel rechts oben wird der erste Terzsprung durch schrittweise Gegenbewegung ausgeglichen. Der zweite Terzsprung bleibt ohne Sprungausgleich, ist aber in eine indirekte Sekundfortschreitung eingebunden.

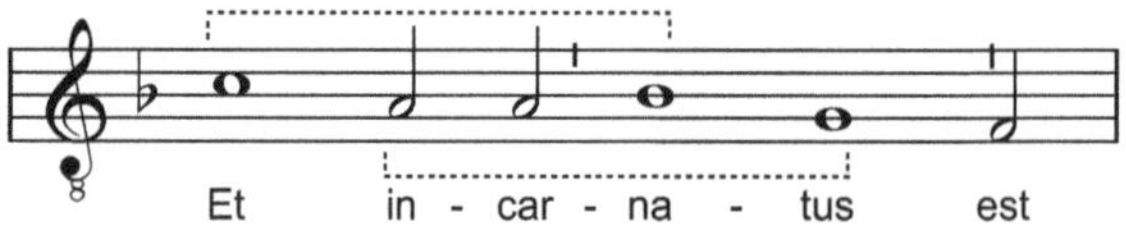

Palestrina, *Missa Sacerdos et Pontifex*
W 16, Credo, T. 52, Tenor I

Je größer ein Sprung ist, desto mehr bedarf er einer sekundweisen Einbindung. Im Beispiel rechts unten ist das sowohl beim oberen als auch beim unteren Ton des eröffnenden Quintsprungs der Fall. Nach und nach werden alle Stufen des Quintraums ausgefüllt, wodurch ein Höchstmaß an melodischem Zusammenhang entsteht.

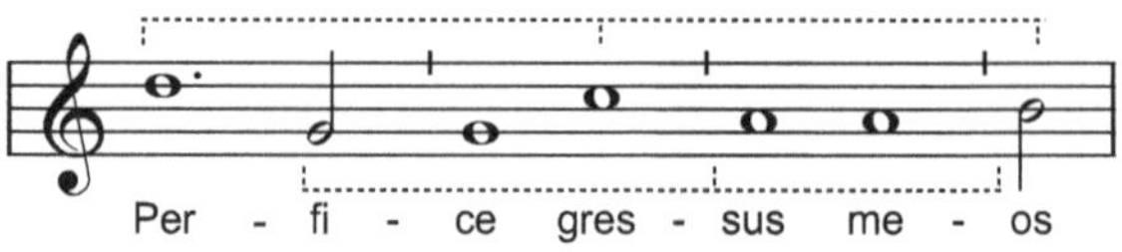

Lasso, Motette *Perfice gressus meos*
SW 3, Nr. 164 (133), T. 1, Sopran

Auch der Oktavsprung wird im folgenden Beispiel durch direkte und indirekte Sekundfortschreitungen allmählich ausgefüllt.

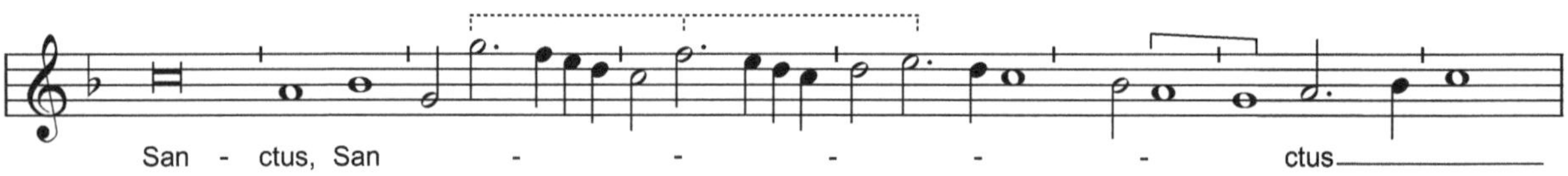

Palestrina, *Missa „Brevis“*, W 12, Sanctus, T. 1, Sopran

Am Anfang von Melodiephrasen findet man oft Sprünge ohne eine sekundweise Einbindung. Dann werden Stufen exponiert, die für den jeweiligen Modus besonders charakteristisch sind. Mit zwei steigenden Terzen, deren letzte außerdem noch durch eine steigende Sekunde fortgesetzt wird, beginnt der folgende Hymnenvers. Nach dem markanten Beginn kehrt die Melodik zu einer überwiegend schrittweisen Bewegung zurück.

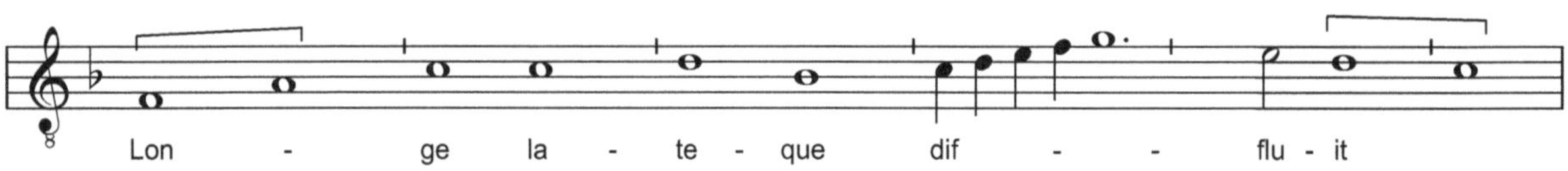

Palestrina, Hymnus *En gratulemur hodie*, W 8, Nr. 14, Vers 3, T. 2, Tenor

1.3 Haupt- und Nebenstufen

Für den Aufbau einer Melodie haben bestimmte Töne eine größere Bedeutung als andere. Sie werden hier *Hauptstufen* genannt. Der folgende Auszug aus Palestrinas berühmter Motette *Sicut cervus* beginnt und endet mit der Finalis *f*, höchster und tiefster Ton ist jeweils ein *c* in zwei verschiedenen Oktavlagen.

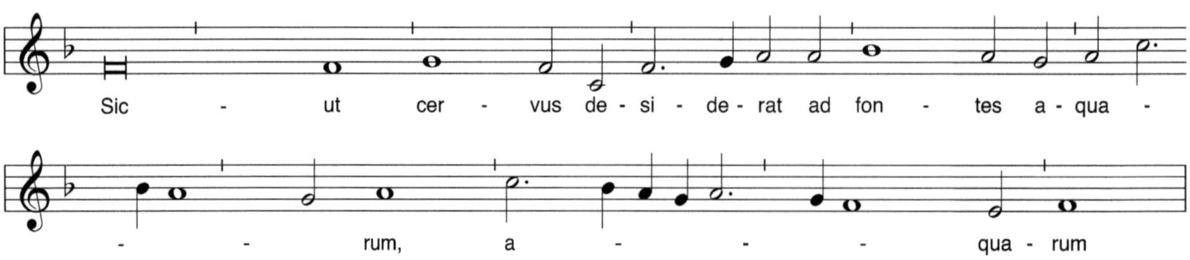

Palestrina, Motette *Sicut cervus*, W 5 II, Nr. 10 (1. Teil), T. 4, Sopran

Die 1. Stufe der Tonleiter ist als Finalis die *primäre* (erstrangige) und die 5. Stufe (Oberquint bzw. Unterquart) die *sekundäre* (zweitrangige) Hauptstufe. Die Hauptstufen gliedern den Oktavraum in ein *Pentachord* (Fünftongruppe) und ein *Tetrachord* (Viertongruppe).[2] Wie man am Beispiel sieht, liegen im plagalen Lydisch (6. Modus) das Pentachord oben und das Tetrachord unten. Im authentischen Lydisch (5. Modus) liegen dagegen das Pentachord unten und das Tetrachord oben.

Neben der 1. und 5. kann auch die 3. Stufe als Hauptstufe hervorgehoben sein. So wird im vorigen Beispiel zunächst der Ton *a* umkreist und mit einer Klausel befestigt, bevor der Schluss auf *f* erfolgt. Der Terzton ist die *tertiäre* (drittrangige) Hauptstufe. Er gliedert das Pentachord in zwei *Trichorde* (Dreitongruppen).

Authentisches Lydisch:

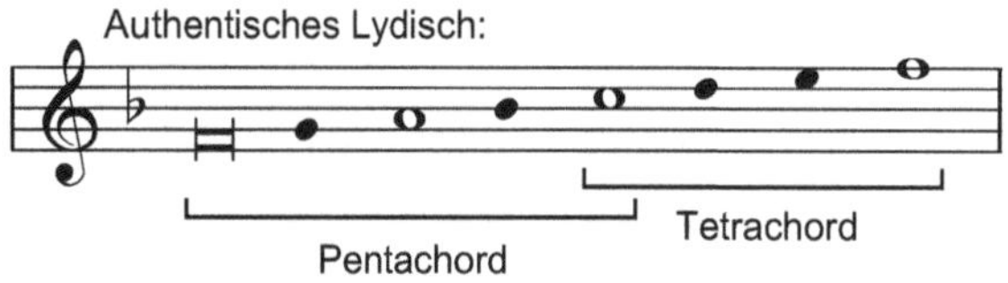

Plagales Lydisch:

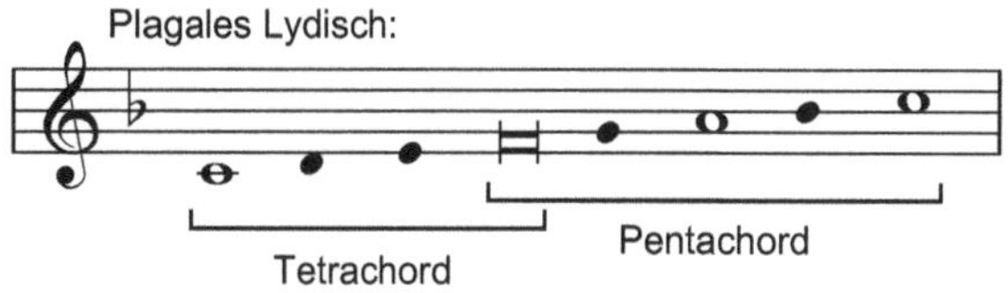

Hauptstufen sind in der Regel die

- Anfangs- und Schlußtöne sowie
- Hoch- und Tieftöne von Melodiephrasen; außerdem
- Töne, zwischen denen ein Oktav- oder Quintsprung liegt (der Oktavrahmen ist ein wichtiges Merkmal eines Modus; Quintsprünge sind für die tonale Stabilität von entscheidender Bedeutung und werden daher vorzugsweise zwischen der 1. und 5. Stufe gebildet).

1.4 Bewegungsformen der Nebenstufen

Die Hauptstufen bilden das tragende Gerüst, um das sich eine Melodie gewissermaßen rankt. Dabei kommen die *Nebenstufen* ins Spiel. Ihre Bewegungsformen sind Durchgang, Wechselnote und Nebennoten.

Stufenweise Bewegung in gleicher Richtung nennt man *Durchgang* (D), solche mit Richtungswechsel *Wechselnote* (W). Im nebenstehenden Beispiel ist der Ton *b* ein Durchgang und d^1 eine Wechselnote, während das c^1 als Hauptstufe das Ziel der melodischen Bewegung ist.

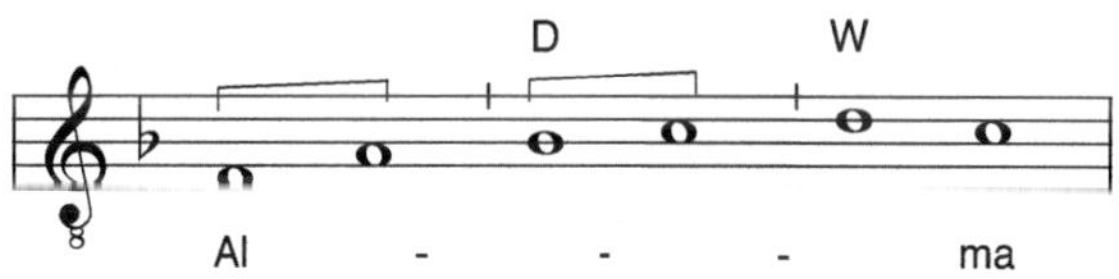

Victoria, Motette *Alma Redemptoris Mater*
OO 2, Nr. 14, T. 2, Tenor II

In den folgenden zwei Melodiephrasen werden Nebenstufen durch steigende Quartsprünge erreicht, anschließend folgt in stufenweiser Gegenbewegung die übersprungene Hauptstufe. Man spricht hier von *angesprungenen Nebennoten* (N^{an}). Am Anfang des Liedes *Nun freut euch, lieben Christen gmein* folgen sogar zwei Quartsprünge in gleicher Richtung aufeinander. Das ist unproblematisch, weil die untere Quarte aus Hauptstufen gebildet wird, während die obere eine angesprungene Nebennote ist.

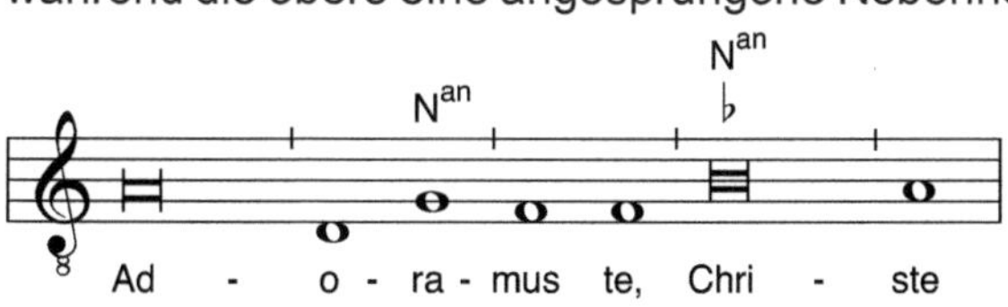

Palestrina, Motette *Adoramus te, Christe*
W 5 II, Nr. 19, T. 1, Tenor

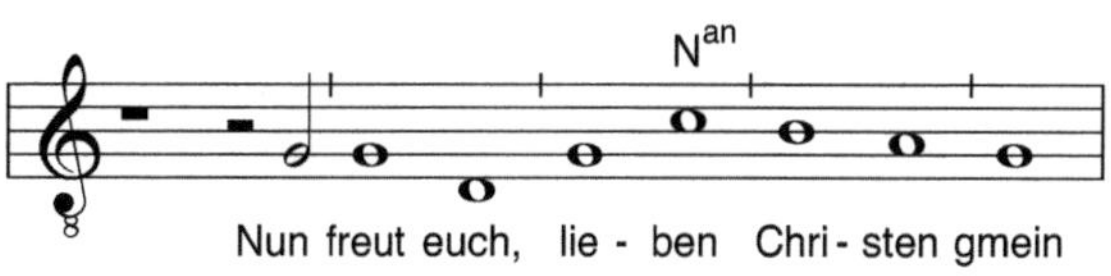

Nun freut euch, lieben Christen gmein
DKL B15, T. 1

Besonders expressiv wirken Nebennoten, die mit einer kleinen Sexte aufwärts angesprungen werden (siehe Beispiel links oben auf der nächsten Seite). Dabei werden zwei Hauptstufen übersprungen. Unauffällig sind dagegen Nebennoten innerhalb des Tetrachords (Beispiel rechts).

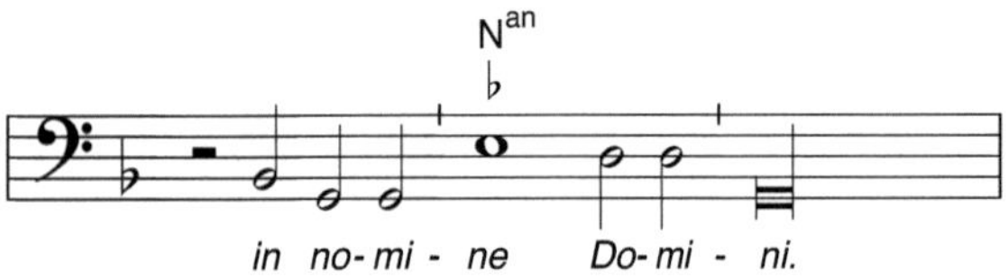

Lasso, *Missa super Dittes Maistresse*
NR 6, Nr. 24, Sanctus, T. 32, Bass

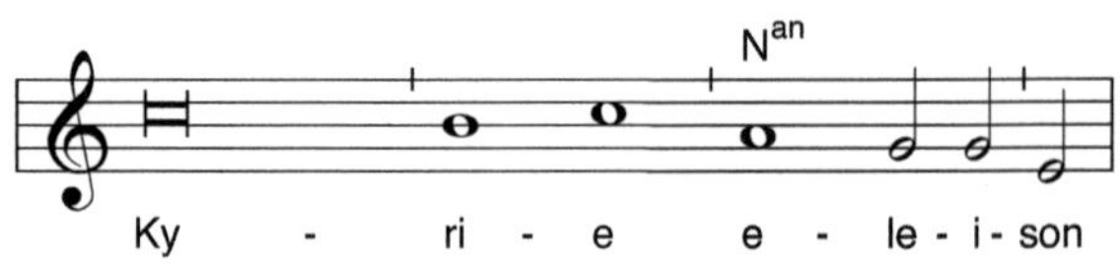

Palestrina, *Missa Assumpta est Maria*
W 24, Kyrie II, T. 1, Alt

Bei *Abspringenden Nebennoten* (N^{ab}) wird eine Nebenstufe durch einen Schritt erreicht und durch einen Sprung verlassen. Im Beispiel rechts liegt die abspringende Nebennote im Tetrachord. Abspringende und angesprungene Nebennoten können auch zu Umspielungsfiguren kombiniert werden (siehe Beispiel unten links). Je mehr Sprünge von und zu Nebenstufen sich in einer Melodiephrase befinden, um so weniger klar ist ein Hauptstufengerüst zu erkennen. Im letzten Beispiel (unten rechts) sind die Töne b^1 und g^1 gleichzeitig angesprungene und abspringende Nebennoten ($N^{an/ab}$). Durch den sequenzierenden Melodieaufbau bleibt die Bindung an das Hauptstufengerüst trotzdem noch deutlich, denn durch ihn entstehen die indirekten Sekundfortschreitungen $a^1 - b^1 - c^2$ (oben) und $f^1 - g^1 - a^1$ (unten).

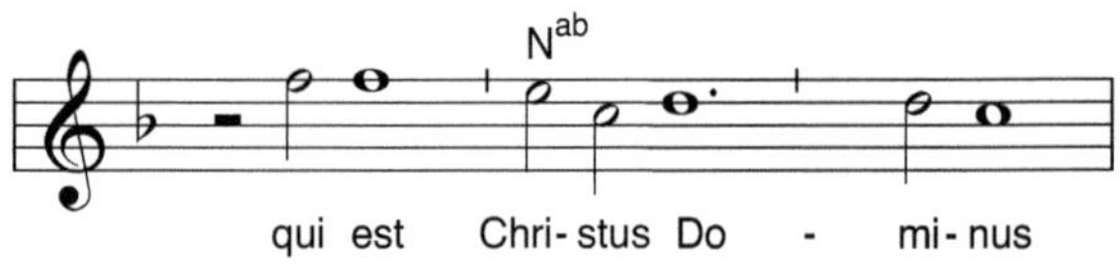

Victoria, Motette *O Regem caeli,* OO 2, Nr. 1, T. 72, Sopran

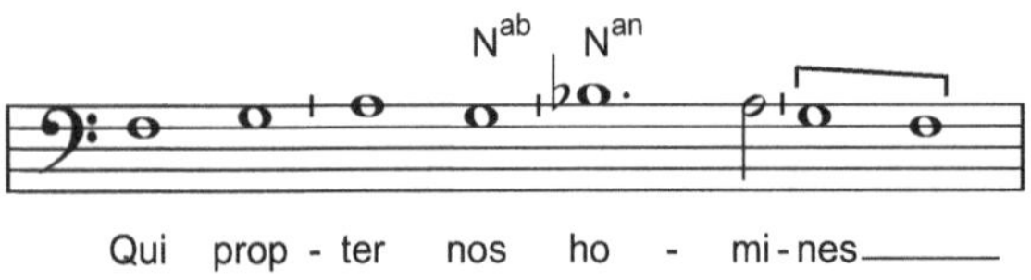

Palestrina, *Missa Pater noster,* W 23, Credo, T. 55, Bass

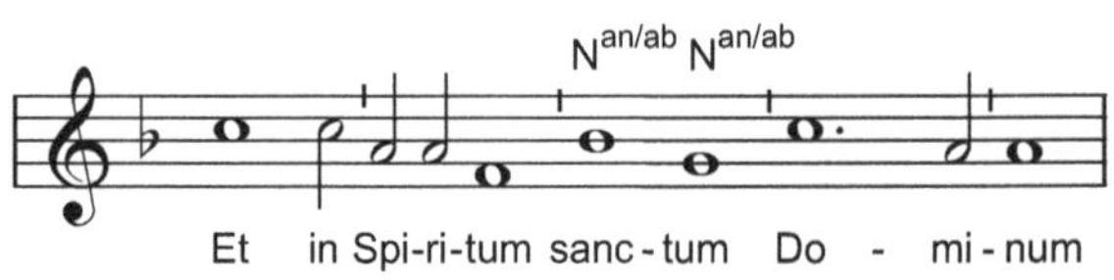

Palestrina, *Missa „Brevis“,* W 12, Credo, T. 93, Sopran

2 Halbe Noten

2.1 Schritte

Für die melodische Spannung ist es von Bedeutung, ob ein Ton auf der Halbe-Senkung oder -Hebung steht. Man beobachte im folgenden Beispiel die leichten und schweren Durchgänge (D bzw. $\bar{D}$) sowie die leichten und schweren Wechselnoten (W bzw. $\bar{W}$).

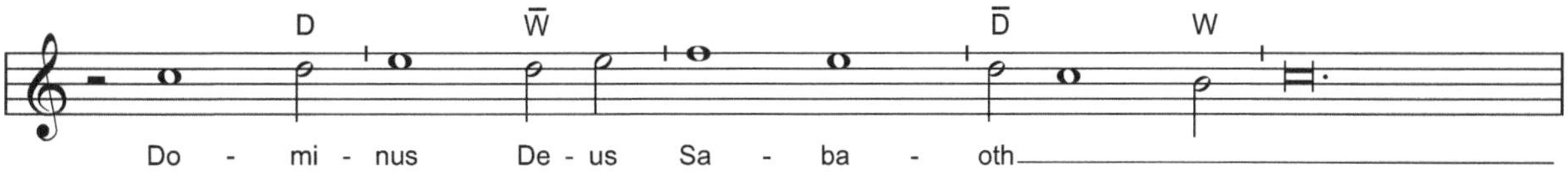

Palestrina, *Missa Ave Regina Coelorum,* W 18, Sanctus, T. 27, Sopran

Der schwere Durchgang wirkt spannungsvoller als der leichte, die schwere Wechselnote spannungsvoller als die leichte. Offenbar entspricht es dem Taktmetrum, wenn auf der Senkung eine Hauptstufe steht. Nebenstufen auf der Senkung wirken akzentuierend.

2.2 Sprünge zwischen Hauptstufen

Sprünge sind auffälliger als Schritte. Für ihre Wirkung ist ihre metrische Stellung von entscheidender Bedeutung. Der größte und damit auffälligste Sprung ist der *Oktavsprung.* Fast immer handelt es sich um den Oktavrahmen des Modus, denn Oktavsprünge auf anderen Stufen machen den Modus unklar. Der häufigste Oktavsprung innerhalb einer Melodiephrase ist derjenige aufwärts mit dem Zielton auf der Hebung (siehe Beispiel unten links). Die Bewegungsrichtung entspricht dem Taktmetrum, denn der tiefe (entspannte) Ton steht auf der Senkung, der hohe (gespannte) auf der Hebung. Der Oktavsprung aufwärts zur Senkung (Beispiel rechts) entspricht dagegen nicht dem Taktmetrum, er wirkt akzentuierend.

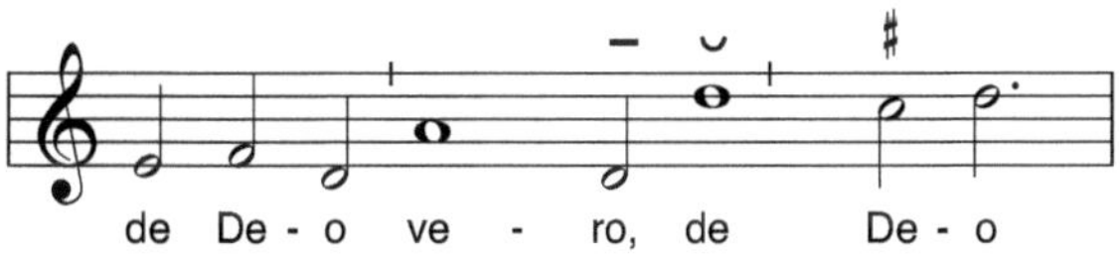

Goudimel, *Missa Il ne se trouve en amytié*
OC 12, Credo, T. 31, Sopran

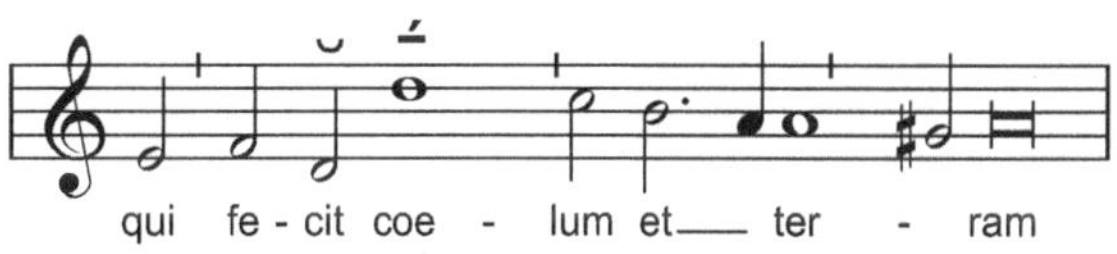

Palestrina, Motette *Ecce nunc benedicite Dominum*
W 5 II, Nr. 4, T. 63, Cantus

Fallende Oktavsprünge von der Senkung zur Hebung werden als Anschlussintervall zwischen zwei Phrasen verwendet. Fallende Oktavsprünge von der Hebung zur Senkung vermeidet man dagegen ganz.
Die *Quinte* ist das Intervall mit der stärksten Grundtonwirkung.[3] Quintsprünge werden daher überwiegend aus den Rahmentönen des Pentachords gebildet, andernfalls wird der Modus unklar. Die melodische Bewegung vom gespannten Quintton zum entspannten Grundton entspricht taktmetrisch der Bewegung von der Hebung zur Senkung. Eine von der Hebung zur Senkung fallende Quinte wirkt schließend, sie kann als Bassklausel eine Melodiephrase beenden (siehe Beispiel unten links). Wird die fallende Quinte gegen das Taktmetrum gesetzt (von der Senkung zur Hebung), wird ihre schließende Wirkung unterlau-

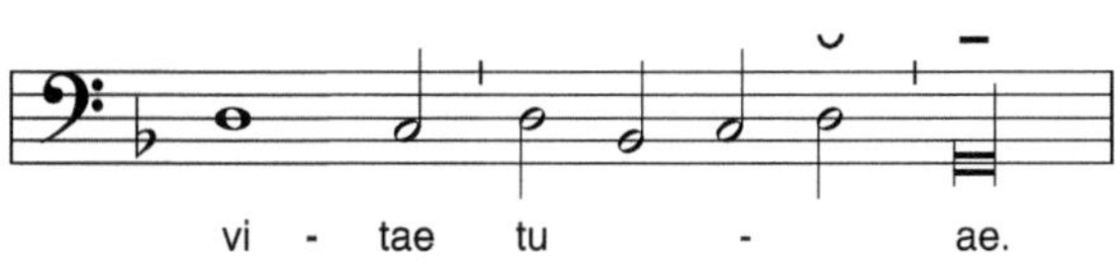

Anonymus, Bicinium *Custodite ipsum et animam*
Rhau, Bicinia I, Nr. 45, 1. Teil, T. 30, Bass

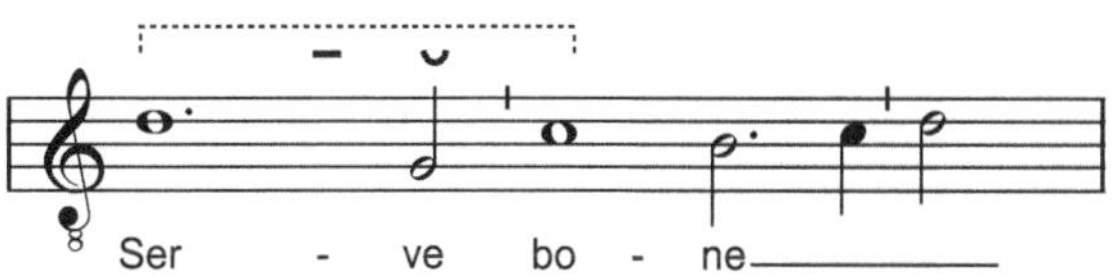

Lasso, *Serve bone,* SW 1, Nr. 10, Alt

fen. Im letzten Beispiel wird die fallende Quinte außerdem durch eine steigende Quarte aufgefangen. Durch die indirekte Sekundfortschreitung (punktierte Klammer) wirkt der Ton *g* wie eingeschoben.
Die melodische Bewegung vom Grundton zum Quintton entspricht taktmetrisch der Bewegung von der Senkung zur Hebung. Sie ist vor allem als Anschlussintervall zwischen zwei Phrasen geeignet, während sie innerhalb einer Melodiephrase durch ihre Größe eher sperrig wirkt (siehe Beispiel unten links). Wird die steigende Quinte gegen das Taktmetrum gesetzt (Zielton auf der Senkung), wirkt sie akzentuierend. Sie kann z. B. als Auftaktintervall eine melodische Quintachse hervorheben (Beispiel rechts).

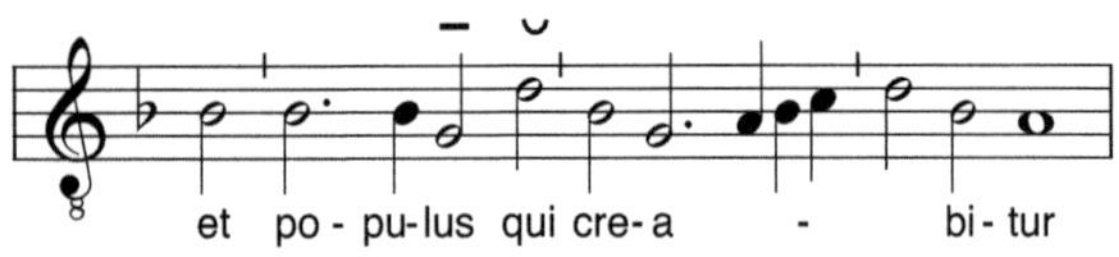

Lasso, 5. Bußpsalm, Duo *Scribantur haec*
NR 26, Vers 19, T. 11, Tenor

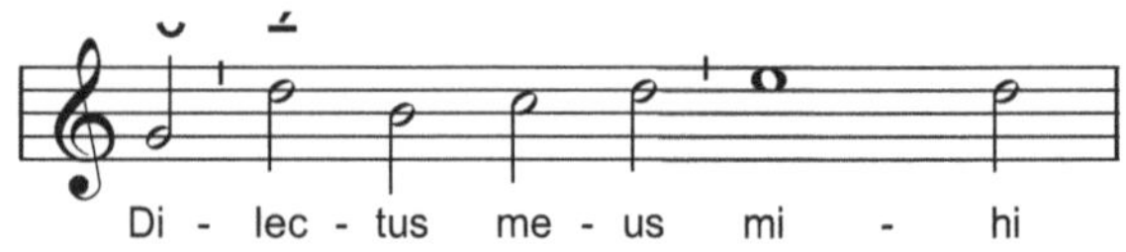

Palestrina, Motette *Dilectus meus mihi*
W 4, Nr. 17, T. 1, Sopran

Der *Quartsprung* von der 5. zur 8. Stufe hat eine besondere Eigenart. Der obere Ton ist gleichzeitig der Intervallgrundton und insofern entspannt. Andererseits sind höhere gegenüber tieferen Tönen gespannt. Bei der Quinte wirken Grundton- und Tonhöhenspannung im selben Sinne, bei der Quarte sind sie einander entgegengesetzt. Dadurch gleichen sie sich gewissermaßen aus. Quartsprünge lassen sich daher problemlos in den Melodieverlauf einfügen. Die Grundtonwirkung von *Terzen* und *Sexten* ist dagegen so schwach, dass sie unberücksichtigt bleiben kann.

2.3 Sprünge von und zu Nebenstufen

Dass steigende Sprünge spannungsmäßig der Bewegung von der Senkung zur Hebung entsprechen, wurde bereits gezeigt. Dies gilt in besonderem Maße für Sprünge zu einer Nebenstufe. Wie die folgenden Beispiele zeigen, wirkt der Sprung zur Hebung unauffällig, während der Sprung zur Senkung einen starken melodischen Akzent bildet ($\acute{N}^{an}$).

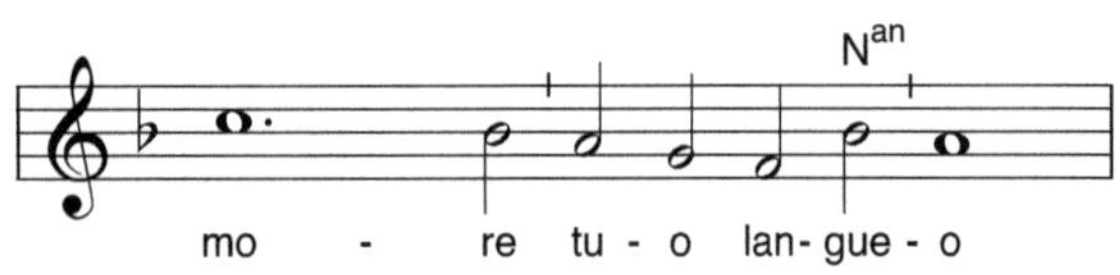

Lasso, *Audi dulcis amica mea*
SW 1, Nr. 81 (60), T. 51, Sopran

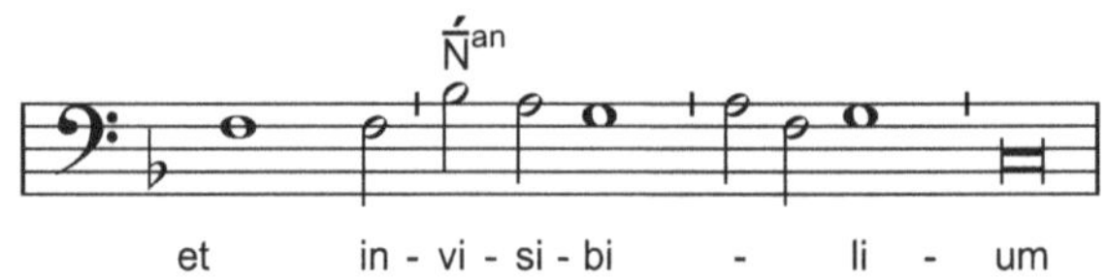

Palestrina, *Missa „Brevis“*, W 12, Credo, T. 10, Bass

2.4 Synkopen

Wird bei Sprüngen von der Senkung zur Hebung der Zielton synkopiert, so wird er dadurch als Spitzenton der Melodiephrase gebührend hervorgehoben, denn er liegt noch auf der folgenden Senkung. Besonders die Synkopierung der angesprungenen Nebennote ($N^{an}s$) ist äußerst wirkungsvoll (siehe Beispiel unten links). Auch bei schrittweiser Bewegung kann die Synkope eine wichtige Rolle spielen. Im Beispiel rechts erwartet man, dass die Durchgangsbewegung in halben Noten auf der Senkung zum Ton *b* gelangt. Der Durchgangston wird jedoch „festgehalten“ und dadurch hervorgehoben (Durchgangs-Synkope, Ds).

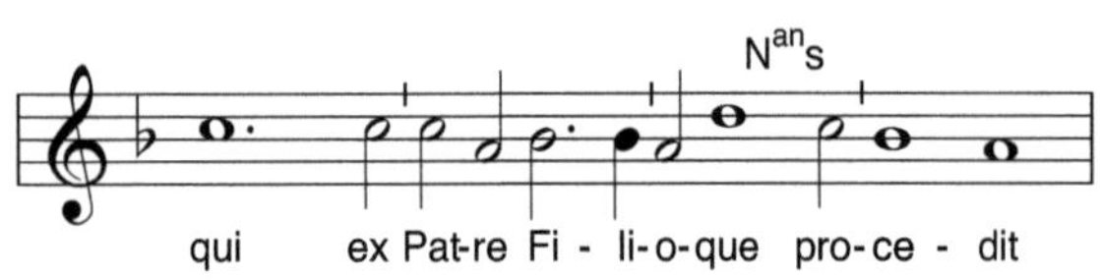

Palestrina, *Missa „Brevis“*, W 12, Credo, T. 99, Sopran

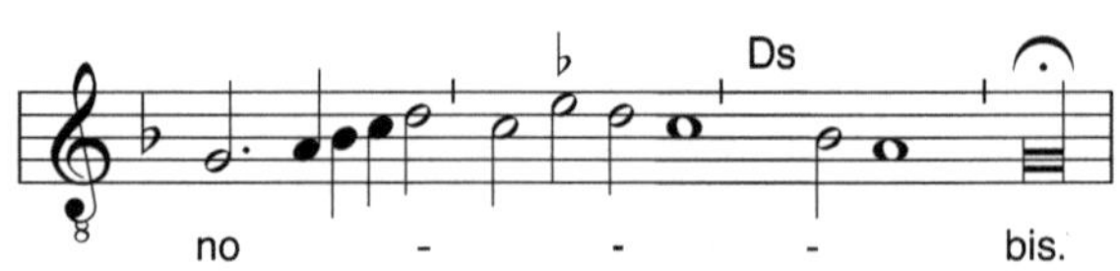

Certon, Messe *Sus le pont d'Avignon*
Agnus Dei, T. 30, Tenor

3 Viertelnoten

3.1 Durchgang

Durch Viertelnoten werden Melodien in einfachen Notenwerten verziert („koloriert"). Viertel bewegen sich überwiegend schrittweise. Durchgangsbewegung kann sich auf eine einzige Viertelnote beschränken, aber auch aus längeren Viertelketten bis zu einer Oktave Umfang bestehen. Geht der Viertelbewegung eine punktierte Halbe (schwer oder leicht) voraus, ist die erste Viertel leicht und die Bewegung beginnt „schwerelos" (siehe das Beispiel unten links). Die Viertelbewegung kann aber auch mit einer schweren Viertelnote beginnen, und zwar sowohl auf der Halbe-Hebung wie auch auf der Senkung (Beispiel rechts).

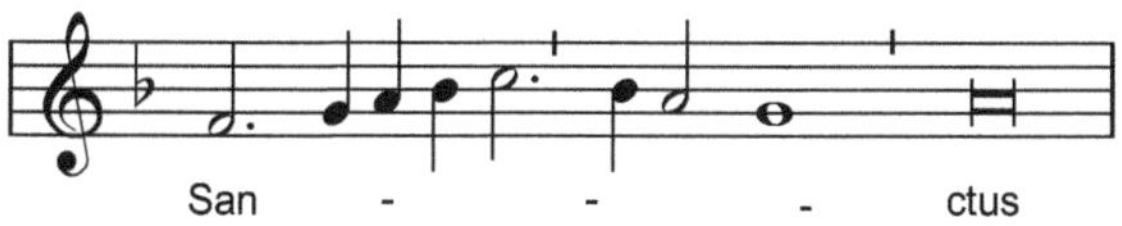

Victoria, Motette *Duo Seraphim clamabant*
OO 4, Nr. 23, T. 10, Sopran I

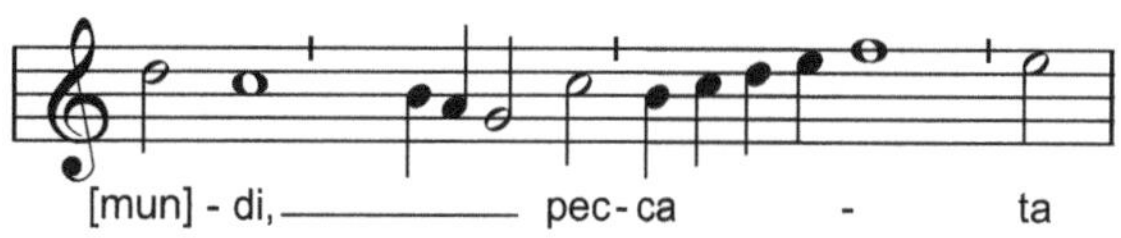

Palestrina, *Missa Ave Regina Coelorum*
W 18, Agnus Dei I, T. 13, Sopran

Die erste Viertelnote kann schrittweise (wie in allen Beispielen oben), durch Tonrepetition (wie im nächsten Beispiel unten) oder mit einem Sprung erreicht werden. Ein einzelnes Viertelpaar auf der Halbe-Hebung wird stets durch einen fallenden Sekundschritt erreicht, auch vom ersten zum zweiten Viertel ist die Sekundbewegung fallend (siehe oben rechts sowie das letzte Beispiel auf dieser Seite).

3.2 Wechselnote

Oft werden Wechselnoten mit Durchgängen zu typischen Figuren verbunden. Im folgenden Beispiel schließen sich an die erste Wechselnote durchgehende Viertel an, die Figur nimmt „Anlauf" für eine Bewegung nach oben (W^{an}). Danach laufen die Viertel mit einer oberen Wechselnote in einen längeren Ton aus (W^{aus}). Die zweite Viertelkette scheint zunächst mit einer unteren Wechselnote auszulaufen, doch wird vom Zielton *a* aus eine weitere Viertelkette begonnen. Auf diese Weise gliedert die Wechselnote eine längere fallende Sekundbewegung (W^{g}). Die letzte Wechselnote (W) bildet einen markanten melodischen Wendepunkt.

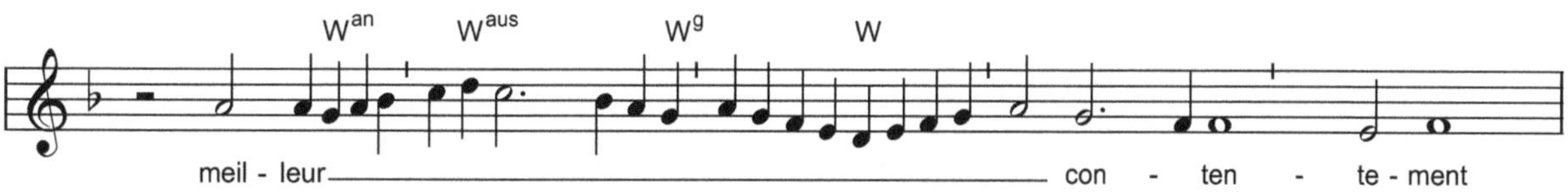

Peletier, Chanson *Souvent amour,* Rhau, Bicinia I, Nr. 10, T. 22, Sopran

Obere Wechselnoten sind seltener als untere. Die anlaufende Wechselnote liegt immer unten, die auslaufende kann unten oder oben liegen. Bei einzelnen Vierteln oder bei Viertelpaaren, die von längeren Notenwerten umgeben sind, liegt die Wechselbewegung stets unten (siehe das folgende Beispiel).

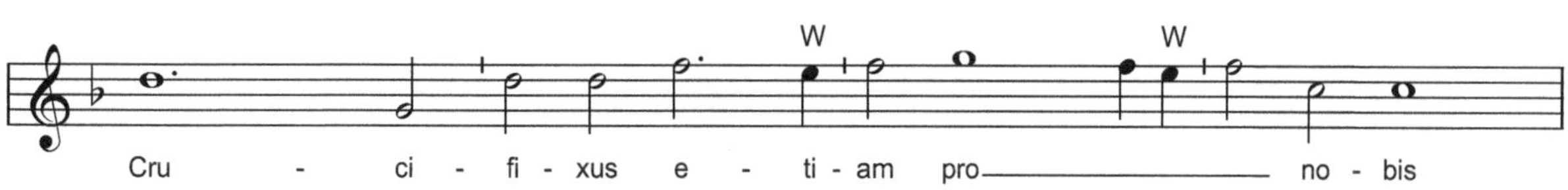

Lasso, *Missa super Mon coeur se recommande à vous,* NR 11, Nr. 62, Credo, T. 75, Sopran

3.3 Tonwiederholung

Eine ganze Note kann aus Gründen der Textierung in eine punktierte halbe und eine Viertelnote mit gleicher Tonhöhe aufgeteilt werden. Die punktierte Halbe kann auf schwerer oder leichter Zeit stehen (siehe die folgenden Beispiele). Die Figur kann mit einem beliebigen Intervall fortgesetzt werden: mit einer weiteren Tonwiederholung (Beispiel links), einem Schritt oder Sprung abwärts (rechts) oder einer steigenden Bewegung.

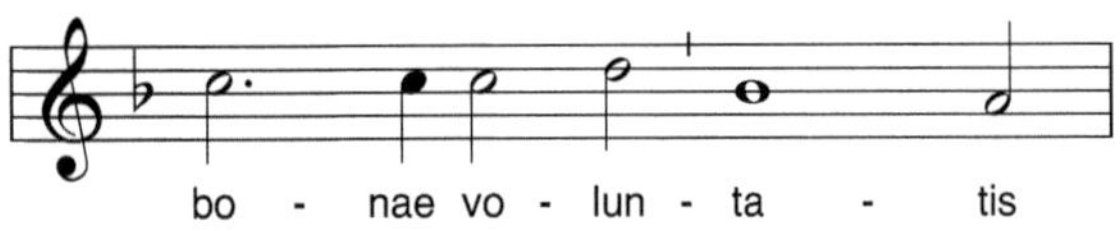

Palestrina, *Missa „Brevis"*, W 12, Gloria, T. 4, Sopran

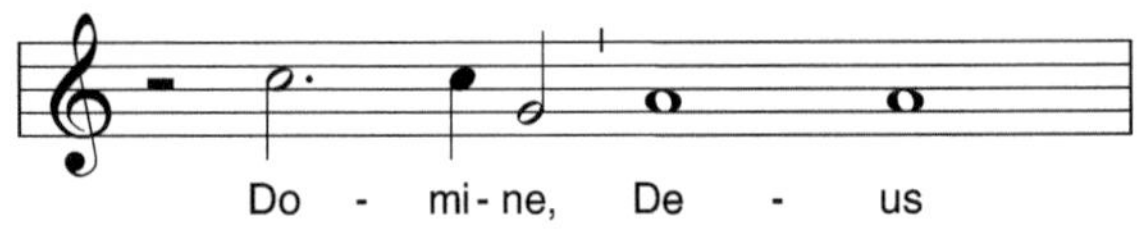

Lasso, 3. Bußpsalm, NR 26, Vers 23, T. 8, Sopran

3.4 Portamento

Auch beim *Portamento* wird eine ganze Note (in diesem Fall eine Synkope) in eine punktierte halbe und eine Viertelnote aufgeteilt, und zwar mit einem fallenden Sekundschritt und einer darauf folgenden Tonwiederholung (siehe das Beispiel rechts).[4] Die Portamentonote (P) wird also stets stufenweise abwärts erreicht und antizipiert den nächsten Ton. Die Viertelnote steht immer vor der Halbe-Hebung. Die Portamento-Figur kann auch zu einem Viertelpaar auf der Senkung verkürzt werden (nächstes Beispiel links). Das Portamento bereitet meistens eine Sopranklausel vor, eine andere Fortsetzung ist allerdings auch möglich (Beispiel rechts).

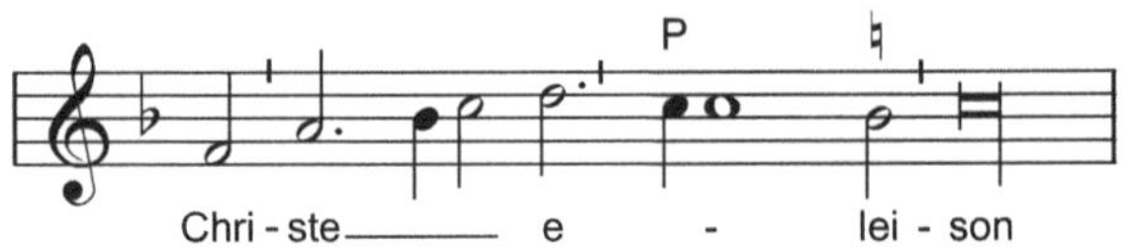

Palestrina, *Missa Aeterna Christi munera*
W 14, Kyrie, T. 26, Sopran

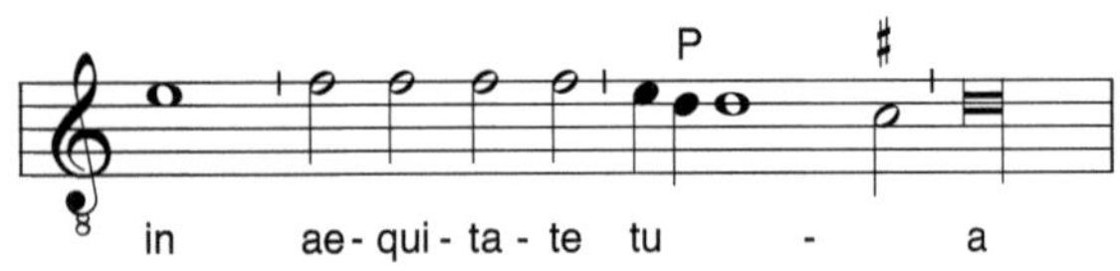

Lasso, 7. Bußpsalm, NR 26, Vers 12, T. 15, Alt

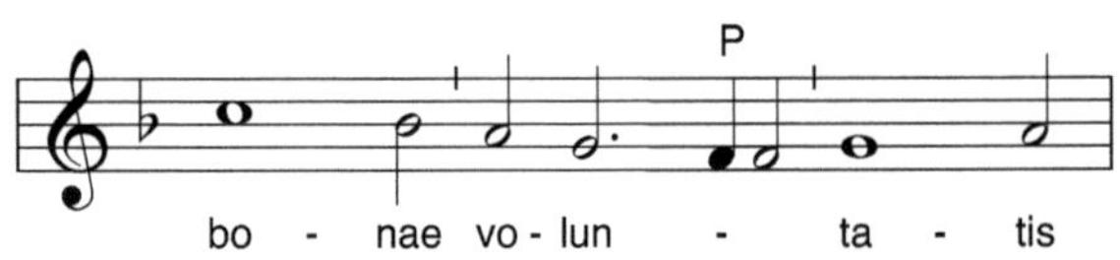

Palestrina, *Missa Aeterna Christi munera*
W 14, Gloria, T. 4, Sopran

3.5 Terzsprünge abwärts

Zwar bewegen sich Viertel vorwiegend schrittweise, doch sind in gewissen Grenzen auch Sprünge möglich. Die häufigsten Sprünge in Viertelnoten sind Terzsprünge abwärts. Die *Terzsprungfigur* (T) wird im Beispiel unten links gleich zweimal verwendet. Sie verziert eine fallende Sekunde im Abstand einer ganzen (*c* – *h*) bzw. halben Note (*f* – *e*). In der zweiten Figur des Beispiels geht dem Terzsprung eine steigende Durchgangsbewegung voraus. Diese *Durchgang-Terzsprung-Figur* (DT) verziert eine steigende Sekunde (hier *d* – *e*) im Abstand einer ganzen Note. Der Zielton *e* wird von unten und oben umspielt. Die Durchgang-Terzsprung-Figur ist eine der am häufigsten verwendeten Verzierungen überhaupt.

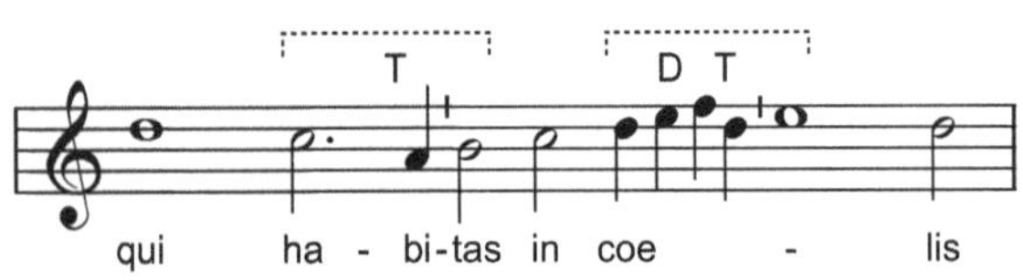

Palestrina, Motette *Ad te levavi oculos meos*
W 5 II, Nr. 5 (1. Teil), T. 8, Sopran

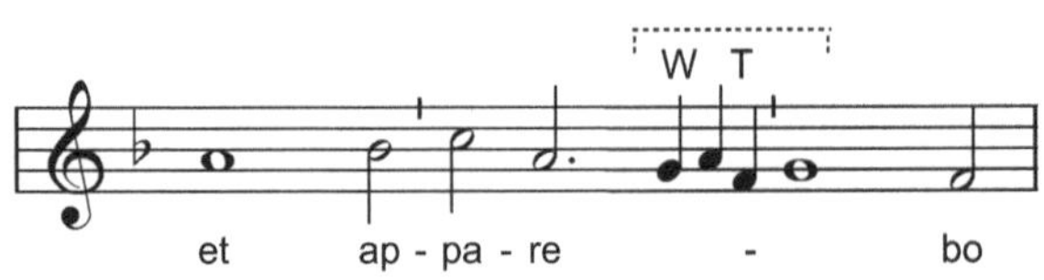

Palestrina, Motette *Sitivit anima mea*
W 5 II, Nr. 10 (2. Teil), T. 19, Sopran

Dem Terzsprung kann auch eine fallende Durchgangsbewegung, ein Portamento oder eine Wechselnote vorausgehen. Im letzteren Fall (WT) wird ein fallender Sekundschritt (im letzten Beispiel auf der vorigen Seite die Töne *a – g*) im Abstand einer ganzen bzw. halben Note verziert. Wie in der Übersicht rechts zu sehen ist, kann man auch andere Viertel-Figuren als Diminution von Fortschreitungen in halben Noten beschreiben und diese wiederum als Diminution von steigenden oder fallenden Schritten in ganzen Noten.

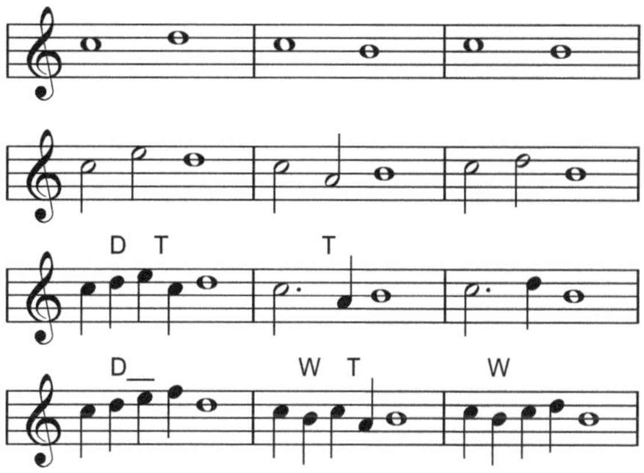

3.6 Cambiata

Eine weitere Figur mit einem Terzsprung abwärts ist die *Cambiata.*[5] Sie beginnt mit zwei fallenden Intervallen: einem Sekundschritt und einem Terzsprung. Die resultierende fallende Quarte (im folgenden Beispiel links die Töne *g – d*) wird durch zwei steigende Schritte in Gegenbewegung fortgesetzt. Die gesamte Cambiatafigur (gestrichelte Klammer) verziert eine fallende Sekunde (hier *g – f*).
Die Cambiatafigur beginnt im Beispiel links mit einer punktierten Halben. Sie kann aber auch in eine laufende Viertelbewegung integriert werden (Beispiel rechts).

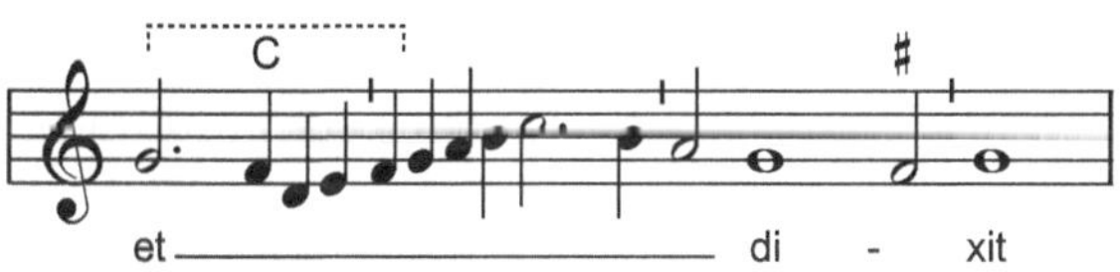

Palestrina, Motette *Doctor bonus*
W 5 I, Nr. 27, T. 49, Sopran

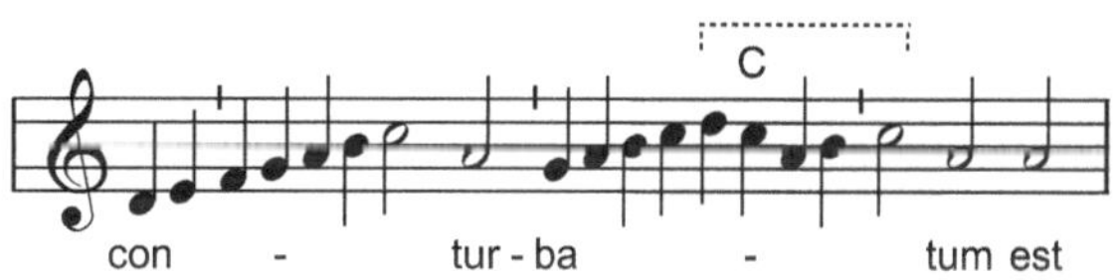

Lasso, 3. Bußpsalm, NR 26, Vers 10, T. 6, Sopran

Der Zielton des Terzsprungs liegt in beiden Beispielen auf der Halbe-Hebung, wodurch der Sprung nicht so stark auffällt. Der auffälligere Sprung zur Senkung ist jedoch auch möglich.
Neben der „strengen" Cambiata gibt es auch solche mit freier Fortsetzung nach dem Terzsprung. Zwar muss in jedem Fall Gegenbewegung folgen, doch kann diese auch aus einem einzigen Schritt oder einem Terzsprung wie im Beispiel rechts bestehen. Hier folgt nach dem Sprung eine halbe Note anstatt zweier Viertel, die Aufwärtsbewegung bleibt also unverziert. Auch aus dieser Figur resultiert eine fallende Sekunde.

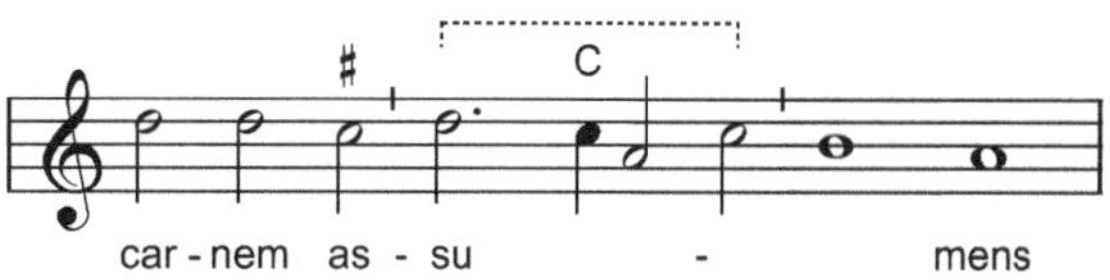

Palestrina, Motette *Magnum haereditatis mysterium*
W 5 I, Nr. 4, T. 55, Sopran

3.7 Größere Sprünge abwärts, Sprünge aufwärts, Sprungkombinationen

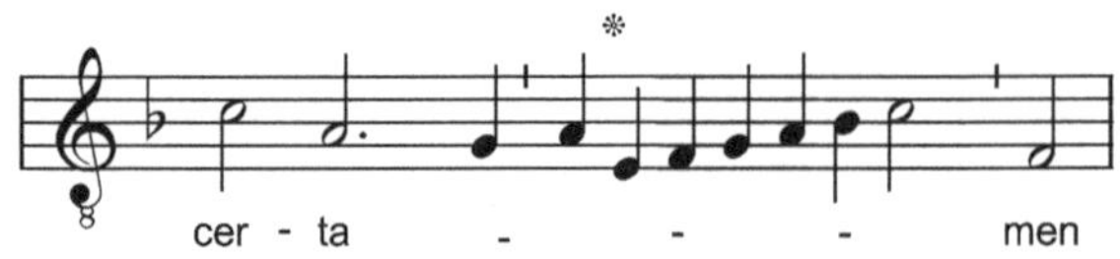

Lasso, *Sancti mei,* SW 1, Nr. 8, T. 13, Tenor

Wesentlich seltener als Terzsprünge sind fallende Quarten (wie im Beispiel rechts bei ❋) oder Quinten in Viertelbewegung. Sie springen meistens von einer schweren zur leichten Viertelnote abwärts und müssen in Gegenbewegung fortgesetzt werden.
Steigende Sprünge in Viertelbewegung gehen dagegen immer von einer leichten Viertelnote aus.[6] Ihnen geht eine fallende Bewegung voraus, und der Sprung wird durch stufenweise Gegenbewegung ausgeglichen. Befindet sich der Zielton auf der Halbe-Hebung (wie im folgenden Beispiel links), wirkt der Sprung weniger auffällig, zumal wenn eine Synkope den Schwung auffängt. Zielt der Sprung dagegen auf die Halbe-Senkung, wirkt er akzentuierend (Beispiel rechts).

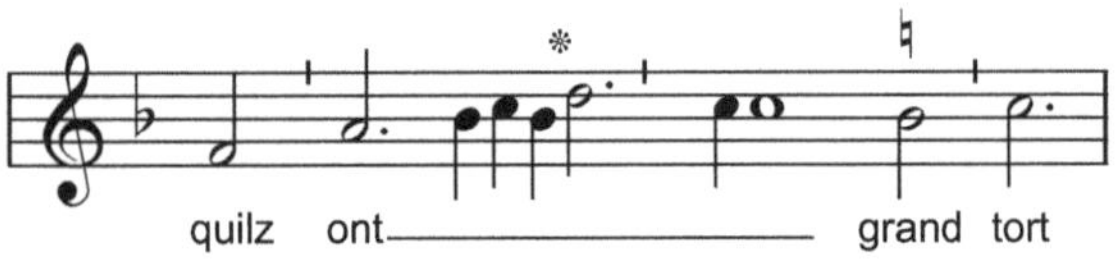

Gardane, Chanson *Ces facheux sotz*
Rhau, Bicinia I, Nr. 3, T. 29, Sopran

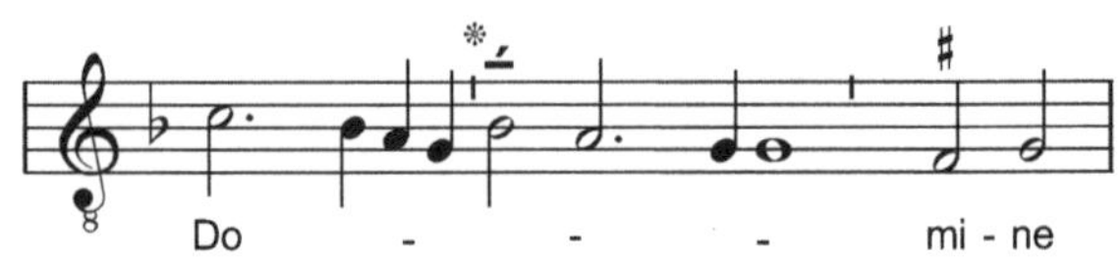

Brumel, *Vias tuas Domine*
Rhau, Bicinia I, Nr. 60, T. 3, Tenor

Die Regel, dass der steigende Sprung von der leichten Viertelnote ausgeht, gilt auch für die Verbindung zweier Sprünge. Zwingend ist dabei, dass der erste Sprung abwärts und der zweite aufwärts geht (siehe die folgenden Beispiele). Auch solche Sprungkombinationen wirken gut ausbalanciert, wenn der Zielton eine Synkope (wie im Beispiel links) oder zumindest eine leichte Halbe ist, während eine schwere Halbe oder eine ganze Note als Zielton akzentuierend wirken (Beispiel rechts).

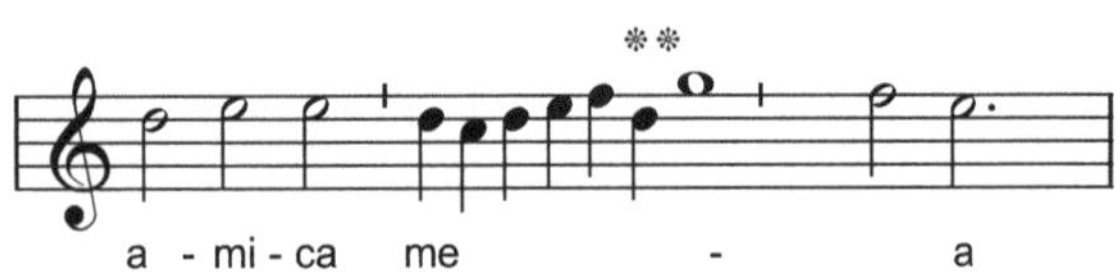

Palestrina, Motette *Surge propera*
W 4, Nr. 15, T. 4, Sopran

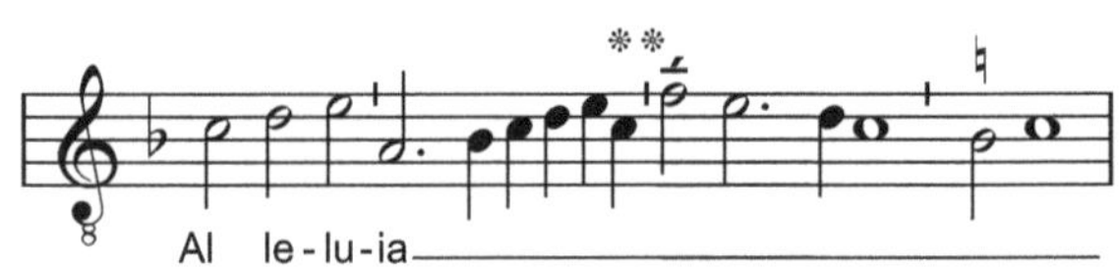

Palestrina, Motette *Surrexit pastor bonus*
W 5 II, Nr. 20, T. 65, Alt (Oberstimme)

Steigende Sprünge in Viertelbewegung gibt es außer in Terzen und Quarten auch in größeren Intervallen (Quinte, kleine Sexte, Oktave). Im folgenden Beispiel sieht man eine Sprungkombination aus fallender Quinte und steigender Oktave. In fortlaufender Viertelbewegung können nicht mehr als zwei Sprünge direkt aufeinander folgen. Danach ist schrittweise Gegenbewegung zwingend erforderlich, vorwiegend als Synkope.
Im Folgenden sind noch einmal die Regeln für steigende Sprünge und Sprungkombinationen in Viertelbewegung zusammengefasst:

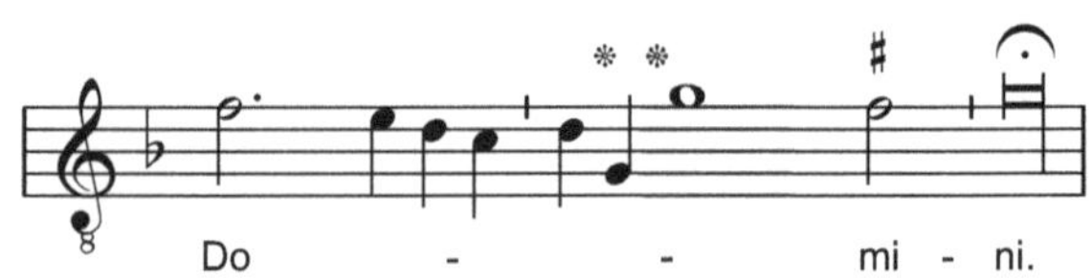

Lasso, *Missa super Frere Thibault*
NR 3, Nr. 4, Sanctus (Duo *Benedictus*), T. 35, Tenor

- Der Sprung geht von der leichten Viertel aus aufwärts
- zur Halbe-Hebung (vorzugsweise als Synkope) oder – mit akzentuierender Wirkung – zur Halbe-Senkung.
- Alle sonst üblichen Intervalle sind auch hier möglich: Terzen, Quarte und Quinte in beiden Richtungen, kleine Sexte und Oktave aufwärts.
- Der Sprung wird durch die folgende schrittweise Gegenbewegung ausgeglichen.
- Dem steigenden Sprung geht ein fallender Schritt oder Sprung voraus.

4 Achtelnoten

Achtelnoten wurden ursprünglich von den Sängern improvisiert, um längere Notenwerte zu verzieren. Achtel treten immer nur als einzelnes Paar auf. Meistens geht dem Achtelpaar eine punktierte Halbe voraus. Die häufigste Achtelfigur verziert eine fallende Sekunde im Abstand einer ganzen Note (gestrichelte Klammer). Diese Ganze kann eine Synkope sein wie bei der Sopranklausel im folgenden Beispiel links. Sie kann aber auch auf der Senkung beginnen wie bei der Einführung der Tenorklausel im Beispiel rechts.

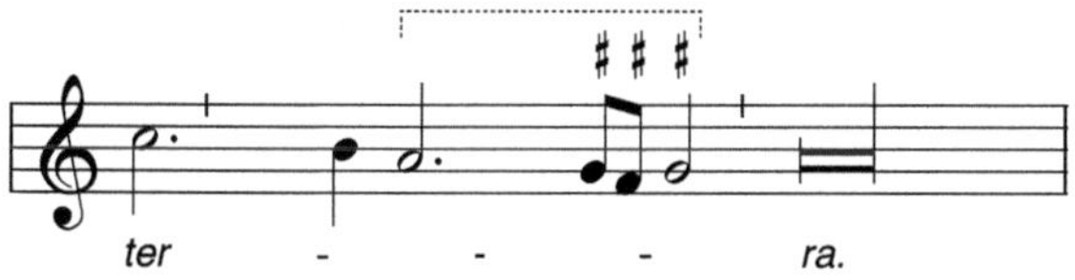

Lasso, *Cantate Domino*
SW 1, Nr. 40 (36, 1. Teil), T. 36, Sopran

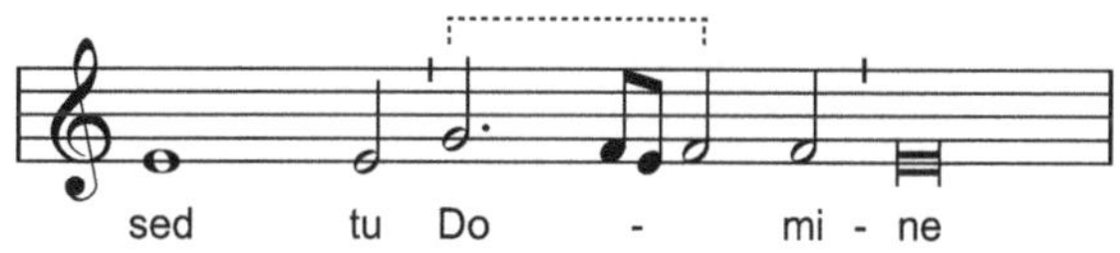

Palestrina, Motette *Anima mea turbata est*
W 5 II, Nr. 2 (2. Teil), T. 23, Sopran

Dem Achtelpaar können auch Viertelnoten vorausgehen. Sehr verbreitet ist die floskelhafte Einführung der Tenorklausel, wie sie im Beispiel rechts zu sehen ist.

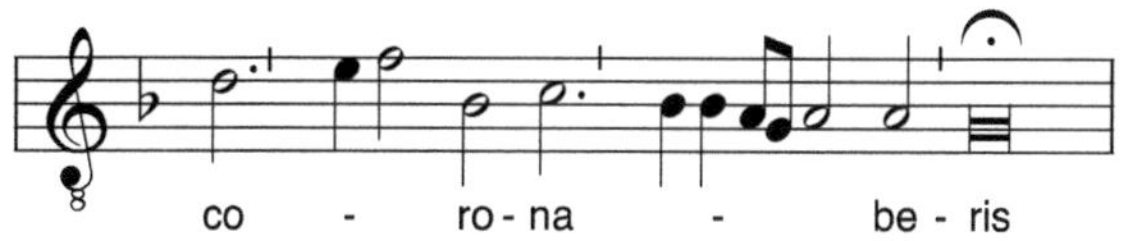

Lasso, *Tota pulchra es, amica mea*
SW 1, Nr. 80 (59), T. 95, Tenor

Während bei den bisher gezeigten Beispielen die Bewegungsrichtung nach der zweiten Achtelnote nach oben wechselt (Wechselnote), gehen im folgenden Beispiel links sämtliche Schritte abwärts (Durchgang). Daraus resultiert eine fallende Quarte im Abstand einer ganzen Note. Manchmal wird das Achtelpaar aber auch mit einem Sprung nach oben weitergeführt. Im Beispiel rechts handelt es sich dabei um einen Terzsprung, der den Zielton *h* akzentuiert. Größere Sprünge sind möglich, aber selten.[7]

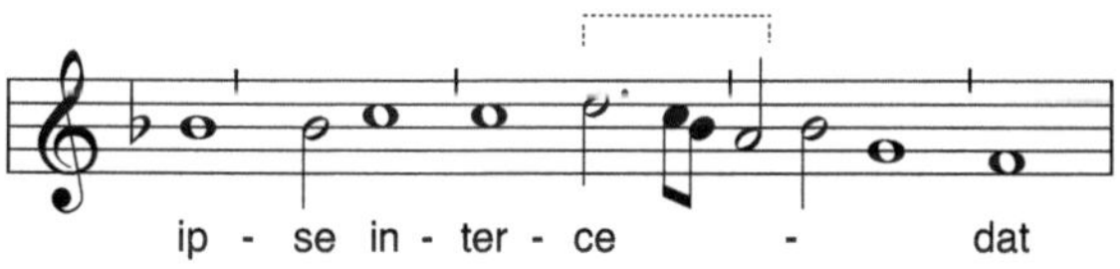

Palestrina, Motette *Iste est,* W 5 I, Nr. 33, T. 65, Sopran

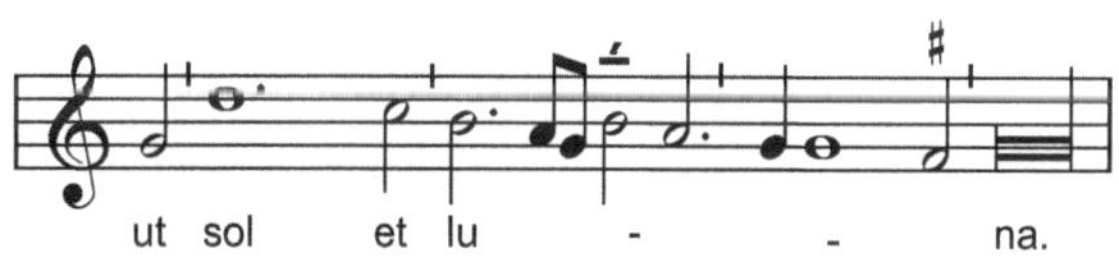

Palestrina, Motette *Isti sunt,* W 5 I, Nr. 30, T. 76, Sopran

In den bisher dargestellten Figuren werden beide Achtelnoten fallend eingeführt. Wesentlich seltener findet man einen Wechsel der Bewegungrichtung nach der ersten Achtelnote (Beispiel unten links). Diese Figur verziert eine steigende Sekunde im Abstand einer ganzen Note. Ebenso selten ist die ausschließlich steigende Bewegung (Beispiel rechts), aus der eine steigende Quarte im Abstand einer ganzen Note resultiert.

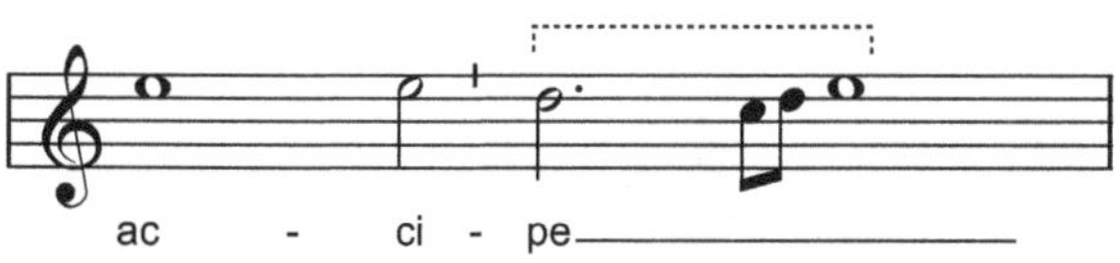

Palestrina, Motette *Lapidabant Stephanum*
W 5 I, Nr. 2, T. 36, Sopran

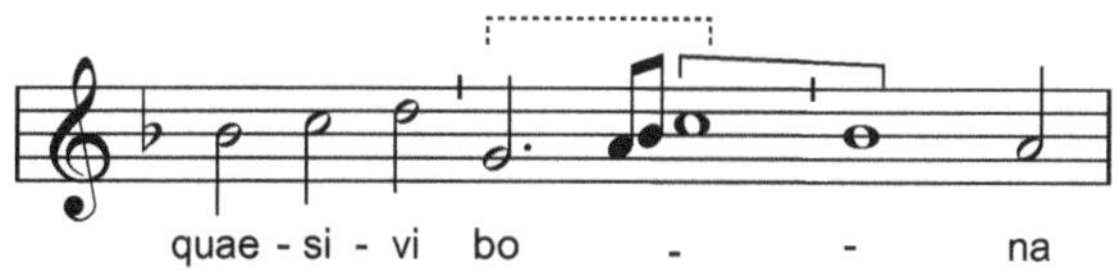

Lasso, *Propter fratres meos*
SW 1, Nr. 38 (34, 4. Teil), T. 33, Sopran

5 Melodische Formbildung

5.1 Tonraum und Richtungswechsel

Der Melodiebildung stehen nur wenige Töne in einem beschränkten Tonraum zur Verfügung. Daher ist die Gefahr groß, dass sich der Tonvorrat schnell „abnutzt“. Aber auch mit den begrenzten Mitteln kann eine große Vielfalt melodischer Formen gestaltet werden. Die drei folgenden Melodiephrasen durchmessen unterschiedlich große Tonräume. Die erste Melodie umkreist nur den Ton *c*, die zweite bewegt sich von *c* nach *a* und die dritte sinkt von *c* über *a* abwärts zum *f*. Die Hauptstufen werden mit Wechselnoten umspielt und mit Durchgängen verbunden.

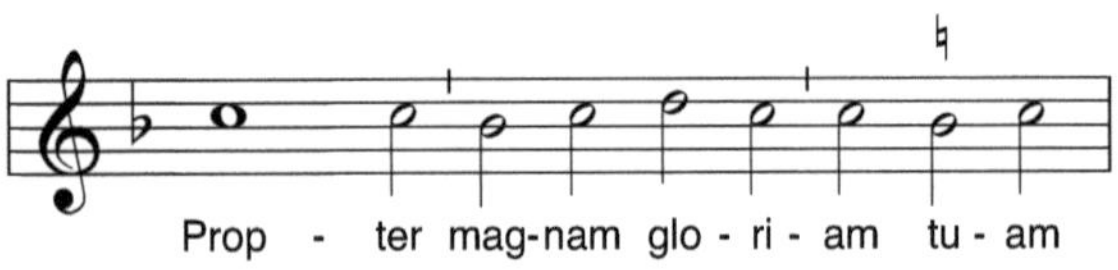

Eine Hauptstufe:

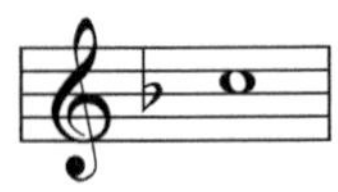

Palestrina, *Missa „Brevis“*, W 12, Gloria, T. 15, Sopran

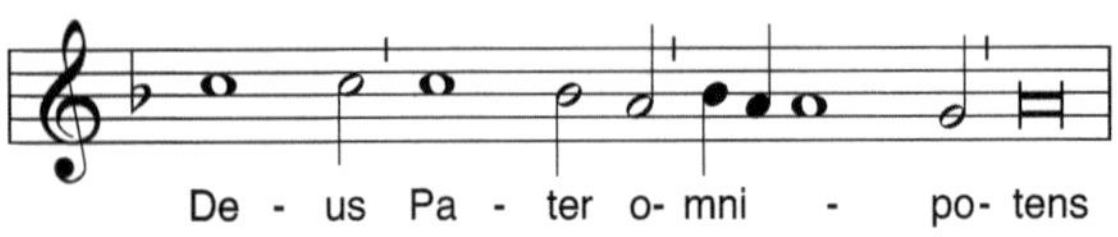

Zwei Hauptstufen:

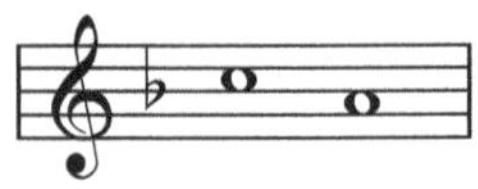

Palestrina, *Missa „Brevis“*, W 12, Gloria, T. 20, Sopran

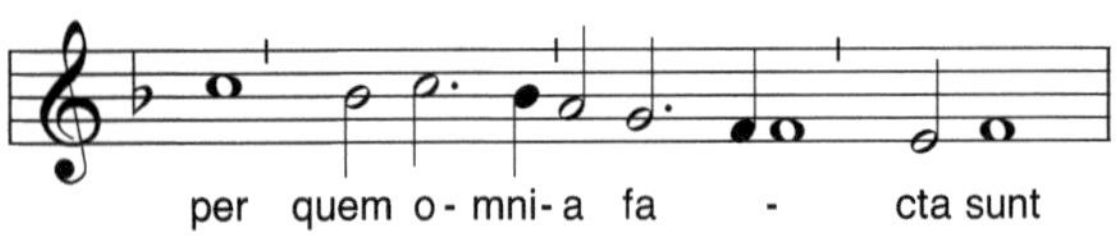

Drei Hauptstufen:

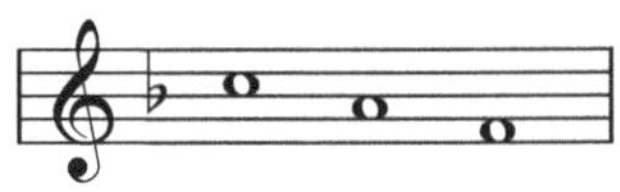

Palestrina, *Missa „Brevis“*, W 12, Credo, T. 38, Sopran

Während in den obigen Beispielen die Hauptstufen in gleicher Richtung aufeinander folgen, gibt es im ersten der beiden folgenden Beipiele einen Richtungswechsel und im zweiten sogar zwei.

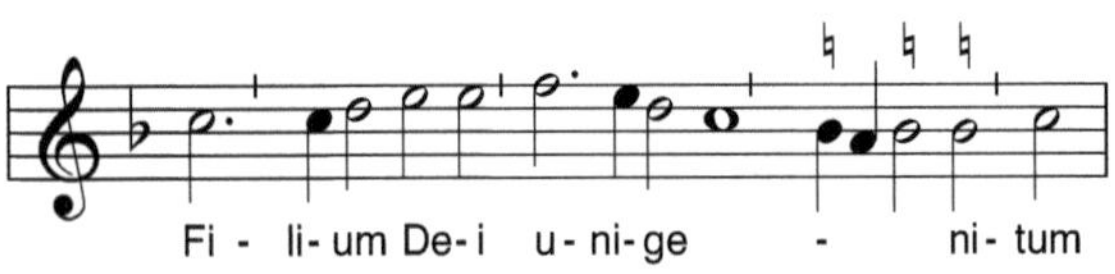

Hauptstufen (ein Richtungswechsel):

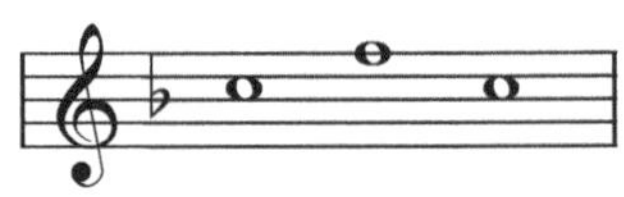

Palestrina, *Missa „Brevis“*, W 12, Credo, T. 18, Sopran

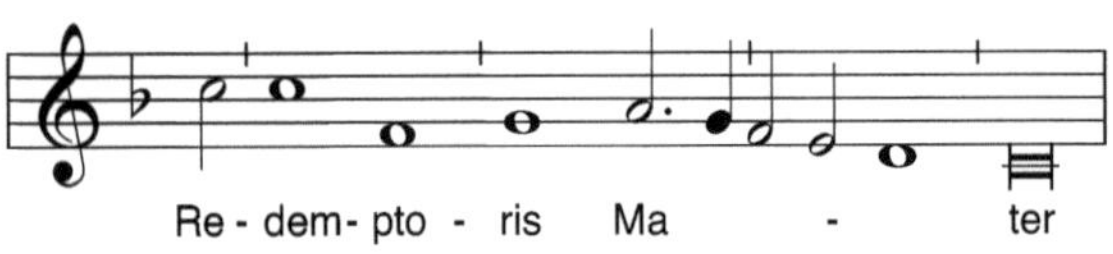

Hauptstufen (zwei Richtungswechsel):

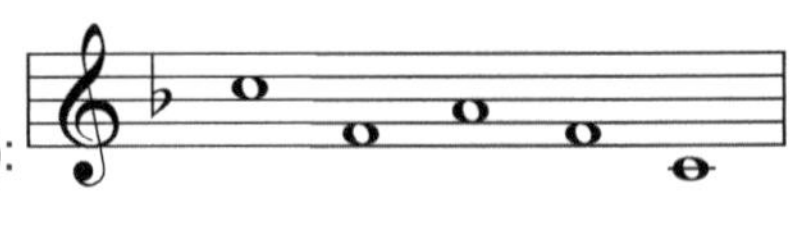

Palestrina, Motette *Alma redemptoris Mater*
W 5 II, Nr. 12 (1. Teil), T. 5, Sopran III

5.2 Melodien aus mehreren Phrasen

Abwechslung im Tonraum und Richtungswechsel tragen zur melodischen Varietas bei. Das Gleiche gilt auch für die Verbindung mehrerer Melodiephrasen. Das folgende Beispiel besteht aus vier Phrasen, von denen die erste durch eine Pause begrenzt wird, während die anderen enger miteinander verbunden sind. Die Folge der Hauptstufen zeigt, wie die durchmessenen Tonräume immer stärker erweitert werden: vom Tetrachord in der ersten und dritten Phrase über das untere Trichord (1. bis 3. Stufe) in der zweiten bis zum vollständigen Oktavraum in der letzten Phrase. Auch die Richtung der Bewegung und die Anzahl der Bewegungswechsel variieren von Phrase zu Phrase und kulminieren in der letzten.

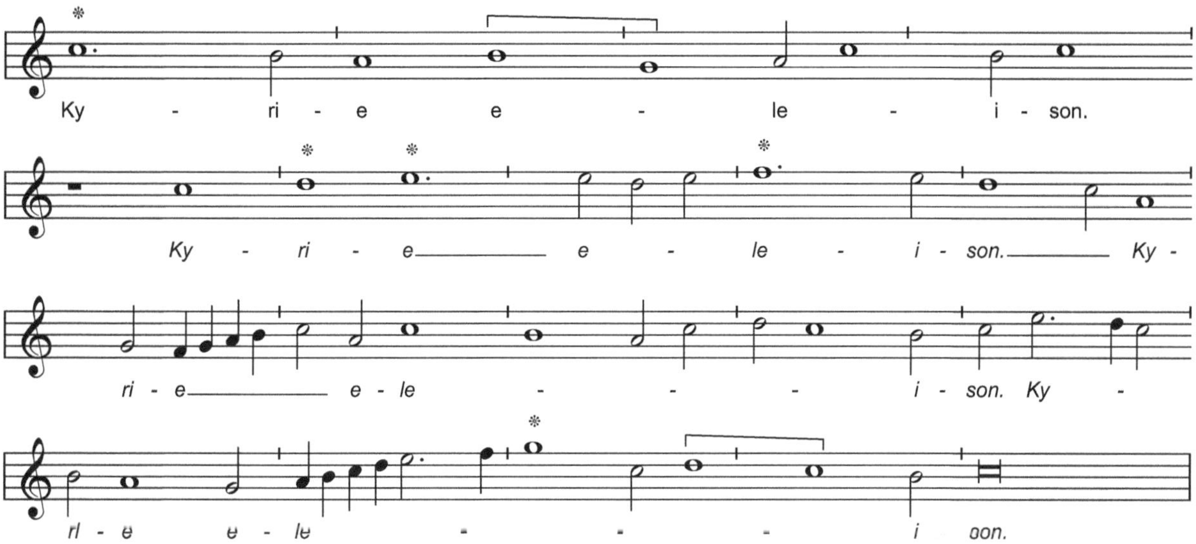

Palestrina, *Missa Ave Regina Coelorum,* W 18, Kyrie I, T. 5, Sopran

Hauptstufen:

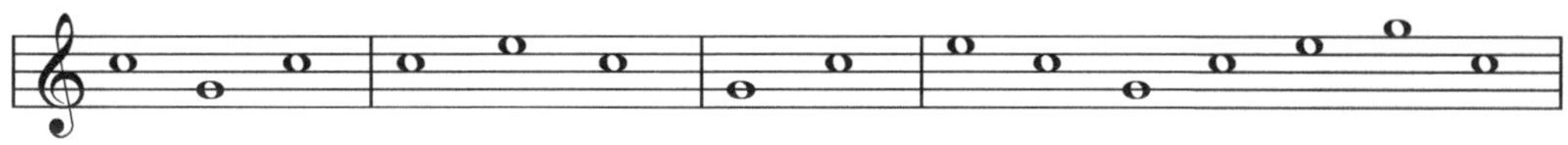

Bemerkenswert ist auch die Verbindung der Spitzentöne (*), die vom Anfangston *c* Schritt für Schritt zum Quintton *g* steigen. Auf den Zielton muss man besonders lange warten, denn zwischen der 4. und 5. Stufe erfolgt zweimal eine Rückwendung zur unteren Grenze des Oktavrahmens. Die Bewegung zu dessen Obergrenze erscheint dadurch ebenso spannungsvoll wie einleuchtend. Wie man daran sieht, sind indirekte Sekundfortschreitungen nicht nur innerhalb der einzelnen Phrasen von Bedeutung, sondern sie können auch mehrere Phrasen überwölben.

6 Modale Melodik

6.1 Ionisch bzw. Lydisch und Mixolydisch

Die melodischen Besonderheiten der verschiedenen Modi gehören zu den interessantesten Eigenarten der „alten“ Musik. In Abschnitt 1.3 wurde dargestellt, dass das Hauptstufengerüst der lydischen Modi (5. und 6. Modus) aus der Finalis, dem Quint- und dem Terzton besteht. Das Gleiche gilt für die ionischen Modi (11. und 12. Modus). Bei dem folgenden Beispiel kommt man jedoch zu einem anderen Ergebnis.

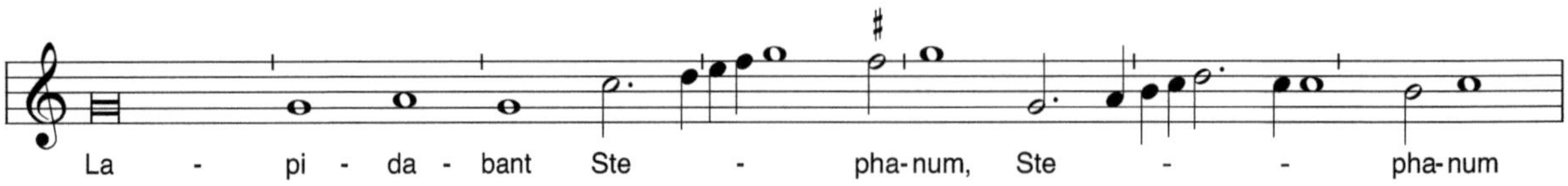

Palestrina, Motette *Lapidabant Stephanum,* W 5 I, Nr. 2, T. 4, Sopran

Es handelt sich um den Anfang einer mixolydischen Motette (7. Modus). Der Ton *g* als Finalis ist daher die erstrangige Hauptstufe. Wie man an der zweiten Klausel sieht, ist die zweitrangige Hauptstufe hier nicht etwa die 5. Stufe *d*, sondern die 4. Stufe *c*. Die 3. Stufe *h* hat dagegen keine herausgehobene Bedeutung.[8] Während also in den lydischen bzw. ionischen Modi die Hauptstufen von der Finalis aus terzweise nach oben aufgebaut sind, gehen sie in dem mixolydischen Ausschnitt oben von der Finalis aus terzweise abwärts (Finalis, Unterterz, Unterquint). Insofern haben die lydischen bzw. ionischen und die mixolydischen Modi die gleichen Hauptstufen (im transponierten System *f, a* und *c,* im natürlichen *c, e* und *g*). Sie unterscheiden sich jedoch durch die je andere Finalis.
Das Bild wird noch differenzierter, wenn man einen anderen Ausschnitt aus demselben Stück betrachtet.

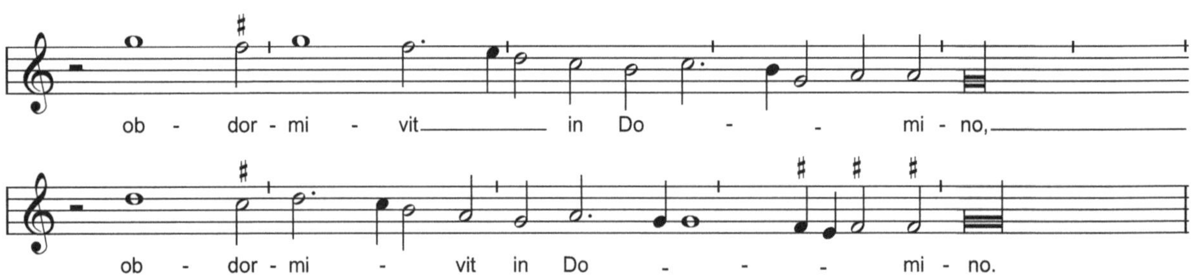

Palestrina, Motette *Lapidabant Stephanum,* W 5 I, Nr. 2, T. 73, Sopran

Zu Beginn der zweiten Zeile löst der Ton *d* den Ton *c* als zweitrangige Hauptstufe ab. Sowohl die 4. als auch die 5. Stufe können also sekundäre Hauptstufen sein. Dieses Schwanken zwischen der Unter- und der Oberquint ist ein charakteristisches Merkmal der mixolydischen Modi.
In der liturgischen Psalmodie haben das authentische und das plagale Mixolydisch einen jeweils unterschiedlichen Rezitationston: im authentischen Modus die 5., im plagalen die 4. Stufe.[9] In den mehrstimmigen Werken des 16. Jahrhunderts „rivalisieren“ dagegen sowohl im authentischen als auch im plagalen Modus die 5. und die 4. Stufe miteinander um die Vorherrschaft als sekundäre Hauptstufe.

6.2 Äolisch und Phrygisch

Wie in den lydischen bzw. ionischen wird auch in den äolischen Modi das Hauptstufengerüst normalerweise aus der Finalis, dem Quint- und dem Terzton gebildet (siehe das folgende Beispiel im 9. Modus).

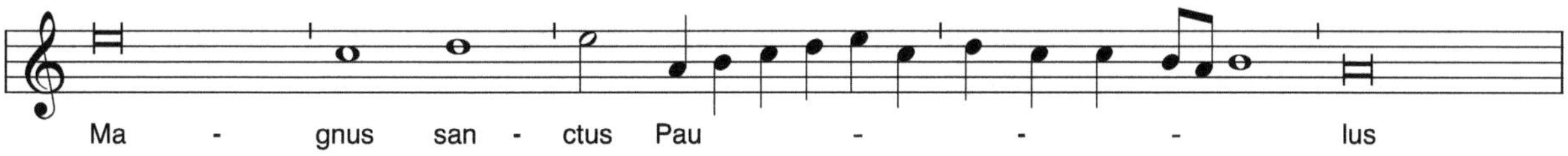

Palestrina, Motette *Magnus sanctus Paulus,* W 5 I, Nr. 15, T. 1, Sopran

In einigen äolischen Kompositionen wird allerdings – wie in den dorischen Modi – auch die 7. Stufe als Hauptstufe behandelt (siehe Abschnitt 6.3).[10] In anderen Sätzen übernimmt gelegentlich die 4. Stufe die Rolle einer Hauptstufe, wodurch ein „dorisches" Hauptstufengerüst gebildet wird.[11] Diese Zwiespältigkeit hängt mit der Tatsache zusammen, dass die äolischen nicht zu den „klassischen" acht Modi gehören und musiktheoretisch erst spät als 9. und 10. Modus anerkannt worden sind.[12]
Wir betrachten nun eine phrygische Melodie (3. Modus).

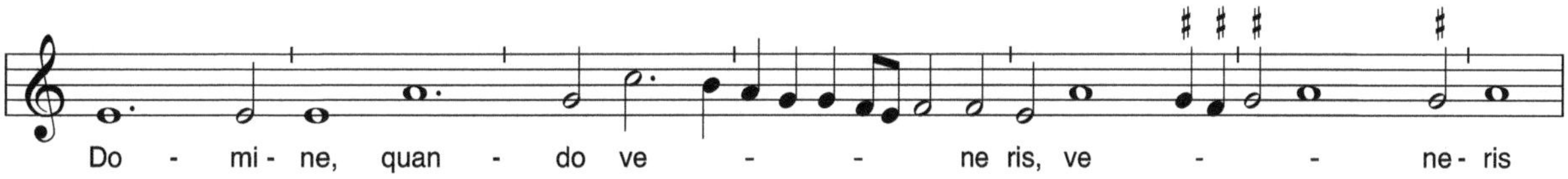

Palestrina, Motette *Domine, quando veneris,* W 5 II, Nr. 1 (1. Teil), T. 4, Sopran

Das Hauptstufengerüst besteht aus der 1., 4. und 6. Stufe (Finalis, Unterquint und Unterterz). Die Hauptstufen sind hier die gleichen wie die der phrygischen Modi (im natürlichen System *a*, *c* und *e*, im transponierten *d*, *f* und *a*). Die Finalis ist dagegen verschieden.
Auch hier wird das Bild differenzierter, wenn wir den folgenden Anfang einer phrygischen Motette (3. Modus) betrachten.

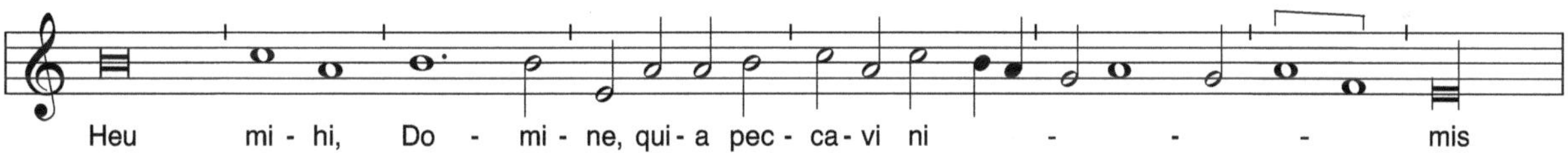

Palestrina, Motette *Heu mihi, Domine,* W 5 II, Nr. 2 (1. Teil), T. 8, Sopran

Hier ist zunächst die Oberquint *h* die sekundäre Hauptstufe. Nachdem die Melodie zur Finalis *e* abgesunken ist, wird die 4. Stufe *a* angesprungen und durch mehrfaches Umspielen gefestigt. Das Schwanken zwischen der 4. und der 5. Stufe (Unter- und Oberquint) als sekundärer Hauptstufe ist ein charakteristisches Merkmal der phrygischen Modi.
Insofern sind die äolischen und phrygischen Modi ebenso gegensätzlich wie die ionischen (bzw. lydischen) und mixolydischen. Allerdings weisen die phrygischen Modi noch eine weitere Besonderheit auf. Im vorigen Beispiel wird der Ton *c* durch seine Stellung als Spitzenton hervorgehoben und durch das Absinken zur Unterquart *g* gestützt. Zusammen mit der Finalis *e* entsteht also ein „ionisches" Hauptstufengerüst (*c* – *g* – *e*). Noch deutlicher ist das im folgenden Beispiel der Fall: Hier sinkt die Melodie unter

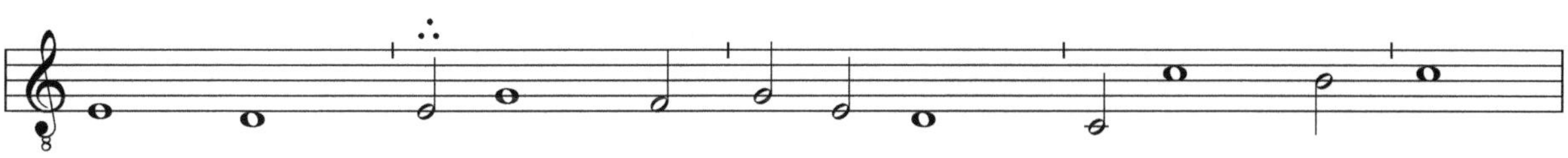

Walter, Fuga *Quarti toni,* SW 4, Nr. 9, T. 1

die Finalis *e* zum *c* als tiefstem Ton ab, und durch den Sprung in die Klausel entsteht ein regelrechter Oktavrahmen von *c* bis c^1. Das phrygische Hauptstufengerüst kann also von der Finalis terzweise aufwärts (*e – g – h*), abwärts (*a – c – e*) oder in beide Richtungen (*c – e – g*) aufgebaut werden (im transponierten System alles eine Quinte tiefer). Die phrygischen Modi sind somit die labilsten, am wenigsten festgelegten Modi.
In der liturgischen Psalmodie spielt die fünfte Stufe gar keine Rolle: Rezitationston im 3. Modus ist die 6. Stufe und im 4. Modus die 4. Stufe.[13]

6.3 Dorisch

In den dorischen Modi baut sich das Hauptstufengerüst von der Finalis aus terzweise aufwärts auf. Eine Besonderheit besteht darin, dass neben der 1., 3. und 5. auch die 7. Stufe eine melodische Hauptstufe ist. In dem folgenden Beispiel steigt die Melodie von der 1. über die 3. zur 5. Stufe und weiter bis zur 7. Stufe an, um dann wieder zur 5. Stufe abzusinken. Diese Melodiewendung ist typisch für das authentische Dorisch (1. Modus). Die 6. Stufe (im natürlichen System *h* , im transponierten *e*) wird auch in der Abwärtsbewegung nicht akzidentiell erniedrigt.

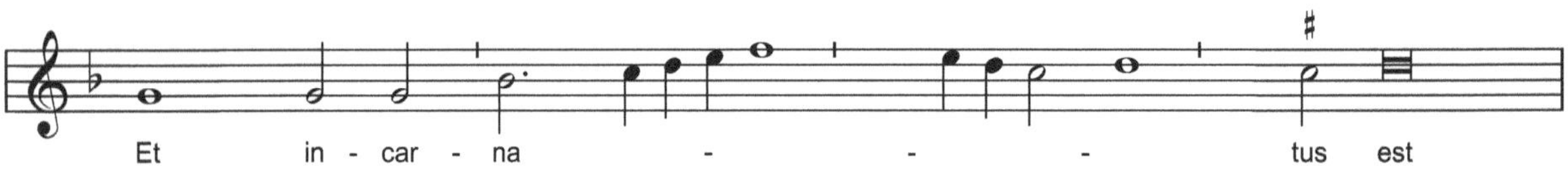

Certon, Messe *Sus le pont d'Avignon,* Credo, T. [65], Sopran

Wird die 6. Stufe dagegen von unten erreicht und auch nach unten wieder verlassen, wird sie gemäß der Una-nota-Regel erniedrigt (*h* zu *b* bzw. *e* zu *es*).

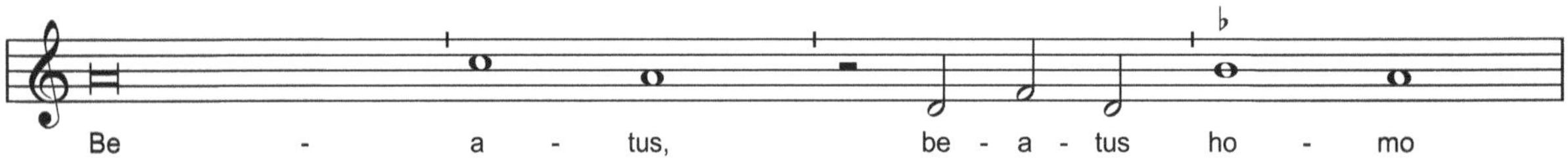

Lasso, *Beatus homo,* SW 1, Nr. 2, T. 2, Sopran

Charakteristisch für die dorischen Modi ist also nicht die natürliche 6. Stufe als solche (die sogenannte „dorische Sexte"), sondern die Beweglichkeit dieser Stufe als große und kleine Sexte.
Die 7. Stufe erweist sich noch in einem weiteren melodischen Zusammenhang als Hauptstufe. Im folgenden Beispiel (im 1. Modus) folgt auf den fallenden Schritt von der 1. zur 7. ein Quartsprung zur 3. Stufe mit anschließender schrittweiser Rückwendung zur 1. Stufe. Diese Melodiewendung ist sowohl für das authentische als auch für das plagale Dorisch charakteristisch.

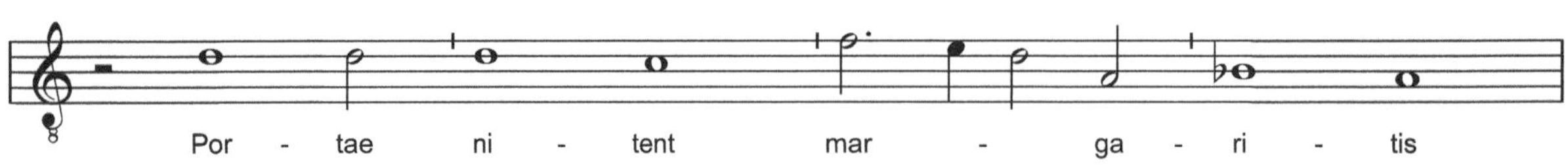

Palestrina, Hymnus *In Festo Dedicationis Ecclesiae,* W 8, Nr. 35 (3. Strophe), T. 7, Alt 1

Die herausgehobene Rolle der 3. Stufe ist ebenfalls in der liturgischen Psalmodie vorgebildet: Im plagalen Dorisch (2. Modus) ist die 3. Stufe der Rezitationston.[14, 15]

6.4 Moduswechsel

Der Modus eines Satzes wird maßgeblich durch die erst- und zweitrangige Hauptstufe bestimmt. Manchmal wird jedoch innerhalb eines Satzes das Hauptstufengerüst so deutlich verschoben, dass man von einem *Moduswechsel* sprechen kann.[16] Das folgende Beispiel steht im 5. Modus (authentisches Lydisch). Der Abschnitt von T. 11 bis T. 16 beginnt und endet mit dem Quintton *c*. Auf diesem Ton wird ein neues Hauptstufengerüst mit *c* als primärer und *g* als sekundärer Hauptstufe gebildet. Die Quintsprünge von *g* nach *c* und zurück sowie das dreimalige Erreichen des Spitzentons *g* wirken geradezu demonstrativ. Der Moduswechsel kann als Mittel verwendet werden, um eine bestimmte Strecke aus dem übrigen Satz hervorzuheben. Nach der Kadenz in T. 16 kehrt der Satz wieder zu den üblichen Hauptstufen *f* und *c* zurück.

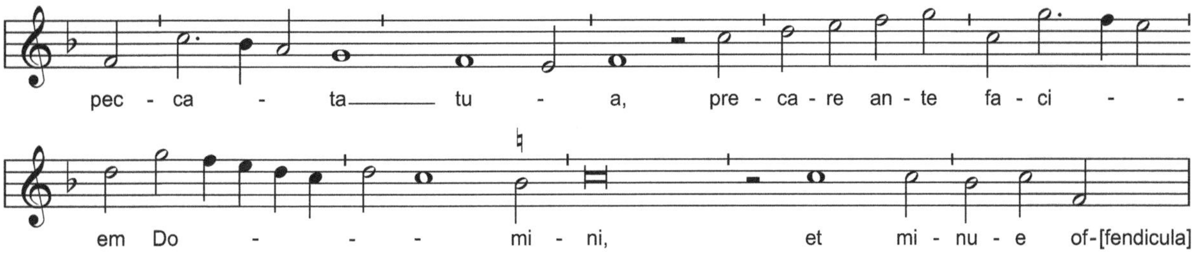

Sampson, *Revertere ad Dominum,* Rhau, Bicinia I, Nr. 57, T. 8, Sopran

Anmerkungen

1. Paul Hindemith bezeichnet indirekte Sekundfortschreitungen als *Sekundgang* (*Unterweisung im Tonsatz*, Mainz 1937, S. 228 ff.).

2. Im Mittelalter war die Bezeichnung Quinten- bzw. Quarten-*Species* gebräuchlich (vgl. MGG [2], Sachteil 6, Sp. 402 ff.).

3. Die Grundtonspannung liegt nicht nur dem Aufbau des Hauptstufengerüsts zugrunde, sondern sie wirkt in jedem melodischen und harmonischen Intervall. Als Grundton eines Intervalls kann der Ton mit der niedrigsten Ordnungszahl in der Naturtonreihe gelten. Dabei wird immer die tiefste Oktavlage des Tons berücksichtigt. Da die Quinte die Proportion 2:3 hat, liegt ihr Grundton unten. Bei der Quarte mit der Proportion 3:4 liegt der Grundton dagegen oben, denn der 4. Naturton ist die doppelte Oktavierung des 1. Zu den gleichen Ergebnissen hinsichtlich der Grundtöne gelangt man, wenn man die Grundtonspannung aus der pythagoreischen Quintenschichtung ableitet.

4. *Portamento* bedeutet das „Hinübertragen" eines Tons zum nächsten Ton. Das Portamento war ursprünglich eine improvisierte Gesangsmanier. Portamenti gibt es auch als Halbe, meist nach einer vorhergehenden punktierten ganzen Note. Diese können – anders als in der Viertelbewegung – auch mit fallenden Sprüngen erreicht werden.

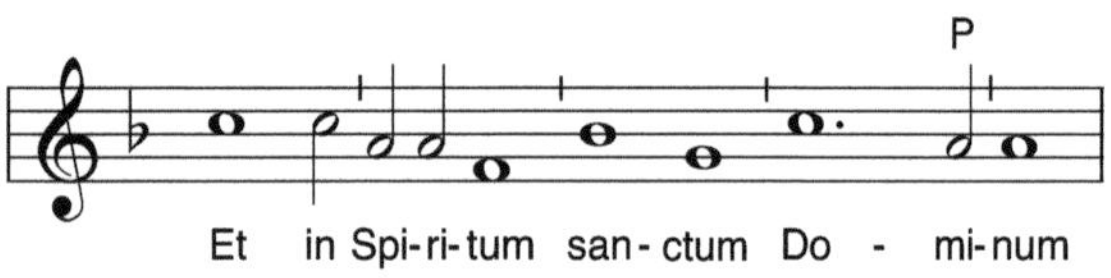

Palestrina, *Missa „Brevis"*, W 12, Credo, T. 93, Sopran

5. Den Begriff *Cambiata* hat Johann Joseph Fux in seiner Schrift *Gradus ad parnassum* (Wien 1725) in die Kontrapunktlehre eingeführt. *Nota cambiata* bedeutet „vertauschte Note": Gegenüber einer Durchgangsbewegung sind die letzten zwei Töne vertauscht.

6. Die Regel, dass steigende Sprünge von leichten Viertelnoten ausgehen, wird nur selten missachtet. Im folgenden Beispiel wird die im Tenor befindliche Durchgang-Terzsprung-Figur gleichzeitig im Bass gespiegelt, wodurch ein steigender Terzsprung von der schweren zur leichten Viertel entsteht (✻). Solche Ausnahmen sind jedoch selten und allenfalls bei einem so „bewegungsfreudigen" Komponisten wie Orlando di Lasso zu finden.

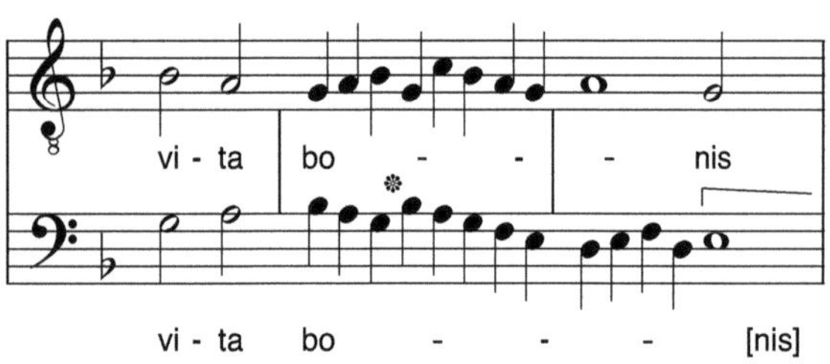

Lasso, Sequenz ***Lauda Sion Salvatorem***
NR 23, Nr. 19, Vers 18, Tenor II und Bass

7. So springt beispielsweise der Bass in Lassos dreistimmigem Satz *Haec quae ter triplici* (SW 1, Nr. 25, T. 61) nach zwei fallenden Achteln eine Quinte nach oben.

8. Dabei dürfte die Spannung des Tons *h* in der Grundskala eine Rolle spielen. Die tiefsten Töne der pythagoreischen Quintenschichtung (*f* und *c*) können als die entspanntesten und der höchste (*h*) als der gespannteste Skalenton gelten.

9. Siehe S. 147.

10. Ein Beispiel im authentischen Äolisch (9. Modus) ist der Anfang von Palestrinas Motette *Hic est vere Martyr* (W 5 I, Nr. 31, T. 5, Sopran). Die Behandlung der 7. Stufe als Hauptstufe dürfte auch damit zusammenhängen, dass bei hoher Schlüsselung des Soprans der Ton *g* die obere Grenze des Umfangs bildet. Ein Beispiel im plagalen Äolisch (10. Modus) ist Palestrinas Motette *Exaudi Domine* (W 5 I, Nr. 36, T. 2, Sopran).

11. Beispielsweise in Palestrinas Motette *Hic est vere Martyr* (W 5 I, Nr. 31, T. 88–92, Sopran).

12. Siehe Anmerkung 3 auf S. 56.

13. Siehe S.147.

14. Siehe S.147.

15. Die stabilen Modi (festes Hauptstufengerüst von der Finalis aus terzweise aufwärts) sind also diejenigen auf *c* und *a* (transponiert *f* und *d*), die labilen (veränderliches Hauptstufengerüst von der Finalis aus terzweise aufwärts, abwärts bzw. um die Finalis herum) diejenigen auf *g* und *e* (transponiert *c* und *a*).

Stabil:	Labil:
Ionisch bzw. Lydisch Äolisch	Mixolydisch Phrygisch

Die Modi gruppieren sich zu zwei Paaren im Terzabstand (im natürlichen System *c* zu *a*, *g* zu *e*), die untereinander im Quintabstand stehen (*c* zu g, a zu *e*). Die dorischen Modi nehmen eine gewisse Sonderstellung ein.

16. Eine solche Vermischung verschiedener Modi wird *commixtio tonorum,* der Modus selbst *tonus commixtus* genannt.

III ANFÄNGE

1 Einstimmigkeit

1.1 Rhythmik

Da die Brevis die Zähleinheit des *tactus alla breve* ist, wird ein Satz stets auf dem ersten Brevis-Schlag eröffnet. Ausnahmen gibt es in volkssprachlichen Gattungen, zum Beispiel den protestantischen Chorälen, die oft mit einer auftaktigen Halben anfangen. In diesem Fall wird eine ganze und eine halbe Pause vorangestellt, damit die Taktzählung volltaktig beginnen kann.
Ein Satz wird vorzugsweise mit ruhigen Notenwerten eröffnet, also einer Brevis, einer punktierten oder einer einfachen Ganzen, bevor sich die Bewegung dann allmählich beschleunigt (siehe die folgenden Beispiele). Der kürzestmögliche Wert für die volltaktige Eröffnung eines Satzes ist die punktierte halbe Note. Ein volltaktiger Beginn mit einer einfachen halben Note ist dagegen nicht üblich.

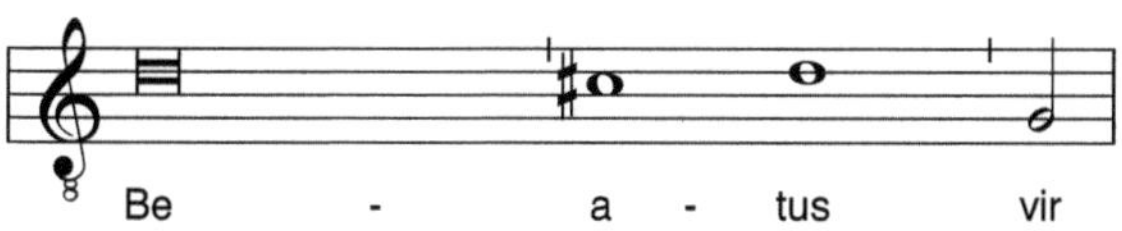

Lasso, *Beatus vir,* SW 1, Nr. 1, T. 1, Alt

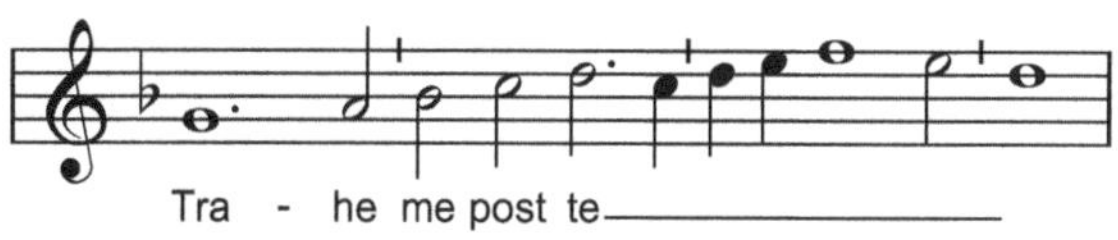

Palestrina, Motette *Trahe me,* W 4, Nr. 2, T. 1, Sopran

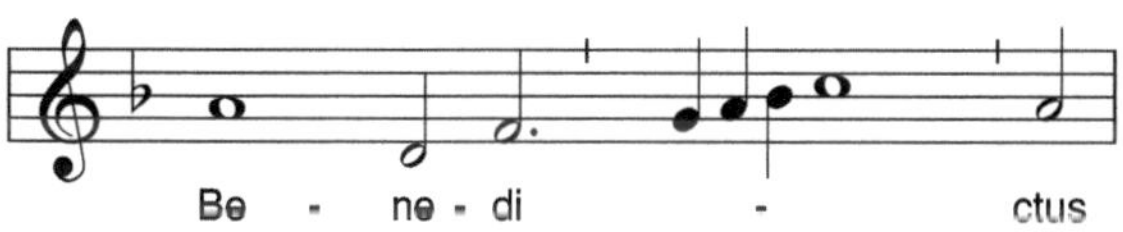

Lasso, *Missa super Dittes Maistresse*
NR 6, Nr. 24, Sanctus, T. 18, Sopran I

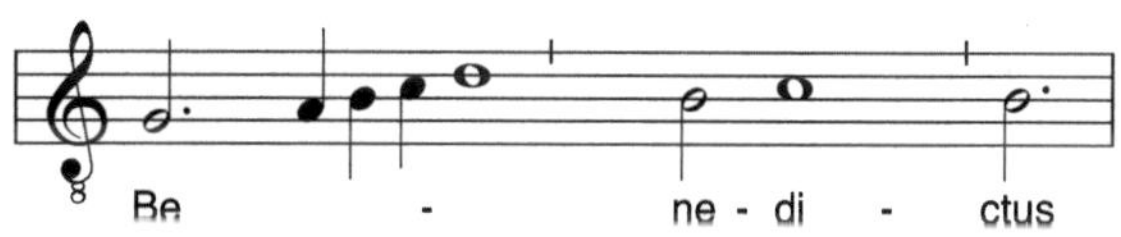

Lasso, *Missa ad Imitationem moduli lager*
NR 4, Nr. 13, Sanctus, T. 40, Tenor

Nach der Eröffnung des Satzes sind volltaktige Anfänge nicht mehr erforderlich. Die dann folgenden Melodiephrasen werden sogar bevorzugt auf der Halbe-Hebung begonnen. Dabei kann der erste Ton eine Halbe, eine synkopierte Ganze oder eine punktierte Halbe sein (synkopische Punktierung). Melodiephrasen innerhalb eines Satzes können sogar mit Vierteln beginnen (siehe ganz unten rechts). Man wird sie allerdings nur in Stücken finden, in denen insgesamt viel Viertelbewegung vorhanden ist.

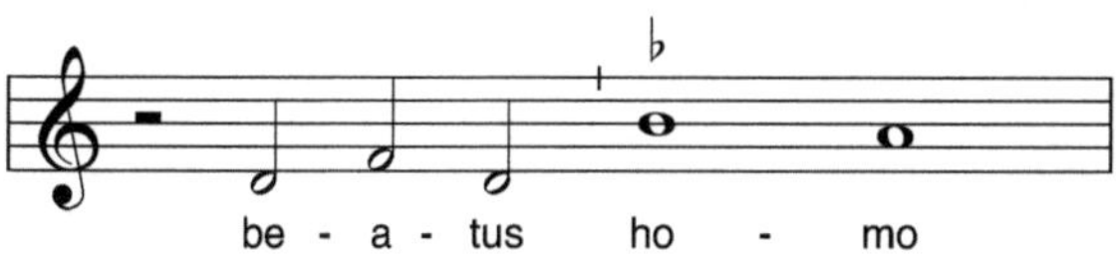

Lasso, *Beatus vir,* SW 1, Nr. 2, T. 4, Sopran

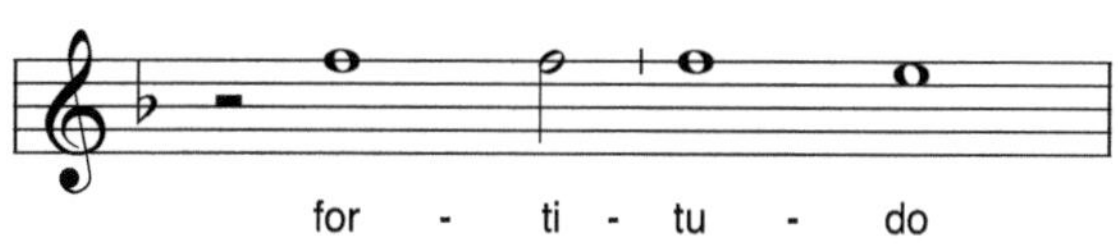

Lasso, *Exspectatio justorum,* SW 1, Nr. 5, T. 16, Sopran

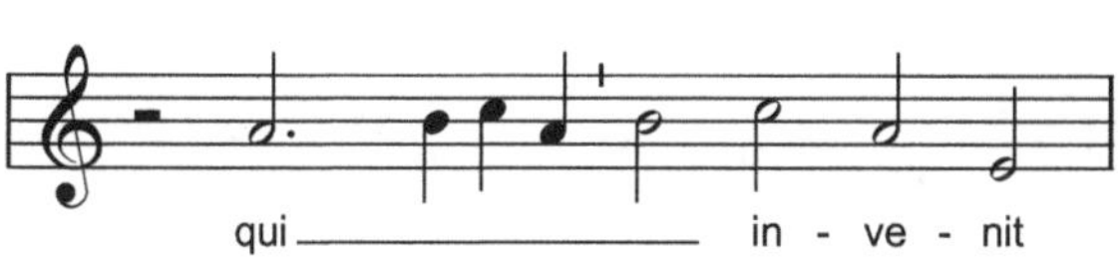

Lasso, *Beatus vir,* SW 1, Nr. 2, T. 6, Sopran

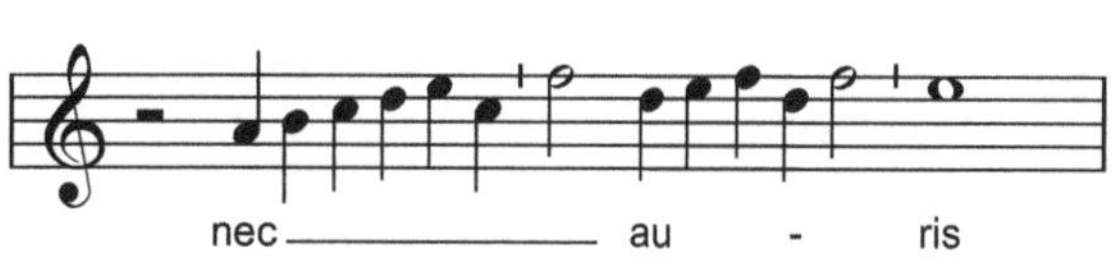

Lasso, *Justus cor suum,* SW 1, Nr. 3, T. 4, Sopran

1.2 Melodik

Die Eröffnung eines Satzes soll den Modus deutlich zum Ausdruck bringen. Das gilt besonders für die modal führende Stimme, den Sopran bzw. Tenor. Die Grundlagen der modalen Melodik wurden bereits auf S. 70–73 dargestellt. Im Folgenden sollen sie differenziert und ergänzt werden. Dabei kann natürlich nur eine Auswahl der gängigen melodischen Modelle vorgestellt werden. Schon der Anfangston ist für das Erkennen eines Modus von Bedeutung. Dieser kann daher nur die erst- oder zweitrangige Hauptstufe sein. Das gilt auch für die Anfänge der dann folgenden Melodiephrasen, doch ist bei diesen ein Beginn auf der drittrangigen Hauptstufe oder gar einer Nebenstufe nicht ausgeschlossen.

1. Modus (authentisches Dorisch)

Auf S. 72 wurden zwei für das authentische Dorisch typische Melodiephrasen vorgestellt. Die folgenden Schemata geben sie in abstrakter Form wieder (jeweils im natürlichen und im transponierten System; Finalis in eckigen, die anderen Hauptstufen in hohlen, Nebenstufen in gefüllten Notenköpfen).

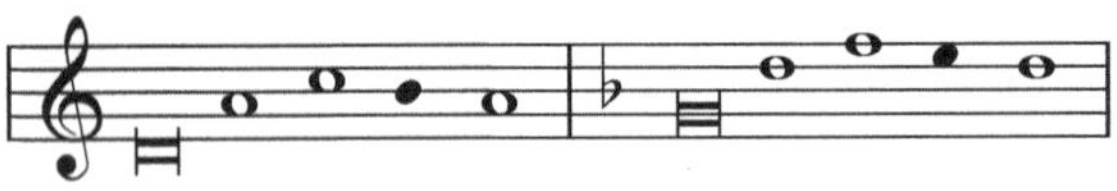

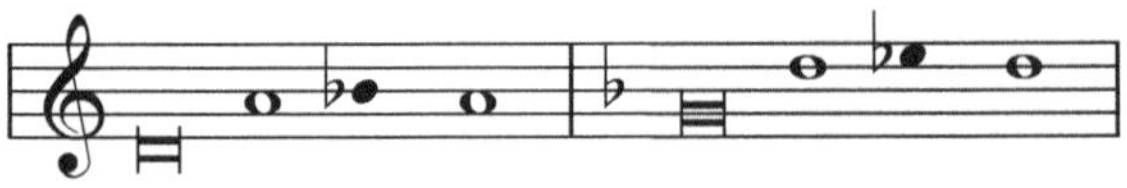

Grundsätzlich neigen die authentischen Modi zu weiträumigen Eröffnungen, während die plagalen nur einen engeren Tonraum ausfüllen und sich kleinschrittiger bewegen. Davon gibt es aber durchaus Ausnahmen, wie das folgende Beispiel zeigt. Die Melodie stützt sich nur auf die Hauptstufen Quinte und Terz, während die Finalis ausgespart bleibt.

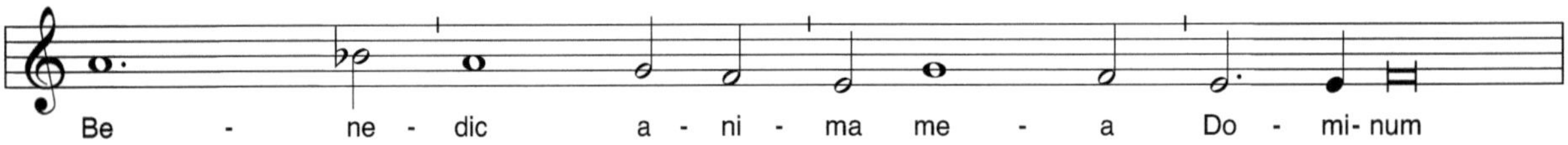

Lasso, *Benedic anima mea,* SW 1, Nr. 112 (85), T. 1, Sopran

Außer den beiden beschriebenen Melodietypen findet man auch andere, zum Beispiel solche mit einem eröffnenden Oktavsprung.[1] Manchmal wird auch mit den drittrangigen Hauptstufen, der Terz und Septime, eröffnet. So beginnt das Magnificat im 1. Ton auf der 3. Stufe und die begleitende Stimme bei Quintimitation auf der 7. Stufe.[2] In choralfreien Stücken findet man diese Eröffnung selten.[3]

2. Modus (plagales Dorisch)

Wie bereits erwähnt, spielt im plagalen Dorisch die Terz traditionell eine besondere Rolle. Die Eröffnung bewegt sich meistens im unteren Trichord und im Tetrachord.

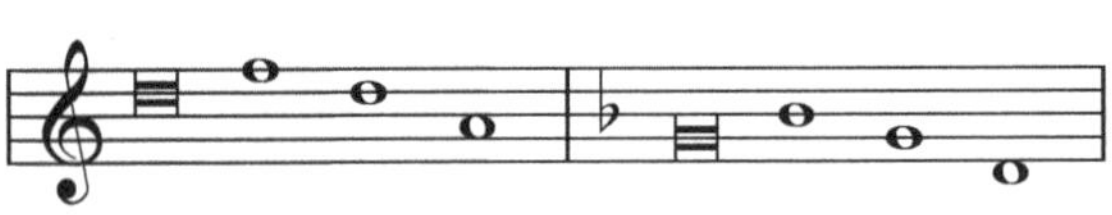

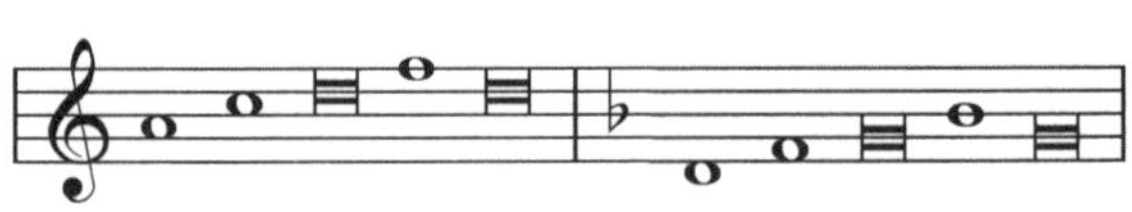

Im ersten der beiden folgenden Beispiele wird erst das untere Trichord und dann das Tetrachord dargestellt (linkes Schema), im zweiten umgekehrt (rechtes Schema).

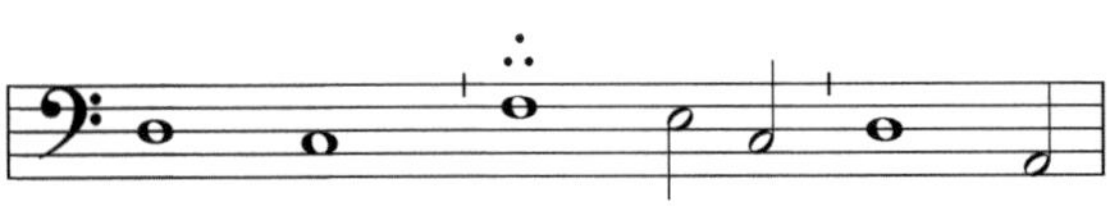

Walter, Fuga *Secundi toni,* SW 4, Nr. 14, T. 1

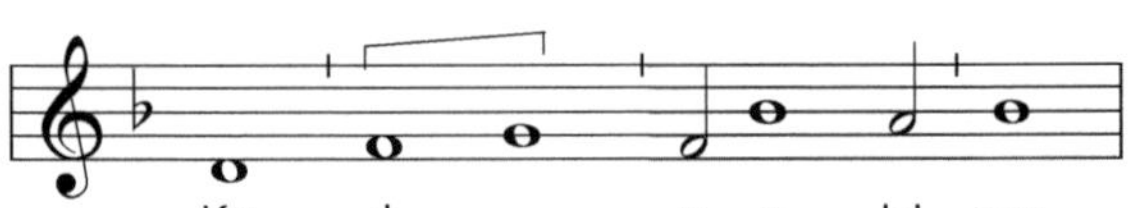

Lasso, *Missa super Il me suffit*
NR 5, Nr. 21, Kyrie, T. 1, Sopran

3. Modus (authentisches Phrygisch)

Als Besonderheit der phrygischen Modi wurde das Schwanken zwischen der 5. und 4. Stufe als der zweitrangigen Hauptstufe festgestellt. Wie die Beispiele auf S. 71 zeigen, kann die eröffnende Phrase eines phrygischen Satzes sowohl die 5. als auch die 4. Stufe exponieren. Die Reihenfolge der Töne in den folgenden Schemata kann im Übrigen auch rückläufig sein.

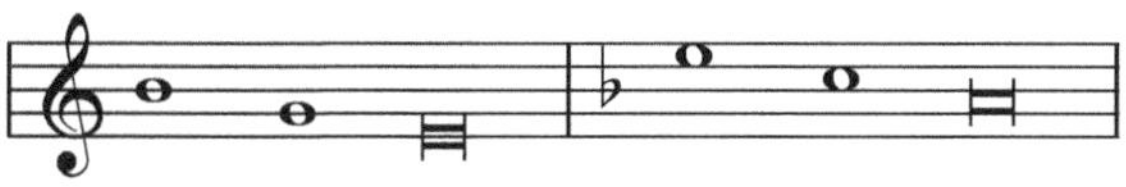

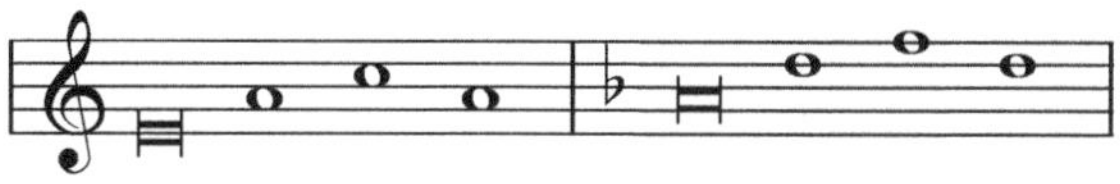

Typisch für das authentische Phrygisch ist das rasche Erreichen der 6. Stufe. Beide Schemata können sich auch insofern vermischen, als dass neben der 4. auch die 3. Stufe als Hauptstufe verwendet wird (siehe Schema rechts). Dieser Mischtyp lehnt sich an den liturgischen Choral an: Das Magnificat im 3. Ton beginnt mit der 3., 4. und 6. Stufe.[4] Auch das folgende Beispiel beginnt mit dieser pentatonischen Stufenfolge.

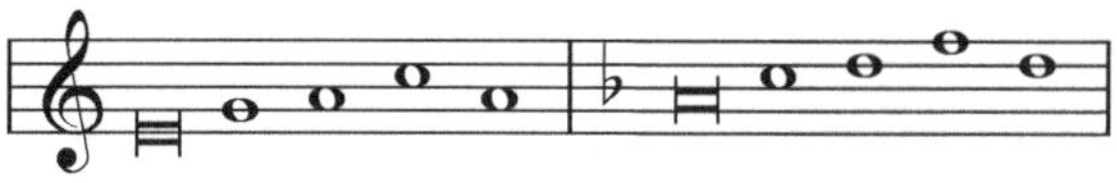

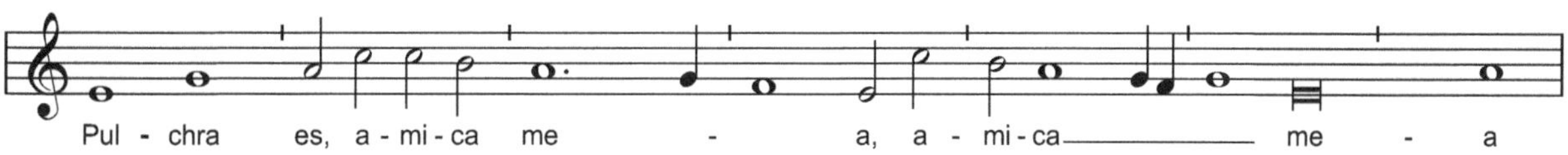

Palestrina, Motette *Pulchra es,* W4, Nr. 22, T. 2, Sopran

Die phrygische Finalis kann auch mit der Ober- und Unterterz umkreist werden. Der Oktavrahmen wird dadurch unterschritten, es entsteht ein „ionisches" bzw. „lydisches" Hauptstufengerüst (siehe S. 71–72).

4. Modus (plagales Phrygisch)

Die eröffnende Phrase im plagalen Phrygisch exponiert die 4. Stufe (siehe das folgende Beispiel). In der hohen Lage ist der Sopran auf das Pentachord beschränkt, denn der obere Ton des Oktavrahmens würde den Stimmumfang überschreiten. Dem Tenor steht dagegen der vollständige Oktavrahmen zur Verfügung. Im transponierten System können beide Stimmen den Oktavrahmen nutzen.

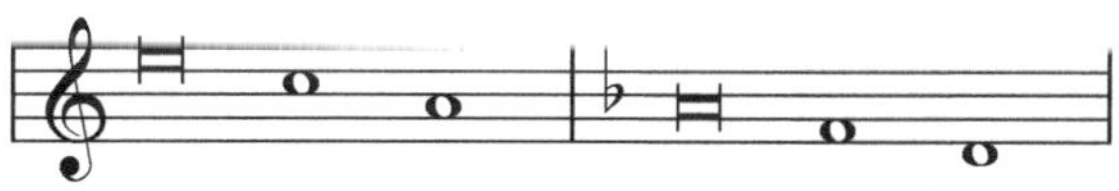

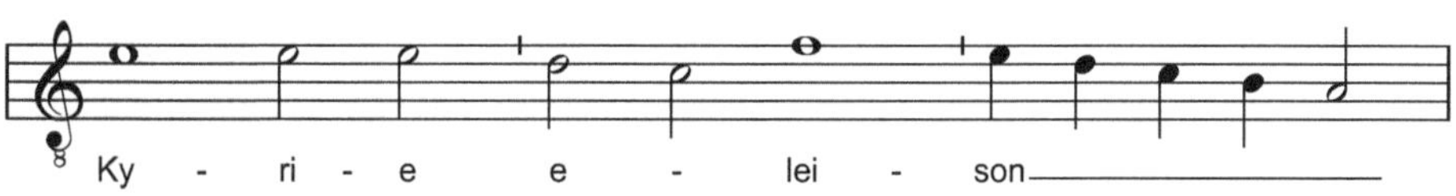

Lasso, *Missa super lo son ferito ahi lasso,* NR 6, Nr. 28, Kyrie, T. 1, Tenor I

Im untransponierten System gibt es neben der hohen auch die tiefe Lage. Dann muss die 6. Stufe oben liegen, weil das tiefe *c* sowohl im hoch geschlüsselten Sopran als auch im Tenor den Stimmumfang unterschreiten würde (siehe das Schema rechts). Die Folge ist, dass der Tonraum des plagalen Modus sich gar nicht von

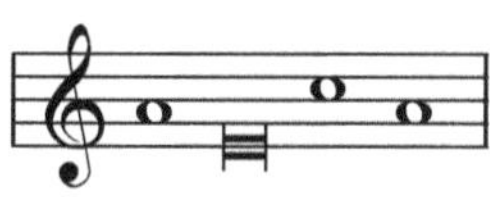

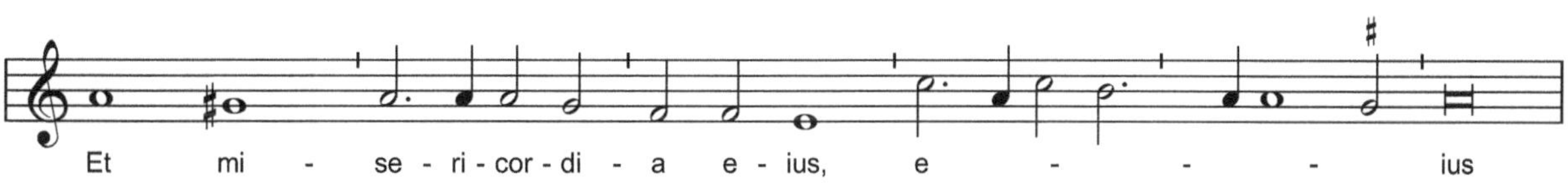

Palestrina, *Magnificat Quarti Toni,* W 27, Nr. 4, Vers 5, T. 3, Sopran

dem des authentischen unterscheidet. Ein gewisser Unterschied liegt nur in der Bevorzugung des Tetrachords als Tonraum, während die 6. Stufe etwas seltener bzw. später erreicht wird (siehe das letzte Beispiel auf der vorigen Seite).

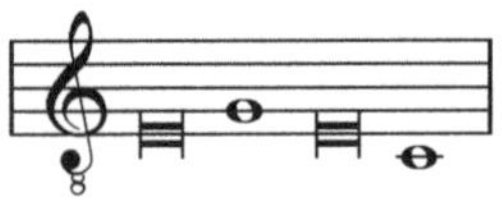

Wie im authentischen Phrygisch kann die Finalis auch mit der Ober- und Unterterz umkreist werden (siehe das Schema links, das an das Beispiel auf S. 71 unten angelehnt ist). Dieses Modell ist nur in Tenorstimmen anzutreffen, weil das tiefe *c* den Umfang des hoch geschlüsselten Soprans unterschreitet. Auch hier unterscheidet sich der Tonraum des plagalen Modus nicht von dem des authentischen.

5. bzw. 11. Modus (authentisches Lydisch bzw. Ionisch)

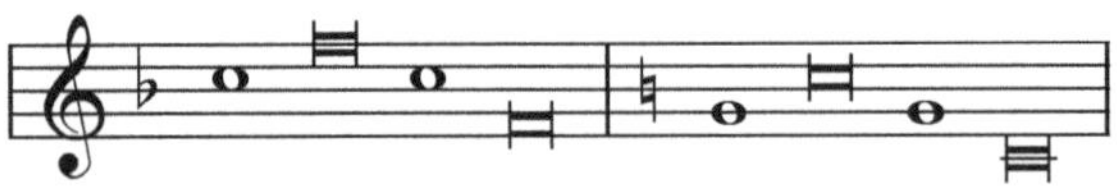

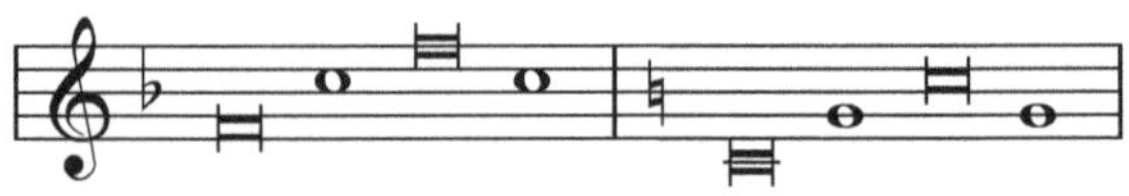

Typisch für die authentischen Modi ist das rasche Ausschöpfen des Oktavrahmens. Im folgenden Beispiel wird erst das Tetrachord und dann das Pentachord gefüllt (Schema links).

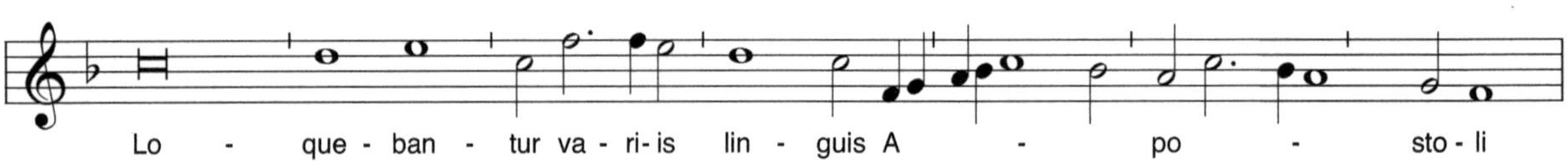

Palestrina, Motette *Loquebantur,* W 5 I, Nr. 10, T. 3, Sopran

Im nächsten Beispiel wird dagegen zuerst das Pentachord und dann das Tetrachord als Tonraum benutzt (Schema oben rechts).

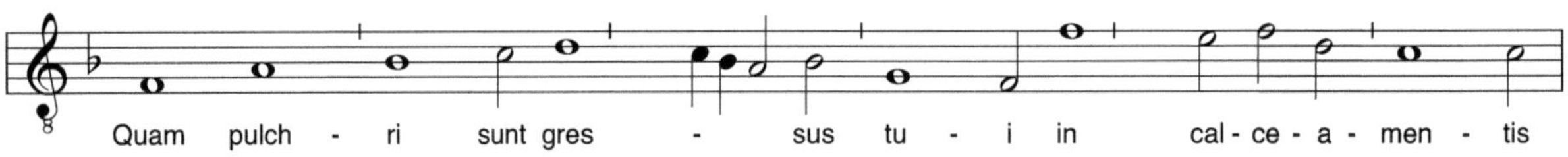

Palestrina, Motette *Quam pulchri sunt,* W 4, Nr. 25, T. 1, Tenor

6. bzw. 12. Modus (plagales Lydisch bzw. Ionisch)

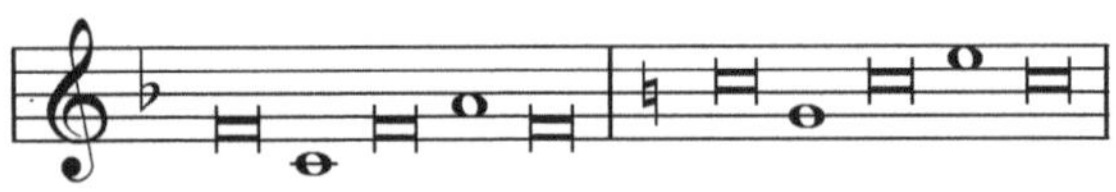

Melodien im plagalen Lydisch bzw. Ionisch bewegen sich vorwiegend im Tetrachord und unteren Trichord (siehe das Schema links und das folgende Beispiel). Die Bedeutung der 3. Stufe hat ihren Ursprung darin, dass sie der Rezitationston der liturgischen Psalmodie ist.

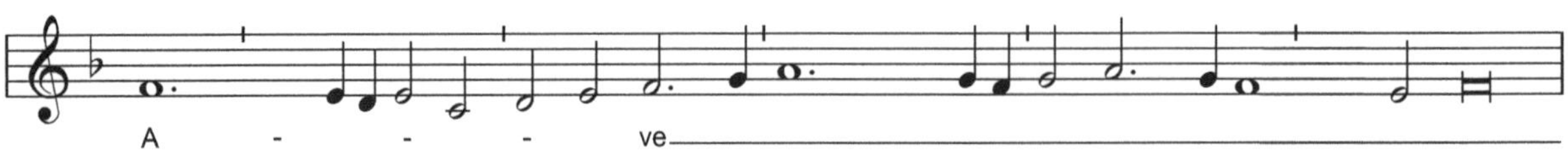

Palestrina, Motette *Ave Regina cœlorum,* W 5 II, Nr. 11 (I), T. 6, Sopran I

7. Modus (authentisches Mixolydisch)

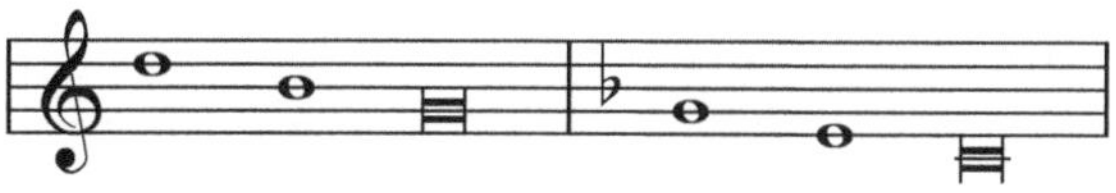

Als Eröffnung eines Satzes im authentischen Mixolydisch ist das Umkreisen der 5. Stufe (der Oberquinte), des traditionellen Rezitationstons, charakteristisch (siehe das Schema rechts und das folgende Beispiel). Die Ausfüllung des Oktavrahmens ist dagegen von geringerer Bedeutung.

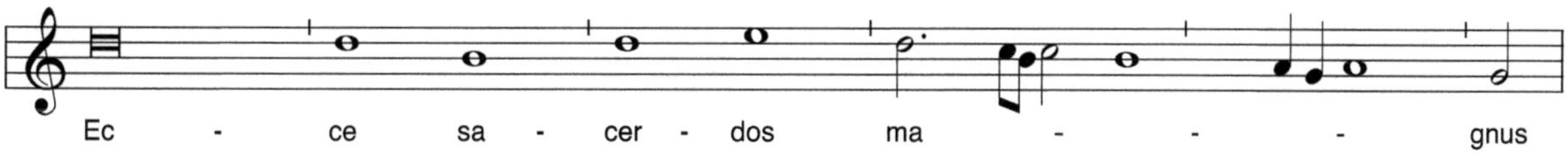

Victoria, Motette *Ecce sacerdos magnus,* OO 4, Nr. 31, T. 1, Sopran

Ähnlich wie im authentischen Phrygisch wird auch im authentischen Mixolydisch die 5. Stufe häufig bald von der 4. Stufe (der Unterquinte) verdrängt.

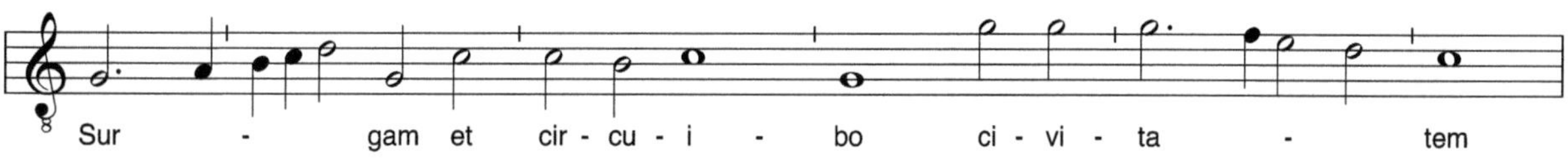

Palestrina, Motette *Surgam et circuibo civitatem,* W 4, Nr. 18, T. 4, Tenor

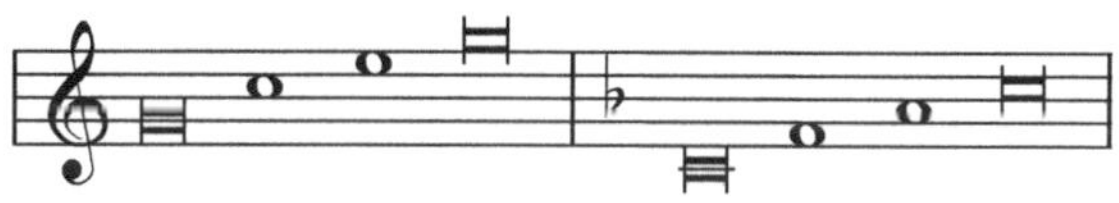

Daneben gibt es auch Eröffnungen, die von Anfang an die Unterquinte exponieren, wie das erste Beispiel auf S. 70 zeigt (Schema rechts).

8. Modus (plagales Mixolydisch)

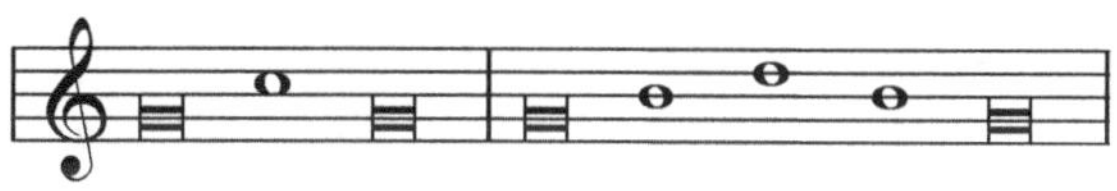

Die von der Finalis aus zur 4. Stufe, dem traditionellen Rezitationston, steigende Quarte ist eine typische Eröffnung im plagalen Mixolydisch (siehe das linke Schema, das dem folgenden Beispiel entspricht). Der 8. Modus wird äußerst selten im transponierten System benutzt, weil sich dann eine sehr hohe Lage ergeben würde.[5]

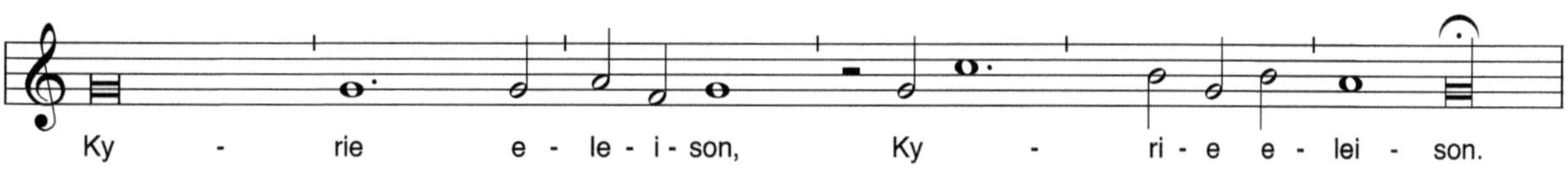

Lasso, *Missa super Quand'io penso al mertire,* NR 7, Nr. 31, Kyrie, T. 1, Sopran

Eröffnungen mit der Oberquinte kommen auch im plagalen Modus gelegentlich vor (rechtes Schema, folgendes Beispiel), sind aber weniger charakteristisch.

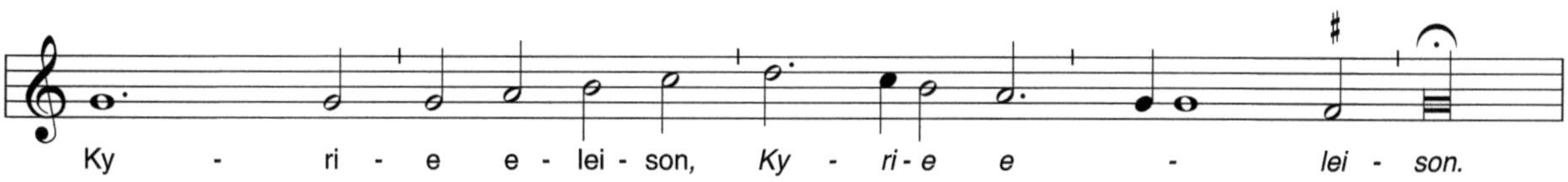

Lasso, *Missa ad imitationem moduli lager,* NR 4, Nr. 13, Kyrie, T. 1, Sopran

9. Modus (authentisches Äolisch)

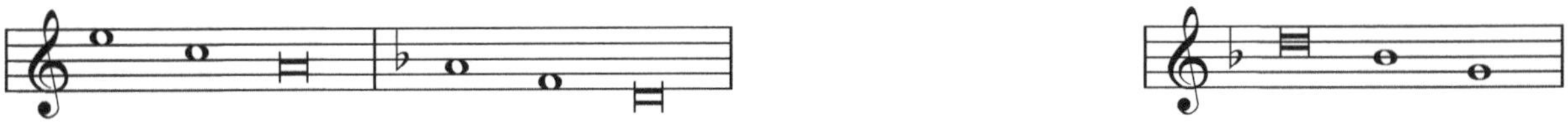

Wie bereits erläutert wurde, kann man zwei Typen der äolischen Melodik unterscheiden. Im ersten sind die Hauptstufen von der Finalis aus terzweise nach oben aufgebaut (siehe das linke Schema und das Beispiel auf S. 71 oben). Die Melodie bewegt sich vorwiegend im Fünftonraum, bezieht eventuell noch die 7. Stufe mit ein und gleicht damit einem um eine Quinte nach oben transponierten Dorisch mit ständiger kleiner Sexte. Bei dem zweiten Melodietyp werden die Hauptstufen von der Finalis aus terzweise nach unten geschichtet. Sie stimmen mit denjenigen des plagalen Dorisch überein (siehe das rechte Schema und das folgende Beispiel).[6] Wegen des Stimmumfangs des Soprans findet man diesen Typ vor allem im transponierten System.

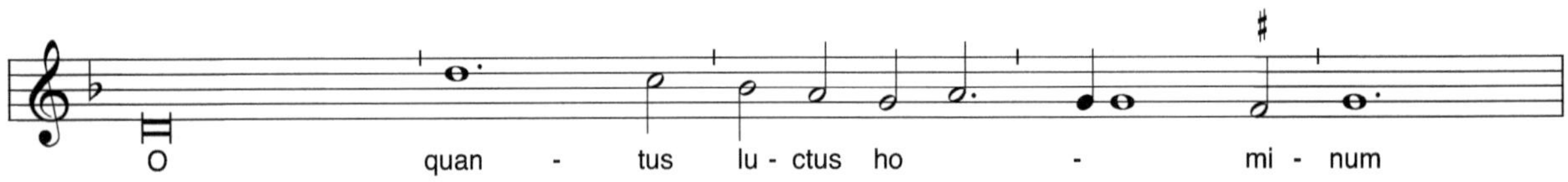

Palestrina, Motette *O quantus luctus,* W5 I, Nr. 24, T. 1, Sopran

10. Modus (plagales Äolisch)

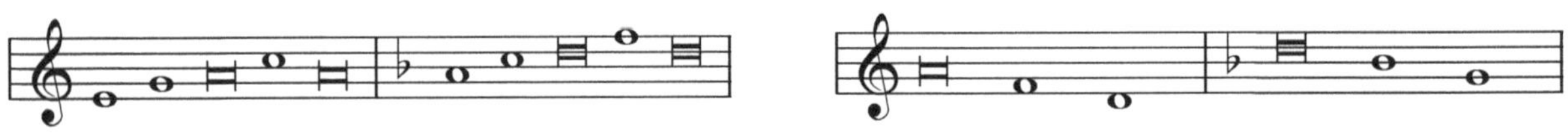

Bewegt sich das plagale Äolisch vorwiegend im Tetrachord und unteren Trichord, so stimmen die Hauptstufen und Tonräume mit dem authentischen Phrygisch überein (im Schema links).

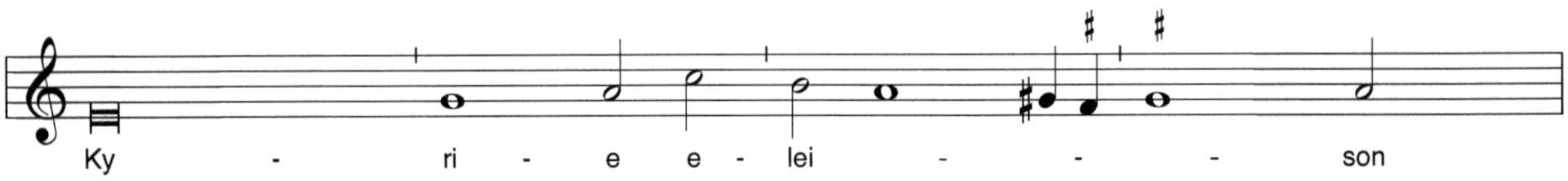

Lasso, *Missa ad imitationem moduli O passi sparsi,* NR 4, Nr. 12, Kyrie, T. 1, Sopran

Oft wird das Hauptstufengerüst auch von der Finalis aus abwärts gebildet, so dass Hauptstufen und Tonräume mit dem authentischen Dorisch übereinstimmen (im Schema rechts).

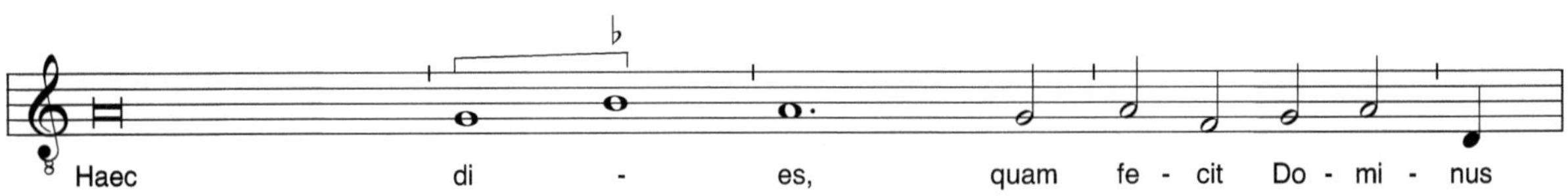

Palestrina, Motette *Haec dies,* W5 II, Nr. 15, T. 1, Tenor

2 Zweistimmigkeit

2.1 Imitation

Von *Imitation* spricht man, wenn eine Stimme eine andere „nachahmt". Am strengsten wird im Kanon imitiert, denn beide Stimmen sind das ganze Stück hindurch gleich, nur zeitlich verschoben und gegebenenfalls auf verschiedenen Stufen. Aber auch die Motette und andere Gattungen werden vom Prinzip der Imitation geprägt. Die verschiedenen Abschnitte einer Motette beginnen meistens imitatorisch. In der Eröffnung eines Stückes wird die Imitation am strengsten gehandhabt, im weiteren Verlauf kann auch freier imitiert werden. Wie im vorigen Abschnitt ausgeführt wurde, soll die Eröffnung eines Stückes den betreffenden Modus deutlich zum Ausdruck bringen. Als Anfangstöne werden daher die erst- oder zweitrangigen Hauptstufen bevorzugt. In choralgebundenen Gattungen gibt es auch Eröffnungen mit drittrangigen Hauptstufen.[7] In der folgenden Übersicht sind die gängigen Anfangstöne mit Quint- bzw. Quartimitationen zusammengestellt (ohne Berücksichtigung der Oktavlage oder der Reihenfolge ihres Einsatzes; Finalis mit eckigem Notenkopf).

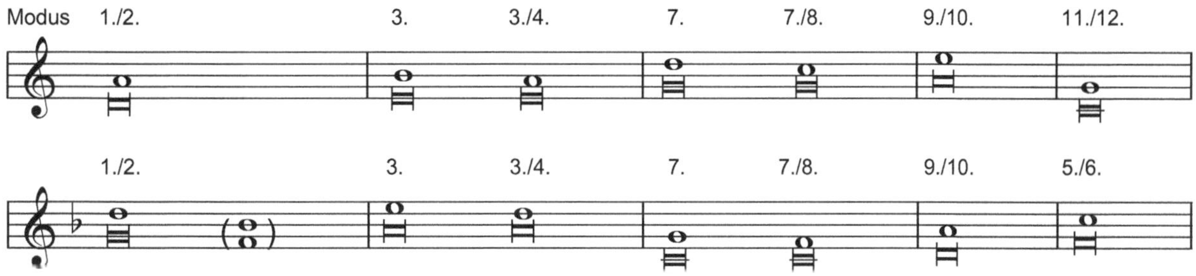

Das Intervall vom Anfangston der ersten zu dem der zweiten Stimme nennt man *Imitationsintervall*. In einer strengen Imitation muss dieses eine vollkommene Konsonanz sein, also eine Prime, Oktave, Quinte oder Quarte. Auch die Quarte gilt in diesem Zusammenhang als vollkommene Konsonanz, da sie nicht als Zusammenklang erscheint. Wie man in der oben stehenden Übersicht sieht, bilden die erst und zweitrangigen Hauptstufen immer vollkommene Konsonanzen miteinander.

In einer strengen Imitation stimmen auch die Sekundgrößen überein. Aus einer großen Sekunde wird in der Imitation wieder eine große, aus einer kleinen eine kleine Sekunde. Entsprechendes gilt natürlich auch für Terzen und Sexten. Bei Imitationen im Oktav- oder Primabstand ist die Übereinstimmung selbstverständlich. Bei der Quintimitation ist sie möglich, weil die Stammtonreihe aus der Schichtung reiner Quinten hervorgegangen ist. Nur über dem höchsten Ton der Quintschichtung liegt eine verminderte Quinte. Soll daher eine Melodie um eine Quinte höher streng imitiert werden, darf sie nicht den Ton *h* enthalten (im transponierten System nicht den Ton *e*). Dasselbe gilt für Imitationen um eine Quarte nach unten. Möglich ist allerdings auch, die Sekundgrößen mit Hilfe von Akzidentien zur Übereinstimmung zu bringen. So werden in dem Beispiel auf S. 83 oben die Töne *c* – *b* – *a* durch *f* – *es* – *d* beantwortet. Die phrygische Oberquint und die mixolydische Oberterz können nicht um eine reine Quinte höher imitiert werden. In diesen Modi wird stattdessen die Unterquint-Imitation bevorzugt.

Im Gegensatz zu Imitationen im Einklang oder in der Oktave können bei anderen Imitationsintervallen Hauptstufen zu Nebenstufen werden und umgekehrt. Auf der folgenden Seite sind einige Eröffnungen in Quint- bzw. Quartimitationen schematisch dargestellt.[8] In den dorischen Beispielen a und b wird die 1. und 3. Stufe in der Imitation zur 5. bzw. 7. Stufe. Die modale Struktur bleibt gewahrt, denn alle vier Stufen sind Hauptstufen. In Beispiel c wird aus der 3. die 6. Stufe, die im Mixolydischen durchaus die Funktion einer Hauptstufe ausüben kann. Im ionischen Beispiel d dagegen wird aus einer Neben- eine Hauptstufe (4. zur 8.) und aus einer Haupt- eine Nebenstufe (3. zur 7.). In Beispiel e schließlich wird die 5. mit der 9. Stufe beantwortet, die eine Nebenstufe ist. Dadurch droht der Modus unklar zu werden. Melodien im Ambitus einer Quinte sind in Quintimitationen also problematischer als solche im Terzumfang. Das Beispiel f beginnt sogar mit der 9. Stufe, wodurch der Modus erst durch die imitieren-

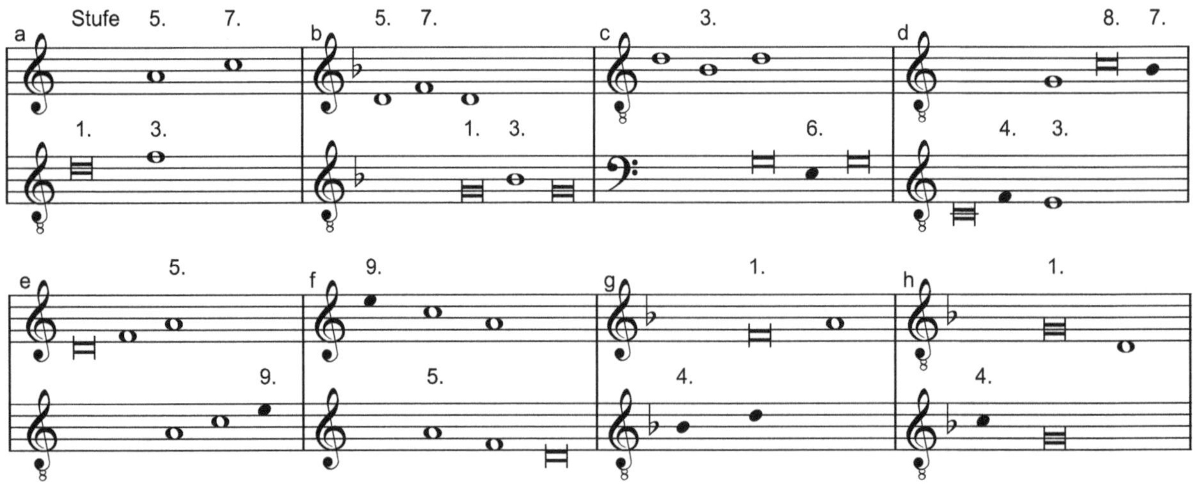

de Stimme geklärt wird. Auch die Beispiele g und h beginnen mit Nebenstufen. Hier handelt es sich um Imitationen in der Unterquint. Eröffnungen mit Nebenstufen sind jedoch deutlich in der Minderzahl. Entscheidend ist, dass in der modal führenden Stimme (im Sopran bzw. Tenor) der Modus eindeutig zu erkennen ist.

Es liegt nahe, dass sich imitierende Stimmen im gleichen Bereich des jeweiligen Oktavrahmens bewegen. Wenn also die eine Stimme im mittleren Bereich beginnt, so auch die andere. Zwingend ist dies freilich nicht. Nebenstehend sieht man die Oktavrahmen und Anfangstöne dreier Sätze von Lasso. Im ersten liegen die Anfangstöne beider Stimmen in der Mitte des Oktavrahmens. Im zweiten beginnt die obere Stimme am oberen Rand des Rahmens und die untere in der Mitte, während es sich im dritten Beispiel umgekehrt verhält. Liegen die Stimmen im gleichen Bereich des Tonraums, so haben sie auch den gleichen Bewegungsspielraum. Im ersten Beispiel können sich beide Stimmen nach oben oder unten bewegen. Im zweiten kann sich die Oberstimme, im dritten die Unterstimme nur nach unten bewegen, da beide an der oberen Grenze des Oktavrahmens beginnen. In Sätzen mit gemischten Stimmen liegen die Umfänge der Stimmen eine Quinte bzw. Quarte voneinander entfernt. Imitieren sich die Stimmen im Quint- bzw. Quartabstand, haben sie daher auch die gleiche Lage im Oktavrahmen. Imitieren sie sich dagegen im Oktav- oder Primabstand, ist ihre Lage im Oktavrahmen verschieden. In Sätzen mit gleichen Stimmen und Primimitation ergibt sich die gleiche Lage im Tonraum, ebenso wie in Sätzen mit Stimmen im Oktavabstand und Oktavimitation.

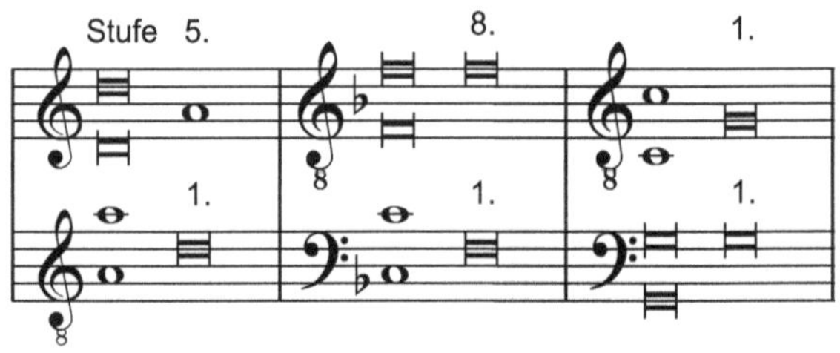

Lasso, SW 1, Nr. 2, 7 und 12

Der Zeitabstand zwischen *guida* und *conseguente* (der „führenden“ und der „folgenden“ Stimme)[9] der Imitation beträgt zwischen einer und ungefähr fünf ganzen Noten. Große Zeitabstände findet man eher in der Eröffnung eines Stückes. Die folgenden Abschnitte beginnen dagegen meist mit Imitationen im Abstand von einer Ganzen oder einer Brevis, um zu lange einstimmige Strecken zu vermeiden.

2.2 Imitation eines Subjekts

Eine abgeschlossene Melodiephrase, die imitiert wird, nennt man den *soggetto* (das „Subjekt“ oder „Thema“ der Imitation). In dem folgenden Duo (auf der nächsten Seite oben) ist das Subjekt zwei Takte lang. Unter dem Schlusston des Subjekts setzt die Imitation ein. In der Oberstimme beginnt währenddessen ein freier Kontrapunkt, der den Text „pleni sunt coeli“ wiederholt, melismatisch fortsetzt und mit dem verbleibenden Text „et terra“ in eine Klausel mündet. In der Unterstimme wird die Imitation direkt durch einen melismatischen Anhang fortgesetzt und in eine Klausel geführt.

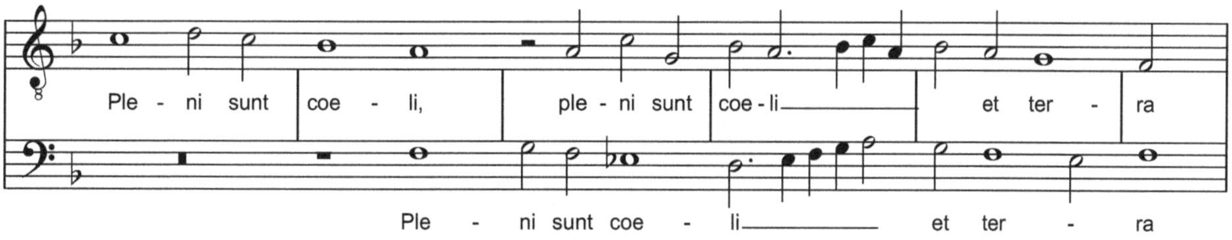

Lasso, *Missa super Si me tenez,* NR 11, Nr. 61, Sanctus, Duo *Pleni,* T. 31

Auch im nächsten Beispiel setzt die Imitation gleichzeitig mit dem Schlusston des Subjekts ein, und auch diese wird von einem Kontrapunkt in der führenden Stimme begleitet. Der Unterschied besteht aber darin, dass diese Melodiephrase auf den Text „Agnus" in der folgenden Stimme ebenfalls imitiert wird. Man spricht dann von einem *Kontrasubjekt.* Erst die abschließenden Phrasen auf den Text „Dei", die in die Kadenz münden, sind in den beiden Stimmen verschieden.

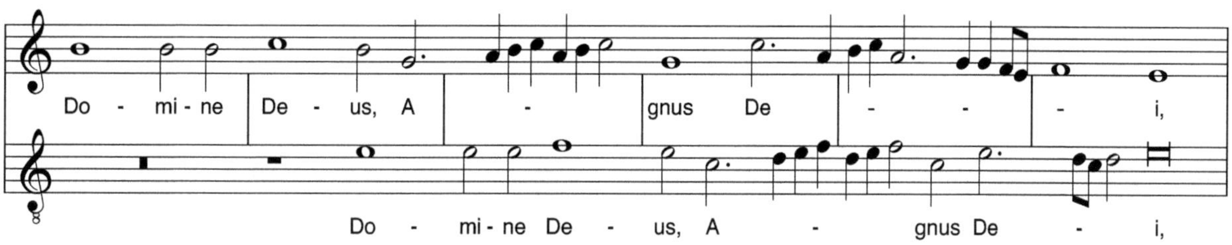

Lasso, *Missa super Locutus sum,* NR 7, Nr. 33, Gloria, Duo *Domine Deus,* T. 48

Satztechnisch anspruchsvoll sind Imitationen, die beginnen, bevor das Subjekt zu Ende ist. Denn bereits bei der Gestaltung des Subjekts müssen die Zusammenklänge, besonders die Dissonanzen, mit der imitierenden Stimme berücksichtigt werden.

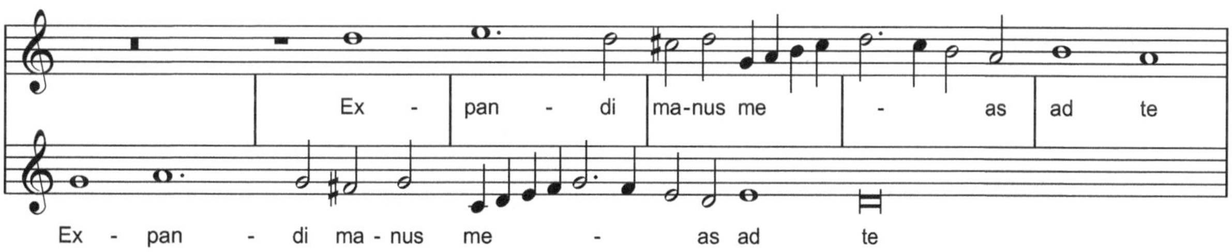

Lasso, Duo *Expandi manus,* NR 26, Nr. 7, Vers 6, T. 1

Ein Subjekt kann sich über mehrere Takte erstrecken und einen ganzen Formabschnitt bilden. Es kann aber auch sehr kurz sein. Im folgenden Beispiel gibt es zwei Subjekte. Das erste ist eine kurze Phrase aus nur zwei Tönen, der eine zweite, etwas längere folgt. Diese wird anschließend noch zweimal aufgegriffen, bevor der Abschnitt mit einer Kadenz endet.

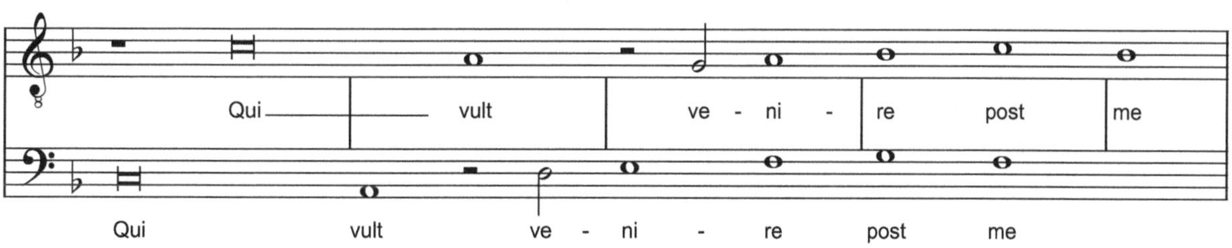

Lasso, *Qui vult venire post me,* SW 1, Nr. 9, T. 1

2.3 Kopfimitation

Die vollständige Imitation abgeschlossener Subjekte ist die strengste, aber nicht die einzige Imitationstechnik. Vor allem bei den Imitationen, die der Eröffnung eines Stückes folgen, wird häufig die *Kopfimitation* angewandt. Bei dieser wird nur der Anfang einer Melodiephrase imitiert, danach werden die Stimmen frei fortgesetzt. Im ersten der beiden folgenden Beispiele ist die imitierte Strecke mit dreieinhalb Takten sehr lang. Sie endet erst mit dem Eintritt in die Kadenz. Im zweiten Beispiel werden dagegen nur die ersten drei Töne imitiert.

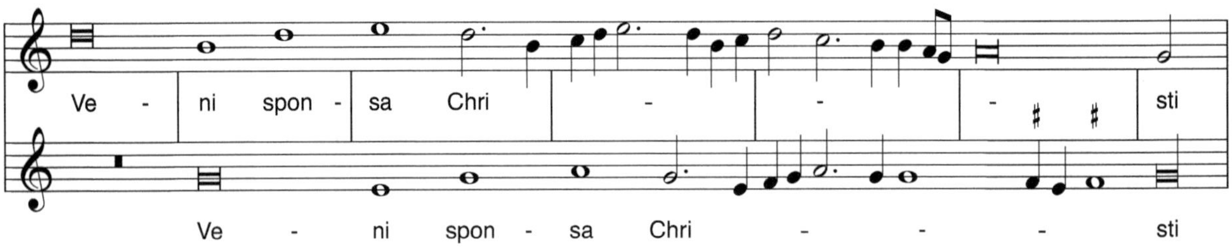

Palestrina, Motette *Veni sponsa Christi,* W 5 I, Nr. 35, T. 1, Sopran, Alt

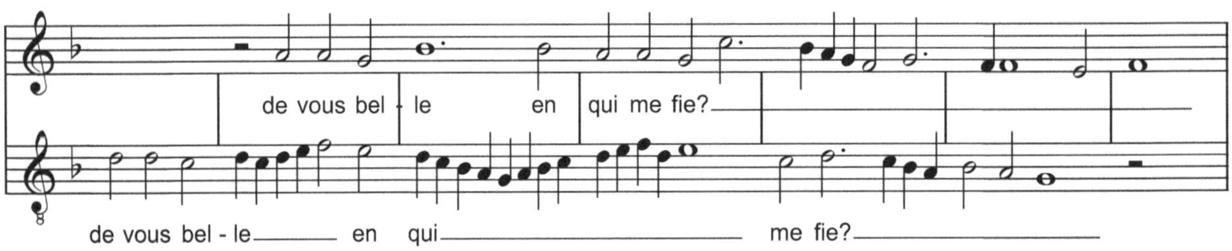

Gardane, Chanson *Nauray ie iamais,* Rhau, Bicinia I, Nr. 7, T. 5

2.4 Freie Imitation

Die Anfangstöne der imitierenden Stimmen sind zuweilen nicht gleich lang. Im Beispiel rechts beginnt die Oberstimme mit einer punktierten Ganzen, die Unterstimme aber mit einer Synkope. Eine regelwidrige Eröffnung des Satzes mit einer Pause wird auf diese Weise vermieden. Entsprechend kann die führende Stimme auch mit einer ganzen Note eröffnen, die folgende aber mit einer auftaktigen Halben beginnen.[10]

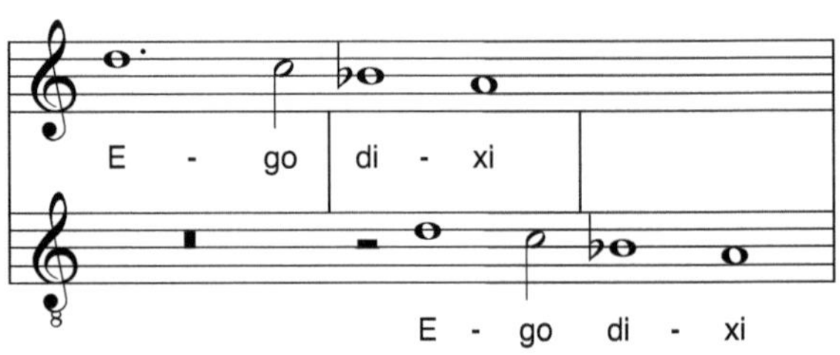

Lasso, *Ego dixi,* SW 1, Nr. 50 (42, 1. Teil), Sopran, Alt

Imitationen im Abstand einer unvollkommenen Konsonanz oder gar einer Dissonanz haben unvermeidlich abweichende Sekundgrößen zur Folge. Als Eröffnung eines Satzes scheiden solche Imitationen aus, im weiteren Verlauf sind sie aber durchaus gebräuchlich. Im Beispiel rechts imitieren die Stimmen im Abstand einer Septime. Die Sekunden des kurzen Subjekts kommen in allen möglichen Größen vor: groß – klein, groß – groß und klein – groß.

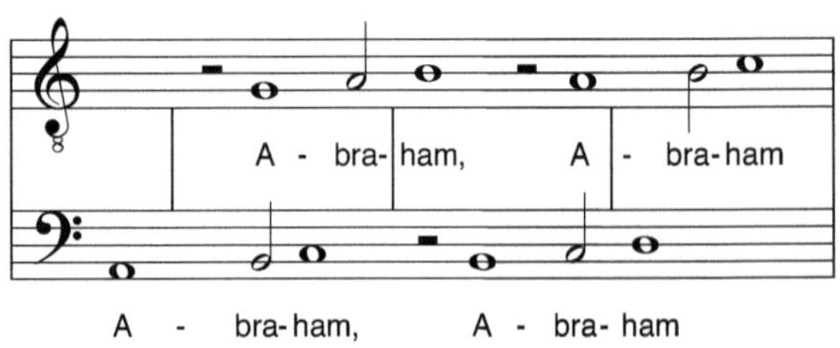

Lasso, *Magnificat Tertii Toni,* NR 16, Nr. 88, Vers 10, T. 9

Manchmal werden auch nur die Bewegungsrichtungen, nicht aber die genauen Intervalle imitiert. So wird im Beispiel rechts eine kleine Terz mit einer kleinen Sekunde imitiert.

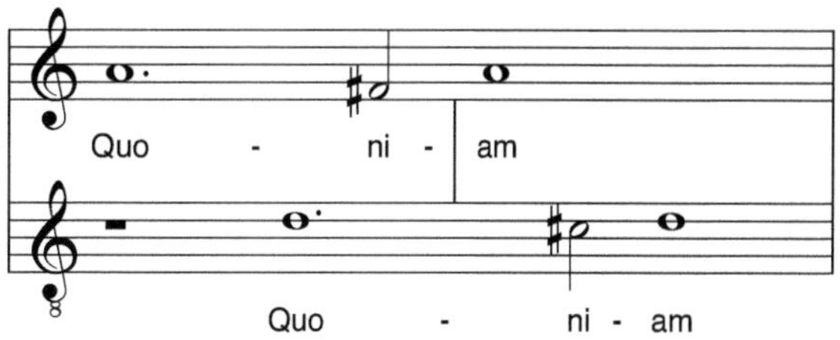

Lasso, *Quoniam qui talia,* SW 1, Nr. 89 (67, 2. Teil), T. 1

Ein Sonderfall der Imitation ist die in der späteren Fugenlehre so genannte „tonale" Beantwortung (siehe das folgende Beispiel links). Dabei wird eine Quinte (von der 1. zur 5. Stufe) mit einer Quarte (von der 5. zur 8. Stufe) beantwortet. Auf diese Weise ergänzen sich die beiden Intervalle zu einer Oktave und bilden ein einheitliches modales Stufengerüst. Diese Imitationstechnik ist im 16. Jahrhundert die Ausnahme, während die „reale" Beantwortung die Regel ist.
Schließlich kann auf Imitation auch ganz verzichtet und ein Formabschnitt frei polyphon, ohne „motivische" Beziehung zwischen den Stimmen, begonnen werden (Beispiel rechts).

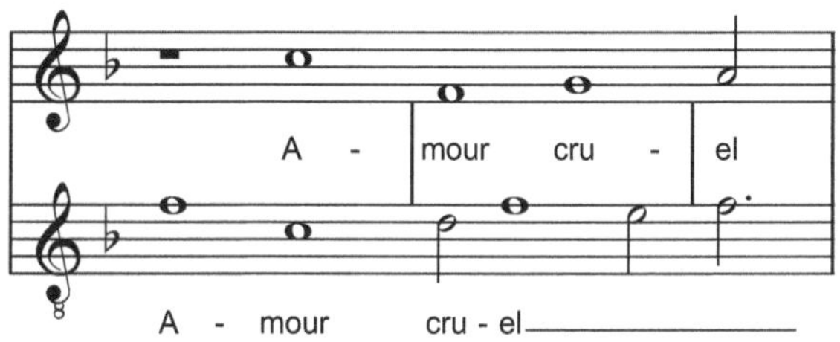

Manchicourt, Chanson *Amour cruel,* Rhau, Bicinia II, Nr. 35

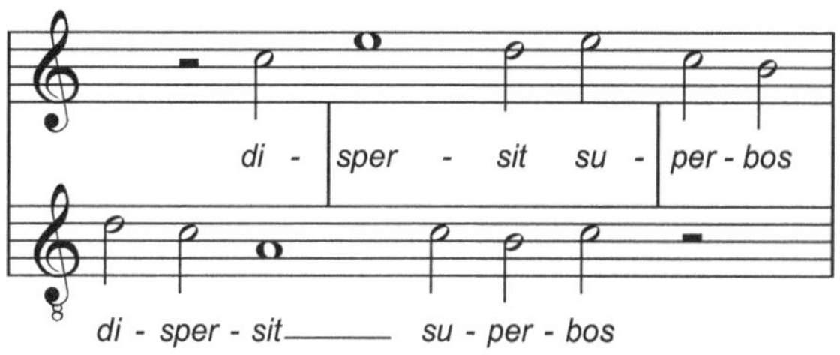

Lasso, *Magnificat Octavi Toni,* NR 13, Nr. 16, Vers 6, T. 12

2.5 Engführung

Mit „Engführung" ist hier die *fuga ad minimam* gemeint, eine Imitation im Abstand einer halben Note. Im Gegensatz zur normalen Imitation verschiebt sich in der folgenden Stimme die metrische Stellung aller Töne von der schweren zur leichten Halben und umgekehrt. Lasso eröffnet das folgende Duo „Crucifixus etiam pro nobis" mit einer Engführung. Dadurch wird der zentrale christliche Glaubenssatz „Gekreuzigt wurde er für uns" hervorgehoben.

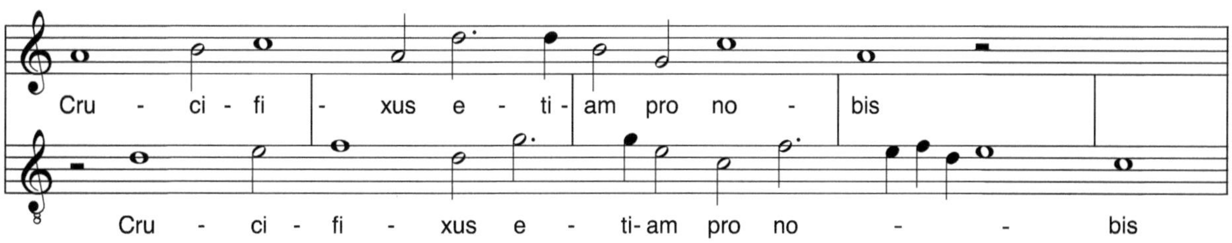

Lasso, *Missa ad imitationem moduli Doulce memoire,* *Credo,* Duo *Crucifixus,* NR 4, Nr. 10, T. 67

Außer als „emphatische" (nachdrückliche) Hervorhebung kann eine Engführung auch wortausdeutend eingesetzt werden.[11] Eine dritte Verwendungsmöglichkeit ist die einer Schlusssteigerung. Durch die rhythmisch-metrische Verdichtung, die oft mit komplementärer oder durchlaufender Viertelbewegung einhergeht, kann der Schluss eines Satzes besonders wirkungsvoll gestaltet werden. Der Schlussabschnitt kann sofort mit der Engführung beginnen oder zunächst mit einer normalen Imitation, etwa im Abstand einer Ganzen. Im Beispiel auf der nächsten Seite oben wird der vierte Ton der nachfolgenden Stimme verkürzt, dadurch rücken die Stimmen um eine halbe Note näher zusammen. Bei der Einmündung in die Kadenz löst sich die Engführung auf.

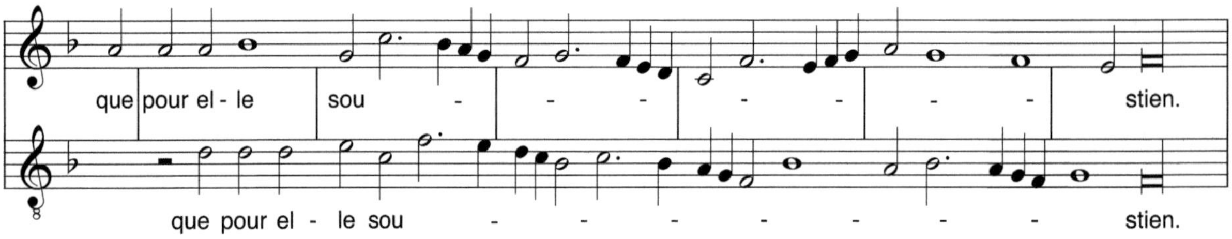

Certon, Chanson *Voyant souffrir,* Rhau, Bicinia II, Nr. 30, T. 46

2.6 Imitation in Gegenbewegung

Zu den „rhetorischen Figuren" gehört auch die Imitation in Gegenbewegung. Oft deutet sie musikalisch eine „Gegenbewegung" im Text aus wie im folgenden Beispiel (links) „Discedite a me" („Weichet von mir"). Vom Oktavrahmen d^1 – *d* ausgehend schreiten die Stimmen intervallgetreu in Gegenbewegung. Die dorische Tonleiter ist die einzige mit vollkommen symmetrischem Aufbau. Sie besteht aus zwei Tetrachorden (abwärts von der 8. zur 5. und aufwärts von der 1. zur 4. Stufe), in denen ein Halbtonschritt von zwei Ganztonschritten eingerahmt wird. Bei einer Imitation in Gegenbewegung mit übereinstimmenden Sekundgrößen müssen die sich entsprechenden Töne also spiegelbildlich zur Oktave *d* – *d* (transponiert *g* – *g*) liegen.[12]

Das ist im nächsten Beispiel (rechts) nicht der Fall. Hier können die Intervallgrößen nur dadurch zur Übereinstimmung gebracht werden, dass in der Oberstimme der Ton *e* zu *es* erniedrigt wird. Der höchste Ton der Ober- und der tiefste Ton der Unterstimme bilden eine verminderte Oktave *e* – es^1, die ein außerordentliches Spannungsverhältnis bildet. Man mag darin eine Ausdeutung des Textes „dispersit superbos" („er zerstreut die Hochmütigen") sehen.

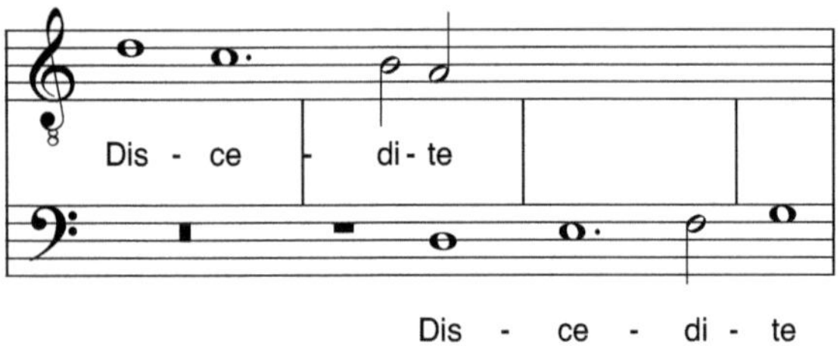

Lasso, 1. Bußpsalm, NR 26, Vers 8, T. 1

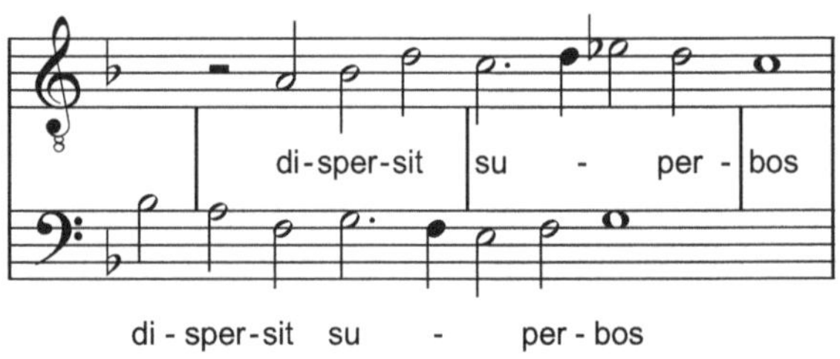

Lasso, *Magnificat Primi Toni,* NR 14, Nr. 37, Vers 6, T. 8

Aber beileibe nicht alle Gegenimitationen sind intervallisch streng, die „freien" Gegenimitationen scheinen sogar eher der Normalfall zu sein. Im nebenstehenden Beispiel geht die Imitation von der Oktave e^1 – e^2 aus. Dadurch wird die große Terz mit der kleinen und die kleine Sekunde mit der großen beantwortet. Der Text „verbum iniquum" berichtet von dem „sündigen Wort" der Feinde.

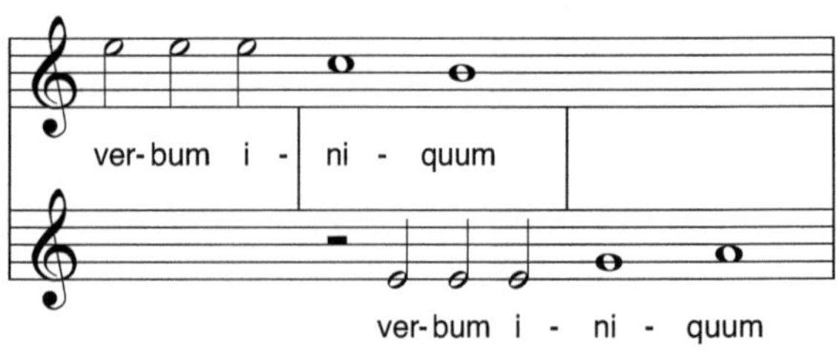

Lasso, 7. Responsorium *Eram quasi agnus*
NR 24, Nr. 4, Versus, T. 41

2.7 Doppelter Kontrapunkt

Wird zu einem Subjekt gleichzeitig in der anderen Stimme ein Kontrasubjekt gesetzt und dieses Paar dann mit vertauschten Stimmen imitiert, spricht man vom „doppelten Kontrapunkt". Man sieht am folgenden Beispiel, dass die Oberstimme um eine Oktave nach unten versetzt wird, die Unterstimme aber um eine Quinte nach oben. Aus der Prime, dem ersten Intervall zwischen Ober- und Unterstimme, wird so in der Imitation eine Duodezime. Daher nennt man diese Satztechnik den doppelten Kontrapunkt in der Duodezime.

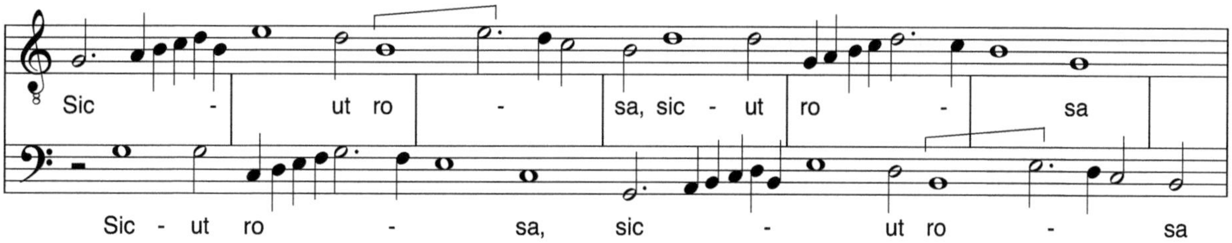

Lasso, *Sicut rosa*, SW 1, Nr. 12, T. 1

Durch die Versetzung der Stimmen ergeben sich andere harmonische Intervalle: aus der Prime eine Duodezime, aus der Dezime (Anfang T. 2) eine Terz (T. 5) und so weiter. Man kann die komplementären Intervalle der folgenden Tabelle entnehmen. Oben stehen die Intervalle des führenden, unten die des folgenden Stimmenpaares.

1	2	3	4	5	6	7	8	9	10	11	12
12	11	10	9	8	7	6	5	4	3	2	1

Die Veränderung der harmonischen Intervalle ist vor allem dann zu beachten, wenn aus Konsonanzen Dissonanzen werden. So wird z. B. aus der Sexte in der Imitation eine Septime. Daher muss die Sexte im führenden Stimmenpaar wie eine Dissonanz behandelt werden, d. h. den Vorhalts-, Durchgangs- oder anderen Regeln für die Dissonanzbehandlung folgen. Im obigen Beispiel wird die Sexte überhaupt vermieden.
Leichter überschaubar ist der doppelte Kontrapunkt in der Oktave. Hierbei wird eine Stimme oktavversetzt, und es entstehen die geläufigen Komplementärintervalle.

1	2	3	4	5	6	7	8
8	7	6	5	4	3	2	1

Im doppelten Kontrapunkt in der Oktave muss also die Quinte wie eine Dissonanz behandelt oder ganz vermieden werden, denn aus ihr wird bei der Imitation eine Quarte.[13]
Im zweistimmigen Satz wird der doppelte Kontrapunkt selten verwendet. Orlando di Lasso zeigt eine gewisse Vorliebe für diese schwierige kontrapunktische Technik, indem er zwei seiner zwölf vokalen Duos des *Magnum opus musicum* im doppelten Kontrapunkt eröffnet.[14]

2.8 Homophoner Anfang

Beginnen beide Stimmen gleichzeitig, kann man von einem „homophonen“ Anfang sprechen. In der zweistimmigen Motette ist dieser sowohl als Eröffnung als auch innerhalb eines Stückes unüblich. Viele volkssprachliche Liedsätze beginnen jedoch homophon. Neben der Eröffnung auf dem ersten Brevis-Schlag ist auch der schon erwähnte auftaktige Beginn üblich (Beispiel auf der nächsten Seite links). Das harmonische Anfangsintervall in der Eröffnung eines Stückes ist eine vollkommene Konsonanz mit der Finalis in der Unterstimme. Die folgenden Abschnitte können auch mit unvollkommenen Konsonanzen beginnen.
Innerhalb eines Stücks kann ein homophoner Anfang dadurch aufgelockert werden, dass die Töne des Anfangsklangs nacheinander einsetzen. Wie das Beispiel rechts zeigt, handelt es sich dabei um keine wirkliche Polyphonie, denn schon die zweite Silbe wird in beiden Stimmen gleichzeitig gesungen.

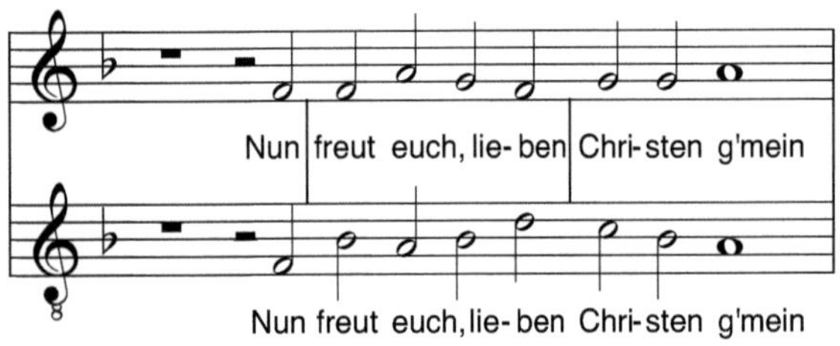

Othmayr, ***Nun freut euch, lieben Christen g'mein***
Bicinia Sacra, Nr. 31, T. 1

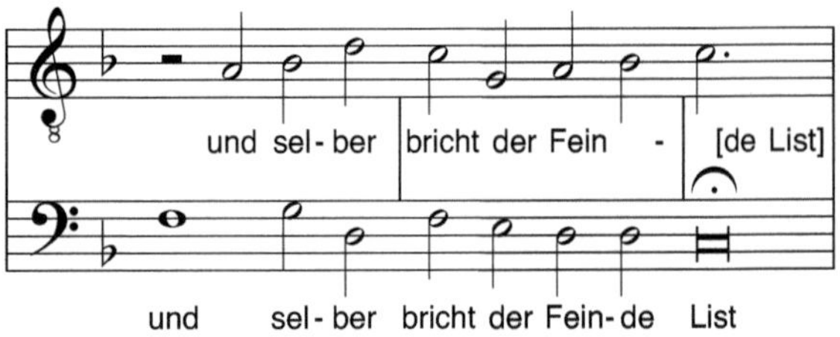

Othmayr, ***Wo Gott der Herr nit bei uns wär***
Bicinia sacra, Nr. 17, T. 12

Anmerkungen

1. Z. B. in Lassos Motette *Illumina oculos meos*, SW 1, Nr. 84 (63).

2. Z. B. in Lassos *Magnificat Primi Toni,* NR 13, Nr. 9, Vers 8, siehe S. 30.

3. In Palestrinas Motette *Ecce tu pulcher es* (W 4, Nr. 8) beginnen Sopran und Bass auf der 3., Alt, Tenor I und II auf der 7. Stufe.

4. Siehe S. 146.

5. Ein Beispiel für den 8. Modus im transponierten System ist die Sequenz *Lauda Sion Salvatorem* (Vers 14 siehe S. 32). Bezeichnenderweise setzt Lasso in allen 24 Versen der Sequenz den Choral-cantus-firmus in den Bass, also eine modal nicht führende Stimme.

6. So beginnen die vier Stimmen der Motette *O quantus luctus* von Palestrina (W 5 I, Nr. 24) auf den Tönen *d* und *g.* Die erste Kadenz erfolgt auf *g,* ebenso die Schlusskadenz, die durch einen angehängten D-Dur-Dreiklang plagal umgedeutet wird.

7. Der 1., 2. und 3. Ton des Magnificat beginnen auf drittrangigen Hauptstufen (3., 7. bzw. 3. Stufe). Beispiele für Eröffnungen zweistimmiger Sätze:
Lasso, *Magnificat Primi Toni,* NR 13, Nr. 9, Vers 8 (siehe S. 30),
Lasso, *Magnificat Secundi Toni,* NR 13, Nr. 10, Vers 8 (siehe S. 31),
Lasso, *Magnificat Tertii Toni,* NR 14, Nr. 27, Vers 6.

8. a Lasso, *Beatus homo,* SW 1, Nr. 2,
b Lasso, *Ipsa te cogat pietas* (siehe S. 12–13),
c Lasso, *Fulgebunt justi,* SW 1, Nr. 11,
d Scotto, *Petre deligis me,* Rhau, Bicinia II, Nr. 47,
e Goudimel, *Missa Il se ne trouve en amytié,* OC 12, Sanctus, Duo *Pleni* (siehe S. 22),
f Lasso, *Oculus non vidit,* SW 1, Nr. 3,
g Lasso, *Magnificat Sexti Toni,* NR 14, Nr. 30, Vers 6,
h Gardane, *Le cueur de vous,* Rhau, Bicinia I, Nr. 18.

9. Die führende und folgende Stimme werden auch *proposta* und *risposta* („vorangestellte" und „nachgestellte" Stimme) oder *dux* und *comes* („Führer" und „Gefährte") genannt.

10 Z. B. in Johann Wannenmachers Satz Was wird es doch (siehe S. 39).

11. Von größter Eindringlichkeit ist Lassos Duo *Qui sequitur me,* das mit einer Engführung beginnt und so den Text „Wer mir folgt" ausdeutet (siehe S. 16).

12. Die Sekundgrößen stimmen außerdem dann überein, wenn man die Töne an der dorischen Finalis *d* (transponiert *g*) als Symmetrieachse spiegelt. Hierbei entsteht allerdings kein modal stabilisierender Oktavrahmen, sondern eine None $g – a^1$.

13. Der doppelte Kontrapunkt der Dezime ist im 16. Jahrhundert nur noch in der Musiktheorie von Bedeutung.

14. Außer dem zwölften beginnt auch der achte Satz im doppelten Kontrapunkt der Duodezime, desgleichen Vers 9 des 5. Bußpsalms.

IV SCHLÜSSE

1 Einstimmigkeit

1.1 Klauseln

Eine melodische Schlusswendung nennt man Klausel (lateinisch *clausula*). Mehrere gleichzeitig ablaufende Klauseln bilden eine Kadenz. Die Namen der Klauseln beziehen sich auf die Stimmen, in denen sie in der vierstimmigen Grundkadenz vorkommen (siehe Beispiel links). Sopran-, Alt- und Tenorklausel können aber auch vertauscht werden.

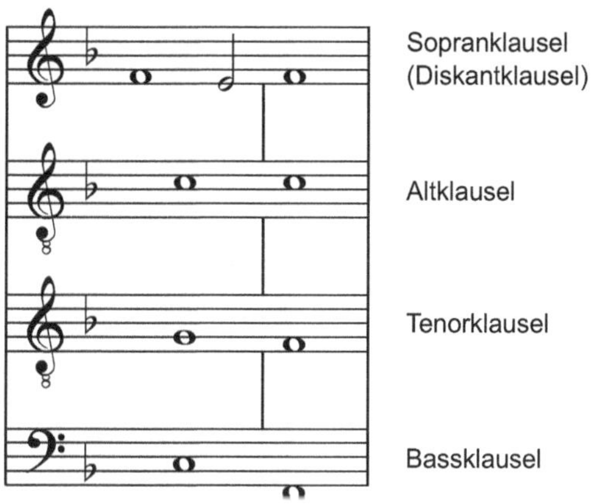

Schlüsse sind Entspannungsvorgänge. Bei der Tenor- und Bassklausel beruht die Entspannung auf dem melodische Gefälle (2. – 1. bzw. 5. – 1. Stufe). Bei der Sopranklausel (7. – 8.) bewegt sich die Melodie aber aufwärts: Hier ist es der Schritt von einer Neben- zur (primären) Hauptstufe, der entspannend wirkt. Außerdem trägt der Halbtonschritt zur Schlusswirkung bei. Der vorletzte Ton der Sopranklausel wird erhöht, sofern kein natürlicher Halbtonschritt zum Schlusston führt. Nur in der phrygischen Sopranklausel ist eine Erhöhung ausgeschlossen, da der betreffende Ton im Tonvorrat nicht vorhanden ist (*dis* im natürlichen, *gis* im transponierten System). Die einzige Klausel, die sich gar nicht bewegt und auch nicht auf dem Zielton der Kadenz schließt, ist die Altklausel (5. – 5.).
Neben der Melodik spielen auch die Rhythmik und Metrik für die Schlussbildung eine wichtige Rolle. Der letzte Ton der Klausel (*ultima*) fällt auf den Ganznotenschlag, also die Senkung des *tactus minor* und ist mindestens eine ganze Note lang. Der letzte Ton eines abgeschlossenen Satzes fällt darüber hinaus auf den Brevisschlag, die Senkung des *tactus maior* als Zähleinheit des Stückes.[1]
Wie man an der obigen Grundkadenz sieht, ist auch der jeweils vorletzte Ton (*penultima*) von Alt-, Tenor- und Bassklausel eine ganze Note. Die Sopranklausel hat dagegen eine besondere rhythmische Gestalt: Ihr drittletzter Ton (*antepenultima*) ist eine synkopierte ganze und die Penultima eine halbe Note. Die rhythmische Spannung der Synkope löst sich über die leichte Halbe auf, wenn die Ultima auf der Senkung erreicht wird.

1.2 Melodische Klausel-Varianten

Klauseln können auch in andere als die normalen Schlusstöne geführt werden. So kann die Tenorklausel zur 3. statt zur 1. Stufe führen (Beispiel unten links). Diese Variante wird hier *Terz-Tenorklausel* genannt. Auch die Altklausel kann von der 5. zur 3. Stufe führen (*Terz-Altklausel,* Beispiel rechts).

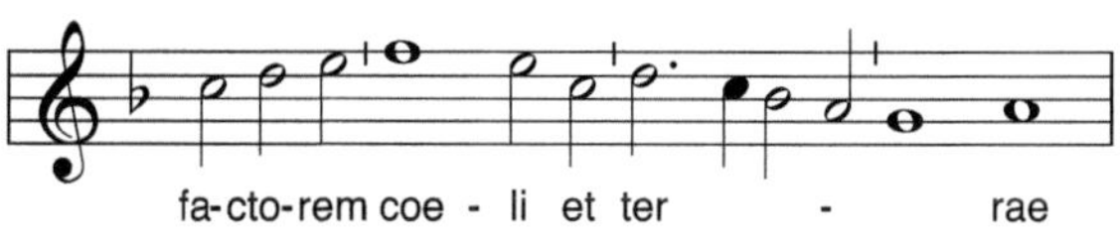

Palestrina, *Missa „Brevis“*, W 12, Credo, T. 4, Sopran

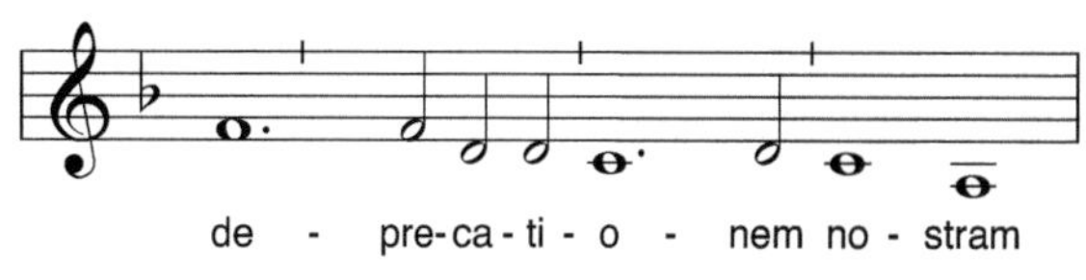

Palestrina, *Missa Aeterna Christi munera*
W 14, Gloria, T. 40, Alt

Liegt im drei- oder mehrstimmigen Satz die Tenorklausel in der Unterstimme, muss die Penultima der Altklausel modifiziert, d. h. um eine Sekunde abwärts versetzt werden.[2] Die modifizierte Altklausel führt entweder aufwärts zum normalen Schlusston (4. – 5. Stufe) oder abwärts zur dritten Stufe des Kadenzziels (4. – 3., modifizierte Terz-Altklausel).
Im vollstimmigen Satz spielt auch die plagale Kadenz eine große Rolle. Die plagale Bassklausel führt von der 4. zur 1. Stufe, die plagale Altklausel von der 6. zur 5. Stufe.

1.3 Rhythmische Klausel-Varianten

Alle Klauseln können *augmentiert* werden, indem die Dauer der Penultima verdoppelt wird Das obere Beispiel rechts schließt mit einer augmentierten Tenorklausel (zur augmentierten Sopranklausel siehe S. 94).
Die Augmentation verstärkt, die Diminution, also die Halbierung der Dauer der Penultima, schwächt die Schlusswirkung der Klauseln. Diminuierte Tenorklauseln werden daher nur bei weniger bedeutenden Binnenschlüssen verwendet (zweites Beispiel rechts).
Auch eine „freie" Sopranklausel ohne synkopierte Antepenultima wirkt schwächer als die entsprechende Normklausel (drittes Beispiel rechts). Mit dieser rhythmischen Veränderung ist meistens auch eine melodische verbunden: Die Penultima wird nicht stufenweise fallend (8. – 7. – 8. Stufe), sondern stufenweise steigend erreicht (6. – 7. – 8. Stufe).
Die Penultima der freien, nichtsynkopierten Sopranklausel kann auch eine ganze Note sein (unteres Beispiel rechts).

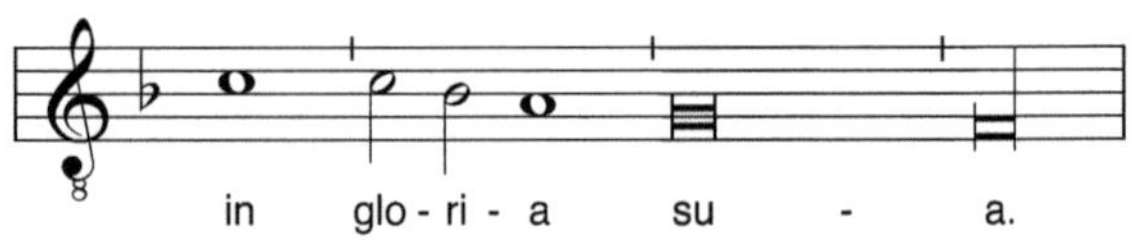

Lasso, 5. Bußpsalm, NR 26, Nr. 5, Vers 17, T. 16, Tenor

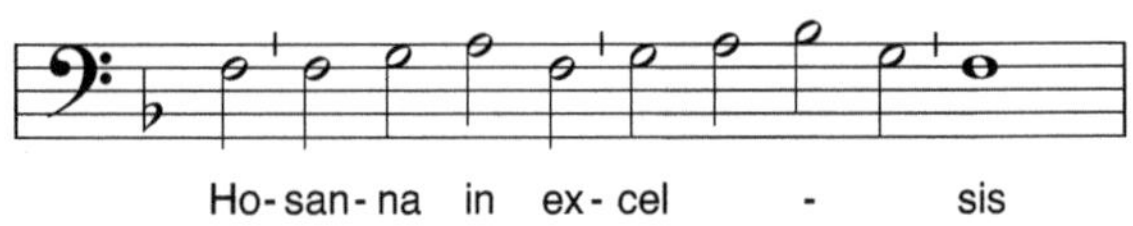

Palestrina, *Missa Aeterna Christi munera*
W 14, Benedictus, T. 32, Bass

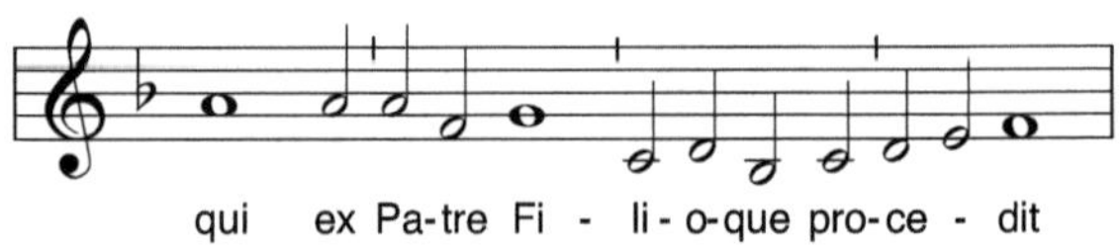

Palestrina, *Missa „Brevis"*, W 12, Credo, T. 99, Alt

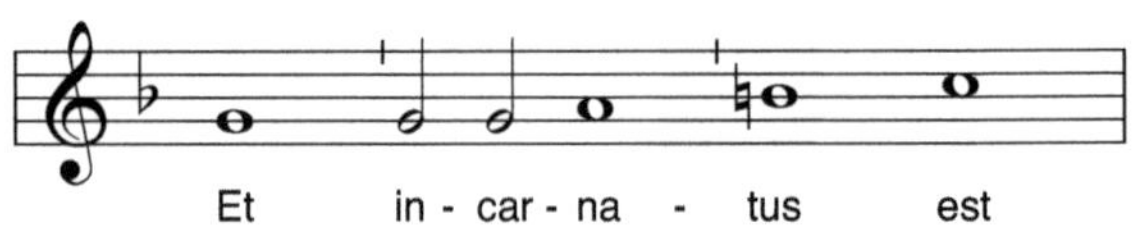

Palestrina, *Missa Aeterna Christi munera*
W 14, Credo, T. 41, Sopran

1.4 Verzierung und Aufteilung von Klauseln

Die Sopranklausel wird oft verziert, indem die synkopierte ganze Note durch eine punktierte halbe und zwei Achtelnoten ersetzt wird.[3] Ist der Zielton der Klausel der Ton *a* (bzw. in den transponierten Modi das *d*), so muss außer der 7. auch die 6. Stufe erhöht werden, um einen übermäßigen Schritt zu vermeiden.
Die Penultimae der Alt-, Tenor- und Bassklausel können in zwei halbe Noten aufgeteilt werden. Auf diese Weise können zwei Silben unterlegt werden. Die ganze Note kann auch in eine punktierte Halbe und eine Viertel aufgeteilt werden (unteres Beispiel rechts). Eine Aufteilung der Sopranklausel-Synkope in zwei halbe Noten ist im zweistimmigen Satz dagegen nicht möglich.[4]

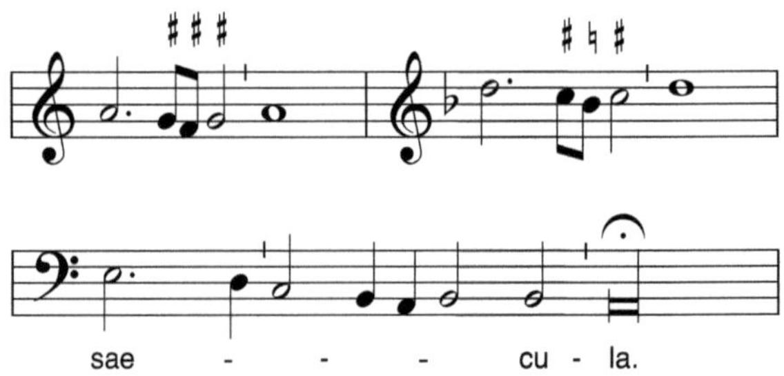

Lasso, *Magnificat Tertii Toni*
NR 16, Nr. 88, Vers 10, T. 16, Bass

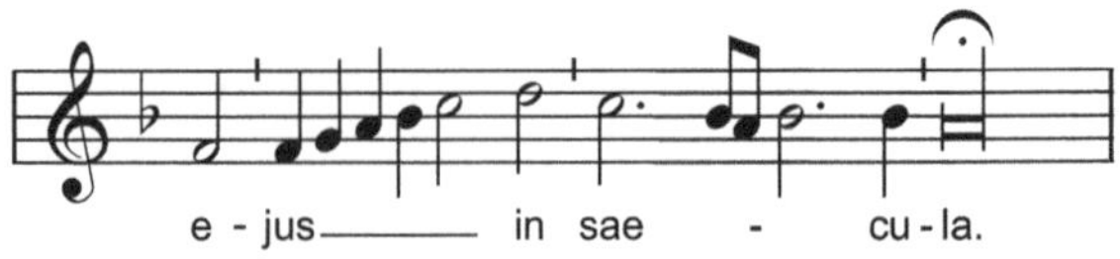

Lasso, *Magnificat Quinti Toni*
NR 16, Nr. 75, Vers 10, T. 15, Sopran II

1.5 Einführung der Klauseln in einfachen Notenwerten

Für die Wirkung von Schlüssen sind nicht nur die Klauseln selbst, sondern auch ihre Einführung von Bedeutung. Ein stufenweises melodisches Gefälle ist besonders geeignet, die Schlusswirkung zu steigern. Das gilt besonders für die Tenorklausel. Im einfachsten Fall ist die Antepenultima eine ganze Note auf der 3. Stufe, bezogen auf den Zielton der Klausel. Im zweiten Beispiel ist das Gefälle noch stärker, weil es auf der 4. Stufe beginnt. Auch die Synkope verstärkt die Schlusswirkung. Die Tenorklausel kann aber auch durch einen steigenden Schritt erreicht werden.

Auch die Sopranklausel wird gerne durch stufenweises Gefälle eingeführt (2). Die doppelte Synkope verstärkt die Schlusswirkung. Sie verstößt gegen das Varietas-Gebot und ist dadurch ein auffälliges Schlusssignal. Die wichtigste steigende Einführung der Sopranklausel ist der Quartsprung von der 5. Stufe aus. Der Zielton der Klausel wird gefestigt, weil er gleichzeitig Grundton des Quartintervalls ist. Ansonsten wird die steigende Sekunde bevorzugt (7), während die steigende Terz (6) oder Oktave (1) deutlich seltener vorkommen.

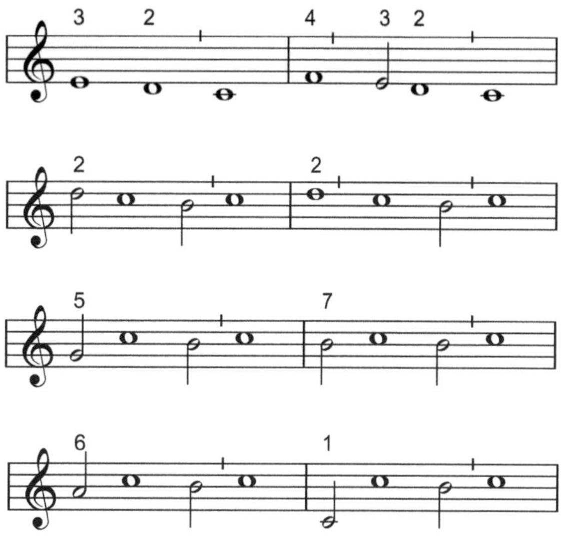

1.6 Klauseleinführungen in Viertelnoten

Die Einführung der Tenorklausel kann auf verschiedene Weise verziert werden. Besonders typisch ist die Aufteilung in eine halbe und zwei Viertelnoten (3 – 2 – 1). Die synkopische Punktierung von der 4. Stufe aus wirkt besonders elegant. Die Fortschreitung von der Viertel- in die ganze Note ist üblich, die Quantitativo-Regel greift in diesem Fall nicht. Orlando di Lasso verwendet in dem Literaturbeispiel die beliebte Floskel mit Portamento und Achtelpaar.

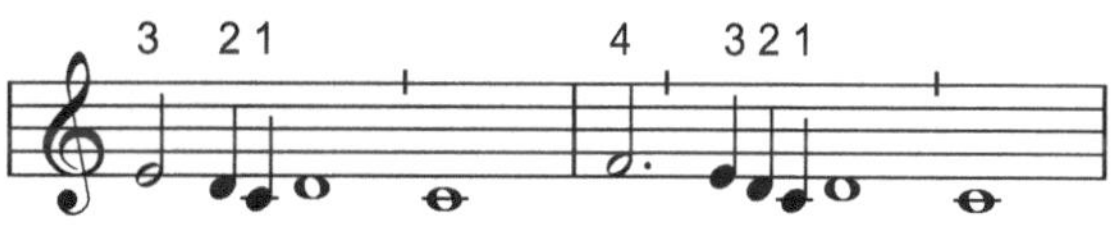

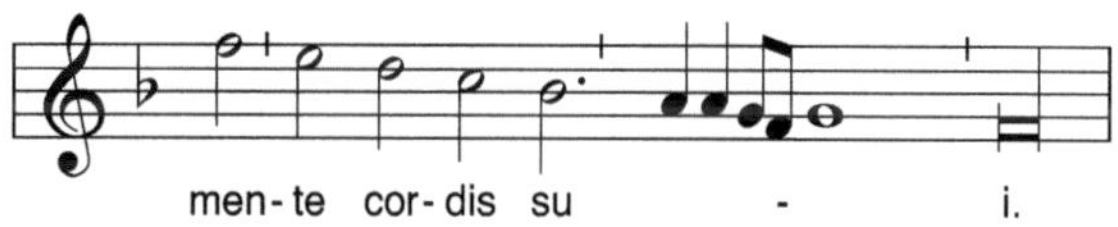

Lasso, *Magnificat Sexti Toni*
NR 15, Nr. 68, Vers 6, T. 25, Sopran II

Die Sopranklausel wird sehr oft durch das Portamento eingeführt (2), vor allem in der Rhythmisierung als synkopische Punktierung. Auch die steigenden Einführungen können koloriert werden. Am häufigsten sind Figuren, die mit einem Schritt (6 – 7) oder einem Quartsprung in die Klausel gelangen (6 – 5, 7 – 5 und 9 – 5). Ein fallender Sprung in die Sopranklausel ist nicht üblich. Ein Viertel-Durchgang kann einen Terzsprung aber glätten (3 – 2, siehe das Beispiel auf der nächsten Seite). Auch die etwas steif wirkende Einführung durch eine Tonwiederholung kann durch Viertelbewegung belebt werden (8 – 5). Verzierungen des Oktavsprungs haben recht virtuose Figuren zur Folge (2 – 1 und 3 – 1).

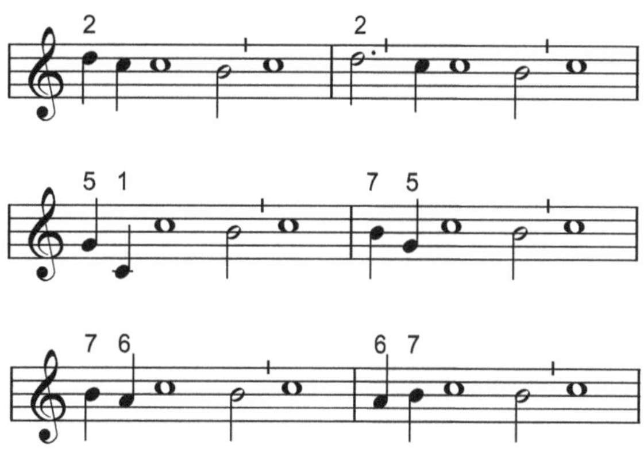

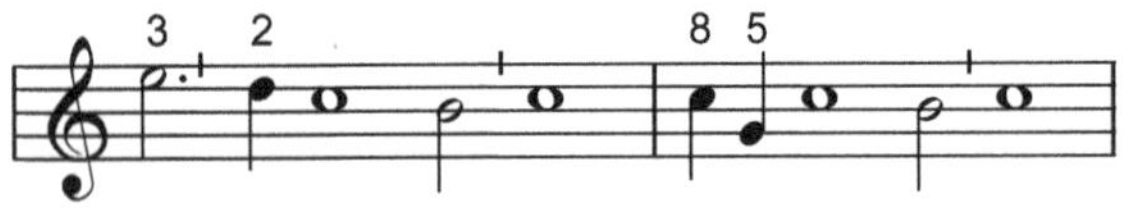

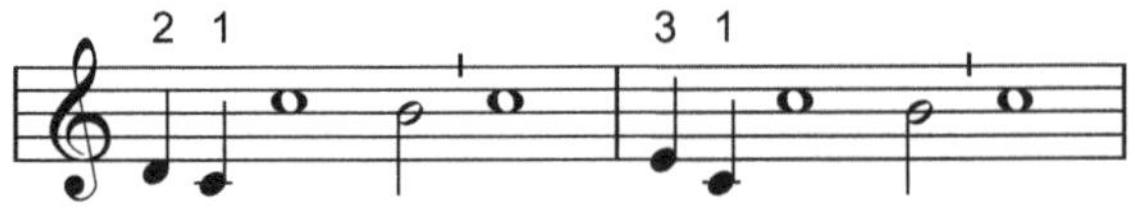

Die Schlusswirkung wird gesteigert, wenn der Klausel eine längere Viertelbewegung vorausgeht. Der Verstoß gegen das Varietas-Prinzip bildet auch hier ein deutliches Schlusssignal.

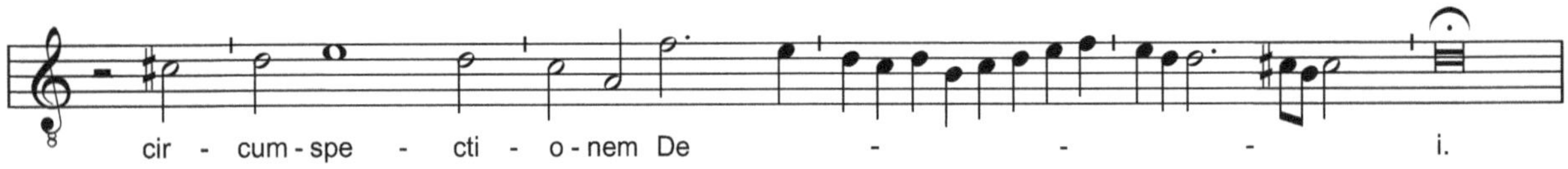

Lasso, *Beatus vir,* SW 1, Nr. 1, T. 28, Alt

1.7 Schluss auf der Hebung

Schlüsse auf einer leichten halben Note entfalten keine vollkommene Schlusswirkung. Nach einer halben Pause erfolgt in der Regel der Beginn der nächsten Phrase, so dass eine synkopische Wirkung ensteht. Daher können Schlüsse auf der Hebung nur Binnenschlüsse sein. Sie sind gut geeignet, um längere Phrasen zu gliedern. Nur im drei- oder vollstimmigen Satz ist die Pause gelegentlich auch länger.
Da Schlüsse Entspannungsvorgänge sind, wird die Ultima meist in fallender Bewegung erreicht, entweder als Schritt (siehe Beispiel links) oder als Sprung. Gelegentlich findet man aber auch eine Tonrepetition, seltener eine stufenweise steigende Bewegung (Beispiel rechts).

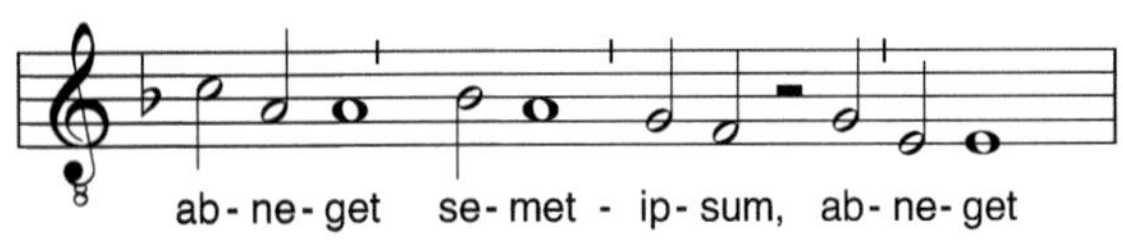

Lasso, *Qui vult venire,* SW 1, Nr. 9, T. 11, Tenor

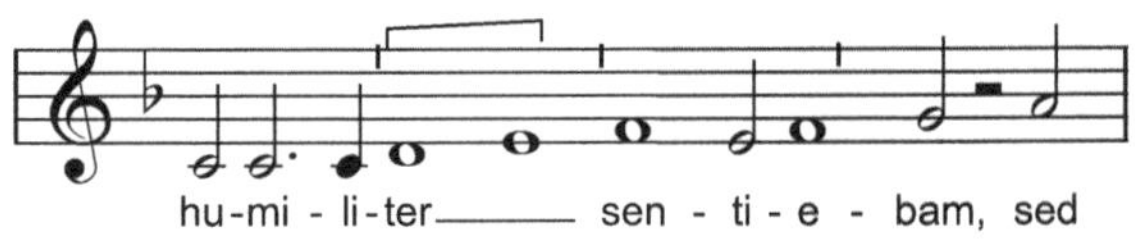

Lasso, *Domine, non est exaltatum*
SW 1, Nr. 31, 1. Teil, T. 67, Sopran

2 Zweistimmigkeit

2.1 Kadenz

Die Standardkadenz des zweistimmigen Satzes wird mit der Sopran- und Tenorklausel gebildet. Zusammen ergeben sie eine Synkopendissonanz. Die harmonischen Intervalle bilden ein kontinuierliches Spannungsgefälle: Dissonanz – unvollkommene Konsonanz – vollkommene Konsonanz (7 – 6 – 8 bzw. 2 – 3 – 1). Liegt die Sopranklausel in der Unterstimme, so schließt die Kadenz im Einklang. Die Fortschreitung von der Dezime in die Oktave (9 – 10 – 8) ist dagegen ausgeschlossen.[5]

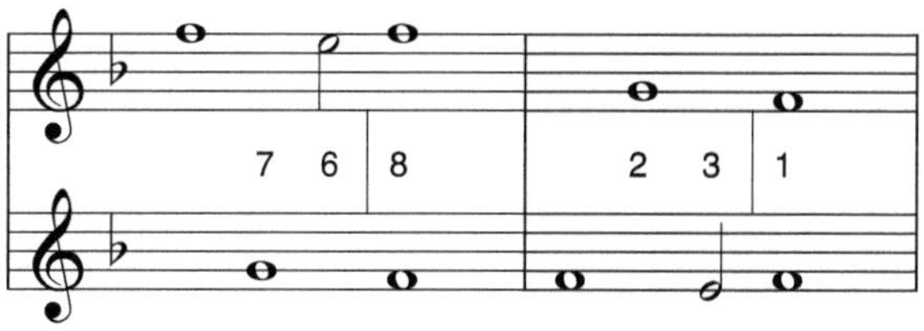

2.2 Einführung der Kadenz in einfachen Notenwerten

Befindet sich die Sopranklausel in der Oberstimme, so wird die schließende Oktave über eine Sexte erreicht. Daher liegt es nahe, die Kadenz ebenfalls durch eine oder mehrere Sexten einzuführen. Wird die Sopranklausel durch eine schrittweise abwärtsgehende Synkope eingeführt, so bieten sich für die Gegenstimme zwei Möglichkeiten. Schreiten die letzten drei Töne in ganzen Noten abwärts, entsteht eine Folge von Synkopendissonanzen (Beispiel a). Ist der viertletzte Ton ebenfalls eine Synkope, ergeben sich parallele Sexten (b). Durch die gleichzeitige Synkope in beiden Stimmen entsteht eine rhythmische Stauung, die sich am Ende der Kadenz auflöst. Beide Modelle, die Sequenz der Synkopendissonanz (a) und der „Synkopenstau" (b), verstoßen gegen das Varietas-Gebot und bilden dadurch ein auffälliges Schlusssignal.

Werden die Stimmen vertauscht, so liegt die Tenorklausel in der Ober- und die Sopranklausel in der Unterstimme. Aus den Sextparallelen werden dann Terzparallelen und aus den 7–6-Synkopendissonanzen solche mit 2–3. Die Melodieführung der Stimmen ändert sich durch den Stimmentausch nicht.

Die ganze Note, die der Tenorklausel in Beispiel a vorausgeht, kann in zwei Halbe aufgeteilt werden. In (c) ergibt sich daraus die untere Terzsprungfigur. Die verdeckte Oktave wirkt grob und wird daher meist mit Vierteln verziert (siehe S. 94, Beispiel g). In (d) ergibt sich die mit dem Terzsprung endende Figur (d). Hier können die Stimmen wegen der entstehenden Quartdissonanz nicht vertauscht werden. In den Beispielen e und f wird die Sopranklausel mit dem Quartsprung eingeführt und die Tenorklausel mit einer ganzen (e) bzw. zwei halben Noten (f).

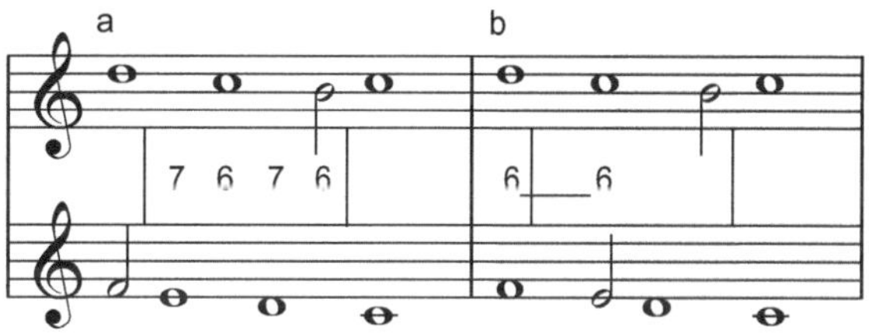

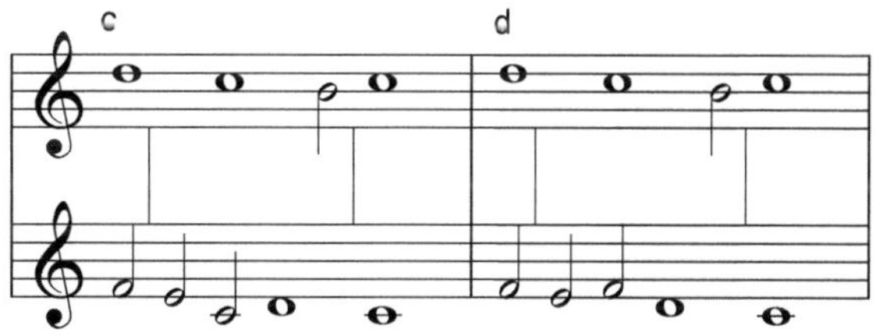

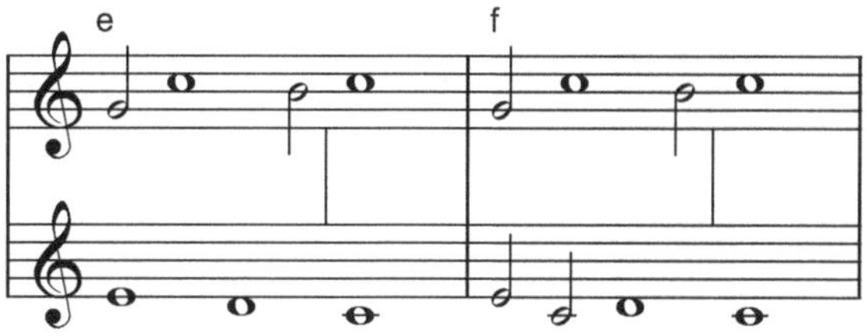

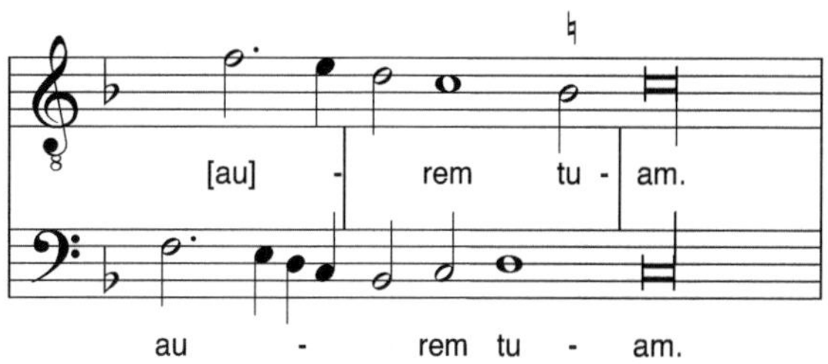

Lasso, 5. Bußpsalm, NR 26, Nr. 5, Vers 2, T. 23

Wie das Literaturbeispiel von Orlando di Lasso (auf der vorigen Seite unten) zeigt, kann eine fallend eingeführte Sopranklausel auch mit einer steigend eingeführten Tenorklausel kombiniert werden. Die Synkopendissonanz wird dann durch die Intervallfolge Dezime – Oktave – Septime erreicht. Wegen des großen Abstands der Stimmen ist diese Einführung aber nur selten anzutreffen.[6]

2.3 Einführung der Kadenz in Viertelnoten

Die folgenden Beispiele enthalten Verzierungen der beiden wichtigen Einführungsmodelle, nämlich der Sequenz der Synkopendissonanz (Beispiel g) und des Synkopenstaus Beispiele h, i und j). Füllt man den Terzsprung von Beispiel c aus, so entsteht bei der Einführung der Sopranklausel-Synkope eine schwere Durchgangsdissonanz ($\bar{D}$), die überaus charakteristisch ist (Beispiele g und h).

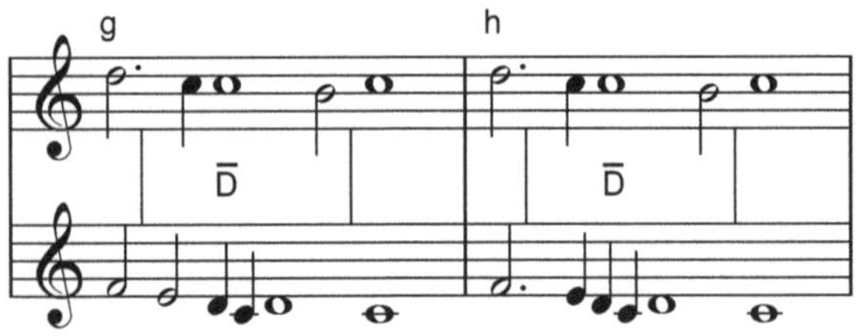

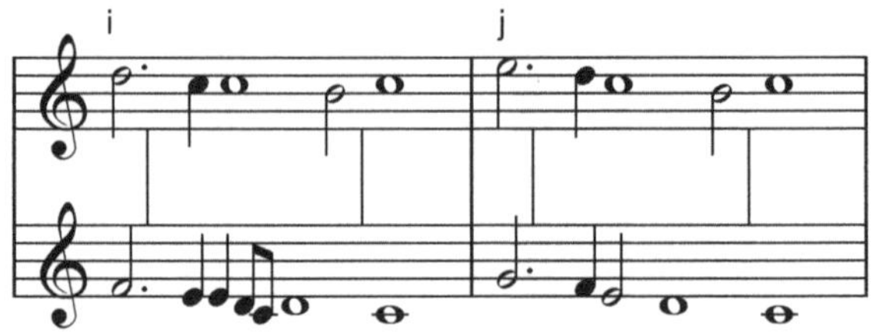

Die schwere Durchgangsdissonanz ist auch bei der Quartsprung-Einführung der Sopranklausel beliebt (Beispiele rechts). Sie ergibt sich durch die Verzierung des Modells f durch ein Viertelpaar (k) oder durch längere Viertelbewegung (l).

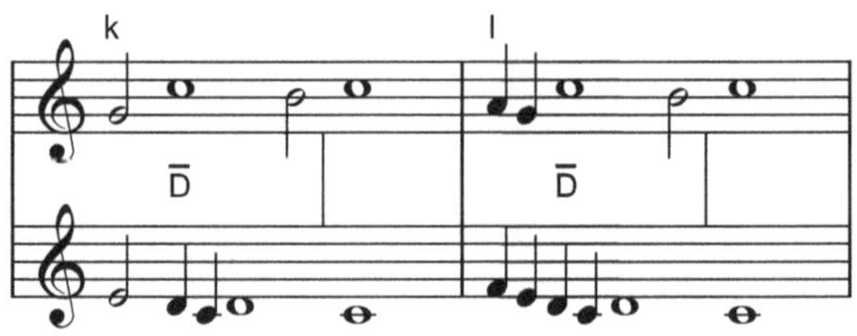

2.4 Rhythmische Kadenz-Varianten

Kadenzen mit augmentierter Tenor- und Sopranklausel bilden im vollstimmigen Satz besonders gewichtige Schlüsse. Im zweistimmigen Satz sind sie jedoch unüblich. Eines der seltenen Literaturbeispiele ist hier abgebildet. Während die Penultima der Tenorklausel zu einer Brevis verdoppelt wird, ist die Augmentation der Sopranklausel unregelmäßig. Augmentiert wird die verzierte Form, bei der die Antepenultima durch eine punktierte halbe und zwei Achtelnoten ersetzt ist. Die punktierte halbe wird jedoch nicht zu einer punktierten ganzen Note verdoppelt, weil diese dann auf der Senkung beginnen würde, während die Vorhaltsdissonanz doch auf der leichten Halben vorbereitet werden muss. Damit eine regelgerechte Synkopendissonanz entsteht, wird die punktierte halbe daher nur zu einer ganzen Note verlängert.

Kadenzen mit diminuierter Tenor- und Sopranklausel sind äußerst selten.[7] Die diminuierte Tenorklausel wird jedoch in Kombination mit der nicht-diminuierten Sopranklausel verwendet. Vor allem im volkssprachlichen Liedsatz findet man zahlreiche Beispiele. Die diminuierte Tenorklausel kann durch eine normale (Beispiel auf der nächsten Seite oben links) oder freie Sopranklausel ergänzt werden (rechts). In beiden Beispielen entfällt die Synkopendissonanz als ein entscheidendes Spannungselement der Schlussbildung.

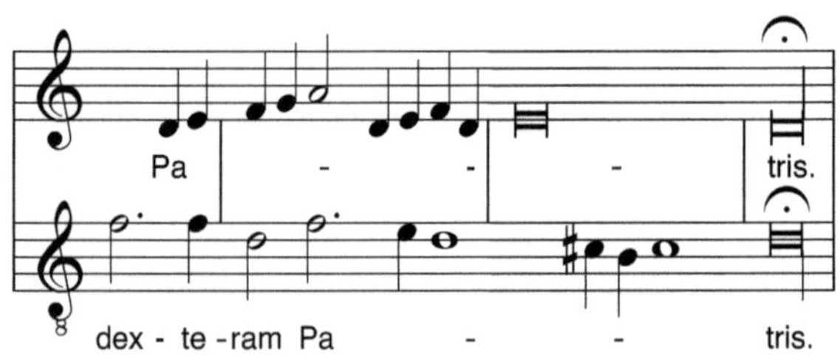

Lasso, *Missa ad imitationem moduli Doulce memoire*
NR 4, Nr. 10, Credo, Duo *Crucifixus*, T. 87

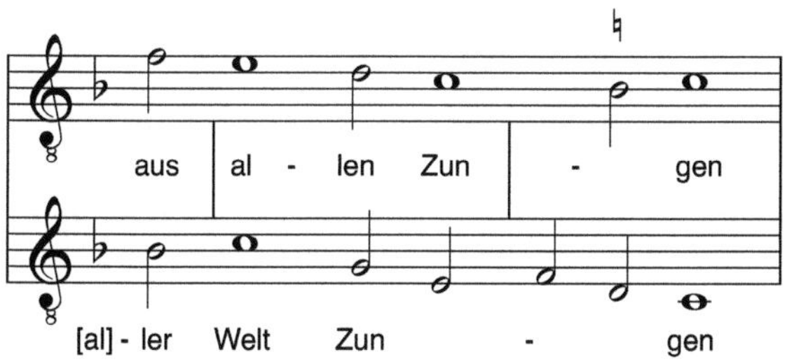

Othmayr, *Komm, heiliger Geist, Herre Gott*
Bicinia sacra, Nr. 20, T. 34

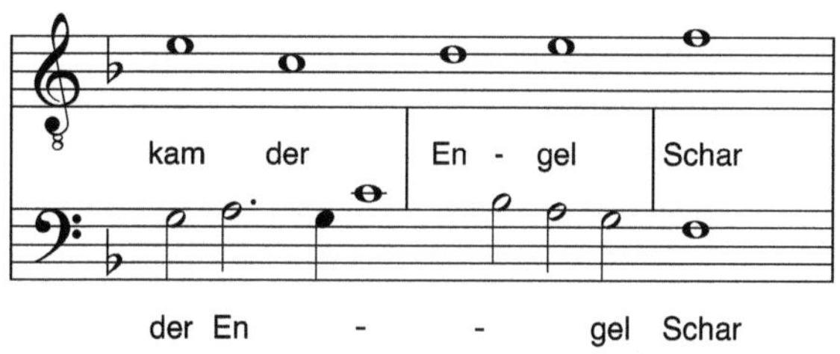

Othmayr, *Vom Himmel kam der Engel Schar*
Bicinia sacra, Nr. 16, T. 3

2.5 Andere Klausel-Kombinationen

Das nächste Beispiel ist demselben Liedsatz entnommen wie das vorige. Es zeigt den Schluss der unmittelbar folgenden Zeile, in dem eine modifizierte Terz-Altklausel mit einer freien Sopranklausel kombiniert wird. Die Lage der Altklausel in der Ober- und der Sopranklausel in der Unterstimme ist die normale, denn so mündet die Kadenz in eine stabile Terz. Als vorletztes harmonisches Intervall entsteht eine verminderte Quinte als Halbnoten-Durchgangsdissonanz. Aber auch diese Klausel-Kombination ist fast nur in volkssprachlichen Liedsätzen zu finden. Ansonsten ist die Verbindung der modifizierten Terz-Altklausel mit einer freien oder synkopierten Sopranklausel dem drei- und mehrstimmigen Satz vorbehalten.[8]

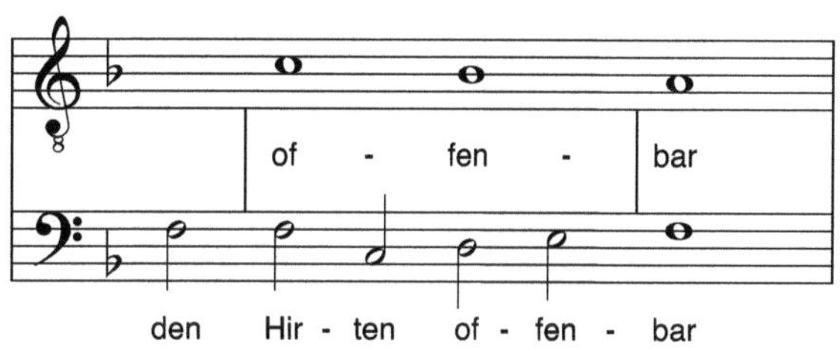

Othmayr, *Vom Himmel kam der Engel Schar*
Bicinia sacra, Nr. 16, T. 7

Dasselbe gilt auch für die Kombination der Sopranklausel mit der Bassklausel. Aus ihr resultiert die Quarte als Synkopendissonanz, die wegen der mangelnden Dissonanzspannung reizlos ist.[9] Setzt man statt der normalen eine diminuierte Bassklausel, so ergeben sich stattdessen ausschließlich konsonante Intervalle (siehe das untere Beispiel). Aber auch diese Kadenzform gehört nicht zu den Standardschlüssen. Das gilt ebenfalls für die folgenden Klausel-Kombinationen:

- modifizierte Altklausel und Tenorklausel,[10]
- modifizierte Terz-Altklausel und Tenorklausel,[11]
- Terz-Tenorklausel und Tenorklausel,[12]
- Tenorklausel und Bassklausel,[13]
- andere Kombinationen, vor allem mit Klausel-Varianten.[14]

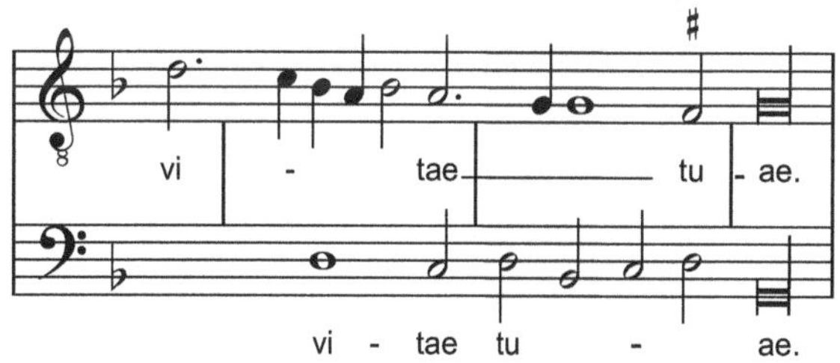

Anonymus, *Custodite ipsum et animam*
Rhau, Bicinia I, Nr. 45, 1. Teil, T. 30

2.6 Schlussanhang

Im vollstimmigen Satz bleibt nach der Schlusskadenz oft eine Stimme liegen, während die anderen noch weiter auslaufen und in einen plagalen Schluss münden. Solche Anhänge verleihen dem Schluss ein besonderes Gewicht. Im zweistimmigen Satz findet man sie fast nur in volkssprachlichen Liedsätzen.[15] Der Schlusston des Lied-Cantus-firmus ist dann der Liegeton. Obwohl die Schlusstöne der beiden Stimmen zu verschiedenen Zeitpunkten erreicht werden und sie von der Notation her die gleiche Länge haben, werden beide Töne unterschiedlich lang ausgehalten, denn der Satz wird natürlich in beiden Stimmen gleichzeitig beendet. Der Anhang kann auf drei verschiedene Arten an die Kadenz anschließen:

- Die Klausel endet mit einer ganzen Note, nach einer Pause von der Länge einer Halben beginnt der Anhang (siehe das folgende Beispiel links).
- Der Schlusston der Klausel wird zu einer halben verkürzt, der Anhang schließt unmittelbar an (siehe das letzte Beispiel).
- Der Anhang geht über eine Klausel-Variante bruchlos in den Anhang über (siehe das folgende Beispiel rechts).

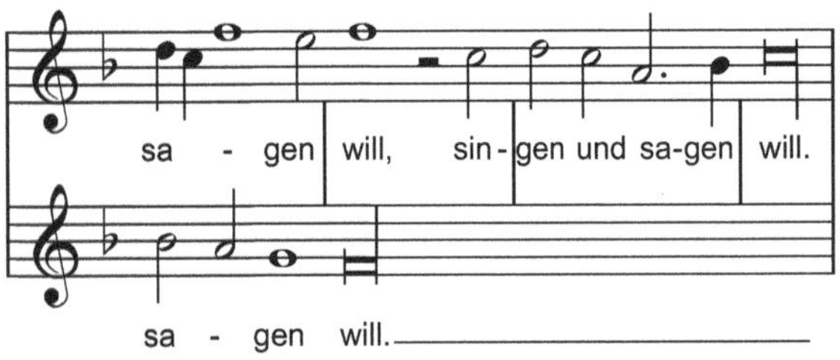

Othmayr, *Vom Himmel hoch,* Bicinia sacra, Nr. 6, T. 13

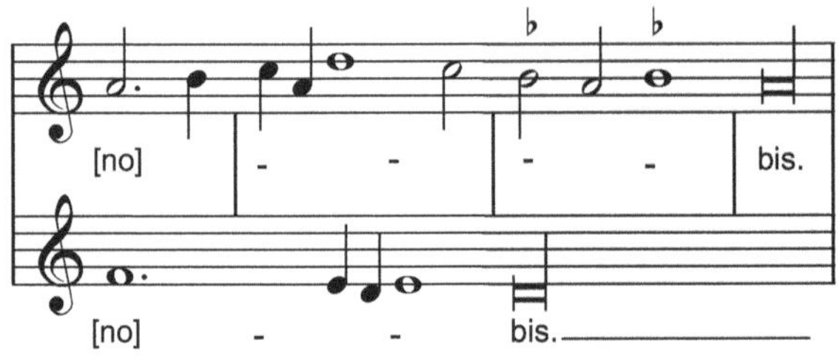

Stoltzer, *Domine primum,* Rhau, Bicinia I, Nr. 31, T. 37

Beim Liegeton in der Unterstimme umspielt der Anhang die Oberquinte. Er stützt sich dabei auch auf die benachbarten Konsonanzen Terz und Sexte. Schlussintervall ist die Quinte. Beim Liegeton in der Oberstimme umspielt der Anhang die Unterquint. Er stützt sich auch auf Unterterz und Untersext. Der vorletzte Ton ist meist die Unterquint, der letzte immer die Unteroktav, wodurch die Stimme mit einer plagalen Bassklausel schließt (4. – 1. Stufe).

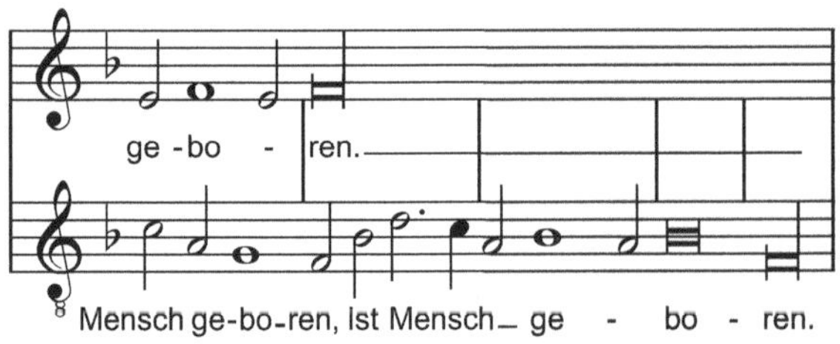

Othmayr, *Der Tag, der ist so freudenreich*
Bicinia sacra, Nr. 21, T. 29

2.7 Kadenzstufen

Schlüsse erfolgen im Regelfall auf den Hauptstufen des Modus entsprechend ihrer Rangfolge. Die wichtigste Kadenzstufe ist die Finalis (1. Stufe). An Bedeutung steht ihr die zweitrangige Hauptstufe (5. bzw. 4. Stufe) kaum nach. Die erste Kadenz eines Satzes erfolgt auf der erst- oder zweitrangigen Hauptstufe und ist somit ein wichtiges modales Ordnungsmerkmal. Die drittrangige Hauptstufe (3. bzw. 6. Stufe) ist als Kadenzstufe weniger bedeutend.

Kadenzrang:	1.	2.	3.	
1./2. Modus (Dorisch)	1.	5.	3.	Stufe
3./4. Modus (Phrygisch)	1.	4.	3./6.	Stufe
5./6. bzw. 11./12. Modus (Lydisch bzw. Ionisch)	1.	5.	3.	Stufe
7./8. Modus (Mixolydisch)	1.	4./5.		Stufe

Kadenzen auf den übrigen Stufen sind Ausnahmen (*clausulae peregrinae,* „fremde Schlüsse"), die als rhetorisches Mittel verwendet werden können.
Die Töne *h* in den untransponierten bzw. *e* in den transponierten Modi kommen als Kadenzziel nicht in Frage.[16] Sie sind zu wenig stabil, da über ihnen keine reine Quinte liegt. Die Schlusswendung *c* – *h* kann also nicht als Tenorklausel einer „lokrischen" Kadenz aufgefasst werden, wohl aber als plagale Altklausel (6. – 5. Stufe mit dem Kadenzziel *e*) oder als modifizierte Terz-Altklausel (4. – 3. Stufe mit dem Kadenzziel *g*).

2.8 Freie akzidentielle Tonerhöhung

Akzidentielle Leittöne, notierte wie nicht notierte, sind normalerweise Penultimae von Sopranklauseln. Das schließt freie Sopranklauseln ohne Synkope ein. Im Beispiel rechts bildet die Tonerhöhung aber keinen Schluss, sondern sie liegt im Phrasenbeginn.

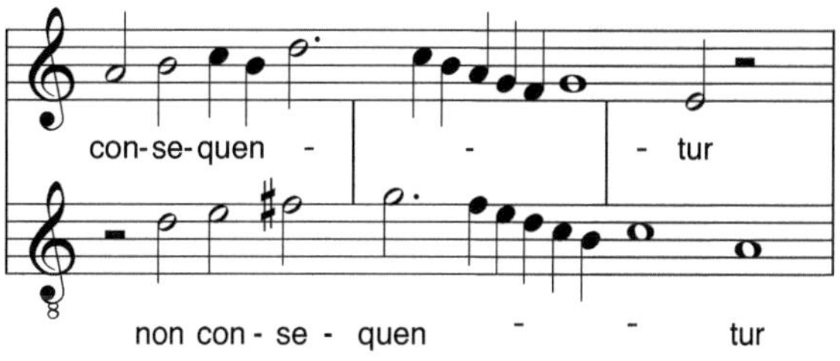

Lasso, *Quoniam qui talia,* SW 1, Nr. 89 (67, 2. Teil), T. 17

Noch eigenständiger wirkt die Tonerhöhung im Beispiel unten links. Der Leitton steht hier nicht auf einer Hebung wie in der normalen Sopranklausel, sondern auf einer Senkung. In beiden Beispielen leitet der erhöhte Ton stufenweise aufwärts. Das ist im Beispiel unten rechts nur in der Unterstimme der Fall, die mit einer rhythmischen Variante der Sopranklausel schließt. Die Oberstimme springt jedoch in den erhöhten Ton und anschließend wieder zurück. Dieses Beispiel stammt aus dem Mittelteil einer dreiteiligen Motette, deren erster (vierstimmiger) Teil auf einem *d*-Klang mit erhöhter Terz *fis* endet. Solche „picardischen" Schlussterzen sind in zweistimmigen Sätzen nicht üblich. Lasso knüpft hier aber an diesen Schlussklang an, indem er seine Bestandteile melodisch zerlegt.

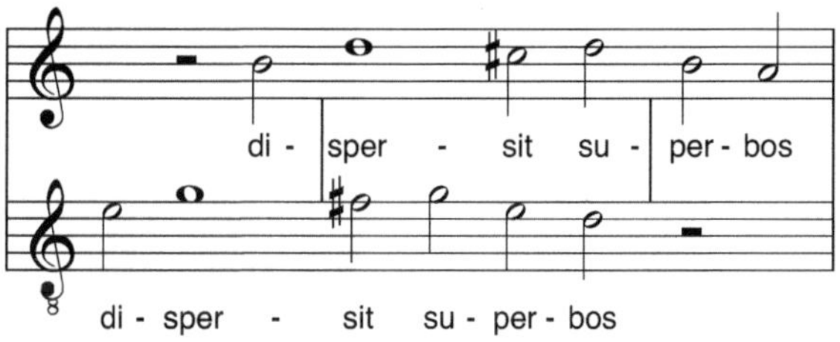

Lasso, *Magnificat Octavi Toni,* NR 13, Nr. 16, Vers 6, T. 10

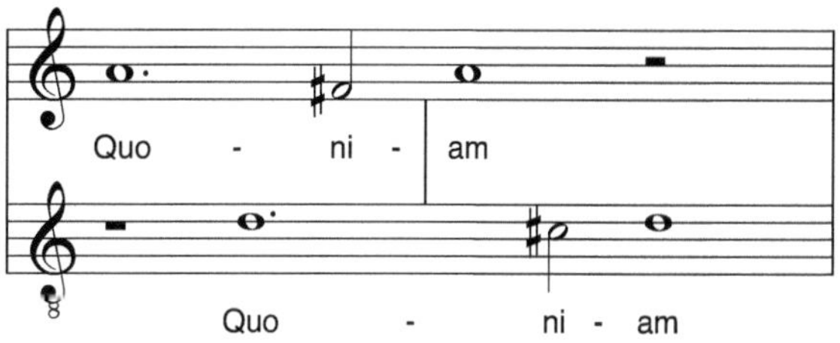

Lasso, *Quoniam qui talia,* SW 1, Nr. 89 (67, 2. Teil), T. 1

Anmerkungen

1. Von dieser Regel wird manchmal abgewichen. Die anonyme Chanson *Donnez moy donc le don* (S. 36–37) schließt nicht auf dem Brevis-Schlag, weil die letzte, aus einer ungeradzahligen Anzahl ganzer Noten bestehende Phrase der Oberstimme wiederholt wird. Aber auch Certons Duo *Agnus Dei* aus der Messe *Sous le pont d'Avignon* (S. 24) schließt „nachschlagend", ohne dass dafür ein besonderer Grund ersichtlich wäre.

2. Andernfalls würden die Penultimae der Alt- und Tenorklausel eine Quarte bilden. Zur Unterstimme wird diese jedoch als Dissonanz behandelt. Das Beispiel rechts zeigt eine dreistimmige Kadenz aus Sopran-, modifizierter Alt- und Tenorklausel.

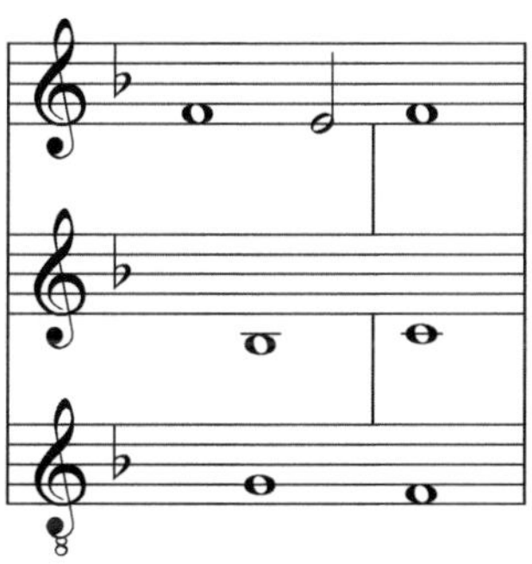

3. Die Verzierungen der Klauseln sind ursprünglich aus der Improvisation hervorgegangen. Von den notierten Verzierungen ist nur die erwähnte Achtel-Figur (b) allgemein gebräuchlich. Daneben gibt es noch eine Reihe weiterer Figuren, die im 16. Jahrhundert veraltet sind oder nur selten verwendet werden. Die untere Terzsprungfigur (a) findet man einige Male bei Johann Walter (z. B. in der Fuga *Sexti toni,* Nr. 7, T. 69). Die Achtel-Figur mit zwei folgenden Vierteln (c) wird sehr selten verwendet (z. B. in Gardanes Chanson *Le cueur de vous,* Rhau, Bicinia I, Nr. 18, T. 19, Sopran).

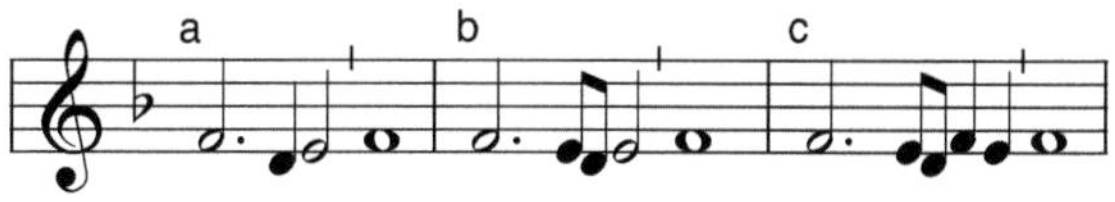

Eine weitere Gruppe von Verzierungen beruht auf der Portamento-Figur. In der einfachen Form (Beispiel d, siehe nächste Seite) findet man diese nur selten (z. B. in Pierre de la Rues *Ne temere quid locaris,* Rhau, Bicinia I, Nr. 54, T. 39,

Sopran). In Verbindung mit dem Unterterzsprung bildet sie die „Unterterz-“ oder „Landino-Klausel“ (e). Diese ist die wichtigste Sopranklausel-Verzierung des 14. und 15. Jahrhunderts. Im 16. Jahrhundert wird sie kaum mehr verwendet (z. B. in Brumels *Vias tuas Domine,* Rhau, Bicinia I, Nr. 60, T. 42, Bass). Die daraus abgeleitete Form mit dem Achtel-Paar als Durchgang (f) ist in volkssprachlichen Sätzen beliebt (z. B. in Gardanes Chanson *De mon amy ie suis absente,* Rhau, Bicinia I, Nr. 4, T. 6, Sopran).

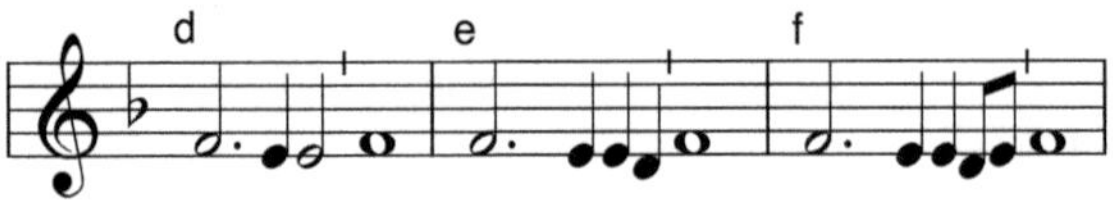

4. Die Dissonanz, die die Kombination mit der Tenorklausel zur Folge hat, erfordert zwingend die Synkope (vgl. S. 134). In den Chansons der Rhau-Bicinien scheint die aufgeteilte Sopranklausel allerdings üblich zu sein. Es gibt dort z. T. mehrfach solche Kadenzen, so in Band I die Nr. 1 und 23 in Band II Nr. 1, 5, 18, 22, 23, 30, 32, 36, 38, 41).

5. Unter den seltenen Ausnahmen sind viele phrygische Kadenzen (siehe das folgende Beispiel). Man kann daraus schließen, dass vor allem die starke melodische Spannung des Leittonschritts in der Vereinzelung der tiefen Lage als störend empfunden wird.

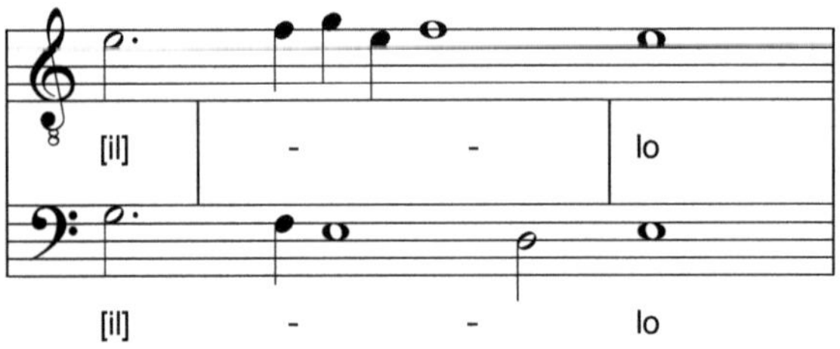

Anonymus, *Si Deus pro nobis*
Rhau, Bicinia II, Nr. 50, 1. Teil, T. 31

6. Auch eine Synkopierung der Oberstimme löst das Problem nicht, denn die Auflösung der None als Synkopendissonanz in die vollkommene Konsonanz gilt als regelwidrig:

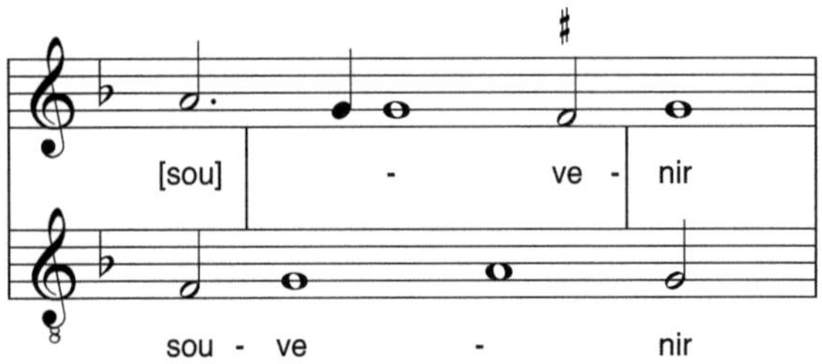

Gardane, Chanson *Si iay eu du mal*
Rhau, Bicinia I, Nr. 20, 1. Teil, T. 6

Vor allem in der Bicinien-Sammlung von Rhau findet man noch einige weitere Beispiele (z. B. Bicinia I Nr. 54, T. 39; II Nr. 27, T. 49; in I Nr. 17, T. 18 sogar oktavversetzt!).

7. Zweistimmige Beispiele findet man z. B. in Lassos *Magnificat Octavi Toni* (NR 13, Nr. 16, Vers 6, T. 17) oder in Thomas Stoltzers *Oculi Domini super iustos* (Rhau, Bicinia I, Nr. 70, T. 25).

8. Zweistimmige Kombinationen der modifizierten Terz-Altklausel mit der synkopierten Sopranklausel sind in den Chansons der Rhau-Bicinien zu finden (Rhau, Bicinia I, Nr. 2, T. 34–35, Nr. 13, T. 11–12; II, Nr. 31, T. 18–19, Nr. 36, T. 27–28).

9. Einen der seltenen Fälle findet man in Lassos Sequenzvers *Caro cibus* (siehe S. 32, T. 13–14).

10. Z. B. in Othmayrs Liedsatz *Gelobet seist du, Jesu Christ* (Bicinia sacra, Nr. 4, T. 4–5).

11. Z. B. in Othmayrs Liedsatz *Ach Gott, vom Himmel sieh darein* (Bicinia sacra, Nr. 1, T. 4–5).

12. Z. B. in Othmayrs Liedsatz *Mit Fried und Freud fahr ich dahin* (Bicinia sacra, Nr. 15, T. 15–16).

13. Z. B. in dem anonymen Satz *Fratres quaecunque sunt vera* (Rhau, Bicinia II, Nr. 53, T. 17).

14. So gibt es Kombinationen von Terz-Altklausel und diminuierter Bassklausel (Othmayr, Bicinia sacra, Nr. 10, T. 7–8), diminuierter Terz-Altklausel und unsynkopierter Sopranklausel (Othmayr, Bicinia sacra, Nr. 20, T. 45), plagaler Altklausel und plagaler Bassklausel (Othmayr, Bicinia sacra, Nr. 1, T. 8–9). Interessant sind auch Kombinationen von Klauseln mit verschiedenen Zieltönen wie im folgenden Beispiel der Sopranklausel auf *a* und der diminuierten Bassklausel auf *f.*

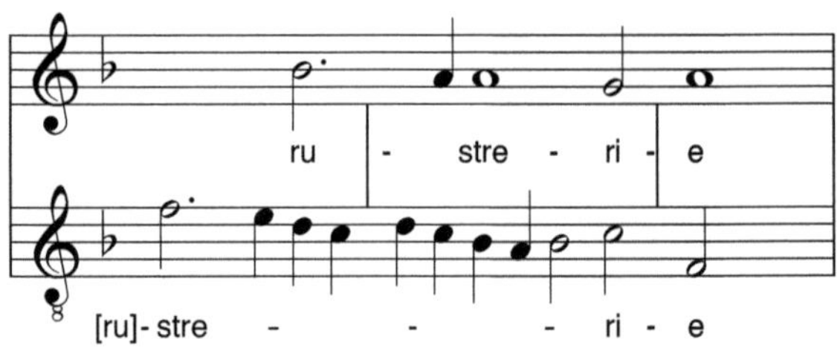

Gardane, Chanson *Entre vous gentilz galans*
Rhau, Bicinia I, Nr. 8, T. 9

15. In einigen dieser Sätze befinden sich solche Anhänge nicht nur am Schluss des Satzes, sondern auch am Ende einer jeden Liedzeile. Einige dieser Sätze tragen die Zusatzbezeichnung „auf Bergreihenweis“. Damit wird auf ein Repertoire von volkstümlichen Liedern und Sätzen verwiesen, die sich häufig solcher ursprünglich wohl improvisierten Auszierungen der Schlusstöne bedienten (vgl. MGG, Bd. 1, Sp. 1696 ff.).

16. Ausnahmen finden sich nur ganz vereinzelt, z. B. in Lassos Hymne *Exultet coelum laudibus* (NR 18, Nr. 29, 4. Strophe, T. 6–7 bzw. in der Zweitfassung a, Anhang II, Nr. 10, T. 9) oder in Mittantiers Chanson *Tel en mesdit* (Rhau, Bicinia II, Nr. 9, T. 36–37).

V ANSCHLÜSSE

1 Einstimmigkeit

1.1 Zäsur

Melodiephrasen können auf verschiedene Weise aneinander anschließen. Eine Zäsur entsteht, wenn der Schlusston der ersten Phrase mindestens eine ganze Note lang ist. Folgt diesem Schlusston eine Pause, ist die Zäsur besonders deutlich.

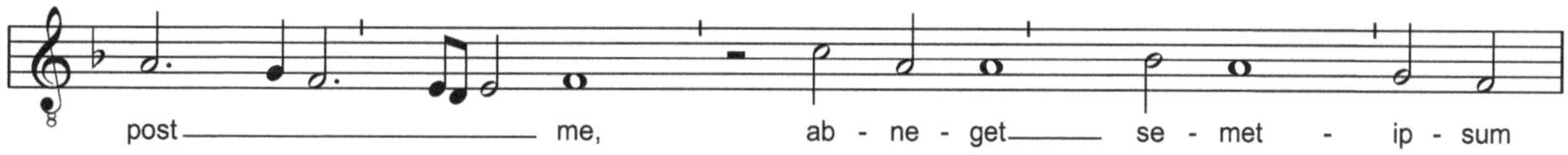

Lasso, *Qui vult venire,* SW 1, Nr. 9, T. 9, Tenor

Schließt der zweite Melodieabschnitt ohne Pause direkt an den ersten an, muss zwischen Schluss- und Anfangston geatmet werden. So entsteht eine „Atemzäsur“.

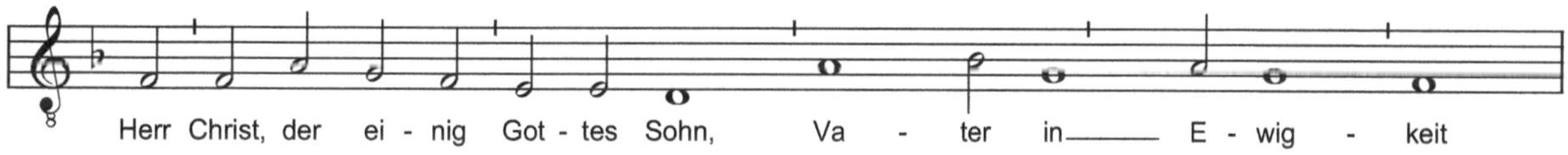

Othmayr, *Herr Christ, der einig Gottes Sohn,* Bicinia sacra, Nr. 7, T. 1, Tenor

1.2 Verkürzter Schlusston

Die Verbindung zwischen zwei Phrasen wird enger, wenn der Schlusston der ersten auf eine halbe Note verkürzt wird und die zweite ohne Pause anschließt.

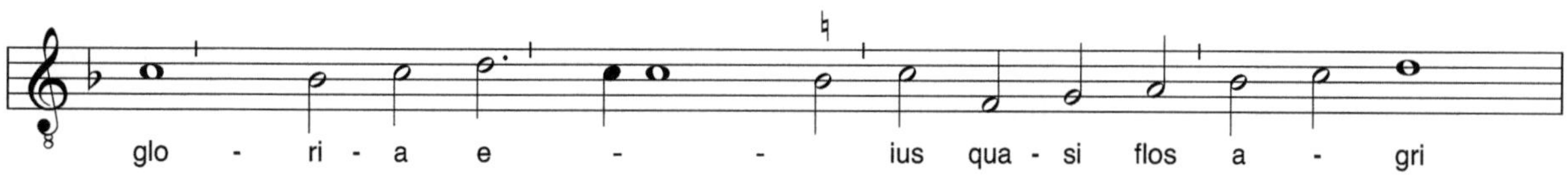

Dietrich, *Omnis caro foenum,* Rhau, Bicinia I, Nr. 65, T. 5, Alt

In seltenen Fällen folgt auf den auf eine Halbe verkürzten Schlusston eine Viertel-Pause. Die folgende Phrase beginnt dann mit einer Viertelnote. Eine längere Pause ist in keinem Fall möglich: Nach einer schweren halben Note darf keine halbe Pause folgen.

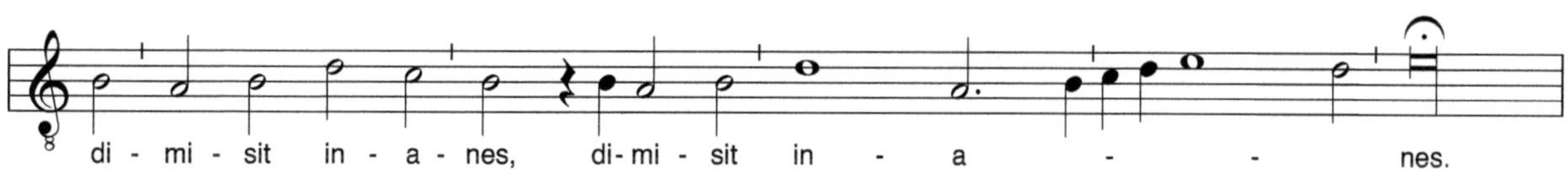

Lasso, *Magnificat Quarti toni,* NR 13, Nr. 12, Vers 8, T. 18, Sopran

1.3 Unterbrochene Tenorklausel

Im folgenden Beispiel sind die beiden Phrasen durch eine Pause getrennt. Der Schlusston der ersten Phrase ist als Nebenstufe jedoch melodisch gespannt. Er ist die Penultima einer Tenorklausel, deren Ultima der Anfangston der nächsten Phrase ist. Die unterbrochene Tenorklausel erzwingt eine Weiterführung über die Pause hinweg.

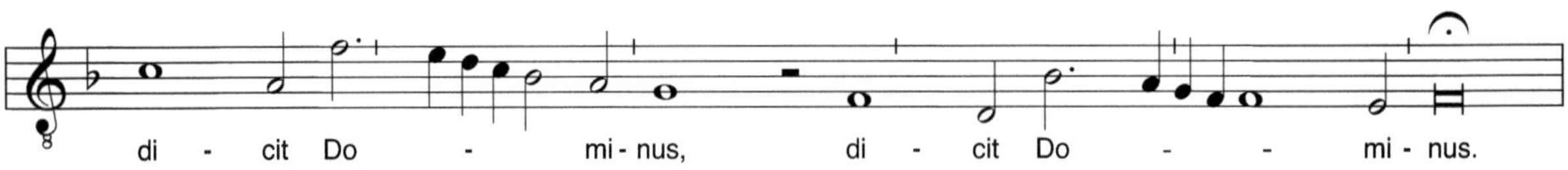

Lasso, *Qui vult venire,* SW 1, Nr. 9, T. 32, Tenor

Der Anfangston der zweiten Phrase muss nicht unbedingt der Zielton der Klausel sein, sondern es können auch Klausel-Varianten verwendet werden. Häufige Anfangstöne der zweiten Phrase sind dann die 3. Stufe (Sekundanschluss) oder die 5. Stufe (Quartsprung aufwärts).

1.4 Klauselanhang

Im nächsten Beispiel wird an die Sopranklausel eine weitere kurze Melodiephrase angehängt. Beide Phrasen sind unlösbar miteinander verbunden: Der Schlusston der ersten ist gleichzeitig der Anfangston der angehängten Phrase. Viele Anhänge sind melismatisch, sie dehnen die Silbe aus, die der Ultima der Klausel unterlegt ist.

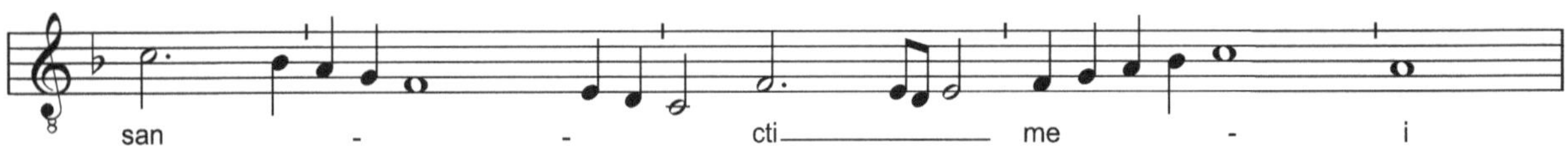

Lasso, *Sancti mei,* SW 1, Nr. 8, T. 4, Tenor

1.5 Melodische Binnengliederung, Kurzphrasen

Lange Melodiebögen werden oft in mehrere Phrasen untergliedert. Besonders häufig ist der Beginn mit einer sehr kurzen, prägnanten Phrase, auf die eine längere folgt. Im folgenden Beispiel besteht die beginnende Kurzphrase aus zwei Tönen (als zweistimmiger Satz siehe S. 83 unten).

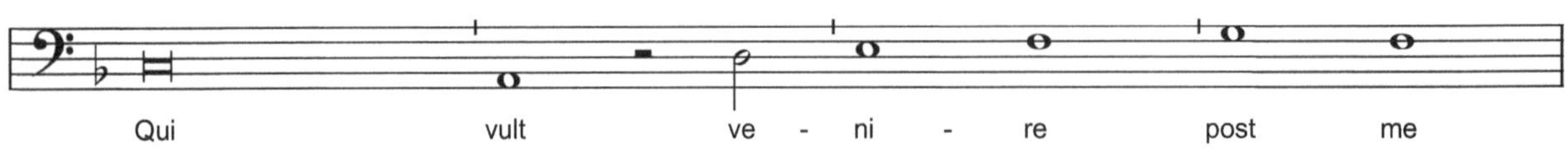

Lasso, Qui vult venire post me, SW 1, Nr. 9, T. 1, Bass

Einen Beginn mit einer dreitönigen Phrase finden Sie auf S. 105. In diesem Beispiel wird die Kurzphrase sequenziert, bevor die längere Fortsetzung beginnt.

2 Zweistimmigkeit

2.1 Zäsur

Zäsuren, die gleichzeitig in beiden Stimmen eines zweistimmigen Satzes auftreten, findet man in einfachen volkssprachlichen Liedsätzen.

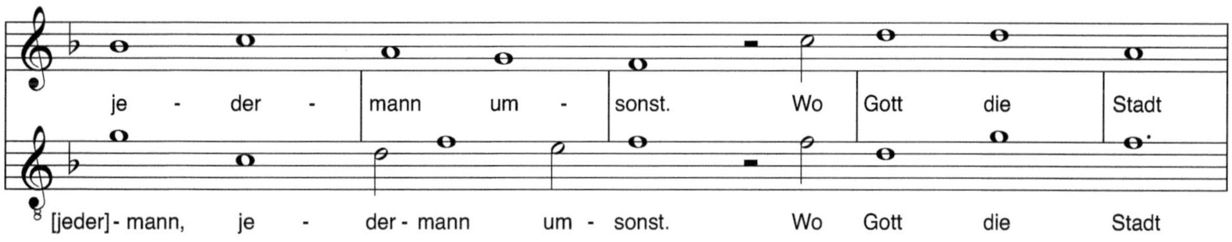

Othmayr, *Wo Gott zum Haus nicht gibt sein Gunst,* Bicinia sacra, Nr. 24, T. 7

In imitatorischen Sätzen wird eine solche Unterbrechung des musikalischen Flusses dagegen vermieden.[1] Auch Atemzäsuren wie im folgenden Beispiel sind recht selten.[2]

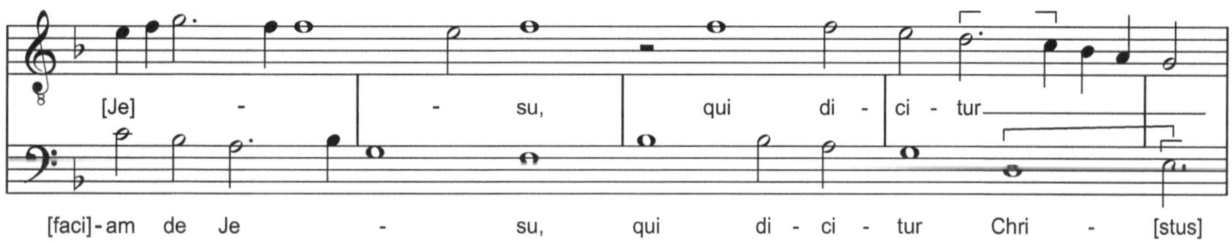

Lasso, Matthäus-Passion, NR 2, I, Nr. 30, T. 5

2.2 Zäsur und Liegeton

Zwei Abschnitte eines Satzes bleiben miteinander verbunden, wenn die Zäsur in der einen Stimme durch einen liegenden Ton in der anderen überbrückt wird. Zu diesem Zweck wird die Ultima einer Klausel verlängert, und zwar meistens auf den Wert einer Brevis. Während dieser Ton noch liegt, beginnt die andere Stimme schon mit ihrer nächsten Phrase.

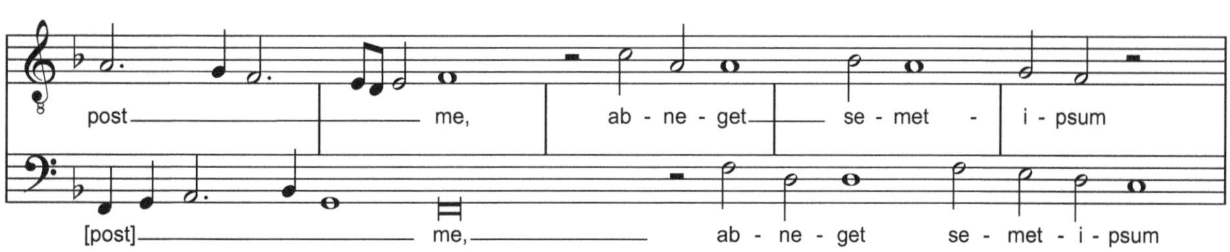

Lasso, *Qui vult venire post me,* SW 1, Nr. 9, T. 9

Bei Quintimitationen lassen sich drei Typen des tonalen Anschlusses unterscheiden. Das obige Beispiel kadenziert auf der Finalis. Der Liegeton befindet sich in der Unterstimme. Die Oberstimme beginnt die Imitation des folgenden Abschnitts mit der 5. Stufe, die Unterstimme folgt mit dem oktavierten Zielton der Kadenz, also der 1. Stufe.
Im folgenden Beispiel sind die Verhältnisse genau umgekehrt. Die Kadenz erfolgt auf der 5. Stufe, und der

Liegeton befindet sich in der Oberstimme. Die Unterstimme beginnt die Imitation eine Quinte tiefer auf der 1. Stufe, während die Oberstimme mit dem Zielton der Kadenz, der 5. Stufe, folgt. Beide Imitationen beginnen also mit einem „frischen“ Ton, während der Zielton der vorherigen Kadenz nachfolgt.

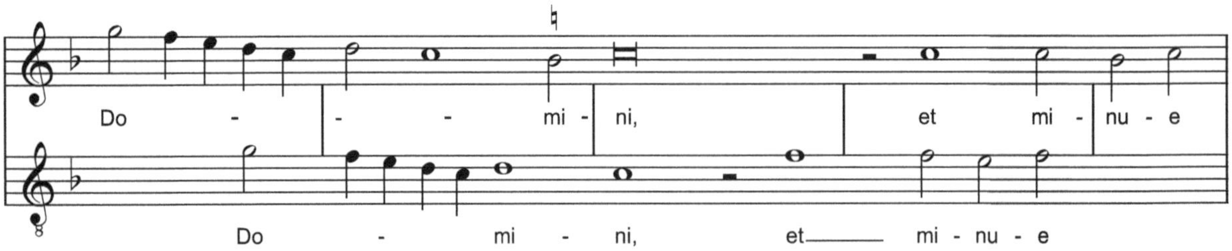

Sampson, *Revertere ad Dominum,* Rhau, Bicinia I, Nr. 57, T. 14

Grundsätzlich ist aber auch die umgekehrte Reihenfolge möglich. Vorsicht ist geboten, wenn bei einer Kadenz auf der Finalis die Oberstimme liegenbleibt. Die Unterstimme kann dann nicht auf der 5. Stufe beginnen, weil sich zwischen den Stimmen eine Quartdissonanz ergeben würde. Stattdessen liegt der Beginn mit der Unteroktave (1. Stufe) oder der Unterquinte (4. Stufe) nahe.
Das folgende Beispiel zeigt noch einen weiteren Typ des tonalen Anschlusses. Die Kadenz erfolgt auf der 3. Stufe des Modus. Die Anfangstöne der folgenden Imitation sind Ober- und Unterterz des Zieltons der Kadenz, also die 5. und 1. Stufe des Modus.

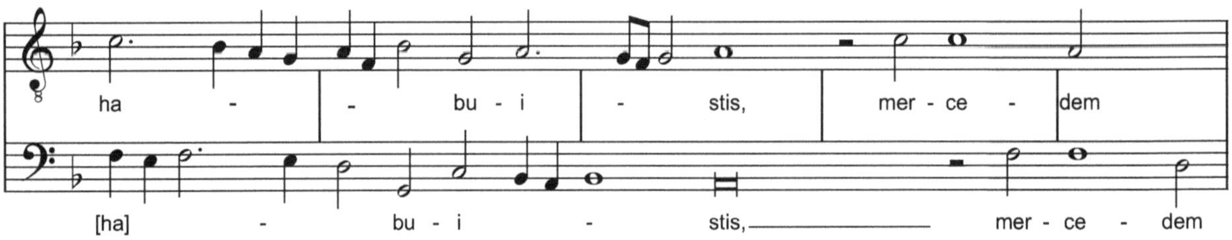

Lasso, *Sancti mei,* SW 1, Nr. 8, T. 15

2.3 Verkürzter Schlusston

Die Verbindung der beiden Abschnitte wird enger, wenn in einer Stimme der Schlusston auf eine halbe Note verkürzt wird und sich sogleich der Anfang der nächsten Phrase anschließt. Die andere Stimme schließt meistens mit einer ganzen Note und beginnt nach einer halben Pause mit der Imitation. Dadurch ergibt sich der im zweistimmigen Satz ideale Imitationsabstand von einer ganzen Note. Im nächsten Beispiel folgt der tonale Anschluss dem schon erwähnten Muster der Unterquintimitation auf der 4. Stufe.

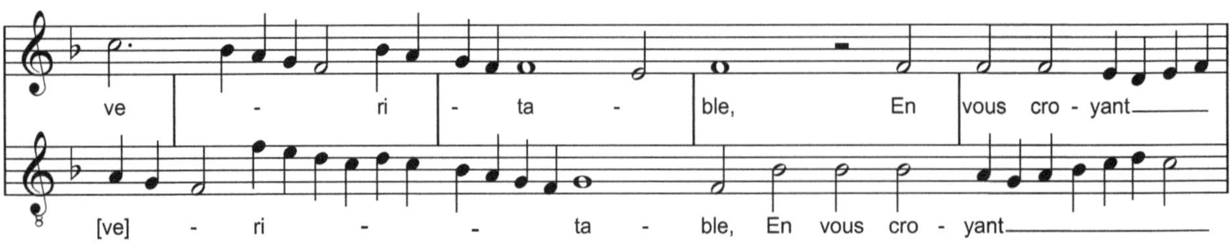

Mornable, *Si vostre amour,* Rhau, Bicinia II, Nr. 32, T. 13

Im folgenden Beispiel (auf der nächsten Seite oben) ist der Schlusston der Oberstimme auf eine halbe Note verkürzt, während die Unterstimme mit einer Brevis schließt und auch im Brevis-Abstand imitiert. Das Imitationsintervall ist hier die Prime.

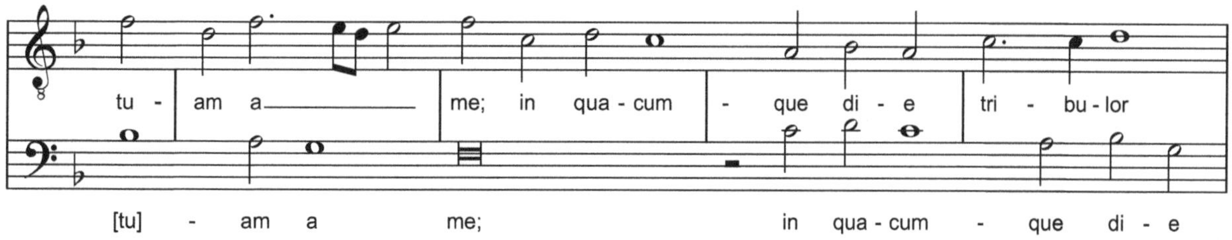

Lasso, **5. Bußpsalm,** NR 26, Vers 2, T. 6

2.4 Unterbrochene Tenorklausel

Die engste Verbindung zweier Abschnitte ergibt sich durch die Verwendung der unterbrochenen Tenorklausel in einer Stimme. Sie ist eins der wichtigsten Mittel der sogenannten „Kadenzflucht“.[3]

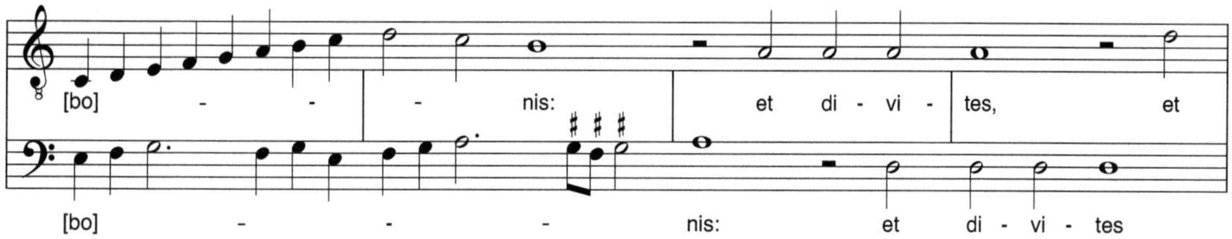

Lasso, *Magnificat Quarti Toni,* NR 14, Nr. 28, Vers 8, T. 7

Nach der Tenorklausel-Penultima und der unterbrechenden halben Pause erwartet man den Zielton der Kadenz. Im nächsten Beispiel folgt aber stattdessen die 3. Stufe. Es handelt sich also um eine unterbrochene Terz-Tenorklausel.

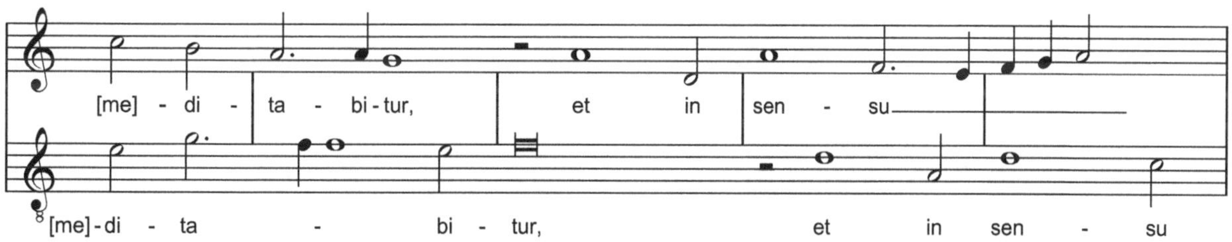

Lasso, *Beatus vir,* SW 1, Nr. 1, T. 16

Als Anschluss ist nach einer unterbrochenen Tenorklausel auch die 5. Stufe des Zieltons gebräuchlich. Über die Pause hinweg ergibt sich somit die Fortschreitung von der 2. zur 5. Stufe, die als oktavversetzter Quintfall durchaus folgerichtig wirkt.

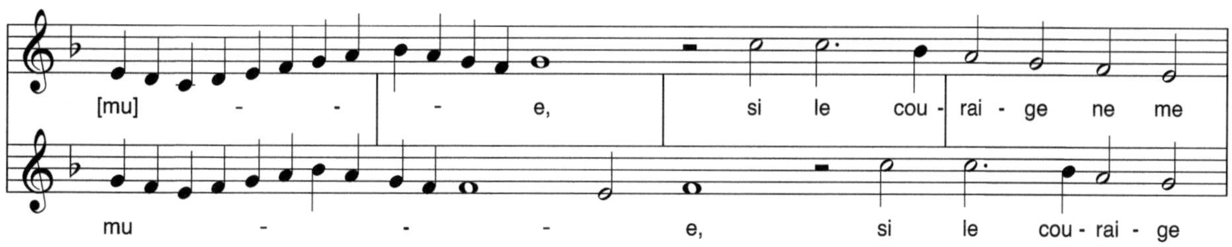

Peletier, Chanson *Si mon malheur,* Rhau, Bicinia I, Nr. 9, T. 19

2.5 Klauselanhang

Die Zäsur in einer Stimme kann auch durch einen Anhang an die Klausel in der anderen Stimme überbrückt werden. Im folgenden Beispiel wird die Tenorklausel unterbrochen, während die Sopranklausel durch einen Anhang fortgesetzt wird.

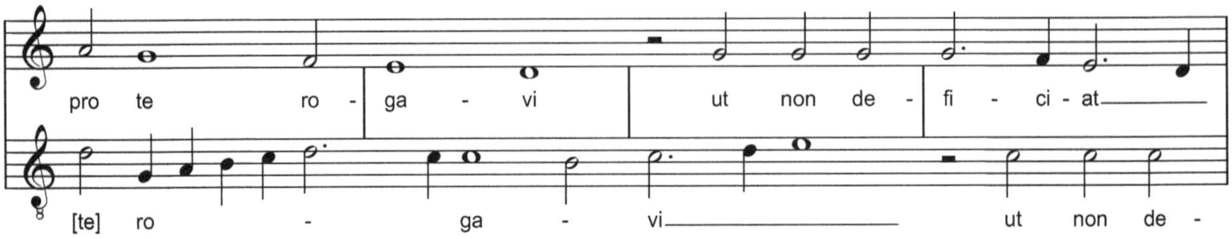

Scotto, *Petre diligis me,* Rhau, Bicinia II, Nr. 47, T. 107

Der Anhang kann sich auch an eine Klauselvariante anschließen. Im nächsten Beispiel steuert der erste Abschnitt auf eine Kadenz mit dem Zielton *a* hin. In der Oberstimme wird die Sopranklausel über die 6. zur 5. Stufe geführt (über *f* nach *e*).[4] Dieser kurze Anhang überbrückt die unterbrochene Tenorklausel in der Unterstimme. Je länger ein Anhang ist, um so weiter sind die Zäsuren in den beiden Stimmen voneinander entfernt und um so eigenständiger wirken die Stimmen.

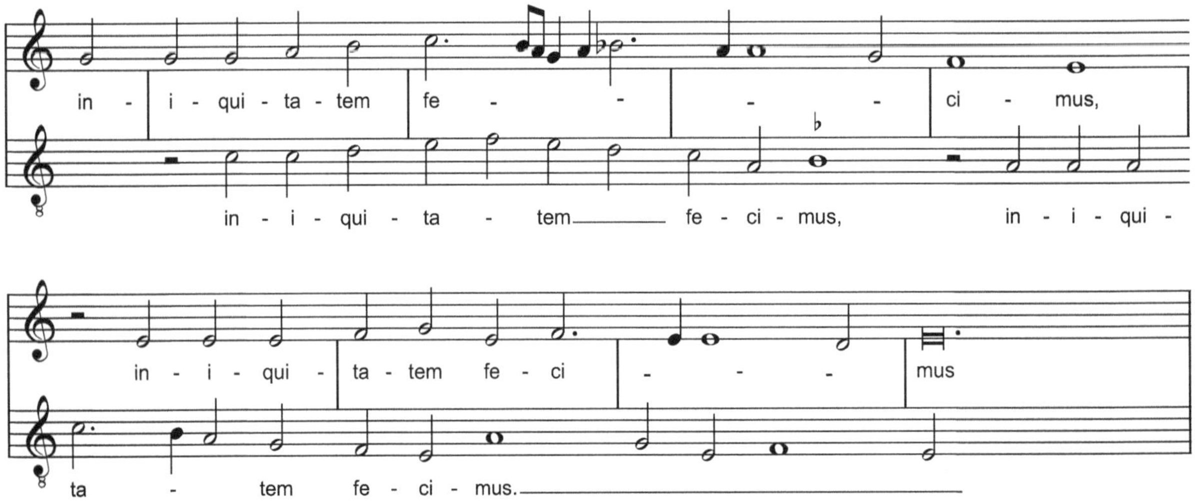

Scotto, *Peccavimus cum patribus,* Rhau, Bicinia II, Nr. 49, T. 88

2.6 Überlagerung

Die Stimmen eines Satzes können so gegeneinander versetzt werden, dass eine Zäsur in der einen Stimme durch das Weiterlaufen der anderen überlagert wird. An den Nahtstellen müssen sich die Stimmen nicht kadenziell aufeinander beziehen. Dadurch ergibt sich ein ununterbrochenes Fortströmen des musikalischen Satzes. Besonders mit sehr kurzen Subjekten wie dem „quid vobis" im folgenden Beispiel (auf der nächsten Seite) lassen sich solche Überlagerungen bilden. Sequenzierungen sind dabei häufig anzutreffen.

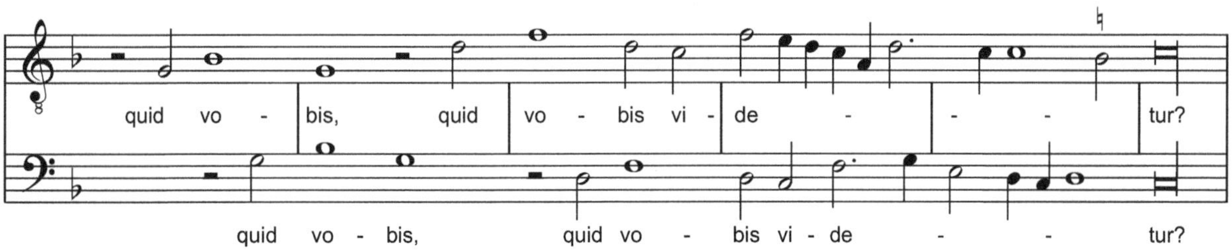

Lasso, Matthäus-Passion, NR 2, Nr. 14, T. 13

Anmerkungen

1. Ausnahmen findet man unter anderem in den Rhau-Bicinien, z. B. bei Anonymus (I, Nr. 37), Brumel (I, Nr. 60) und Stoltzer (I, Nr. 70).

2. Eine Ausnahme findet man in dem Satz *Beatus vir* von Lasso (SW 1, Nr. 1, T. 10).

3. „Fuggir la Cadenza" („der Kadenz ausweichen"; Zarlino, Istituzioni, S. 226).

4. Auch diese Klauselvariante zählt zu den „Kadenzfluchten".

VI MUSIK UND TEXT

1 Textierung

1.1 Halbe und ganze Noten

Um Tönen einen Text unterlegen zu können, werden mehrsilbige Wörter getrennt.[1] Für die Textunterlegung ist von großer Bedeutung, welche Silben betont werden.[2] Im folgenden Beispiel sieht man, dass betonte Silben (´) auf die Halbnoten-Senkung fallen.[3]

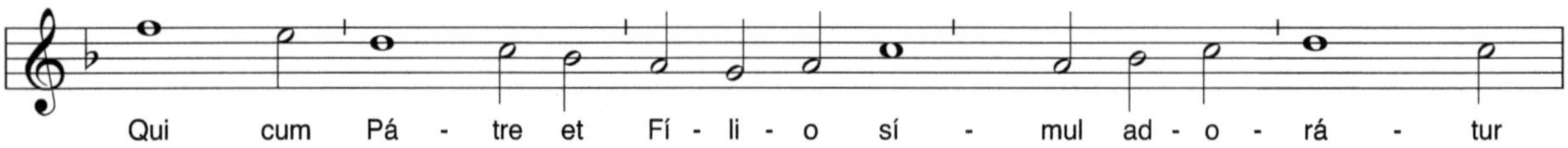

Palestrina, *Missa „Brevis"*, W 12, Credo, T. 103, Sopran

Eine Ausnahme ist das Wort „simul", dessen betonte erste Silbe auf eine synkopierte ganze Note fällt. Eine Synkope zieht gleichsam die nächste Senkung um eine Halbe vor. Betonte Silben können demnach sowohl auf der Halbnoten-Senkung als auch auf einer Synkope stehen.
Man findet im obigen Beispiel aber auch unbetonte Silben auf der Senkung. Die letzte Silbe von „Patre" und „adoratur" stehen auf der Senkung, weil die (betonte) vorletzte eine Ganze ist. Folgen von ganzen Noten aber sind metrisch neutral, da der Ganznoten-Schlag die Grundlage der musikalischen Metrik bildet. Nach einer ganzen Note kann daher immer eine betonte oder eine unbetonte Silbe gesetzt werden. Anders verhält es sich mit der letzten Silbe des Wortes „Filio" und der ersten von „adoratur". Beide sind nicht betont, stehen aber auf einer schweren halben Note. Im ersten Fall wird die Halbe durch die folgende Synkope gleichsam nachträglich „erleichtert". Im zweiten wird die metrische Spannung durch die Folge gleicher Notenwerte eingeebnet. Einen Extremfall dieser Art sieht man im nächsten Beispiel.

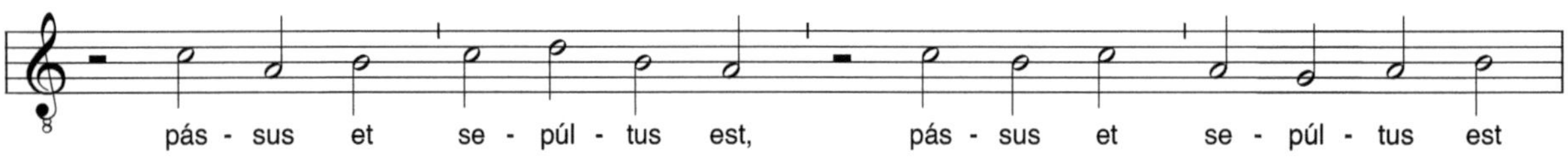

Lasso, *Missa ad imitationem moduli O passi sparsi*, NR 4, Nr. 12, Credo, Duo Crucifixus, T. 87, Tenor

Hier fallen alle betonten Silben auf die Halbe-Hebung. Eine längere Folge von halben Noten kann demnach ebenfalls als metrisch neutral angesehen werden. Im Gegensatz zu den ganzen Noten ist dies bei fortlaufenden Halben jedoch nicht die Regel, sondern nur eine besondere Möglichkeit. Den Normalfall formulieren die folgenden drei Regeln:

- Betonte Silben stehen auf der Halbe-Senkung
- oder auf einer synkopierten Ganzen;
- die auf eine Ganze folgende Note ist metrisch „neutral".

1.2 Viertel- und Achtelnoten

Fortlaufende Viertelnoten werden *melismatisch* textiert, d. h. auf eine Silbe gesungen. Melismen können mit einer punktierten Halben und nachfolgender Viertelbewegung beginnen. Möglich ist aber auch der Beginn der melismatischen Viertelbewegung auf der Halbnoten-Senkung oder -Hebung. Nach einer Viertelnote ist kein Silbenwechsel möglich. Wie man im folgenden Beispiel sieht, laufen alle Melismen erst in eine halbe Note aus, bevor die nächste Silbe folgt. Dadurch bleibt dem Sänger genügend Zeit, diese sorgfältig zu artikulieren.

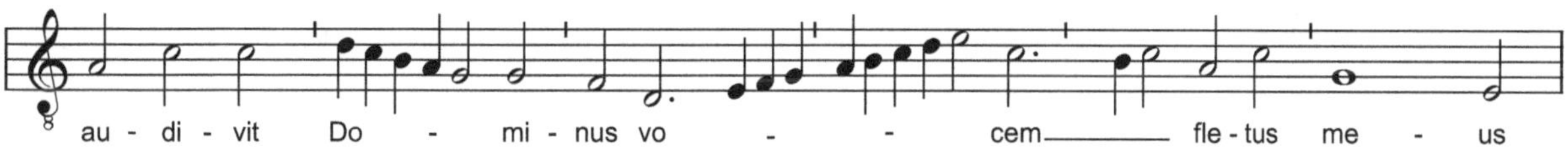

Lasso, 1. Bußpsalm, Duo *Discedite a me,* NR 26, Vers 8, T. 16, Tenor

Ein leichtes Viertel-Paar, das von längeren Noten umgeben ist, liegt innerhalb eines Melismas und trägt keine eigene Silbe. Ein schweres Viertel-Paar, dem eine längere Note vorausgeht, kann dagegen eine eigene Silbe tragen und den Anfang eines Melismas bilden (siehe das Beispiel rechts).

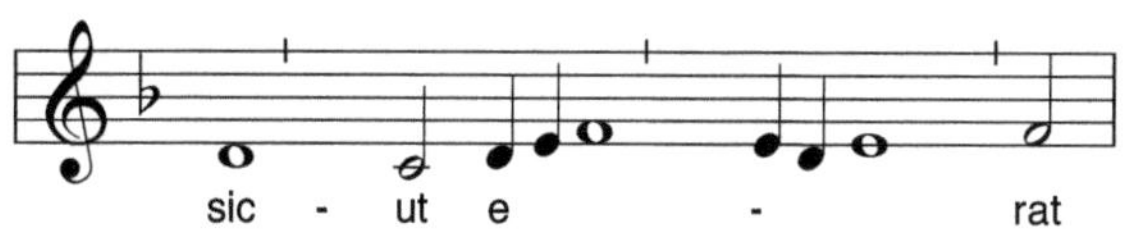

Lasso, 5. Bußpsalm, NR 26, Vers 31, T. 7, Alt

Von der Regel, dass nach einer Viertelnote kein Silbenwechsel erfolgen kann, gibt es nur eine Ausnahme: Nach einer punktierten halben Note kann die anschließende Viertelnote eine unbetonte Silbe tragen. Die darauf folgende Note muss zwingend eine weitere Silbe tragen. Auf diese Weise kann eine Folge von halben Noten rhythmisch aufgelockert werden. Meistens repetiert die Viertelnote die Tonhöhe der vorausgehenden punktierten Halben wie im folgenden Beispiel links, aber auch ein fallender Sekundschritt zur Viertel hin ist möglich (siehe das Beispiel auf S. 63 unten). Nach der Viertelnote kann eine halbe oder ganze Note folgen oder ein Melisma in Viertelnoten.[4]
Ganz im Gegensatz dazu wird das Portamento melismatisch textiert. Weder die Portamento-Viertelnote noch die folgende Note tragen eigene Silben (rechtes Beispiel).

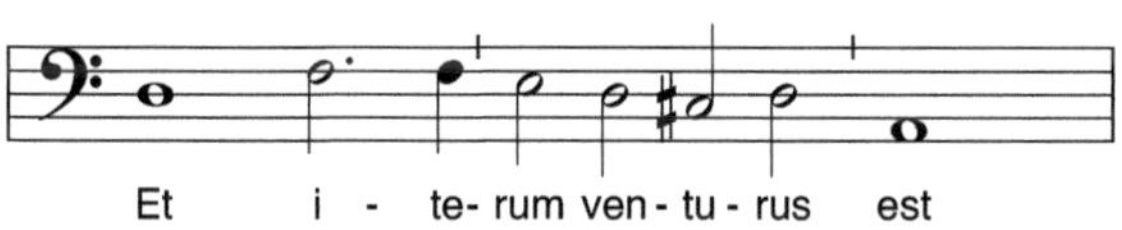

Lasso, *Missa ad Imitationem moduli Doulce memoire*
Credo, Duo *Et iterum,* NR 4, Nr. 10, T. 91, Bass

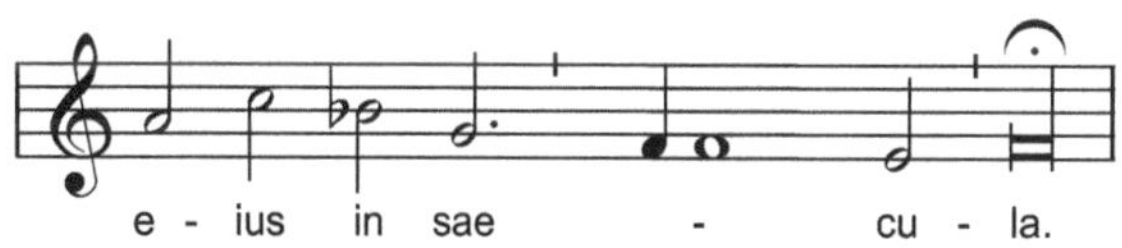

Lasso, *Magnificat Sexti Toni,* Duum *Sicut locutus est*
NR 16, Nr. 76, Vers 10, T. 18, Sopran

Achtel-Paare liegen stets innerhalb von Melismen. Weder die Achtelnoten noch der folgende Ton erhalten eine eigene Silbe (siehe das folgende Beispiel links).
Ein Sonderfall ist auch die Ligatur, die Zusammenfassung mehrerer Noten zu Notengruppen (Beispiel rechts).[5] Ligaturen sind immer Melismen; die zweite Note der Ligatur erhält also keine eigene Silbe.

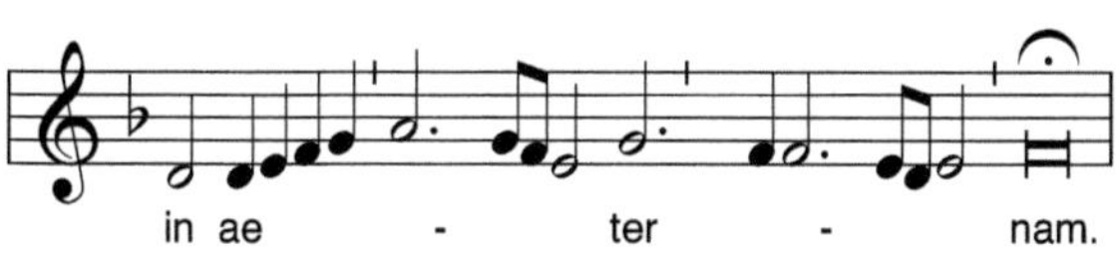

Lasso, *Ego sum resurrectio,* SW 1, Nr. 26, T. 62, Sopran

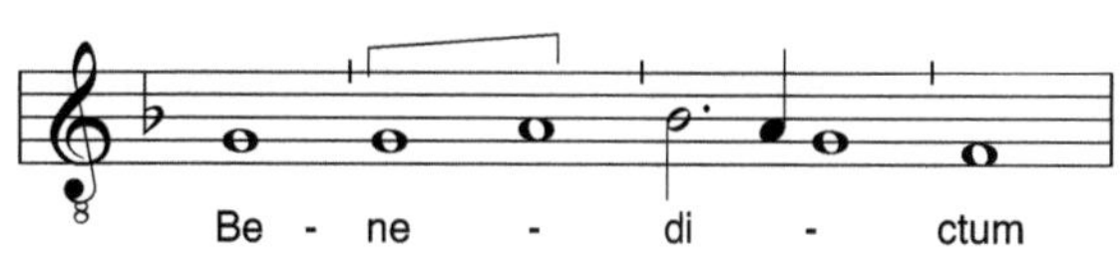

Lasso, *Salve Regina mater,* SW 1, Nr. 75 (55), T. 132, Bass

1.3 Syllabische und melismatische Textierung

Trägt jede Note eine Silbe des Textes, spricht man von *syllabischer* Textierung. Besonders textreiche Teile wie das Gloria und das Credo der Messe werden weitgehend syllabisch gestaltet, damit diese Sätze nicht übermäßig lang werden. Die halbe Note ist dabei der bevorzugte Silbenträger, die Anfangs- und Schlusstöne können längere Notenwerte haben.

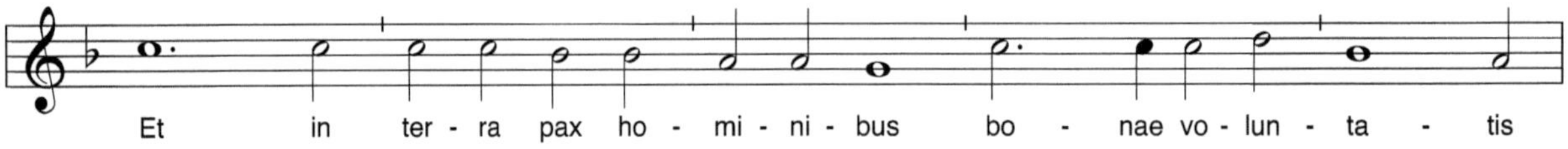

Palestrina, *Missa "Brevis"*, W 12, Gloria, T. 1, Sopran

Durch Melismen können wichtige Wörter hervorgehoben werden. Die betonte Silbe des betreffenden Wortes bildet dann den Beginn des Melismas. Sehr oft beginnt eine Melodie syllabisch und läuft auf der letzten betonten Silbe in ein Melisma aus.

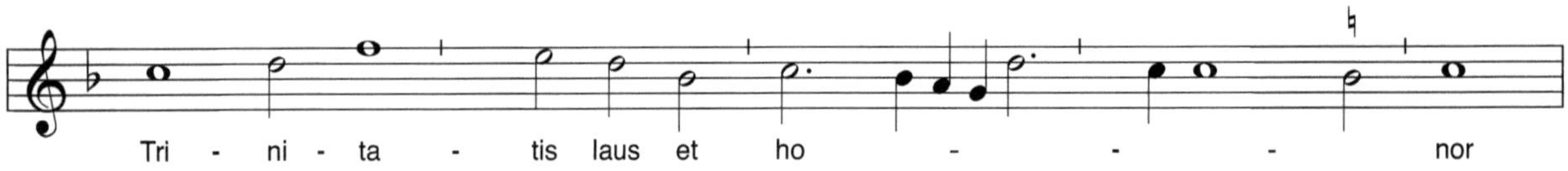

Palestrina, Hymnus *In Festo S. Augustini*, W 8 II, Nr. 36, Vers 5, T. 19, Sopran

In einer Melodiephrase können aber auch mehrere Melismen vorkommen. Im folgenden Beispiel werden auf sämtlichen Silben, auch den unbetonten, Melismen begonnen.[6]

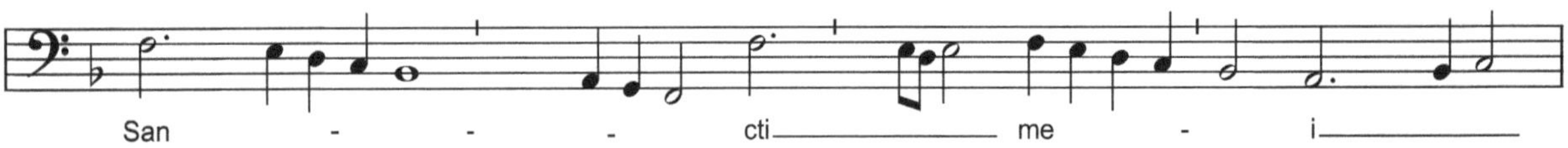

Lasso, *Sancti mei*, SW 1, Nr. 8, T. 1, Bass

1.4 Textwiederholung

Werden kurze Texte langen Melodiephrasen unterlegt, so werden oft Teile des Textes wiederholt. Textwiederholungen werden in den originalen Ausgaben aus Platzmangel häufig nicht ausgeschrieben, sondern durch ein *Idem*-Zeichen kenntlich gemacht.[7] Es können ganze Sätze, Satzteile oder einzelne Wörter wiederholt werden. Durch die Wiederholung wird auch die inhaltliche Bedeutung hervorgehoben. Es eignet sich daher nicht jedes Wort für eine Wiederholung. Die Satzteile müssen darüber hinaus in sich einen sinnvollen Zusammenhang bilden.
Als Beispiel soll der erste Teil einer Motette von Orlando di Lasso dienen.[8] Er beruht auf dem Text „Ego sum resurrectio et vita" („Ich bin die Auferstehung und das Leben").[9] Lasso macht daraus:

Ego sum resurrectio et vita,	Ich bin die Auferstehung und das Leben,
ego sum resurrectio,	ich bin die Auferstehung,
resurrectio et vita,	die Auferstehung und das Leben,
resurrectio,	die Auferstehung,
resurrectio et vita,	*die Auferstehung* und das Leben,
resurrectio,	die Auferstehung,
resurrectio et vita.	die Auferstehung und das Leben.

1.5 Stile der Textbehandlung

Die oben dargestellten Regeln für die Textunterlegung können – zumindest für lateinisch textierte Sätze – allgemeine Gültigkeit beanspruchen. Darüber hinaus gibt es aber auch deutliche Unterschiede zwischen einigen Komponisten. So zeichnet sich Orlando di Lasso durch eine überaus klare und anspruchsvolle Textbehandlung aus. Er wechselt stets die Silbe nach einer halben oder längeren Note.[10] Ob es sich um Breven, ganze oder halbe Noten handelt, immer trägt die folgende Note eine neue Silbe (Ligaturen natürlich ausgeschlossen). Das hat entweder häufige Textwiederholungen oder eine Melodik mit zahlreichen Melismen in Viertelbewegung oder beides zur Folge. Wie man am folgenden Beispiel sieht, wirkt der selbst auferlegte Zwang zum Silbenwechsel nirgendwo künstlich oder einengend.

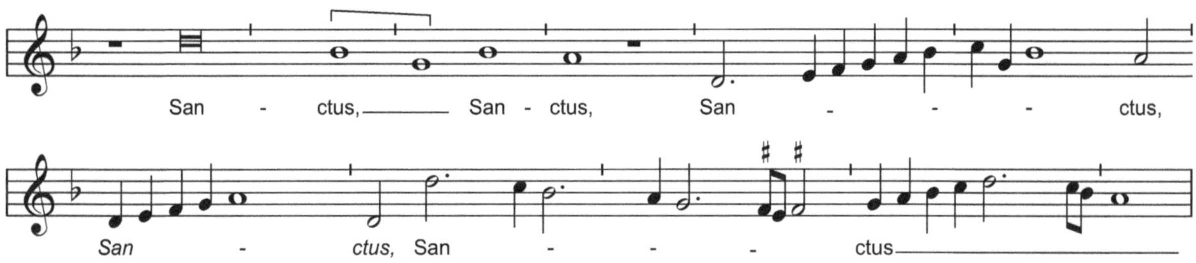

Lasso, *Missa super Scarco di doglia,* NR 3, Nr. 7, Sanctus, T. 1, Sopran

Eine Ausnahme von dem Zwang, nach einer halben oder längeren Note eine neue Silbe zu setzen, macht Lasso in der Sopranklausel. Deren Penultima erhält manchmal keine eigene Silbe. Im folgenden Beispiel ist die vorletzte Silbe betont („vi-dé-tur") und steht dementsprechend auf einer Senkung. Da die letzte, unbetonte Silbe natürlich auf der Ultima stehen muss, bleibt für die Penultima keine Silbe mehr übrig.

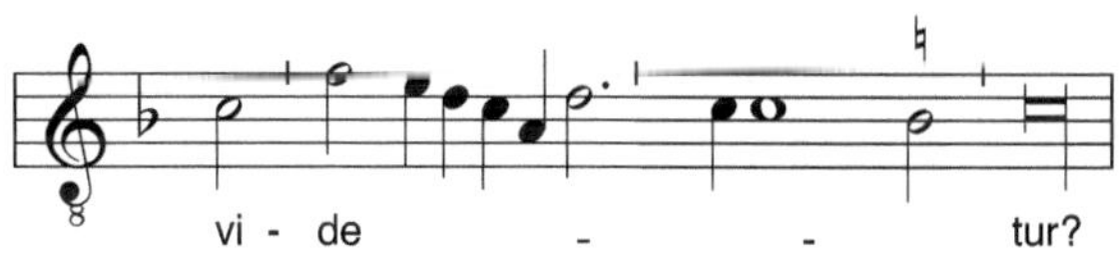

Lasso, Duo *Blasphemavit*
NR 2, Nr. 1, Vers 14, T. 15, Tenor

Bilden melismatische halbe oder längere Noten bei Lasso also die Ausnahme, so gehören sie bei vielen anderen Komponisten zum üblichen Gebrauch. Palestrina, Victoria (1548–1611) und andere wichtige Komponisten fühlen sich dem Zwang zum Silbenwechsel nach halben und längeren Noten nicht unterworfen.

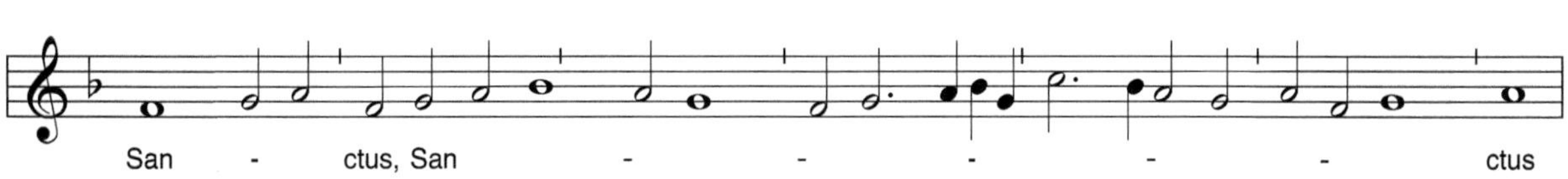

Palestrina, *Missa Aeterna Christi munera,* W 14, Sanctus, T. 1, Sopran

Abgesehen von diesem grundsätzlichen Unterschied war die Empfindlichkeit gegenüber einer textgemäßen Rhythmisierung anscheinend verschieden stark ausgeprägt. Aufschlussreich sind die Verbesserungen, die der Altist Moritz Bauerbach beim Abschreiben von Sätzen Johann Walters (1496–1570) vornahm.[11] Walters Fassung entspricht nicht dem Grundsatz, einen Silbenwechsel erst nach einer halben oder längeren Note vorzunehmen.[12] Bauerbach behebt diesen Mangel, indem er die Penultima der Tenorklausel in zwei halbe Noten teilt und erst die zweite mit der vorletzten Silbe belegt.

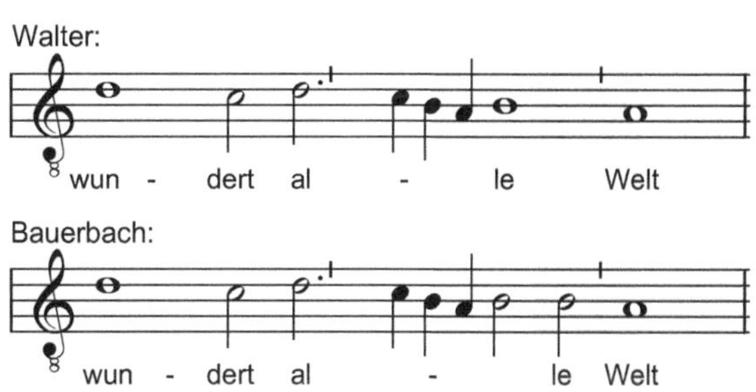

Im deutschen Sprachraum ist auch der Silbenwechsel in laufender Viertelbewegung verbreitet, vor allem als silbenmäßige Zusammenfassung von zwei und zwei Vierteln (siehe das folgende Beispiel links). Die Abweichung vom Standard eines Lasso, Palestrina oder Victoria geht so weit, dass nach einem Achtel-Paar die Silbe wechseln kann. Sogar das Achtel-Paar selbst erhält gelegentlich eine eigene Silbe (Beispiel rechts).

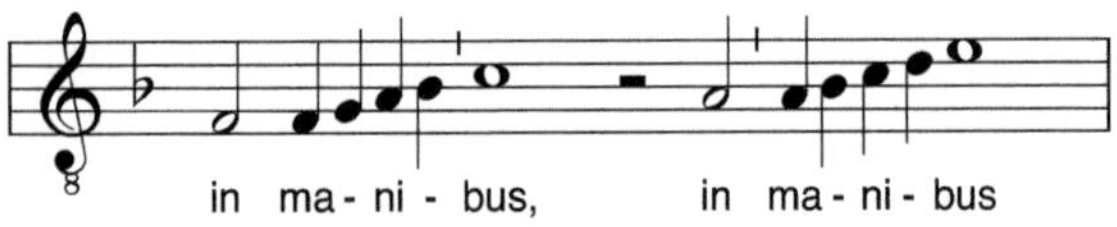

Anonymus, *Sint lumbi vestri*
Rhau, Bicinia II, Nr. 62, T. 13, Tenor

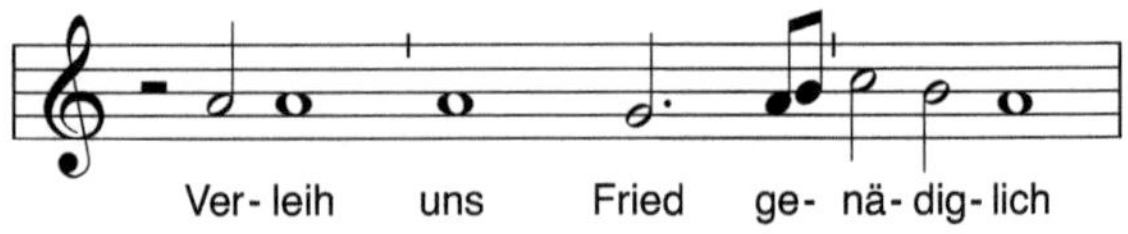

Kugelmann, *Da pacem Domine*
Concentus novi, Nr. 21, T. 3, Sopran

Gewisse Komponisten messen der Textunterlegung nur einen geringen Stellenwert bei. Es ist durchaus üblich, den Text zu Beginn eines musikalischen Abschnitts ohne Lücke hintereinander weg zu schreiben.[13] Die genaue Zuordnung der Silben zu den Noten muss dann der Sänger selbst bewerkstelligen, was aber in befriedigender Form oft gar nicht möglich ist. Bei Lasso dagegen ist selbst bei der Verwendung des Idem-Zeichens die Textunterlegung meist eindeutig.

Die Darstellung der Textbehandlung Orlando di Lassos muss in einem wichtigen Punkt allerdings ergänzt werden. Überschaut man sein Gesamtschaffen, so findet man immer wieder Sätze, in denen er nicht nur halbe, sondern auch Viertelnoten als normale Silbenträger verwendet. Dann gibt es auch Melismen aus drei oder mehr Achtelnoten, Sechzehntelpaare, gehäufte Sprünge in Vierteln usw. (siehe das Beispiel rechts). Handelt es sich dabei um einzelne Stellen in ansonsten „normal" textierten Sätzen, entdeckt man dabei meistens eine Beziehung zum Textinhalt (siehe S. 113). Oft ist aber auch die gesamte Rhythmik und Melodik eines ganzen Satzes diminuiert. Um die Wende zum 17. Jahrhundert setzt sich die Verkürzung der Notenwerte allgemein durch. War sie im Madrigal und in der Instrumentalmusik schon längere Zeit üblich, so sieht man am obigen Beispiel, dass diese Entwicklung nun auch vor der geistlichen Musik nicht Halt macht.

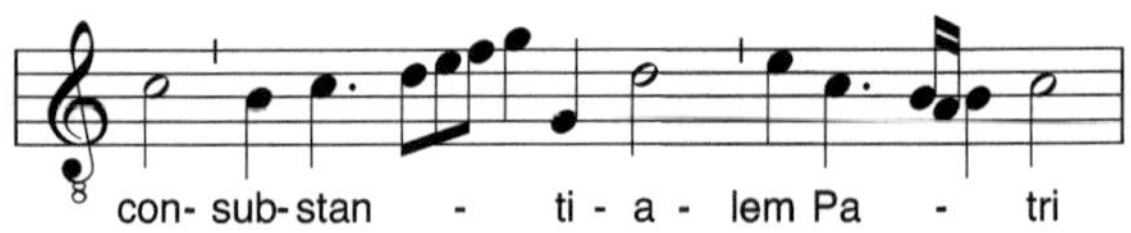

Lasso, *Missa super Credidi propter*
NR 3, Nr. 9, Credo, T. 22, Alt I

2 Musikalische Rhetorik

2.1 Musik und Rhetorik

Um einen Text musikalisch darzustellen, ist eine sprachgemäße Textunterlegung nur der erste Schritt. Schon die Frage, auf welche Silbe ein Melisma gesetzt wird, betrifft den Textinhalt: Solcher Nachdruck wird nur auf wichtige Wörter gelegt. Dasselbe gilt für die Wiederholung von Textteilen.
Auf dem Gebiet der Sprache gibt es seit der Antike eine Wissenschaft, die alles behandelt, was zur Ausarbeitung einer Rede gehört, nämlich die *Rhetorik*. Ihre Lehrbücher[14] waren grundlegende Bildungsinhalte.[15] So lag es nahe, auch in Kompositionslehren auf Begriffe der Rhetorik zurückzugreifen. Joachim Burmeister beschreibt in seiner *Musica poetica* (Rostock 1606) ausführlich die Entsprechungen und Analogien von Musik und Rhetorik.[16] Als Beispiel analysiert er eine Motette von Orlando di Lasso.[17] Die rhetorischen Termini bedeuten in der Musik allerdings nicht immer dasselbe wie in der Sprache. Sie stellen eher Analogien oder Merkhilfen dar.[18]

2.2 Stimmlage und Modus

Nach der Auswahl des Textes müssen zunächst Modus und Stimmlage festgelegt werden. Eine hohe Stimmlage entspricht naturgemäß einem heiteren, die tiefe einem ernsten Text. Ebenso ist der authentische und der plagale Modus einem bestimmten *Affekt* (einer Gemütsbewegung) zugeordnet. Die Melodik des authentischen Modus ist meist weiträumiger, während sich die des plagalen eng um die Finalis herum bewegt.[19] Daher entspricht dem authentischen Modus eher ein positiver, dem plagalen ein negativer Affekt.[20] Ebenso gelten Modi mit großer Terz von der 1. zur 3. Stufe als „helter", solche mit kleiner Terz als „traurig".[21] Darüber hinaus wird auch noch jedem einzelnen Modus ein besonderer Affekt zugeordnet.[22] Solche Zuordnungen sind problematisch, weil sie sich nicht selten widersprechen.[23] Ist eine hypolydische Melodie ernst (plagaler Modus) oder heiter (große Terz über der Finalis)? Welchem Affekt entspricht eine rasch bewegte Melodie in tiefer Lage? Auch können musikalische Ausdeutungen von Einzelwörtern[24] den Grundaffekt abschwächen oder aufheben. Überdies wird oft derselbe Text in verschiedenen Modi vertont, etwa das Magnificat traditionell in allen acht klassischen „Tönen". Andererseits waren die Affektzuordnungen so verbreitet und so selbstverständlich, dass sie als Hintergrund stets mitgedacht werden und an jedem Einzelfall überprüft werden sollten.[25]

2.3 Gliederung

Nach der Wahl von Modus und Stimmlage wird der Text gegliedert *(Dispositio)*. Die so erhaltenen Textabschnitte entsprechen den musikalischen Abschnitten. Die Länge der Abschnitte sollte nicht allzu stark voneinander abweichen. Oft erhalten der Anfangsabschnitt *(Exordium)* und der Schlussabschnitt *(Conclusio* oder *Finis)* ein besonderes Gewicht.[26] In dem Raum, den eine Textstelle einnimmt, kommt aber auch eine Gewichtung des Inhalts zum Ausdruck.
Als Beispiel soll die zweistimmige Motette *Qui sequitur me* von Orlando di Lasso dienen (siehe S. 16–17).

I	a	Qui sequitur me,	Wer mir nachfolgt,
	b	non ambulat in tenebris,	wird nicht wandeln in der Finsternis,
II	c	sed habebit lumen vitae:	sondern wird das Licht des Lebens haben:
	d	dicit Dominus.	So spricht der Herr.

Den Textteilen entsprechend gliedert Lasso das Stück in vier Abschnitte und fasst jeweils zwei von ihnen zu zwei größeren Teilen zusammen. Der erste Teil (T. 1–15) ist ca. 14 Takte lang, der zweite (T. 14–32)

18 Takte.[27] Der zweite Teil ist also etwas länger, es handelt sich aber um die gleiche Größenordnung wie beim ersten. Die Abschnitte innerhalb der Teile umfassen 7 und 7 bzw. 10 und 8 Takte. Während die ersten beiden Abschnitte (a und b) also gleich lang sind, erhält der dritte (c) ein größeres Gewicht. Den Grund kann man im Inhalt des Textes sehen, denn der Satz „sondern er wird das Licht des Lebens haben" ist der Kern der Aussage, während „so spricht der Herr" (d) diese nur noch unterstreicht und abrundet.
Die Anlage der Schlüsse unterstreicht die musikalische Abschnittsgliederung. Die beiden großen Teile kadenzieren jeweils auf der Finalis. Der Anschluss vom ersten zum zweiten Teil wird durch eine Zäsur in der Unterstimme gebildet, die durch einen Liegeton in der Oberstimme überbrückt wird. Der Einschnitt wird dadurch hervorgehoben, dass die folgende Imitation im Brevis-Abstand erfolgt, während die Anfänge der anderen drei Abschnitte im Abstand einer ganzen Note imitieren. Die Anschlüsse innerhalb der beiden Teile bilden eine deutlich schwächere Gliederung. Der erste Abschnitt wird vom zweiten nicht durch eine Kadenz getrennt, denn die beiden Stimmen enden nicht mit den üblichen Klauseln und auch nicht gleichzeitig. Der Schluss von (a) und der Anfang von (b) überlagern einander. Zwar wird der Anschluss vom dritten zum vierten Abschnitt mit Zäsur und Liegeton gestaltet, der Zielton der Kadenz des dritten Abschnitts (c) ist allerdings nur die zweitrangige Hauptstufe *d.*
Alle vier Abschnitte sind in sich noch weiter gegliedert. Im ersten (a) wird „Qui sequitur me" in jeder Stimme drei Mal gesungen, wobei sich die Schlüsse und Anfänge überlagern. Ähnlich ist der letzte Abschnitt (d) gestaltet: Zwei Mal erklingt das „dicit Dominus", ebenfalls mit überlagerndem Anschluss. Die beiden mittleren Abschnitte (b und c) bringen dagegen erst den Beginn des Satzes, danach wiederholen sie diesen und führen ihn zu Ende („non ambulat, non ambulat in tenebris" bzw. „sed habebit, sed habebit lumen vitae"). Die Aussage der Sätze wird dadurch eindringlich hervorgehoben, außerdem wird die symmetrische Anlage des Stückes betont.

2.4 Figuren

Durch die Gliederung in textliche bzw. musikalische Abschnitte kommt also eine Gewichtung zum Ausdruck. Man kann einem Textteil aber auch dadurch einen besonderen Nachdruck verleihen, dass man von den üblichen satztechnischen oder melodischen Regeln abweicht. Erscheint zum Beispiel die gleiche Phrase in derselben Stimme zweimal direkt hintereinander, so zieht dieser Verstoß gegen das Varietas-Gebot die Aufmerksamkeit des Hörers auf sich.

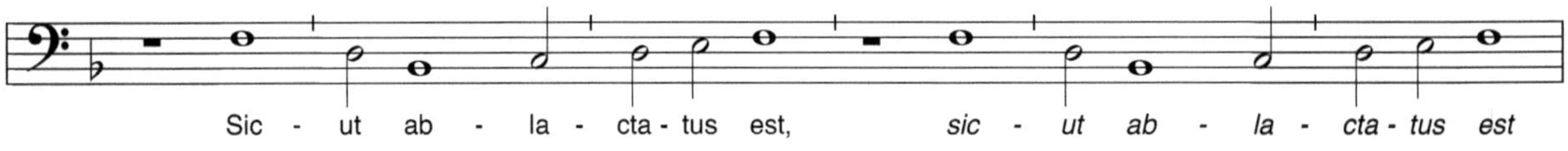

Lasso, *Sicut ablactatus est,* SW 1, Nr. 32 (31, 2. Teil), T. 1, Bass

Solche und ähnliche Abweichungungen von den allgemein geltenden Regeln kann man mit dem rhetorischen Begriff der *Figur* bezeichnen.[28] Auch die Wiederholung einer Phrase auf einer anderen Stufe verstößt gegen das Varietas-Gebot und ist daher als rhetorische Figur anzusehen. Besonders steigende „Sequenzen" heben den Textinhalt nachdrücklich hervor.[29] Einer wiederholten oder sequenzierten Phrase wird der gleiche Text unterlegt.

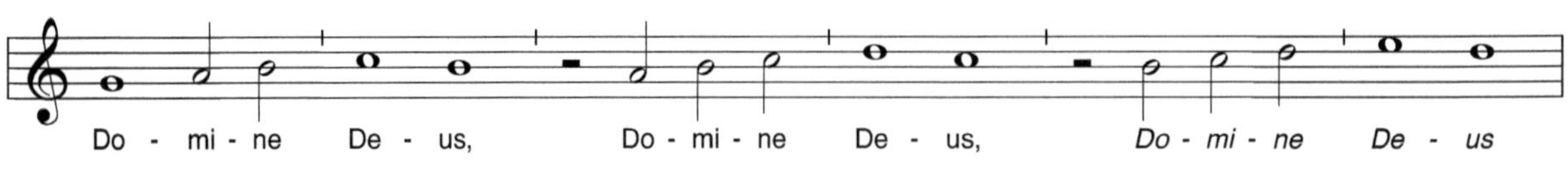

Lasso, *Missa ad imitationem moduli Puis que i'ay perdu,* NR 4, Nr. 11, Gloria, Duo *Domine Deus,* T. 43, Sopran

Auch durch bestimmte Satztechniken kann ein Textabschnitt aus dem Zusammenhang hervorgehoben

werden. Zu diesen gehört die übermäßige Häufung von Sext- oder Terzparallelen oder von Quint-Sext-Synkopen.[30] Besondere Imitationsformen wie die Engführung,[31] die Imitation in Gegenbewegung[32] und die Imitation mit Subjekt und Kontrasubjekt[33] werden ebenfalls gezielt im rhetorischen Sinne eingesetzt. Alle diese und andere Figuren sind *emphatisch*, da sie einem Textabschnitt Nachdruck verleihen.[34] Sie stellen aber keine eindeutigen Affekte dar. So kann der besonders eindrucksvolle Wechsel zum Dreiertakt, der *proportio tripla,* für freudige Affekte stehen, z. B. bei dem Jubelruf „Hosanna in excelsis". Er kann aber auch bei der Textstelle „Et in Spiritum Sanctum" aus dem Credo der Messe den „Heiligen Geist" als dritte Person der göttlichen Trinität symbolisieren.
Die *wortausdeutenden* Figuren dagegen bilden mehr oder weniger eindeutig einen Textinhalt ab.[35] Sehr plastisch sind beispielsweise Figuren, die eine auf- oder absteigende Bewegung nachzeichnen.[36, 37]

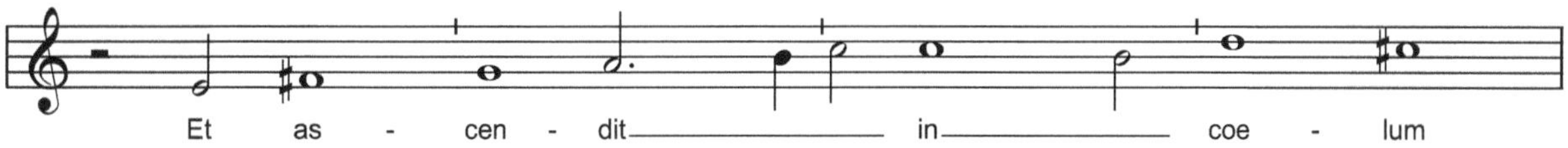

Palestrina, *Missa O Magnum Mysterium,* W 13, Credo, T. 116, Sopran

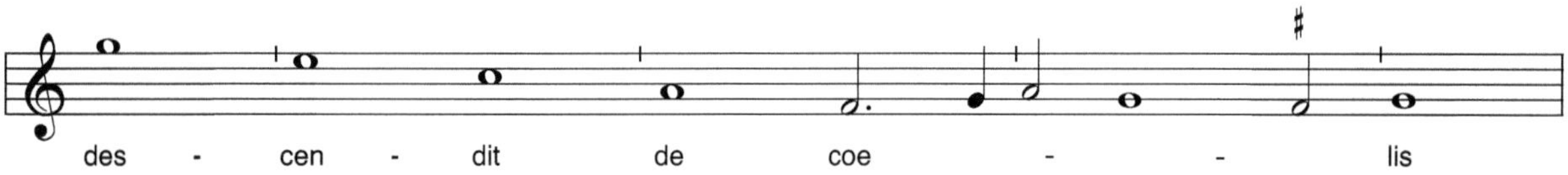

Palestrina, *Missa Veni Sponsa Christi,* W 18, Credo, T. 45, Sopran

Bei Texten, in denen von Bewegung die Rede ist, liegt die musikalische Ausdeutung auf der Hand. Die Schnelligkeit in „Velociter exaudi me, Domine" („Schnell, erhöre mich, Herr") kommt durch Viertelbewegung unmittelbar zum Ausdruck, vor allem, wenn die Viertel mit eigenen Silben belegt sind (siehe das folgende Beispiel links). Eindrucksvoll ist auch das Beispiel rechts, in dem man durch die diminuierte Rhythmik „equus et mulus" („Pferd und Maultier") gleichsam springen hört.

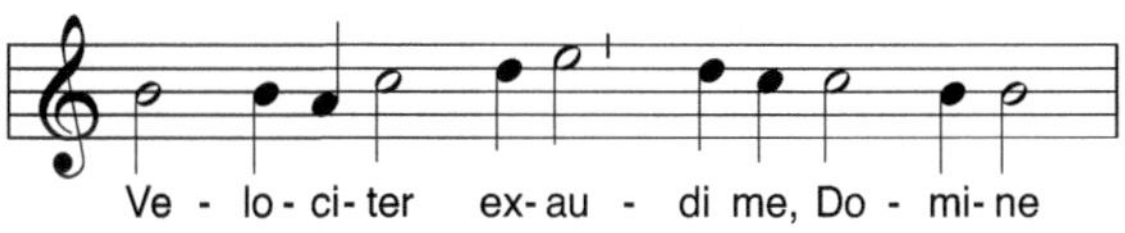

Lasso, 7. Bußpsalm, NR 26, Vers 7, T. 1, Sopran

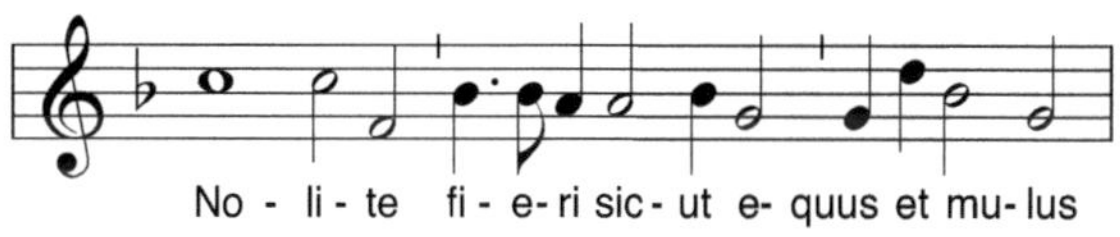

Lasso, 2. Bußpsalm, Vers 11, T. 5, Sopran

Die großen Sprünge in Viertelbewegung im folgenden Beispiel wirken erregt und übersteigert. In Verbindung mit den Worten „exprobabant mihi inimici mei" („Täglich verhöhnen mich meine Feinde") ist ihre illustrative Funktion unmittelbar einleuchtend.

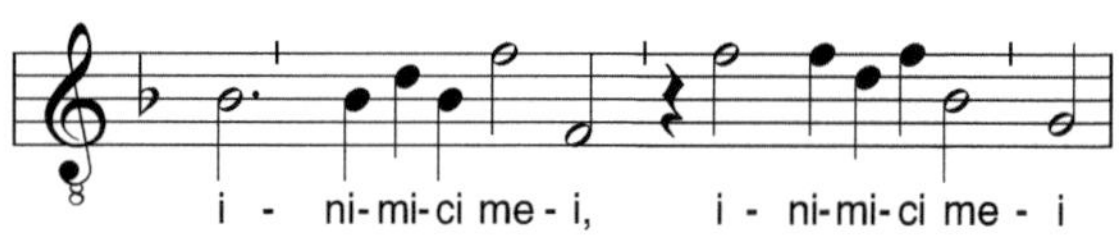

Lasso, 5. Bußpsalm, Duo *Tota die,* NR 26, Vers 9, T. 8

Figuren sind demnach keine eindeutigen Formeln für bestimmte Inhalte. Erst die Verbindung melodischer, rhythmischer oder satztechnischer Besonderheiten mit einem bestimmten Textinhalt bildet die Bedeutung der Figur. Lasso und seine Schüler pflegten ausgiebig die Ausschmückung *(decoratio)* des Satzes durch musikalisch-rhetorische Figuren, während Palestrina, Victoria und andere Komponisten darin wesentlich zurückhaltender waren.

Anmerkungen

1. Bei der lateinischen Wortteilung kann man sich im Allgemeinen an der deutschen Silbentrennung orientieren. Oft werden Wörter aber auch anders geteilt:
• Zwei Konsonanten zwischen zwei Vokalen werden nicht getrennt, wenn ein Verschluss- oder sonstiger stimmloser Laut mit einem Dauerlaut verbunden ist (eine sogenannte *muta cum liquida*) („a-gnus", „pa-trem").
• Darüber hinaus werden die beiden Konsonanten nicht getrennt, wenn der vorausgehende Vokal kurz gesprochen, aber lang gesungen wird („fa-ctus", „pro-pter", „o-mnis").
• Drei Konsonanten zwischen Vokalen werden gemäß den obigen Regeln getrennt („san-ctus").
• Sie werden nicht getrennt, wenn der erste Konsonant *c, p* oder *s* ist und darauf eine muta cum liquida folgt („no-stram").
• Ein einzelner Vokal am Ende eines Wortes wird abgetrennt („De-o").

2. In der lateinischen Sprache wird in mehrsilbigen Wörtern die vorletzte oder drittletzte Silbe betont. Die vorletzte Silbe wird betont, wenn
• das Wort nur zweisilbig ist („cré-do");
• die vorletzte Silbe einen langen Vokal hat („lau-dá-mus");
• die vorletzte Silbe einen Diphtong hat („ex-áu-di");
• die vorletzte Silbe „geschlossen" ist, d.h. auf einem Konsonanten endet und die folgende Silbe mit einem weiteren Konsonanten beginnt („ex-cél-sis", „as-cén-dit").
In allen anderen Fällen wird die drittletzte Silbe betont („gé-ni-tum").

3. Da man in der deutschen Sprache nicht nur dynamisch, sondern auch melodisch, nämlich durch Anheben der Stimme akzentuiert, wird in der germanistischen Literaturwissenschaft die betonte Silbe als Hebung bezeichnet. Die sprachliche Hebung entspricht also der musikalischen Senkung (vgl. Ivo Braak, Poetik in Stichworten, Kiel 1969, 4. Auflage 1972, S. 62 und 65).

4. Die punktierte halbe Note vor der Viertel trägt meistens ebenfalls eine Silbe, kann aber auch Teil eines Melismas sein (z. B. am Schluss von Lassos *Fulgebunt iusti,* SW 1, Nr. 11, T. 33, Bass).
Die Textierung einer einzelnen Viertelnote ist ebenfalls möglich, wenn eine Phrase mit einer schweren halben Note endet und der Anschluss nach einer einzelnen Viertelpause erfolgt (vgl. S. 99 unten).

5. Viele Ligaturen gehen darauf zurück, dass der Melodie ein liturgischer Choral zugrunde liegt. Die Ligaturen, die im 16. Jahrhundert noch gebräuchlich sind, bestehen im zweizeitigen Metrum meist aus zwei ganzen Noten (vgl. S. 51).

6. In diesem Beispiel bildet die Bassmelodie das Kontrasubjekt zu einem gleichzeitig in langen Notenwerten verlaufenden Subjekt mit syllabischer Textierung im Tenor.

7. Lateinisch „idem" bedeutet „derselbe" bzw. „dasselbe". Die Form des Zeichens ist ij, '/. oder ähnlich. In modernen Ausgaben werden die Ergänzungen des Herausgebers kursiv geschrieben oder in eckige Klammern gesetzt.

8. Lasso, *Ego sum resurrectio,* SW 1, Nr. 26, T. 1–23, Sopran. Die Melodie ist Kontrasubjekt zu einem gleichzeitig in langen Notenwerten verlaufenden Subjekt mit syllabischer Textierung.

9. Johannes 11, 25.

10. Auch bei Lasso findet man allerdings Ausnahmen. So gehen im 3. Bußpsalm, NR 26, Vers 2, T. 23, Sopran der Sopranklausel fünf melismatische Halbe voraus. Auch bei der Einführung der Tenorklausel finden sich gelegentlich untextierte Halbe (z. B. im *Magnificat Quarti Toni,* NR 14, Nr. 28, Vers 8, T. 26, Tenor).

11. Zitiert nach Johann Walter, Sämtliche Werke, Band 1, Kassel 1943, S. XV.

12. Die Einmündung in die Tenorklausel-Penultima ist bekanntlich von der Quantitativo-Regel ausgenommen. Auch in Bezug auf die Textierung findet man hier häufig Ausnahmen, so in der Motettensammlung von Attaingnant (z. B. in dem Duo *Tu es rex Judaeorum* aus der Matthaeus-Passion, Bd. 10, Nr. 5, T. 296-297, Alt) oder in der Biciniensammlung von Rhau (z. B. im *Benedictus qui venit* von Roselli, Bicinia I, Nr. 62, T. 25, Bass), gelegentlich auch bei Palestrina (z. B. in der Motette *Magnum haereditatis mysterium,* W5 I, T. 9-10, Sopran).

13. Als eine von vielen Sammlungen seien die *Jenaer Chorbücher* (Thüringer Universitäts- und Landesbibliothek) genannt, die vielen Kontrafakturen zugrunde liegen, die Rhau in seine Bicinien-Sammlung aufgenommen hat.

14. Weit verbreitete Lehrbücher waren die Werke Ciceros und die *Institutiones oratoriae* von Quintilian (vgl. Hans-Heinrich Unger, *Die Beziehungen zwischen Musik und Rhetorik im 16.–18. Jahrhundert,* Würzburg 1941, Nachdruck Hildesheim 1969, S. 11–12).

15. So war im 16. Jahrhundert auch im deutschen Sprachraum jeder Lateinschul-Absolvent in Rhetorik geschult (vgl. Martin Ruhnke, *Die Motette Exaudi, Domine, vocem meam von Orlando di Lasso,* in: Chormusik und Analyse, hg. von Heinrich Poos, Bd. I, Mainz 1983, S. 110).

16. Zwar stammen Figurenlehren fast ausschließlich von deutschen Autoren des 17. Jahrhunderts, doch möglicherweise war den Komponisten auch in den romanischen Ländern die Rhetorik so selbstverständlich, dass eine besondere Unterweisung in musikalischer Rhetorik nicht nötig war (vgl. MGG Bd. 4, Sp. 177).

17. *In me transierunt,* SW 9, Nr. 355 (263).

18. Vgl. Ruhnke, a. a. O., S. 112.

19. Vgl. S. 76.

20. Vgl. Bernhard Meier, *Die Tonarten der klassischen Vokalpolyphonie,* Utrecht 1974, S. 369–387.

21. Vgl. Meier, a. a. O., S. 373.

22. Die Lehre von den *ethischen* Eigenschaften der Modi wurde von der Antike über das Mittelalter bis zur

Renaissance tradiert. Glarean gibt im *Dodekachordon* (1547) folgende Zuordnung (zit. nach MGG [2], Sachteil 6, Sp. 430):
1. Ton: würdig, ernst
2. Ton: ernst, abweisend
3. Ton: traurig
4. Ton: klagend
5. Ton: Bacchisch, hart
6. Ton: angenehm, unelegant
7. Ton: zum Lob geeignet
8. Ton: anmutig

23. Auch die Charakterisierungen der einzelnen Autoren widersprechen sich teilweise.

24. Vgl. S. 112–113.

25. Vgl. Meier, a. a. O., S. 386–387.

26. Vgl. Unger, a. a. O., S. 5.

27. Bei der Zählung der Takte wurden Auftakte und liegenbleibende Schlusstöne nicht berücksichtigt.

28. In seiner *Musica poetica* nennt Burmeister diese Figur *Palilogia* (vgl. Dietrich Bartel, *Handbuch der musikalischen Figurenlehre,* Laaber 1985, S. 222–223).

29. Nach Burmeister *Climax* (vgl. Bartel, a. a. O., S. 123).

30. Vgl. S. 124–125.

31. Engführungen können auch wortausdeutend sein, etwa im Sinne des „Folgens" („Qui sequitur me" [Lasso, siehe S. 16]), der „Schnelligkeit" („velociter" [Lasso, 5. Bußpsalm, NR 26, Vers 3, T. 12, Sopran und Alt]) oder der Bedrängnis („Tota die exprobabant inimici mei" [Lasso, 5. Bußpsalm, NR 26, Vers 9, T. 10]).

32. *Hypallage* (vgl. Bartel, a. a. O., S. 190 f.).

33. *Metalepsis* (vgl. Bartel, S. 206–209).

34. Vgl. MGG Bd. 4, Sp. 179 f.

35. Diese Klasse von musikalisch-rhetorischen Figuren wird auch *Hypotiposis* genannt (vgl. MGG Bd. 4, Sp. 178 f. und Bartel, a. a. O., S. 196–198).

36. *Anabasis* und *Catabasis* (vgl. Bartel, a. a.O., S. 84 f. und 115 f.).

37. Ähnliche Figuren sind die *Hyperbole* und die *Hypobole,* das Über- bzw. Unterschreiten des Schlüsselumfangs, die die Benutzung von Hilfslinien zur Folge hat (vgl. Bartel, a. a. O., S. 195 f.

VII ZWEISTIMMIGER SATZ

1 Stimmlagen

Das Ideal polyphoner Musik ist der klangvolle Satz aus selbständigen Stimmen. Die Selbständigkeit kann natürlich nicht absolut sein: Alle Stimmen sind klanglich aufeinander bezogen und beschränken gegenseitig ihre Selbstängigkeit.

Die Grundlage eines mehrstimmigen Satzes ist der Tonraum, in dem sich die einzelnen Stimmen bewegen, sowie das Verhältnis der Tonräume zueinander. Die vier Stimmlagen des vollstimmigen Satzes sind Sopran, Alt, Tenor und Bass. Zweistimmige Sätze (auch *Duo, Duum* oder *Bicinium* genannt) bestehen in den weitaus meisten Fällen aus Nachbarstimmen. Dabei werden das hohe (Sopran und Alt) und tiefe Stimmenpaar (Tenor und Bass) bevorzugt, während das mittlere (Alt und Tenor) eher selten ist. Oft lockern Duos vollstimmige zyklische Kompositionen wie die Messe oder das Magnificat auf.

Im Bereich des volkssprachlichen Liedsatzes findet man auch Sätze, in denen eine Stimmlage übersprungen wird (vorwiegend für Sopran und Tenor) sowie Sätze mit gleichen Stimmen[1]. Gleiche Stimmen hat selbstverständlich auch der Kanon im Einklang.

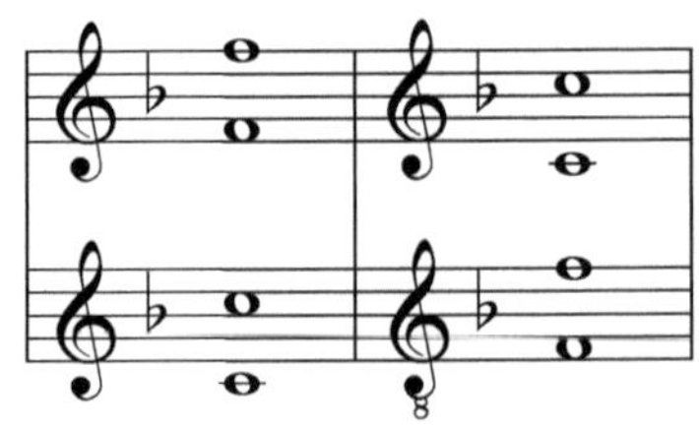

Von Nachbarstimme zu Nachbarstimme wechseln sich authentische und plagale Modi ab. Auf diese Weise überschneiden sich die Oktarahmen, und die Stimmen sind nicht zu weit voneinander entfernt. Im Beispiel rechts sind die Oktavrahmen zweier lydischer Duos abgebildet. Im ersten ist die Oberstimme authentisch (5. Modus) und die Unterstimme plagal (6. Modus), im zweiten Beispiel umgekehrt.

Im vierstimmigen Satz stehen Sopran und Tenor im gleichen Modus, nur oktavversetzt. Das Gleiche gilt für das Verhältnis von Alt und Bass. Sopran und Tenor bestimmen die modale Einordnung eines Satzes.[2] Das erklärt sich aus der Geschichte der Mehrstimmigkeit: Die Stimme, die den ursprünglich einstimmigen liturgischen Choral hielt, wurde Tenor genannt, die anderen Stimmen traten nach und nach hinzu.[3] Die Angabe des Modus eines Satzes (z. B. *Magnificat quinti toni*, „Magnificat im 5. Ton") bezieht sich also auf die Sopran- bzw. Tenorstimme.

2 Schlüsselkombinationen

Die sieben gebräuchlichen Notenschlüssel wurden bereits auf S. 47 dargestellt. Wie ebenfalls schon erwähnt, werden die Schlüssel nicht beliebig kombiniert, sondern es sind zwei Schlüsselkombinationen üblich: die Standardschlüssel und die hohen Schlüssel, auch *Chiavette* genannt.[4] Die Stimmumfänge der hohen Schlüssel liegen jeweils eine Terz höher als die der Standardschlüssel. Manchmal wird in der hohen Schlüsselung die Bassstimme im Tenorschlüssel notiert, wodurch sich deren Stimmumfang um eine weitere Terz nach oben verschiebt.[5]

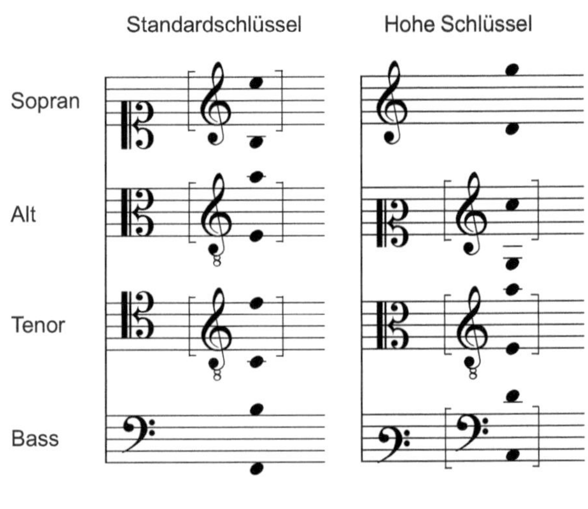

3 Modus und Schlüsselung

Jeder Modus wird in einer bestimmten Schlüsselkombination notiert, um die Tonräume ohne Hilfslinien darstellen zu können. So wird z. B. der untransponierte 1. Modus (authentisches Dorisch) in den Standardschlüsseln, der 2. (plagale) Modus dagegen in hohen Schlüsseln notiert. Wird der Modus transponiert, wechselt auch die Schlüsselkombination (also 1. Modus hohe Schlüssel, 2. Modus Standardschlüssel). Die folgende Übersicht zeigt die Schlüsselung und die Oktavumfänge aller Modi. Überschreitet der Oktavrahmen den Umfang des Schlüssels (ohne Hilfslinien), so ist der höchstmögliche Ton als gefüllter Notenkopf angezeigt. Bei der Zählung der Modi ist zu beachten, dass der 11. Modus durch Transposition zum 5. und der 12. Modus zum 6. wird.

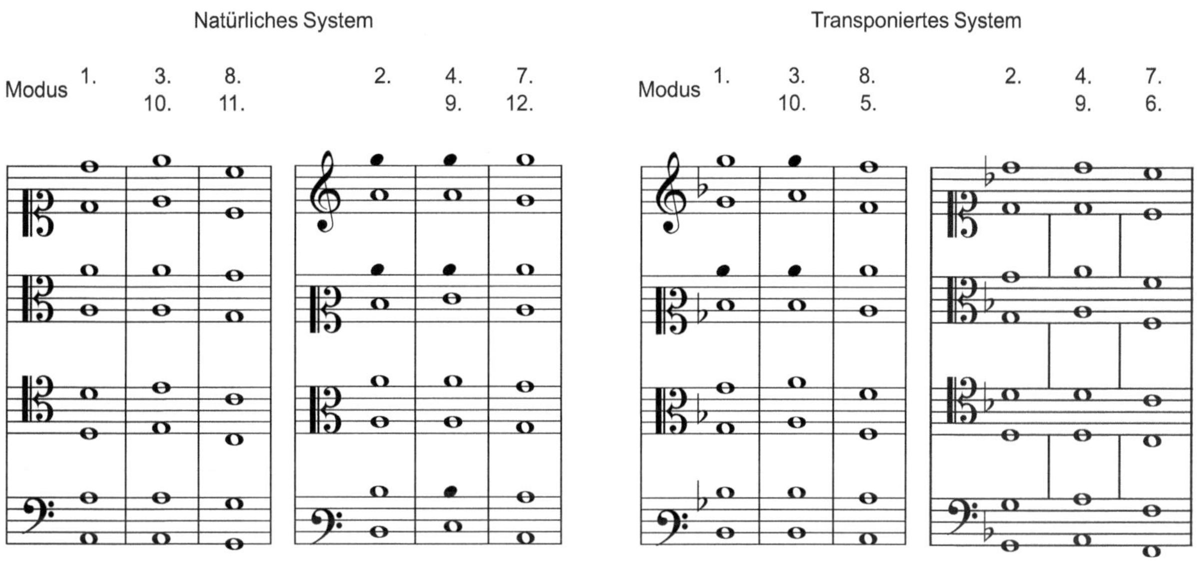

Die Übersicht gibt nur die normativen Oktavrahmen an. Diese müssen nicht vollständig ausgenutzt werden, können andererseits aber auch überschritten werden. Die eigentlich beweglichen Oktavrahmen des plagalen Phrygisch und Mixolydisch (4. bzw. 8. Modus) sind der Einfachheit halber auf der 4. Stufe aufgebaut, obwohl hier auch die 5. Stufe zweitrangige Hauptstufe sein kann.

Der untransponierte 2. Modus ist nur in der angegebenen hohen Oktavlage üblich, weil der Tonumfang in der tieferen Oktavlage selbst in Standardschlüsseln nicht mehr darstellbar wäre. Die hohe Lage hat zur Folge, dass die Oktavrahmen von Sopran und Alt den Umfang des Schlüssels überschreiten. Wenn sich die betreffende Stimme nicht mit dem verbleibenden Tonraum begnügen will, muss der untere Ton des Oktavrahmens unterschritten werden.

Letzteres gilt auch für den untransponierten 4. Modus. Die phrygischen Modi neigen überhaupt zu Tonumfängen, die tiefer als die normalen Oktavrahmen liegen. Manchmal wird der 4. Modus auch in Standardschlüsseln in tiefer Lage notiert. Wenn in diesem Fall auf den Ton *a* im Sopran nicht verzichtet werden kann, muss eine Hilfslinie verwendet werden.

4 Zusammenklänge

Die Zusammenklänge zweier Töne (die *harmonischen* Intervalle) werden in *perfekte* (vollkommene) und *imperfekte* (unvollkommene) Konsonanzen sowie *Dissonanzen* eingeteilt. Diese Klassifizierung ist das Ergebnis einer langen und komplizierten geschichtlichen Entwicklung. In der antiken Tradition galten zunächst nur Oktave, Quinte und Quarte als Konsonanzen. Terzen und Sexten setzten sich erst im 13. bis 14. Jahrhundert als unvollkommene Konsonanzen durch. Die Quarte schließlich wurde etwa zur selben Zeit von der Konsonanz zur Dissonanz abgewertet.[6]

Zusammenklänge im zweistimmigen Satz:

- **Vollkommene Konsonanzen:**
  Einklang und Oktave,
  Quinte.
- **Unvollkommene Konsonanzen:**
  große und kleine Terzen und Sexten.
- **Dissonanzen:**
  große und kleine Sekunden und Septimen,
  übermäßige Quarte und verminderte Quinte,
  Quarte.

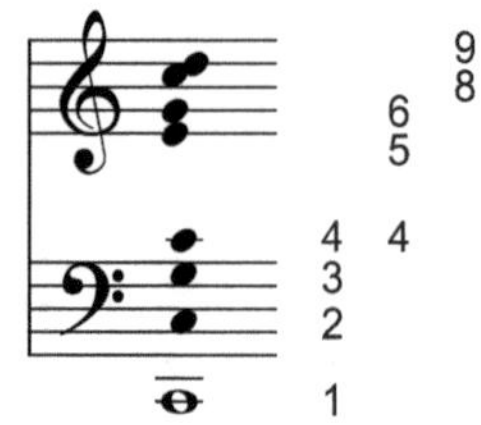

Zur Erklärung der Intervallklassen kann man die Naturtonreihe heranziehen. Zwischen dem 1. und 4. Naturton liegen die vollkommenen Konsonanzen (Prime, Oktave, Quinte und Quarte), zwischen dem 4. und 6. die unvollkommenen Konsonanzen (Terzen) und über dem 8. Naturton die Dissonanzen (Sekunden).[7] Ein Klang gilt demnach als umso konsonanter, je einfacher das Verhältnis der Ordnungszahlen ist.
Dieses Erklärungsmodell weist der Quinte (Naturtöne 2:3) einen ähnlichen Konsonanzgrad zu wie der Quarte (3:4). Tatsächlich wird die Quarte zwischen den Oberstimmen eines drei- und mehrstimmigen Klangs als Konsonanz angesehen (z. B. im Sextakkord). Die Quarte zum tiefsten Ton wird dagegen wie eine Dissonanz behandelt. Entscheidend dafür ist, dass der Grundton der Quinte unten, der der Quarte jedoch oben liegt: Die Stabilität der Quinte steht im schärfsten Gegensatz zur Labilität der Quarte. Im zweistimmigen Satz gilt die Quarte demnach durchweg als Dissonanz!
Die Naturtonreihe kennt keine grundtönige Sexte.[8] Wegen ihrer Labilität eignet sich dieses Intervall daher weder als Anfangs- noch als Schlussklang eines zweistimmigen Satzes. Die große Terz als stabiles Intervall kommt dagegen in volkssprachlichen Sätzen gelegentlich als Schlussintervall vor.

5 Tonabstände

Wie schon ausgeführt wurde, sind die meisten zweistimmigen Sätze für Nachbarstimmen disponiert, vor allem für das hohe oder das tiefe Stimmenpaar. Der Abstand der Schlüsselumfänge von Sopran und Alt und der von Tenor und Bass beträgt jeweils eine Quinte. Der Abstand der modalen Oktavrahmen beträgt eine Quarte bzw. Quinte. Es liegt daher nahe, dass sich auch die harmonischen Intervalle überwiegend an diesen Abständen orientieren. Die bevorzugten unvollkommenen Konsonanzen sind demzufolge Sexten und Terzen.
Die größte unvollkommene Konsonanz ist die Dezime.[9] Dezimen werden nicht über längere Strecken parallel geführt. Die größte vollkommene Konsonanz ist die Duodezime.[10] In regulär disponierten Sätzen ist sie das größtmögliche Intervall überhaupt. Sie wird nur vereinzelt und in besonderen satztechnischen Situationen verwendet. So führt im Beispiel rechts eine Kadenz in die Oktave. Die Oberstimme beginnt den nächsten Abschnitt auf deren Oberquinte, während die Unterstimme noch liegt. Die auf diese Weise entstehende Duodezime erklingt allerdings nur eine halbe Note lang.

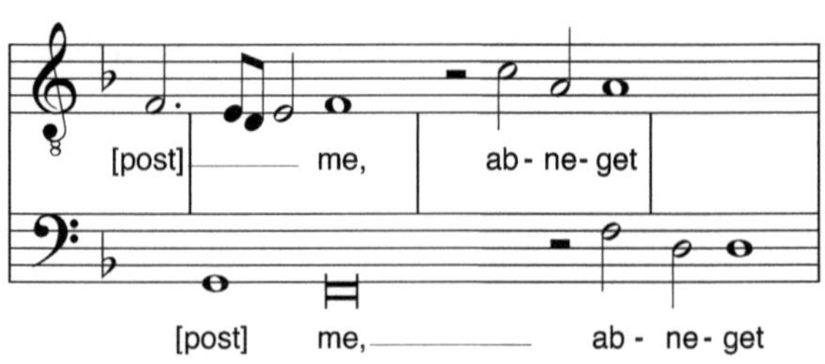

Lasso, *Qui vult venire post me,* SW 1, Nr. 9, T. 9

6 Bewegungsarten

Man unterscheidet folgende Bewegungsarten:

- **Gegenbewegung:**
  Beide Stimmen bewegen sich in entgegengesetzter Richtung.
- **Seitenbewegung:**
  Eine Stimme bleibt liegen oder wiederholt den vorigen Ton, während sich die andere bewegt.
- **Gerade Bewegung:**
  Beide Stimmen bewegen sich in derselben Richtung, aber mit verschiedenen melodischen Intervallen.
- **Parallelbewegung:**
  Beide Stimmen bewegen sich in derselben Richtung und mit denselben melodischen Intervallen (auch die Aufeinanderfolge einer großen und einer kleinen Terz bzw. einer großen und einer kleinen Sexte gilt als Parallelführung).

Alle genannten Bewegungsarten sind Bestandteile der kontrapunktischen Satztechnik. Würde ein Satz ausschließlich in Parallel- oder Gegenbewegung geführt, könnte von einer Selbständigkeit der Stimmen nicht die Rede sein. Bei Gegen-, Parallel- und gerader Bewegung bewegen sich beide Stimmen gleichzeitig. Einen solchen Satz „Note gegen Note" sieht man im folgenden Beispiel nur ganz am Anfang. Rhythmische Varietas der Stimmen untereinander entsteht aber erst dann, wenn sich eine Stimme bewegt, während die andere liegenbleibt. Die Seitenbewegung hat daher für den kontrapunktischen Satz eine besondere Bedeutung. In der ersten Hälfte des Beispiels werden die Stimmen zweimal, zum Schluss hin aber ausschließlich in Seitenbewegung geführt (Gg = Gegenbewegung, S = Seitenbewegung, Gr = gerade Bewegung, P = Parallelbewegung).

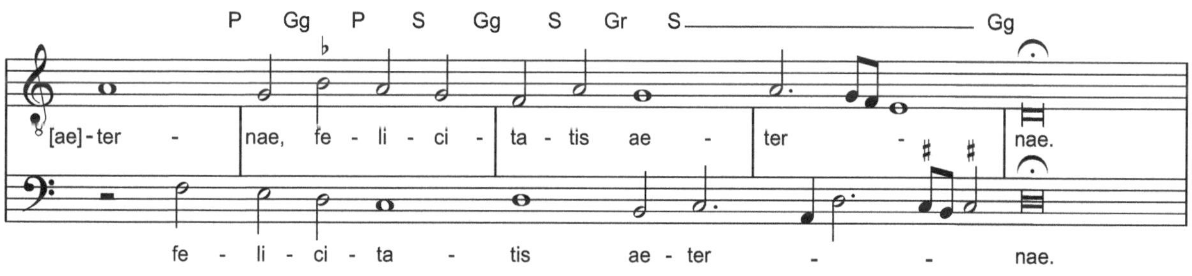

Lasso, Responsorium secundum *Hodie nobis de caelo,* NR 24, Nr. 22, Versus, T. 34

7 Vollkommene Konsonanzen

Die Prime und Oktave und in geringerem Maße auch die Quinte werden als stark verschmelzende Klänge empfunden. Eine Parallelführung dieser Intervalle würde den Eindruck einer Klangverdopplung bzw. „Mixtur" erwecken. Eine solche wäre aber das Gegenteil eines polyphonen Satzes aus selbständigen Stimmen. Eine Parallelführung vollkommener Konsonanzen ist daher ausgeschlossen.[11] Die Regel verlangt deren Einführung in Gegen- oder Seitenbewegung.
Vollkommene Konsonanzen sind die regulären Anfangs- und Schlussklänge eines Satzes. Im Verlauf der verschiedenen Satzabschnitte werden dagegen unvollkommene Konsonanzen bevorzugt. Der Grund liegt zum einen in einer größeren Klangfülle der Terzen und Sexten. Zum anderen können insbesondere Primen und Oktaven den musikalischen Fluss hemmen, wenn sie schlussbildend wirken. Das ist dann der Fall, wenn sich beide Stimmen gleichzeitig in eine Prime oder Oktave auf der Senkung bewegen. Stehen vollkommene Konsonanzen dagegen auf der Hebung (siehe das folgende Beispielauf der nächsten Seite links oben) oder werden sie in Seitenbewegung erreicht (Beispiel rechts), wird eine Schlusswirkung vermieden.

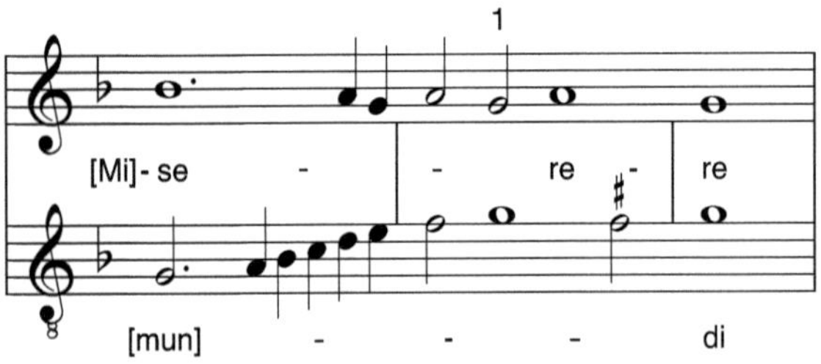

Antonius Fevinus, ***Ex mente tota***
Rhau, Bicinia I, Nr. 41, T. 26

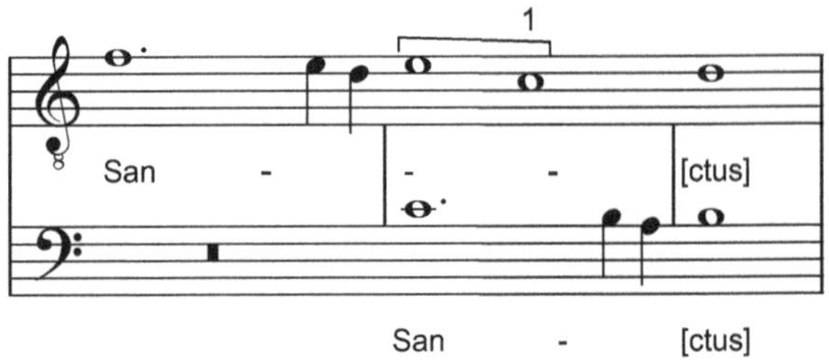

Palestrina, ***Missa Ave Regina Coelorum***
W18, Sanctus, T. 1, Tenor, Bass

8 Verdeckte Parallelen

Erreicht man vollkommene Konsonanzen in gerader Bewegung, so hat das „verdeckte" Parallelen zur Folge. Sie werden zu offenen Parallelen, wenn der Sprung mit Schritten gefüllt wird. Im zweistimmigen

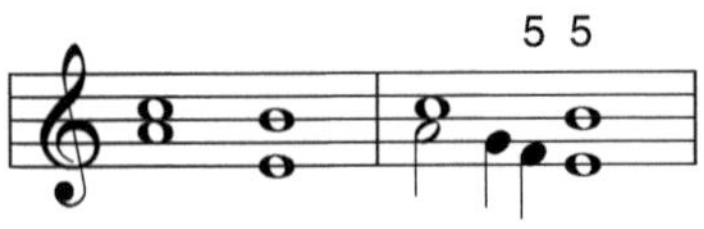

Satz werden verdeckte Parallelen vermieden. Eine der seltenen Ausnahmen zeigt das folgende Beispiel links, den zweistimmigen Beginn einer Motette von Palestrina. In einer plagalen Kadenz, die ansonsten nur im mindestens dreistimmigen Satz üblich ist, wird die schließende Quinte in gerader Bewegung eingeführt. Ähnlich verhält es sich mit der Kombination von Tenor- und Bassklausel, die ebenfalls nur im drei- und vollstimmigen Satz gebräuchlich ist.[12] Dabei wird die schließende Oktave in gerader Bewegung eingeführt. In beiden Fällen schreitet die Oberstimme stufenweise, während die Unterstimme springt.

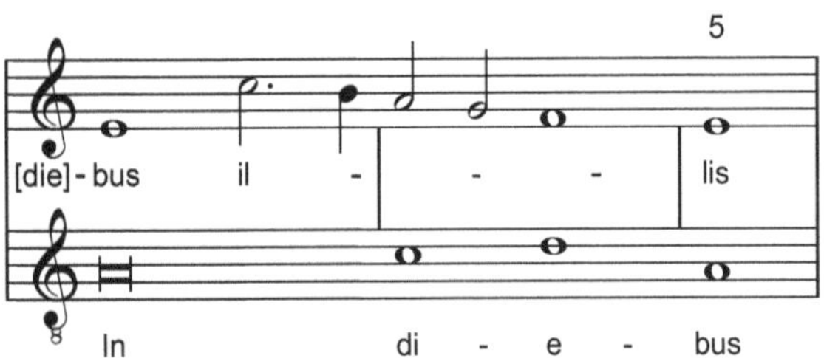

Palestrina, Motette ***In diebus illis***
W 5 I, Nr. 17, T. 3, Sopran, Alt

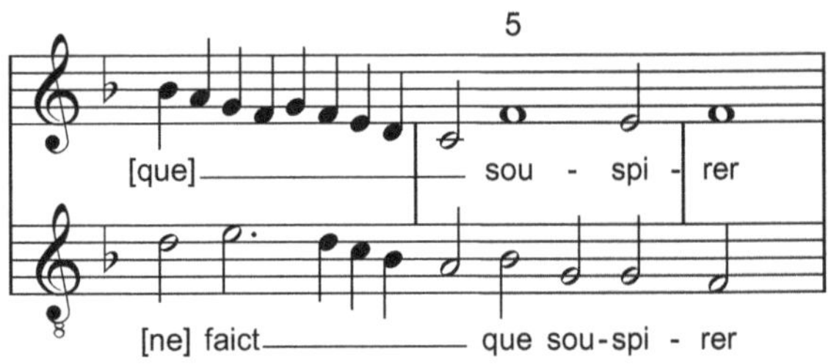

Gardane, Chanson ***Las voulez vous***
Rhau, Bicinia I, Nr. 5, T. 10

Im Beispiel rechts springt die Oberstimme, während die Unterstimme schreitet. Die verdeckte Quinte tritt auf der Hebung ein, die Oberstimme bildet die Synkope einer Sopranklausel. Besonders in den Rhau-Bicinien gibt es eine Reihe solcher Fälle. Gelegentlich stößt man auch auf verdeckte Oktaven oder sogar Primen.[13] Caspar Othmayr vermeidet in seinen *Bicinia sacra* verdeckte Quinten und Oktaven ebenfalls nicht immer. Es bleibt aber festzuhalten, dass im weitaus größten und bedeutendsten Teil der zweistimmigen Literatur vollkommene Konsonanzen stets in Gegen- oder Seitenbewegung eingeführt werden.

9 Indirekte Parallelen, Gegenparallelen

Der Eindruck von Parallelen kann auch dann entstehen, wenn zwischen vollkommene Konsonanzen gleicher Größe in einer Stimme ein oder mehrere Zwischentöne gesetzt werden. Diese *indirekten* Parallelen sind dann besonders auffällig, wenn die vollkommenen Konsonanzen auf unmittelbar aufeinander folgenden Senkungen stehen. Im folgenden Beispiel wird eine direkte Parallele zwischen der ersten *(f – c)* und zweiten Quinte *(g – d)* dadurch vermieden, dass die Unterstimme den Zwischenton *a* bringt. Durch diesen entsteht als Zusammenklang eine Terz, von der aus die zweite Quinte in Gegenbewegung erreicht wird.

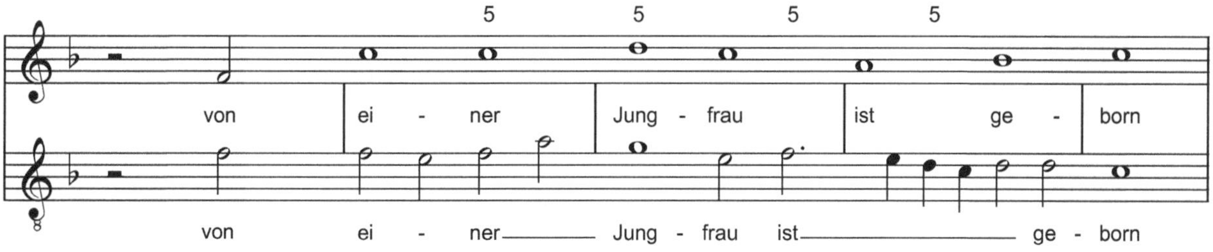

Othmayr, *Der Tag, der ist so freudenreich,* Bicinia sacra, Nr. 21, T. 9

Obwohl die aufeinander folgenden Quinten immer noch stark hervortreten, ist diese Lösung regelgerecht! Einführungen der zweiten Quinte durch Gegenbewegung von außen über eine Oktave oder gar Dezime sind dagegen seltene Ausnahmen.[14]

Häufiger als durch Gegenbewegung werden indirekte Parallelen durch Seitenbewegung vermieden. Im obigen Beispiel ist das bei den letzten beiden Quinten der Fall *(f – c* bzw. *d – a)*. Dort handelt es sich um nachschlagende Quinten, da sie auf einander folgenden Hebungen stehen. Aber auch Quinten auf einander folgenden Senkungen sind nicht zu beanstanden, wie man am Beispiel rechts sieht.

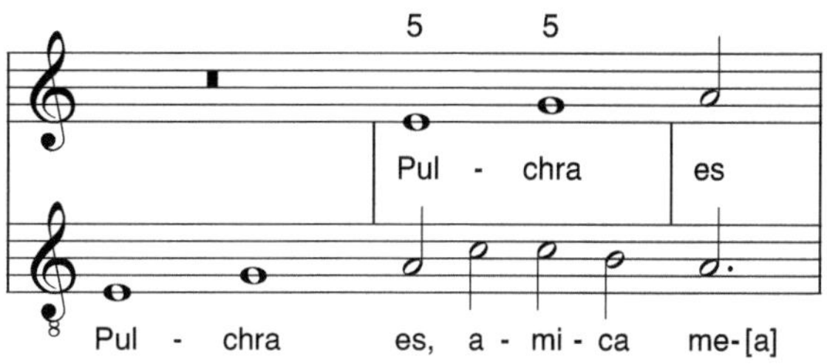

Palestrina, Motette *Pulchra es*
W 4, Nr. 22, T. 1, Sopran, Tenor

Während also Quintparallelen durch Gegen- und Seitenbewegung umgangen werden können, ist das Einfügen von Tönen, die zu gerader Bewegung führen, nicht ausreichend (siehe Notenbeispiel links). Die dadurch entstehenden indirekten Quintparallelen sind Satzfehler.

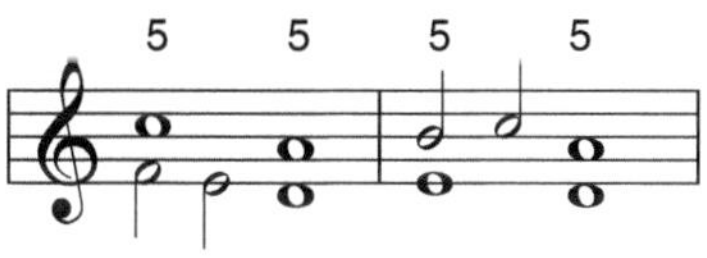

Im Gegensatz zu indirekten Quinten gehören indirekte Oktaven nicht zu den erlaubten Fortschreitungen. Allenfalls in den Bicinien von Othmayr oder in der Sammlung von Rhau findet man einige Einzelfälle (siehe das folgende Beispiel links).

Indirekte Primen auf einander folgenden Senkungen sind Satzfehler. Auch nachschlagende Primen auf einander folgenden Hebungen findet man sehr selten.[15]

Als Satzfehler gelten auch die *Gegenparallelen* (auch „Antiparallelen" genannt). Hierbei bewegen sich zwei Stimmen in Gegenbewegung von einer vollkommenen Konsonanz in deren Oktavierung. Es handelt sich demnach um die Fortschreitungen Prime – Oktave (streng verboten) oder Quinte – Duodezime. Letztere kommt im folgenden Beispiel rechts als Kombination einer Quint-Tenorklausel mit einer diminuierten Bassklausel zustande.

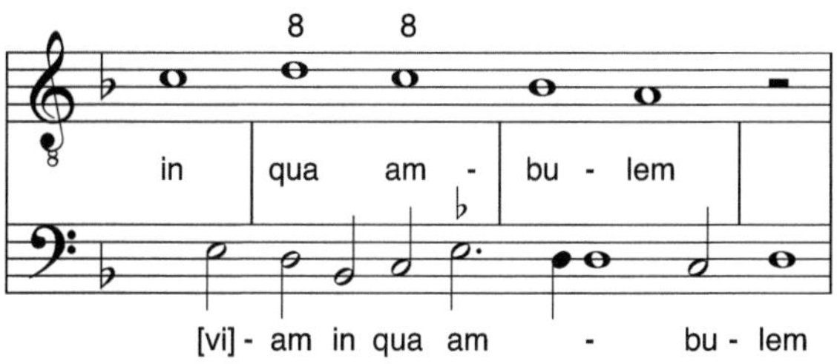

Layolle, *Auditam fac mihi,* Rhau, Bicinia I, Nr. 38, T. 13

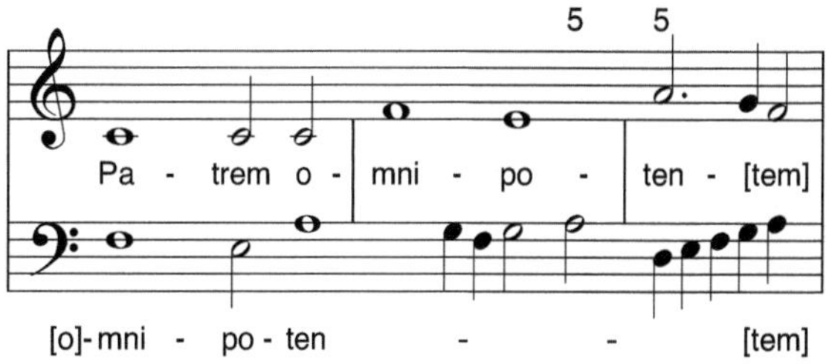

Palestrina, *Missa L'Homme Armé*
W 12, Credo, T. 2, Alt, Bass

10 Parallelführung unvollkommener Konsonanzen

Unvollkommene Konsonanzen können in allen Bewegungsarten eingeführt werden. Eine längere Parallelbewegung führt allerdings zur Unselbständigkeit der Stimmen. Während selten mehr als zwei ganze Noten in unvollkommenen Konsonanzen parallel geführt werden, liegt die Grenze bei halben Noten bei etwa drei Terzen oder Sexten, so viele also, um von einer Senkung zur nächsten zu gelangen. Wie man am folgenden Beispiel links sieht, genügt nach den drei Terzparallelen eine einzige Sexte, um von neuem mit Terzparallelen beginnen zu können.
Dezimenparallelen findet man fast nur in Sätzen, deren Stimmen im Oktavabstand disponiert sind (im Beispiel rechts Alt und Bass).

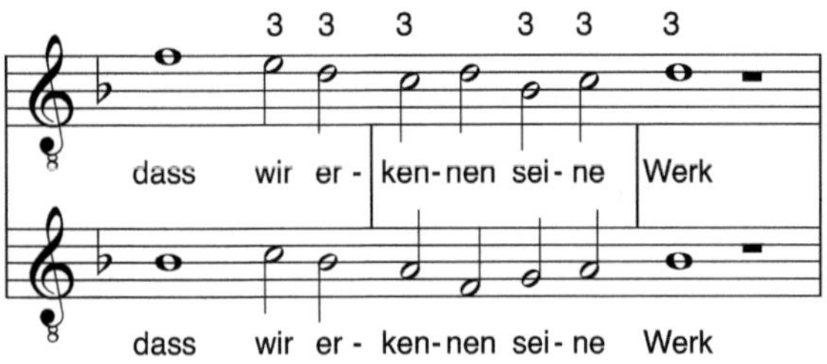

Othmayr, *Es woll uns Gott genädig sein*
Bicinia sacra, Nr. 10, T. 10

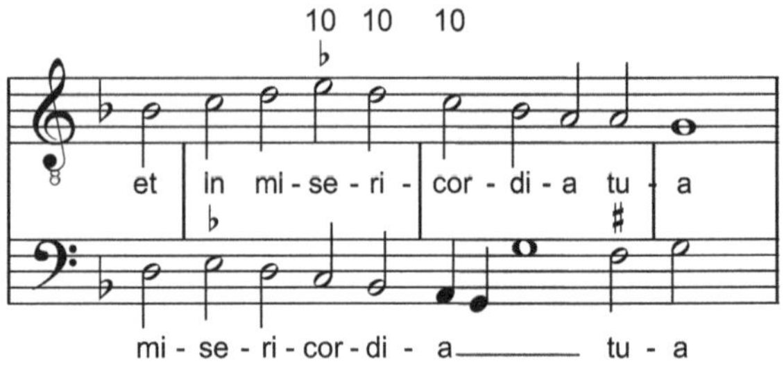

Layolle, *Auditam fac mihi,* Rhau, Bicinia I, Nr. 38, T. 56

11 Gleichzeitige Sprünge in beiden Stimmen

Es entspricht dem Varietas-Gebot, einen Sprung in einer Stimme dadurch auszugleichen, dass die andere Stimme liegen bleibt oder sich zumindest stufenweise bewegt. Gleichwohl ist es nicht verboten, dass beide Stimmen gleichzeitig springen. Sprünge in Gegenbewegung wie im folgenden Beispiel links (*) sind bei Lasso durchaus zu finden.
In paralleler Bewegung sind gleichzeitige Sprünge aber recht selten. Meistens handelt es sich dann um Terzparallelen (siehe ebenfalls das Beispiel links).
Eine besondere Situation ergibt sich bei zwei steigenden Quartsprüngen im Terzabstand (Beispiel rechts). Dann überschreitet die Unterstimme der zweiten Terz das Niveau der Oberstimme der ersten Terz. Eine solche „Niveau-Überschreitung" ist nicht allgemein üblich und verleiht dieser Stelle deshalb einen besonderen Nachdruck. Eine „Niveau-Unterschreitung", die sich bei fallenden Sprüngen ergeben würde, ist dagegen gar nicht gebräuchlich.
Gleichzeitige Sprünge in beiden Stimmen erfolgen meistens in Halbnotenbewegung und nur sehr selten in Viertelbewegung.

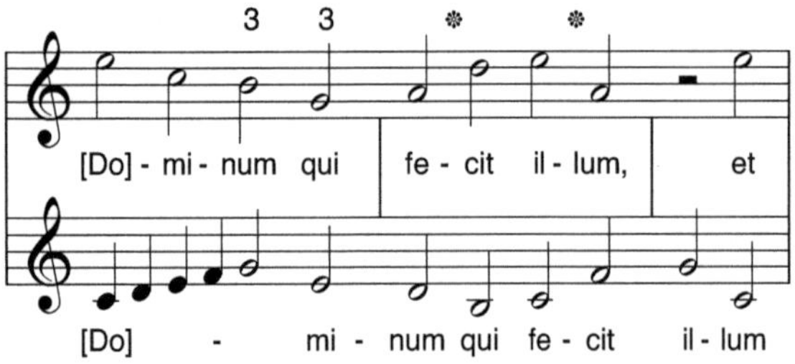

Lasso, *Iustus cor suum tradet,* SW 1, Nr. 4, T. 16

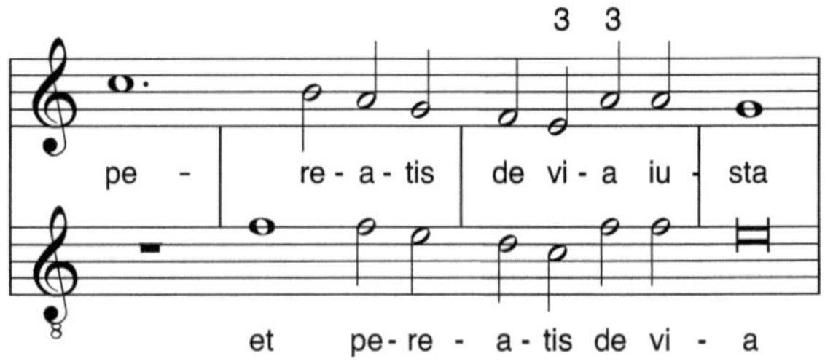

Anonymus, *Servite Domino in timore*
Rhau, Bicinia II, Nr. 91, T. 44

12 Stimmkreuzung

Bei einer Stimmkreuzung bewegt sich die Unterstimme höher als die Oberstimme. Die Stimmkreuzung kann eingeführt oder beendet werden, indem sich die Stimmen im Einklang treffen (siehe das folgende Beispiel links). Meistens wird der Einklang stufenweise erreicht und verlassen.
Die Kreuzung kann aber auch durch einen Sprung in einer Stimme erfolgen (✻). Die andere Stimme bleibt entweder liegen, geht stufenweise (wie im folgenden Beispiel rechts) oder springt ebenfalls.
In Sätzen mit zwei gleichen Stimmen, z. B. einem Kanon im Einklang, sind Stimmkreuzungen gar nicht zu vermeiden und gehören zum Satzbild. In normal disponierten Sätzen mit verschiedenen Stimmlagen ergibt sich die Notwendigkeit einer Stimmkreuzung eher selten.

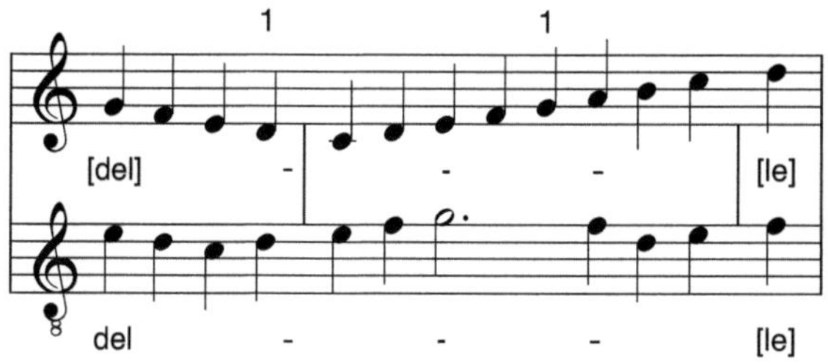

Mittantier, Chanson *Vous perdez temps*
Rhau, Bicinia II, Nr. 8, T. 5

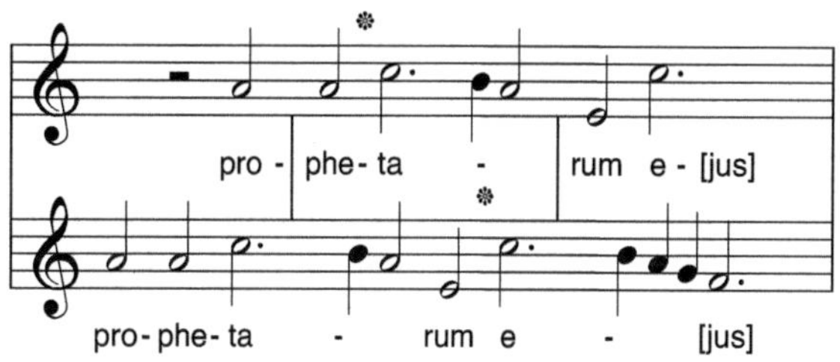

Lasso, *Benedictus Dominus Deus Israel quarti toni*
NR 24, Nr. II 2, Vers 3, T. 14

13 Querstand

Chromatische Fortschreitungen in einer Stimme sind bekanntlich nicht erlaubt. Chromatik zwischen zwei aufeinander folgenden Tönen verschiedener Stimmen nennt man *Querstand*. Der chromatische Querstand ist zumindest im zweistimmigen Satz nicht gestattet. Mindestens ein Ton (wie im folgenden Beispiel links), besser noch zwei Töne müssen zwischen den beiden betreffenden Tönen liegen.
Neben dem chromatischen gibt es auch den „tritonischen" Querstand. Der obere Ton des Tritonusintervalls wirkt leittönig. Der tritonische Querstand ist daher unproblematisch, wenn sich die Oberstimme aufwärts bewegt. Das ist im Beispiel rechts bei dem ersten Tritonus der Fall (Leittonschritt *e* – *f*). Bei dem zweiten tritonischen Querstand in demselben Beispiel dagegen wird der Ton *e* schrittweise abwärts geführt. Ähnliche Beispiele findet man immer wieder. Von einem Verbot des tritonischen Querstands kann daher zumindest dann nicht die Rede sein, wenn sich die Oberstimme schrittweise bewegt.

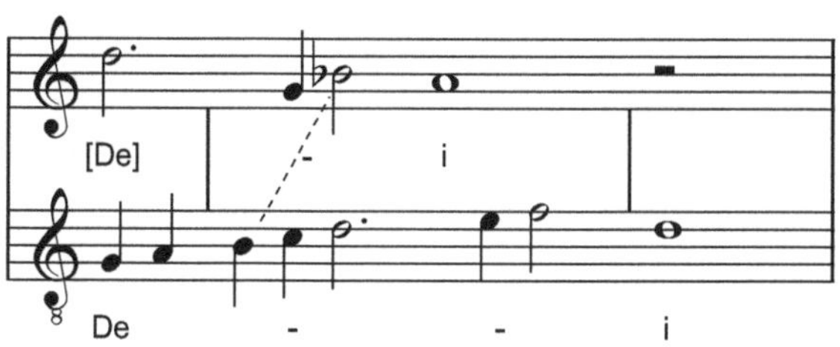

Lasso, *Beatus vir,* SW 1, Nr. 1, T. 25

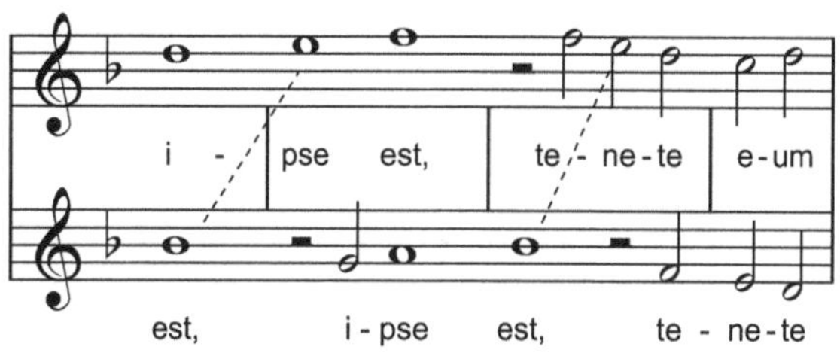

Lasso, Matthäus-Passion, NR 2, Nr. 1, Vers 9, T. 8

14 Satzmodelle in halben und ganzen Noten

Hier folgt eine Übersicht über häufig verwendete Klangverbindungen. Sie sind die kleinsten Bausteine, aus denen ein Satz zusammengesetzt ist. Alle Satzmodelle finden auch in doppelten Notenwerten Verwendung. Ihre Bewegungsrichtung kann ebenso auch rückläufig sein (z. B. steigende statt fallender Sexte oder Terz in Modell a).

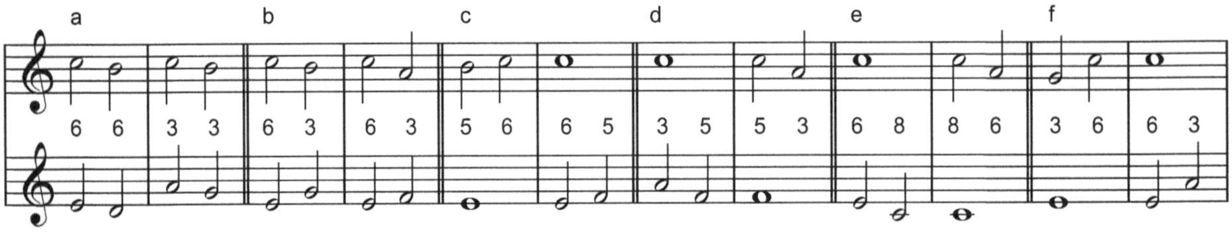

Die Parallelbewegung unvollkommener Konsonanzen (Modell a) wurde bereits besprochen (siehe S. 122). Auch die Gegenbewegung von Sexten und Terzen (Modell b) wurde erwähnt. Als einfaches Mittel, um zwischen den zwei unvollkommenen Konsonanzen abzuwechseln, ist sie eine der wichtigsten Klangverbindungen überhaupt. Bei Modell c handelt es sich um Seitenbewegung mit Schritten, bei d und e mit Terz- und bei f mit Quartsprüngen.
Das Varietas-Gebot verlangt nach ständiger Veränderung der Rhythmik, Melodik und Harmonik. Umso auffälliger ist es, wenn ein Satzmodell unmittelbar hintereinander auf einer anderen Stufe wiederholt wird.

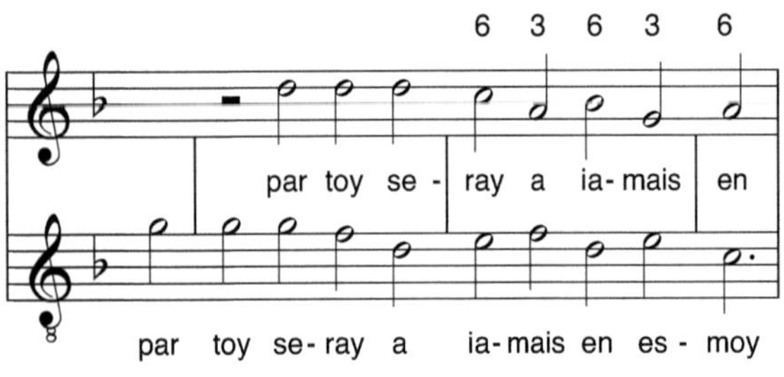

Gardane, Chanson *Las fortune de toy ie fais*
Rhau, Bicinia I, Nr. 21, T. 15

Im Beispiel links wird die Verbindung einer Sexte mit einer Terz (Modell b) stufenweise abwärts sequenziert. Die Sequenz ist hier Teil einer Quint-Imitation im Abstand einer ganzen Note.[16]
Eines der wichtigsten Satzmodelle ist die Quint-Sext-Synkope. Es handelt sich um die Kombination der beiden Modelle unter (c) und deren Sequenzierung. Dabei bewegt sich eine Stimme in normalen und die andere in synkopierten ganzen Noten. Die Quinten können auf die Sen-

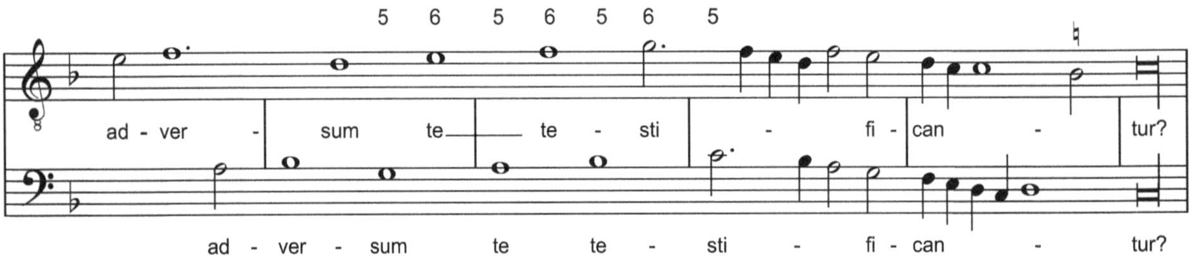

Lasso, Matthäus-Passion, NR 2, Nr. 1, Vers 12, T. 6

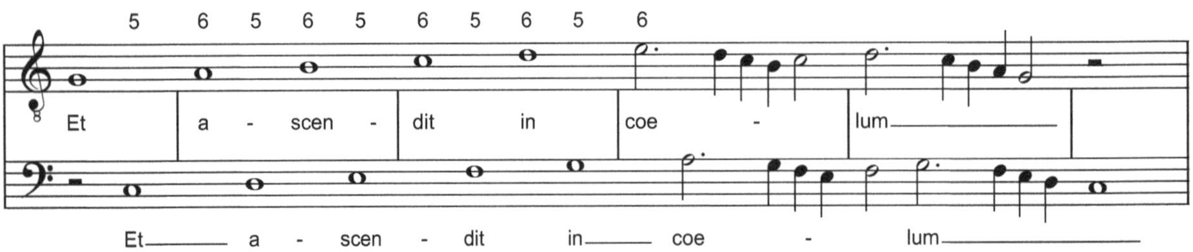

Lasso, *Missa Paschalis,* NR 9, Nr. 48, Credo, Duum *Et resurrexit,* T. 128

kung fallen (wie im ersten der beiden Beispiele auf der vorigen Seite) oder auf die Hebung (zweites Beispiel). In beiden Beispielen ist die Sequenz Teil einer enggeführten Quint-Imitation.

Quint-Sext-Synkopen werden häufiger steigend als fallend verwendet. Sie heben eine Satzstrecke hervor und sind daher emphatische Figuren im Sinne der musikalischen Rhetorik (vgl. S. 113). Dem entspricht ein melodischer Anstieg und nicht ein Gefälle. Im ersten der beiden letzten Beispiele geht es um die Passionsgeschichte der falschen Zeugen, „die gegen dich zeugen". Das zweite Beispiel deutet die zentrale Aussage des Credo „und er ist aufgefahren in den Himmel" musikalisch aus. Die fallende Quint-Sext-Synkope im Beispiel rechts dürfte dagegen weniger der Hervorhebung des Textinhalts dienen als vielmehr einer wirkungsvollen Einführung in die Kadenz.

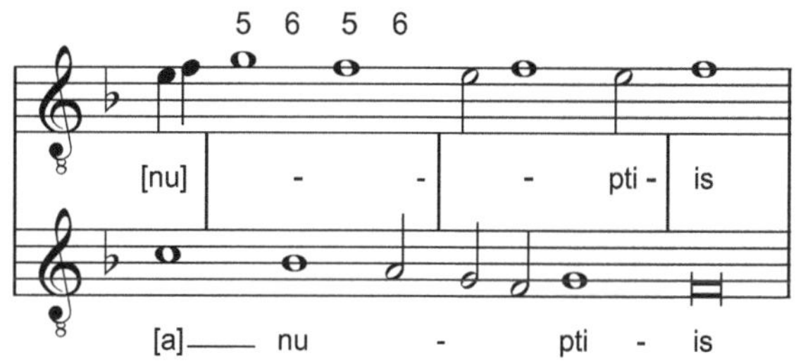

Anonymus, Sint lumbi vestri, Rhau, Bicinia II, Nr. 62, T. 36

Ein seltener benutztes Satzmuster ist die Terz-Quint-Synkope, einer Kombination der beiden Modelle unter (d). Beide Stimmen bewegen sich synkopisch verschoben in Terzsprüngen. Im folgenden Beispiel wird das Modell gegenüber einer einfachen Synkopenkette rhythmisch etwas gestreckt. Das sequenzierte Satzmuster hebt hier das zentrale Wort „melior" („besser") hervor („Besser ist es, Weisheit zu erwerben als Silber und Gold").[17]

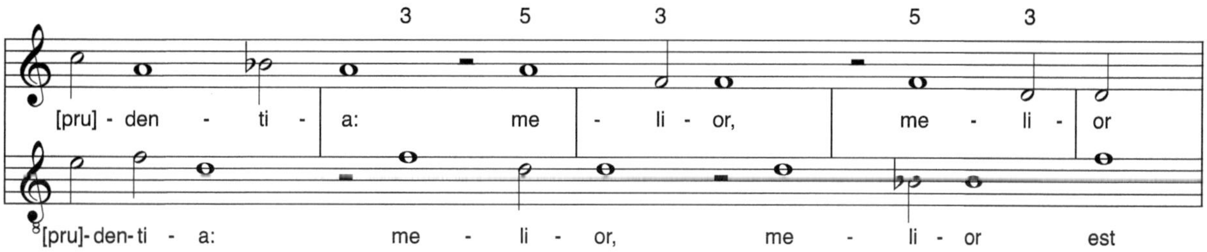

Lasso, *Beatus homo,* SW 1, Nr. 2, T. 16

15 Satzmodelle in Viertelnoten

Während der Parallelführung unvollkommener Konsonanzen in halben und vor allem ganzen Noten enge Grenzen gesetzt sind, sieht es bei der Viertelbewegung ganz anders aus. Hier findet man bisweilen Parallelen über zwei Ganznoten-Schläge, also bis zu neun oder mehr Terzen oder Sexten hintereinander. Nicht zufällig führt in den folgenden zwei Beispielen die Viertelbewegung in eine Kadenz. Die ausgedehnte Parallelführung ist ein Signal für den nahenden Schluss, denn in der Ultima der Kadenz findet die Selbständigkeit der Stimmen ihr Ende.

Vielseitiger als die Parallelführung ist die Abwechslung von Terzen und Sexten. Die auf S. 124 dargestellten Modelle unter (b) gelten auch für die Viertelbewegung. Bei den Sprüngen überwiegen die fallenden

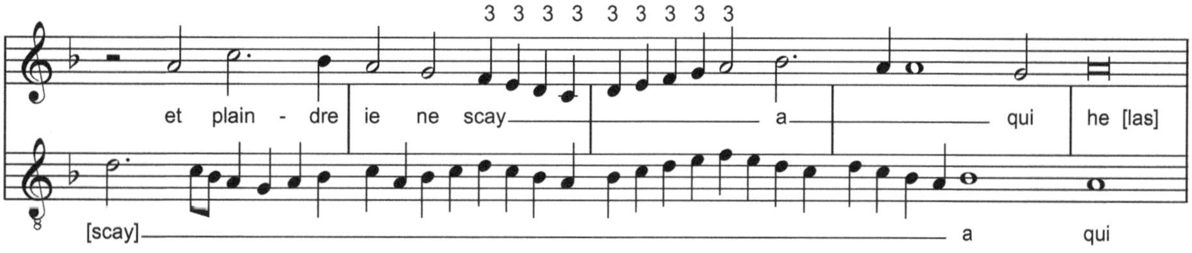

Claudin, Chanson *Damour ie suis desheritee,* Rhau, Bicinia I, Nr. 2, T. 10

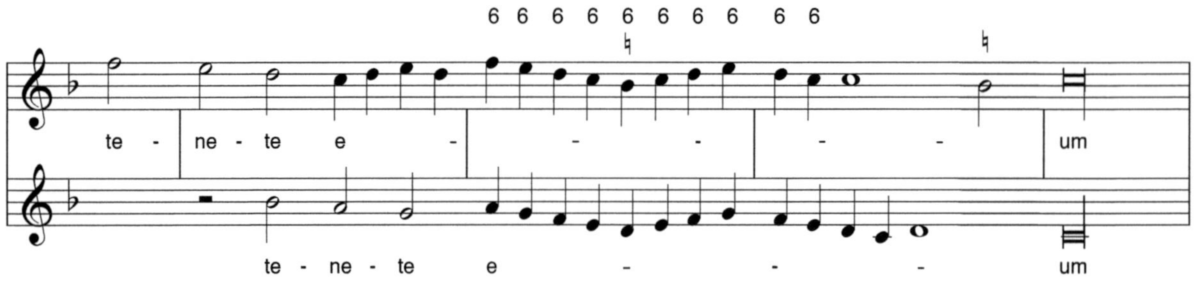

Lasso, Matthäus-Passion, NR 2, Nr. 1, Vers 9, T. 11

Terzen, während die steigenden eher die Ausnahme bilden. Am häufigsten findet man die Kombination der (fallenden) Terzsprungfigur (T) in der einen mit Durchgangsbewegung in der anderen Stimme. Im folgenden Beispiel links imitieren sich die Terzsprungfiguren im Abstand einer ganzen Note. Bei einem Imitationsabstand von nur einer halben Note wie im Beispiel rechts ergeben sich als harmonische Intervalle immer zwei Terzen und zwei Sexten abwechselnd hintereinander.[18]

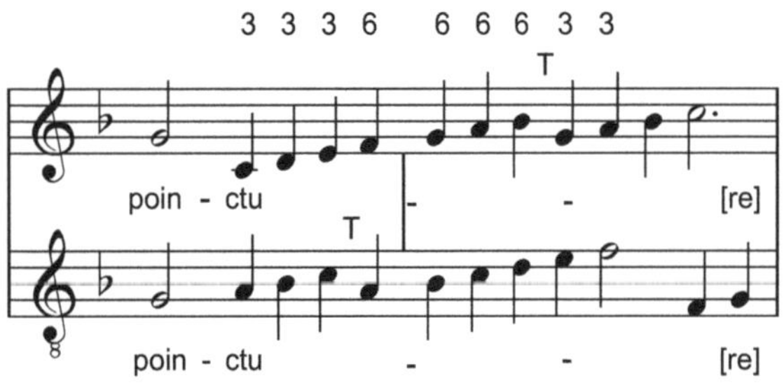

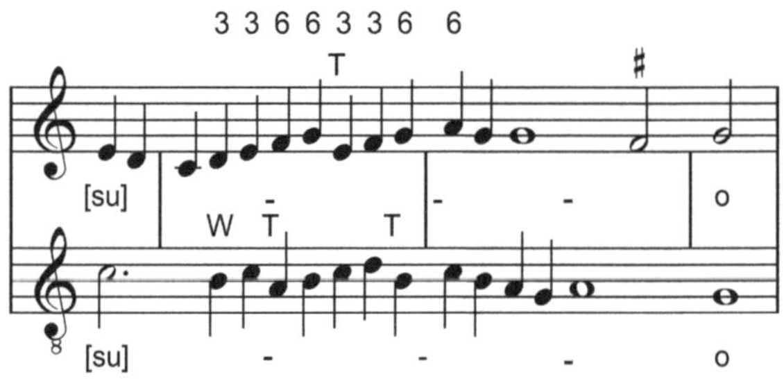

Manchicourt, Chanson *Amor cruel*
Rhau, Bicinia II, Nr. 35, T. 15

Goudimel, *Magnificat octavi toni*
OC 11, Duo *Fecit potentiam,* T. 12

Eine andere beliebte Möglichkeit, um von Sext- in Terzparallelen oder umgekehrt zu wechseln, ist die Kombination von Cambiata- (C) und Wechselnoten-Durchgang-Figur (W) (siehe das folgende Beispiel links). Seltener wird Durchgangsbewegung mit einem steigenden Terzsprung (T↑) kombiniert (Beispiel rechts). Hierbei ist zu beachten, dass der Terzsprung immer von der leichten zur schweren Viertel erfolgen muss (vgl. S. 66).

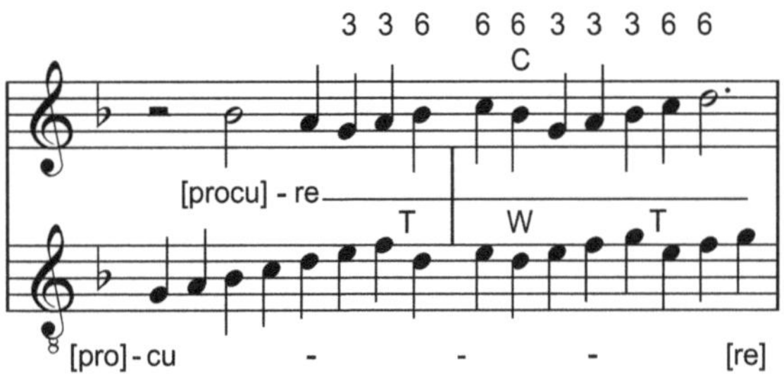

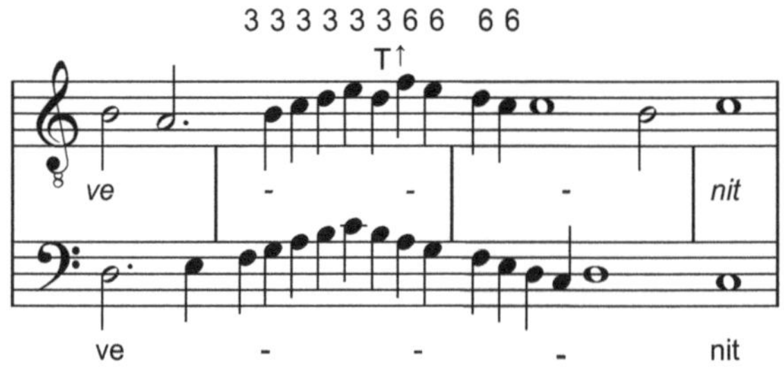

Heurteur, Chanson *Amour partes*
Rhau, Bicinia I, Nr. 1, T. 13

Roselli, *Benedictus qui venit,* Rhau, Bicinia I, Nr. 62, T. 7

Natürlich gibt es auch noch andere Möglichkeiten der Viertelbewegung Note gegen Note, z. B. die Gegenbewegung von der Sexte über die Oktave zur Dezime und umgekehrt. Die auf der nächsten Seite folgende Übersicht beschränkt sich auf Satzmodelle mit Terzen und Sexten.

Während die Viertelbewegung Note gegen Note meist nicht viel länger als zwei Schläge (also acht bis neun Viertel) dauert, können mit komplementärer Viertelbewegung auch längere Strecken gestaltet werden. Hierbei hat die eine Stimme einen längeren Notenwert, wenn sich die andere in Vierteln bewegt

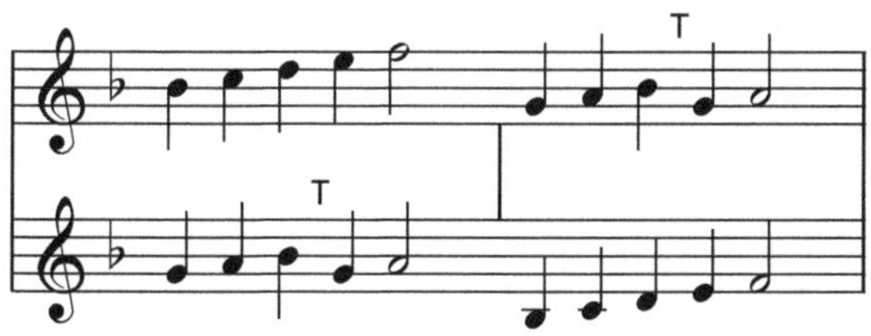

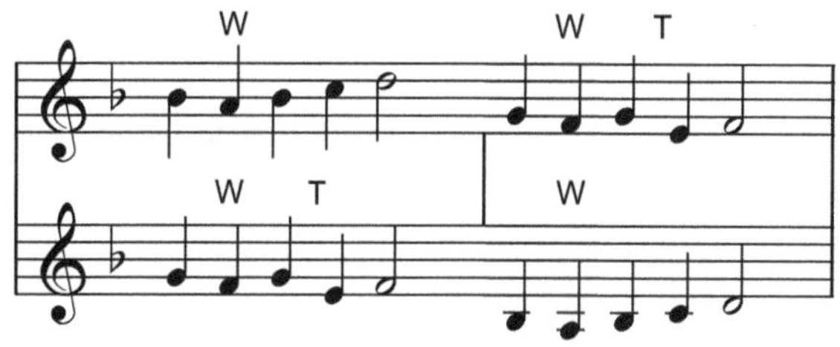

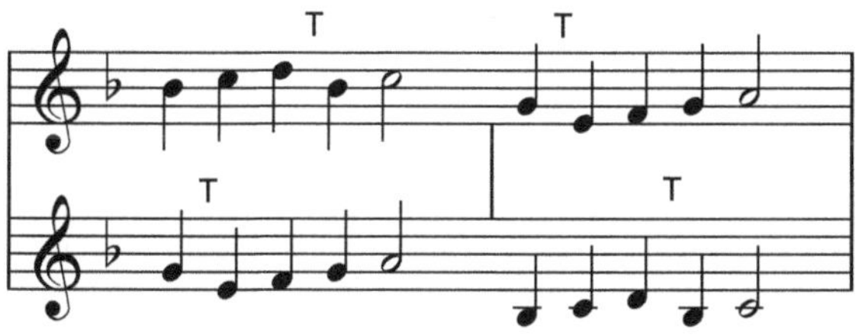

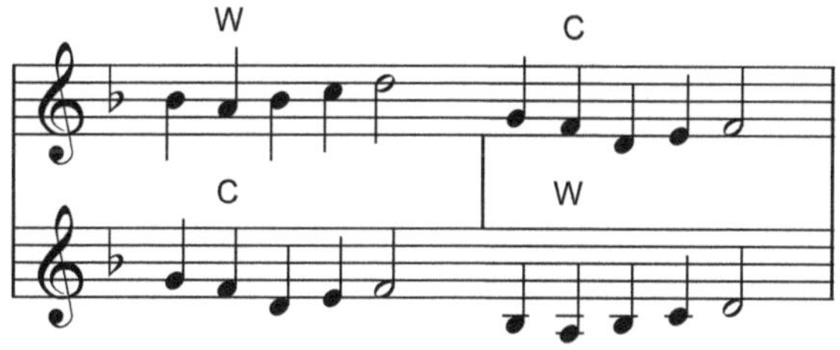

und umgekehrt. Im folgenden Beispiel wechseln sich in einer enggeführten Imitation Cambiata-Figuren in beiden Stimmen miteinander ab. Die Viertelbewegung läuft dabei immer wieder in punktierte halbe Noten aus, bevor sie sich zum Satz Note gegen Note verdichtet, um schließlich in die Kadenz zu münden.

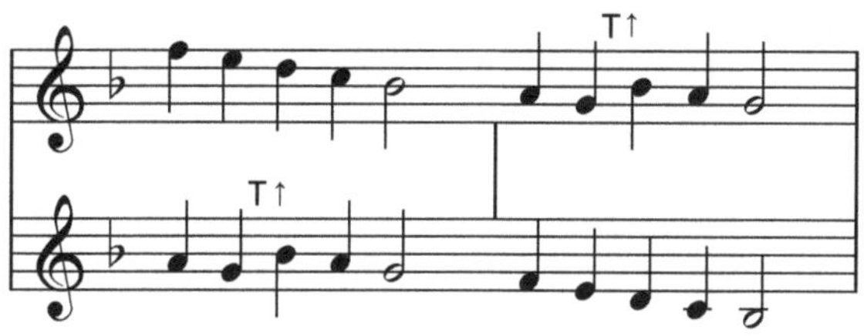

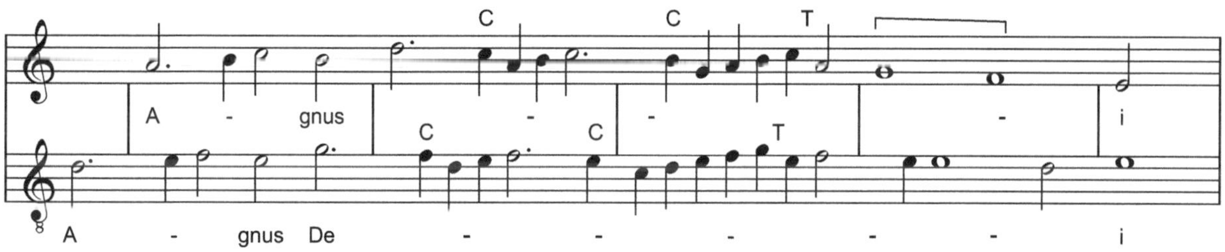

Lasso, *Missa ad imitationem moduli O passi sparsi,* NR 4, Nr. 12, Gloria, Duo *Domine Deus,* T. 50

Während sich die Cambiata-Figuren im obigen Beispiel stufenweise nach unten schrauben, werden im nächsten die Oktavrahmen der Stimmen in raschem Lauf durcheilt. Oktavsprünge schaffen danach wieder Raum für neue Bewegung. Ein interessantes Detail ist, dass zweimal die absteigende Tonleiter der Oberstimme in der Unterstimme fortgesetzt wird (↘), so dass eine durchlaufende Viertelbewegung durch den Raum einer None bzw. Duodezime entsteht.

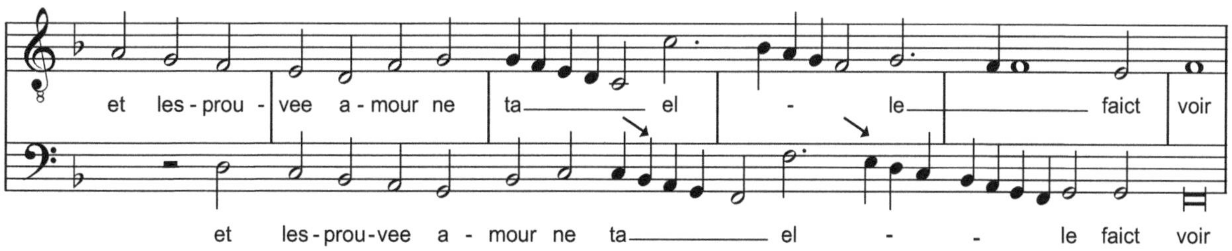

Anonymus, *Las que craintu amy,* Rhau, Bicinia II, Nr. 41, T. 14

Anmerkungen

1. So sind 13 der 18 *Bicinia* von Wannenmacher für gleiche Stimmen gesetzt.

2. Vgl. Bernhard Meier, *Die Tonarten der klassischen Vokalpolyphonie,* Utrecht 1974, S. 43 ff.

3. Vgl. Meier, a. a. O., S. 37 ff.

4. Die sogenannte „tiefe Chiavette" aus Mezzosopran-, Tenor-, Bariton und Subbassschlüssel (F-Schlüssel auf der oberen Linie) wird nur höchst selten verwendet.

5. Betroffen sind vor allem Stücke im (untransponierten) 2. und 7. bzw. 12. Modus.

6. Eine ausführliche Darstellung findet man in dem Artikel *Konsonanz – Dissonanz, historisch und systematisch* von Carl Dahlhaus (MGG, Bd. 7, Sp. 1504–1509).

7. Der 7. Naturton bleibt unberücksichtigt, weil er vom pythagoreisch-diatonischen System zu stark abweicht.

8. Die Sexte vom 8. zum 13. Naturton liegt ziemlich genau in der Mitte zwischen kleiner und großer Sexte und ist daher mit dem diatonischen System unvereinbar.

9. Tredezimen findet man nur ganz vereinzelt, so etwa in Lassos Duo *Oculus non vidit* (SW 1, Nr. 3, T. 5).

10. In dem anonymen Bicinium *Ach Lieb mit Leid* findet man gleich zweimal Doppeloktaven (Rhau, Bicinia I, Nr. 94, T. 25 und 28). Die Stimmen sind in diesem Stück im Oktavabstand disponiert (Sopran- und Tenorschlüssel).

11. Die Bicinien-Sammlung von Rhau enthält eine Reihe von Sätzen mit Quintparallelen. Sie sind durch eine besondere Klausel-Verzierung (Bicinia I, Nr. 86, T. 9) oder -Einführung bedingt (Bicinia I, Nr. 41, T. 36, II, Nr. 70, T. 35), werden zugunsten einer stufenweisen Melodieführung in Kauf genommen (Bicinia II, Nr. 92, T. 34, Nr. 100, T. 20) oder sind vermutlich Druckfehler (Bicinia I, Nr. 90, T. 8-9). Sogar Oktavparallelen kommen vor (Bicinia II, Nr. 88, T. 4, Nr. 92, T. 7, Nr. 100, T. 16), parallele Primen jedoch nicht.

12. Ein solches Beispiel findet man in dem anonymen Bicinium *Fratres quaecunque sunt vera* (Rhau, Bicinia II, Nr. 53, T. 17).

13. Eine verdeckte Oktave gibt es in dem Bicinium *Amicus fidelis* von Pierre de la Rue (Rhau, Bicinia II, Nr. 71, T. 12), verdeckte Primen in einem Quodlibet von P[aul] R[ephuhn] (Rhau, Bicinia II, Nr. 85, T. 9) und einem *Nunc dimittis* von Orlando di Lasso (NR 24, Nr. 8, Vers 4, T. 20).

14. Die Folge 5 – 8 – 5 findet man zum Beispiel bei Othmayrs Liedsatz *Wo Gott der Herr nit bei uns wär* (Bicinia sacra, Nr. 17, T. 17), die noch seltenere Fortschreitung 5 – 10 – 5 gleich zweimal hintereinander im *Responsorium sextum* von Lasso (NR 24, Nr. 3, Versus, T. 32).

15. Ein Beispiel findet man in Victorias Motette *Salve Regina*, OO 2, Nr. 20, 3. Teil, T. 2, Sopran I, Alt I.

16. In einer Variante dieses Satzmodells wird der untere Ton der Terz in Seitenbewegung vorgezogen, so dass sich eine Verbindung von Sexte, Quinte und Terz ergibt. Eine mit fünf Takten ungewöhnlich lange Strecke, die ausschließlich dieses Muster sequenziert, findet man in dem anonymen Satz *Ecce dies venient* (Rhau, Bicinia II, Nr. 54, T. 40 ff.).

17. Sprüche Salomonis 3, 13–14.

18. In Lassos *Magnificat Primi Toni* (NR 14, Nr. 37, Vers 6, T. 6) imitieren sich die Stimmen sogar im Abstand von nur einer Viertelnote, so dass sich als Folge der harmonischen Intervalle 3 – 6 – 3 – 6 usw. ergibt.

VIII KONSONANZ UND DISSONANZ

1 Melodisch bedingte Dissonanzen

1.1 Durchgang

Bewegt sich eine Stimme in Vierteln und die andere in längeren Notenwerten, so ergeben sich neben konsonanten auch dissonante Zusammenklänge. Als leichte Viertelnoten fallen Dissonanzen kaum ins Gewicht. Am unauffälligsten sind sie in der Durchgangsbewegung (D).
Der dissonierenden Viertelnote kann eine punktierte halbe oder eine Viertelnote vorausgehen. Alle dissonanten Intervalle sind möglich. Sowohl fallende als auch steigende Durchgangsbewegung sind erlaubt. Die Stimme, die dem dissonierenden Ton gegenüber liegt, kann sich frei bewegen: Sie kann liegenbleiben, den vorigen Ton wiederholen, weiterschreiten (zweite Durchgangsnote im Beispiel links) oder -springen (Beispiel rechts bei ❄).

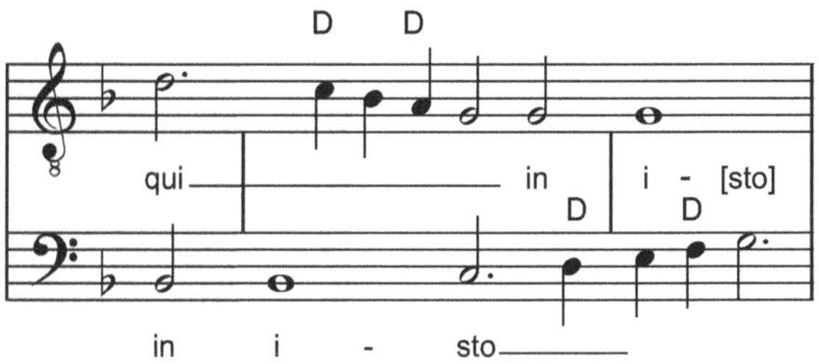

Lasso, *Sancti mei,* SW 1, Nr. 8, T. 8

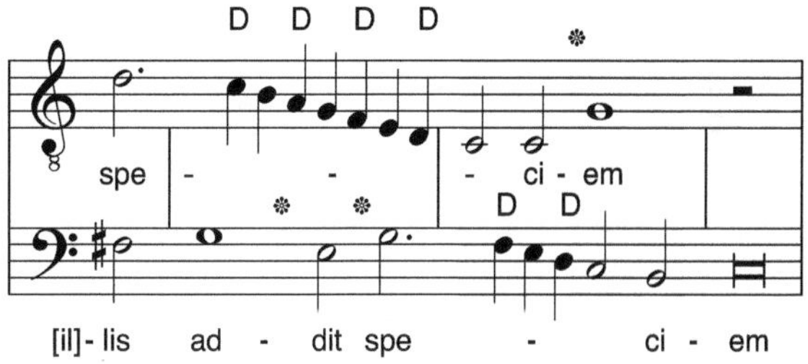

Lasso, *Sicut rosa,* SW 1, Nr. 12, T. 10

1.2 Wechselnote

Wechselnoten (W) sind durch den Richtungswechsel auffälliger als Durchgänge. Sie konsonieren, wenn sie in Seitenbewegung von der Quinte zur Sexte eingeführt werden oder wenn sich beide Stimmen gleichzeitig bewegen (siehe das folgende Beispiel links). Dissonierende Wechselnoten sind nur als leichte Viertel erlaubt (Beispiel rechts).

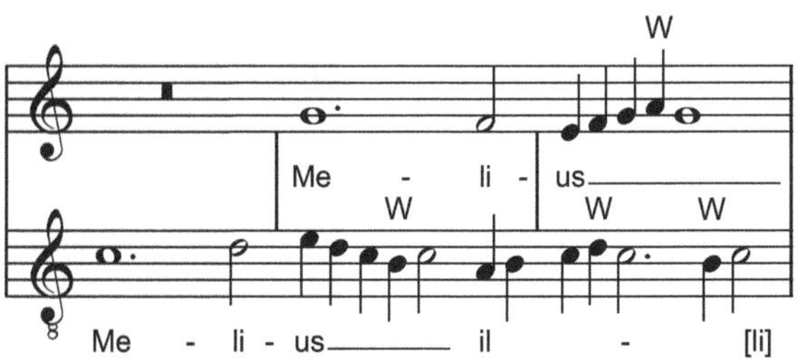

Lasso, Responsorium quintum *Judas mercator pessimus*
NR 24, III, Nr. 2, T. 21

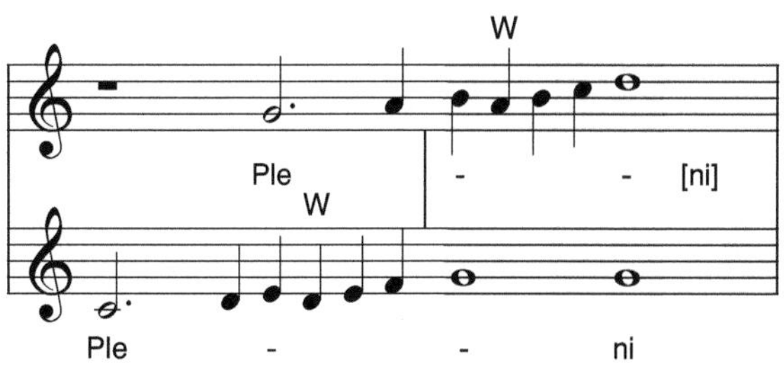

Lasso, *Missa In te Domine speravi*
NR 5, Nr. 19, Sanctus, T. 25

Bei den beiden dissonanten Wechselnoten im letzten Beispiel geht die Wechselbewegung nach unten. Dissonierende obere Wechselnoten sind seltener und werden ausschließlich in der auslaufenden Form, also nach steigender Durchgangsbewegung verwendet (siehe das Beispiel auf der folgenden Seite oben).
Harmonisch geht die dissonante Wechselnote in den meisten Fällen von der Terz aus und bewegt sich

dann weiter zur Sekunde bzw. zur Quarte. Gebräuchlich sind auch die harmonischen Intervallfolgen Quinte – Quarte sowie Sexte – Septime.[1] Wechselnoten, die von einer Oktave oder gar vom Einklang ausgehen, sind äußerst selten.[2]

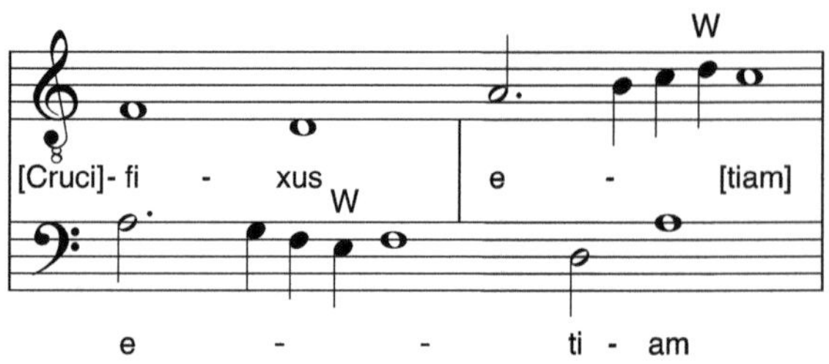

Lasso, *Missa O passi sparsi*, NR 4, Nr. 12, Credo, T. 77

1.3 Cambiata

Auch die Cambiata (C) wird überwiegend konsonant gesetzt. In der Unterstimme geht sie in Seitenbewegung von der Quinte zur Sexte (in der Oberstimme umgekehrt), oder beide Stimmen bewegen sich in Vierteln Note gegen Note (siehe das folgende Beispiel links). Eine dissonierende Cambiata-Note wird schrittweise erreicht und springt dann ab in eine Konsonanz (Beispiel rechts). Meistens ist das dissonierende Intervall eine Quarte.

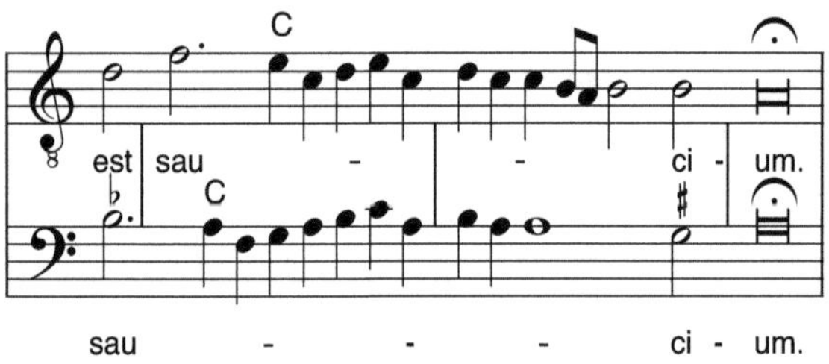

Lasso, Sequenz *Veni Sancte Spiritus*
NR 23, Nr. 15, Vers 8, T. 15

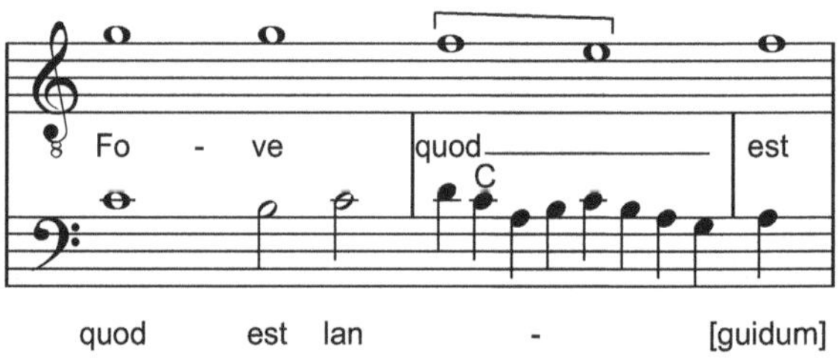

Lasso, Sequenz *Veni Sancte Spiritus*
NR 23, Nr. 15, Vers 8, T. 2

1.4 Andere Dissonanzen auf leichter Viertelposition

Die häufigsten Dissonanzen auf einer leichten Viertel sind Durchgänge und Wechselnoten. Alle anderen Bewegungsformen sind eher selten. Zu diesen gehört neben der Cambiata auch das Portamento (P). Ein Portamento in der Oberstimme kann dissonieren, wenn bei der Einführung der Kadenz die Tenorklausel in der Unterstimme von der 5. Stufe des Kadenzziels aus eingeführt wird (siehe das folgende Beispiel links). Das Portamento in der Unterstimme dissoniert, wenn eine parallel geführte Synkope in der Oberstimme unverziert bleibt.

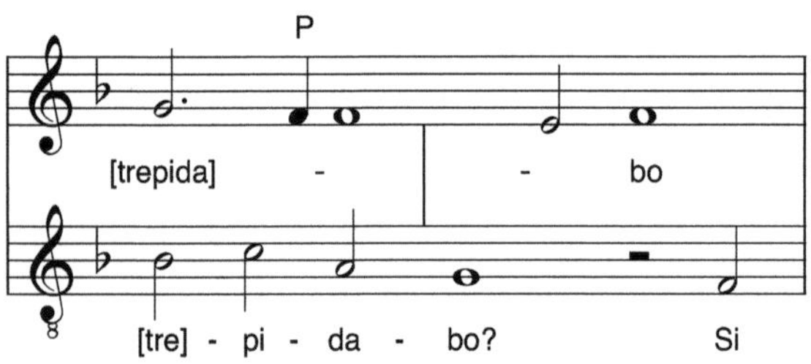

Anonymus, *Dominus protector vitae meae*
Rhau, Bicinia I, Nr. 59, T. 7

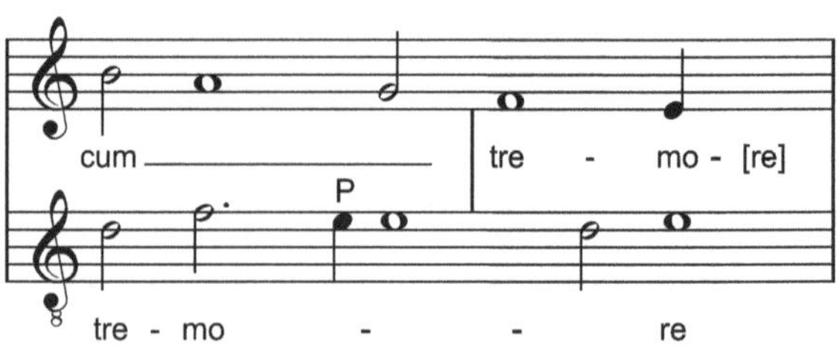

Anonymus, *Servite Domino in timore*
Rhau, Bicinia II, Nr. 91, T. 22

Während bei Lasso das Portamento stets konsoniert, findet man eine Reihe von dissonierenden Portamenti in den Rhau-Bicinien. Ähnlich verhält es sich mit der abspringenden Nebennote (N^{ab}). Sie geht stufenweise von der Konsonanz in die Dissonanz und springt dann ab. Zwei Formen sind typisch. In der ersten führt die mit dem Terzsprung endende Figur eine in der Oberstimme liegende Tenorklausel ein. Die Nebennoten-Dissonanz in der Unterstimme ist dagegen selten (beide Fälle im folgenden Beispiel links). Die zweite typische Form der dissonierenden abspringenden Nebennote führt mit einem steigenden Quartsprung in die Sopranklausel (Beispiel rechts). Die Quartsprungdissonanz ist überwiegend in der Oberstimme zu finden.[3]

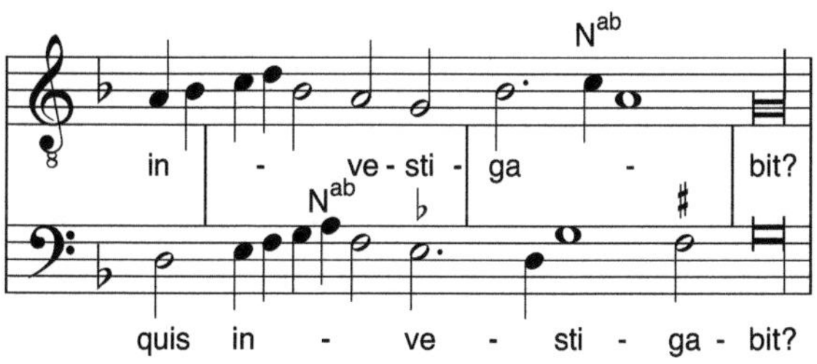

Anonymus, *Quis hominum poterit scire*
Rhau, Bicinia I, Nr. 48, T. 29

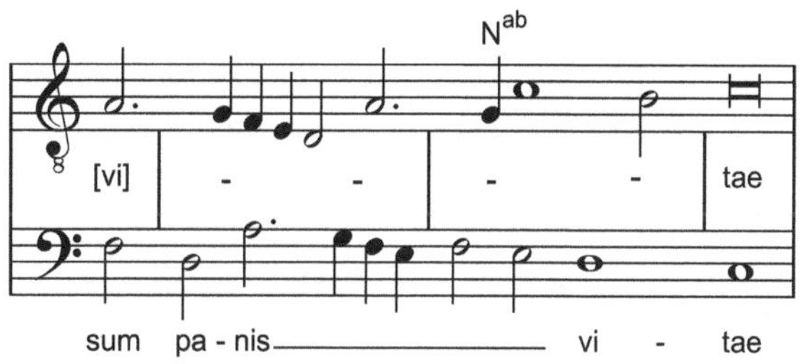

Gascogne, *Ego sum panis vitae*
Rhau, Bicinia II, Nr. 69, T. 8

Sogar Sprünge in die Dissonanz (N^an) sind nicht völlig ungebräuchlich. In der Oberstimme des folgenden Beispiels links sieht man einen solchen zur letzten Viertelnote einer Durchgang-Terzsprung-Figur. Bei Licht besehen ist es die stufenweise abwärtsgehende Unterstimme, die die Dissonanz verursacht. Diese Dissonanzform ist durchaus verbreitet, bei Lasso sucht man sie aber vergebens. Neben der Rhythmisierung der Unterstimme in halben Noten findet man auch diejenige als punktierte Halbe mit nachfolgender Viertelnote.[4] Die dissonante angesprungene Nebennote liegt fast immer in der Oberstimme.[5]
Vor allem in volkssprachlichen Bicinien findet man gelegentlich angesprungene Nebennoten mit nachfolgender Durchgangsbewegung (Beispiel rechts). Es handelt sich um die Verzierung einer ganzen Note, als Penultima einer freien Sopranklausel.

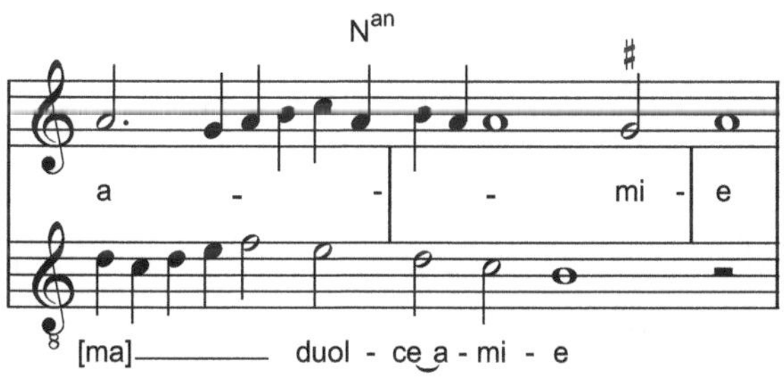

Heurteur, *Mon petit cueur,* Rhau, Bicinia I, Nr. 15, T. 20

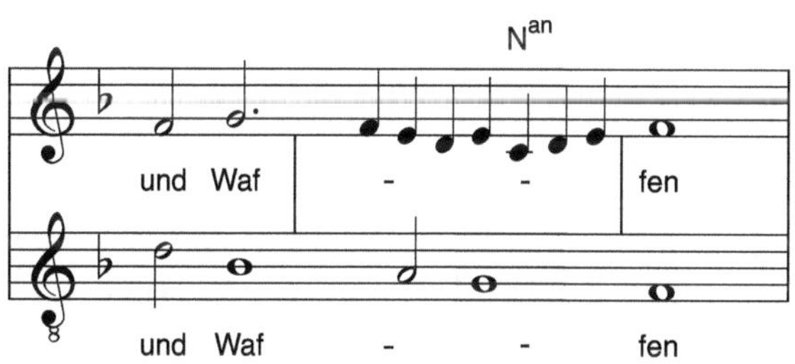

Walter, *Ein feste Burg ist unser Gott*
Rhau, Bicinia I, Nr. 86, T. 8

1.5 Dissonanzen in Achtelnoten

Das Achtelpaar steht auf der Position einer leichten Viertelnote, daher kann jede der beiden Achtelnoten dissonieren. Weil Sprünge in Achtelbewegung ausgeschlossen sind, handelt es sich dabei ausnahmslos um Durchgangs- oder Wechselnoten-Dissonanzen. Im folgenden Beispiel dissoniert die erste der beiden Achtelnoten als Durchgang.

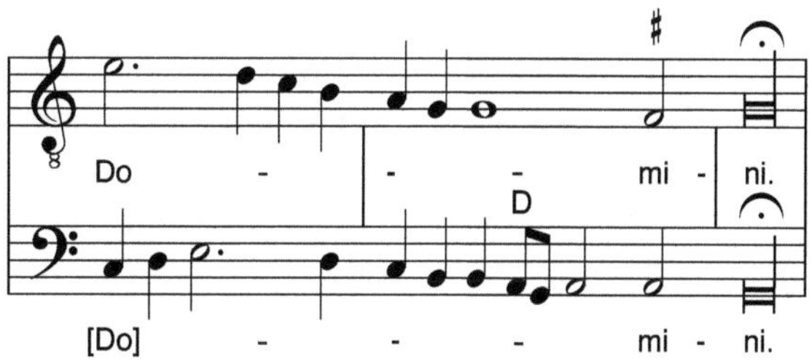

Lasso, *Missa Iager,* NR 4, Nr. 13, Sanctus, T. 57

1.6 Schwerer Durchgang

Den vielfältigen Formen der Dissonanz auf der leichten Viertelnote steht eine einzige auf der schweren Viertel gegenüber: der schwere Durchgang (D̄). Dabei handelt es sich um ein Viertelpaar, dessen erste (relativ schwere) Viertelnote dissoniert. Das Viertelpaar muss dabei auf die Position einer leichten halben Note fallen, denn die schwere Halbe ist der Synkopendissonanz vorbehalten.

Die Durchgangsbewegung erfolgt immer abwärts. So kann die entspannende Wirkung des Gefälles die Härte der Dissonanz ausgleichen.[6] Das Viertelpaar kann auf eine halbe oder längere Note folgen (siehe das Beispiel links). Es kann aber auch das Ende einer Viertel-Kette bilden (Beispiel rechts).

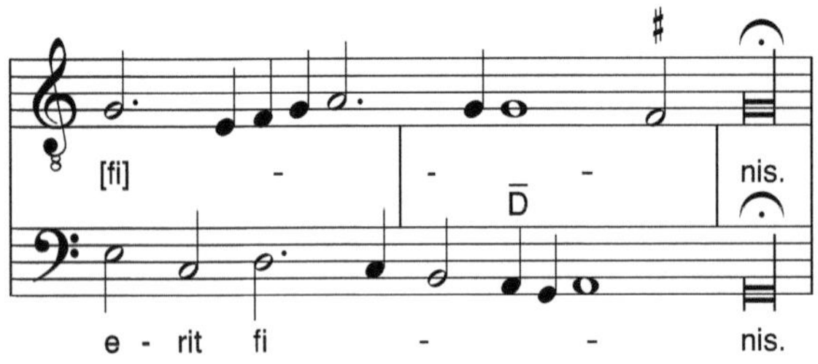

Lasso, *Missa Paschalis,* NR 9, Nr. 48, Credo, T. 156

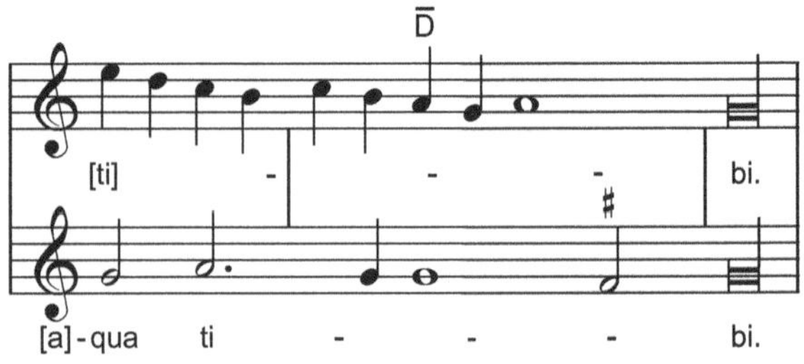

Lasso, 7. Bußpsalm *Domine, exaudi orationem meam*
NR 26, Vers 6, T. 15

In den beiden oben stehenden Beispielen mündet das Viertel-Paar in eine Tenorklausel. Die erste Viertelnote dissoniert mit der gleichzeitig einsetzenden Sopranklausel-Synkope. In dieser Kadenzsituation ist der schwere Durchgang am häufigsten anzutreffen.

Eine interessante Variante entsteht, wenn die Sopranklausel durch einen abwärtsgehenden Schritt ohne Portamento eingeführt wird. Dann geht dem schweren ein leichter Durchgang voraus, und es entstehen Septim- bzw. Sekundparallelen.

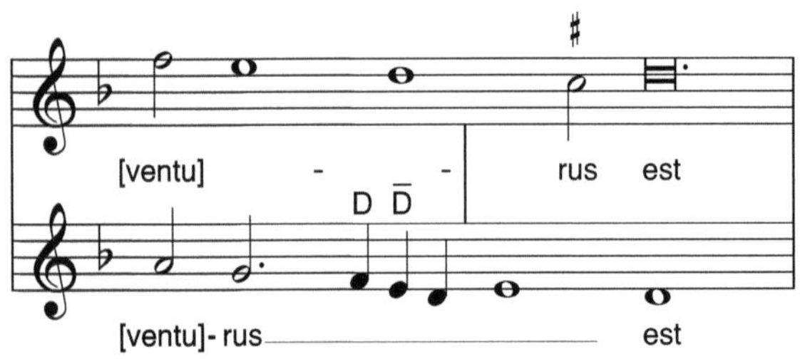

Certon, Messe *Sus le pont d'Avignon*
Credo, Duo *Et iterum,* T. [7]

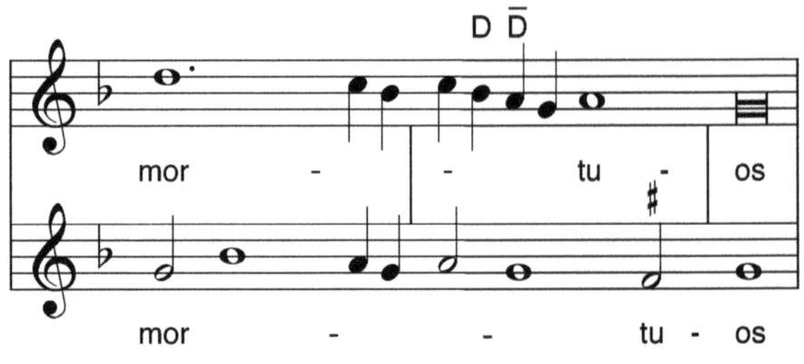

Certon, Messe *Sus le pont d'Avignon*
Credo, Duo *Et iterum,* T. [15]

Der schwere Durchgang ist auch dann regelgerecht, wenn die Sopranklausel in der anderen Stimme im Sprung erreicht wird. Der auffällige Eintritt der Dissonanz wirkt als Signal für den Beginn der Kadenz (siehe das Beispiel unten rechts).

Wesentlich seltener treten schwere Durchgangsdissonanzen ohne Zusammenhang mit einer Kadenz auf. Es handelt sich dann meist um ein einzelnes Viertelpaar, dem eine synkopierte oder punktierte ganze Note vorausgeht. Die letzte Viertel ist eine Wechselnote oder eine Durchgangsnote wie in den beiden Beispielen auf der folgenden Seite.[7] Bei der Dissonanz handelt es sich meistens um eine Quarte.

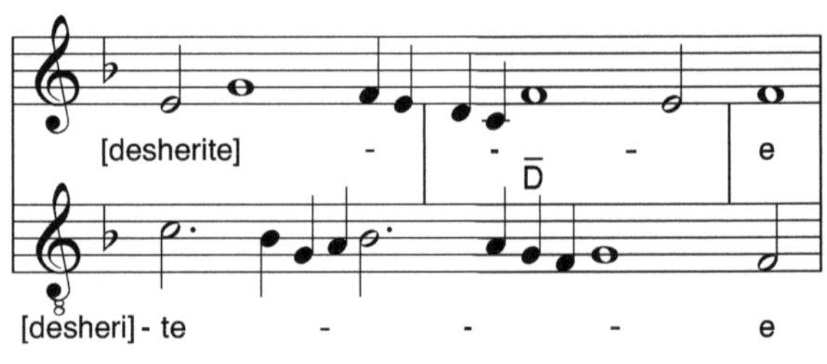

Claudin, *Damour ie suis desheritee*
Rhau, Bicinia I, Nr. 2, T. 5

Wird die (stets fallende) schwere Durchgangs-Dissonanz in der einen Stimme mit steigender Gegenbewegung in Vierteln in der Gegenstimme kombiniert, so können zwei oder sogar drei Dissonanzen hintereinander entstehen (Beispiel rechts).[8] Bei Rhau ist diese Dissonanzform gelegentlich, bei Lasso gar nicht zu finden.

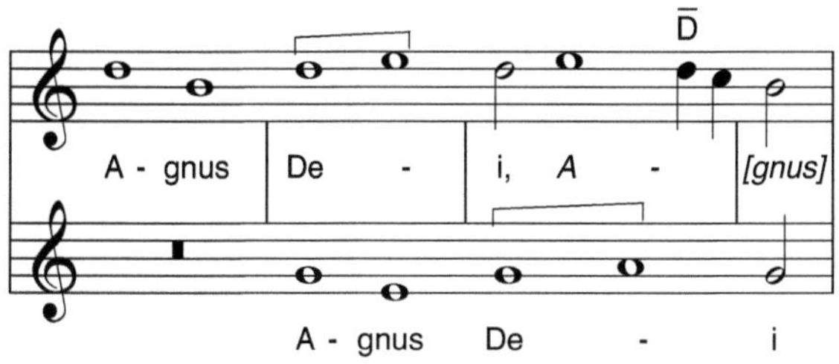

Palestrina, *Missa Veni Sponsa Christi*
W 18, Agnus Dei I, T. 1, Sopran, Alt

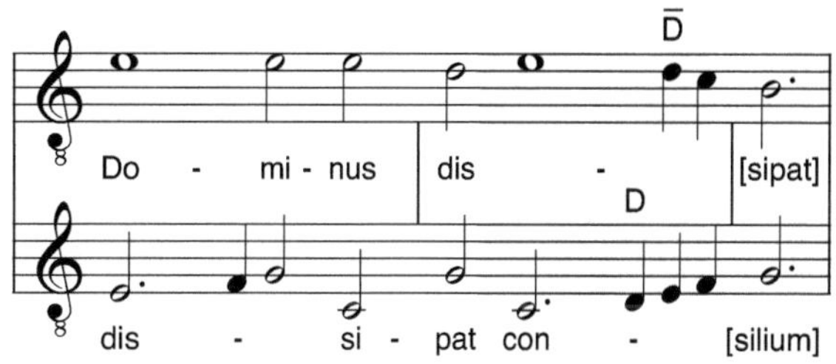

Brumel, *Dominus dissipat consilia*
Rhau, Bicinia I, Nr. 36, T. 3

1.7 Halbnoten-Durchgang

Die leichte Halbe als Durchgangsdissonanz wird im vollstimmigen Satz in bestimmten harmonischen Zusammenhängen regelmäßig verwendet, während sie im zweistimmigen Satz keine große Rolle spielt. Zweistimmig gibt es nur eine ab und zu vorkommende Situation, nämlich zu Beginn eines Satzes nach einer punktierten ganzen Note (siehe das folgende Beispiel links). In den meisten Fällen ist das dissonante Intervall eine Quarte, die in fallender Bewegung erreicht und wieder verlassen wird.[9]
Halbe Noten als Durchgangsdissonanzen inmitten eines Satzes sind irregulär.[10] Eine seltene Ausnahme bildet die verminderte Quinte, die sich durch steigende Bewegung der Unterstimme ergeben kann (Beispiel rechts). Man kann diese Dissonanzform als Kadenz deuten: die Unterstimme als freie Sopranklausel, die Oberstimme als modifizierte Terz-Altklausel (siehe auch S. 95).

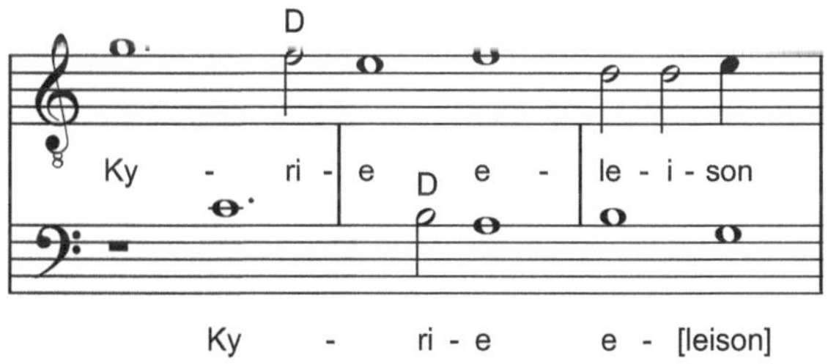

Palestrina, *Missa Ave Regina Coelorum*
W 18, Kyrie, T. 1, Tenor, Bass

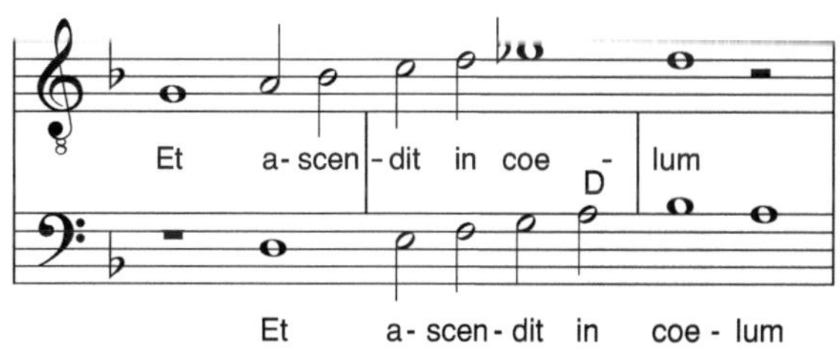

Lasso, *Missa Sesquialtera,* NR 10, Nr. 51, Credo, T. 93

Vertauscht man die Stimmen, ergibt sich eine übermäßige Quarte, die in eine Sexte mündet. Aufgrund ihrer Labilität ist diese als Schlussintervall nicht geeignet.[11]

Als irregulär gilt die Kombination einer halben Note als Durchgangsdissonanz mit einer punktierten halben und nachfolgender Viertelnote in der Gegenstimme (siehe das Beispiel rechts). Dabei wirkt die Quarte in fallender Bewegung verhältnismäßig unauffällig.[12] Das dürfte auch der Grund sein, warum diese Dissonanzform in der ersten Hälfte des 16. Jahrhunderts hier und da zu finden ist. Nach der Jahrhundertwende gehört sie wieder zu den regulären Dissonanzen.

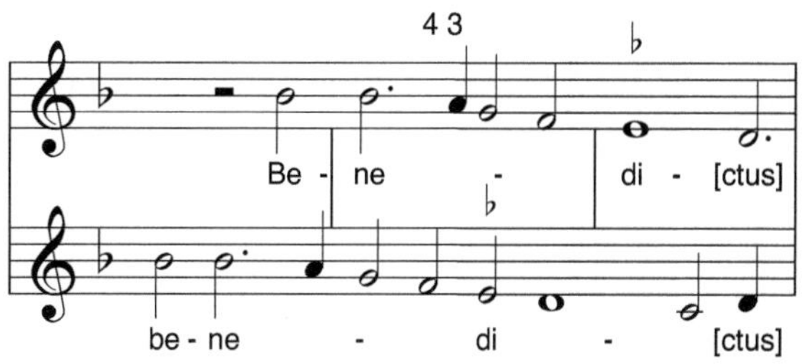

Rephun, *Benedictus qui venit*
Rhau, Bicinia II, Nr. 89, T. 9

2 Synkopendissonanz

2.1 Regeln der Synkopendissonanz

Die Synkopendissonanz unterscheidet sich grundsätzlich von allen anderen Dissonanzformen. Wenn Durchgänge, Wechselnoten usw. dissonieren, ist das eine Folge der melodischen Bewegung. Die Synkopendissonanz wird jedoch gesetzt, um eine harmonische Spannung zu erzielen. Sie steht auf der Halbnoten-Senkung und ist deswegen die auffälligste Dissonanzform. Die Synkopendissonanz spielt eine entscheidende Rolle in der Schlussbildung (siehe S. 93).
Synkopendissonanzen entstehen, wenn man bei Sext- oder Terzparallelen in ganzen Noten eine Stimme um eine halbe Note verzögert. Der Zielton und damit auch die erwartete Konsonanz wird uns auf der Senkung „vorenthalten“: Aus einer Sextparallele entsteht durch Verzögerung der Oberstimme ein Septimenvorhalt. Aus einer Terzparallele entsteht durch Verzögerung der Unterstimme ein Sekundvorhalt, durch Verzögerung der Oberstimme ein Quartvorhalt.[13]

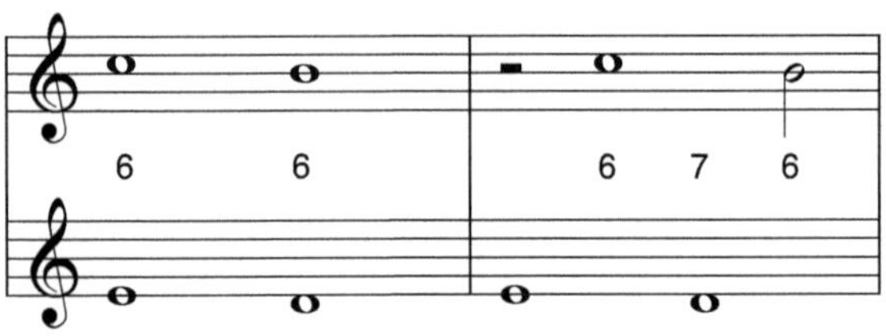

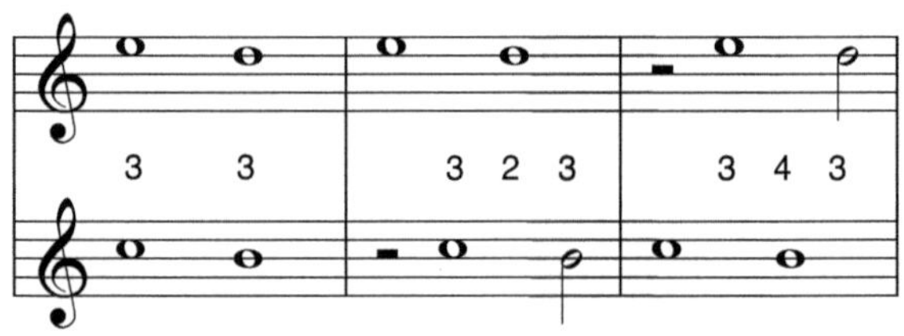

Der auf der Senkung eintretende Ton führt die Dissonanz „tätig“ herbei *(agens)*, während die Synkope die Dissonanz „erleidet“ *(patiens)*: Der Senkungston ist *aktiv*, die Synkope *passiv*. Für die Synkopendissonanz gelten die folgenden metrischen, harmonischen und melodischen Regeln:

- Die Synkope setzt auf einer leichten Halben ein, die Dissonanz folgt auf der schweren und die Auflösung auf der nächsten leichten halben Note.
- Unmittelbar vor der Dissonanz steht eine Konsonanz.
- Die Dissonanz wird in eine unvollkommene Konsonanz aufgelöst (die direkte Auflösung in eine vollkommene Konsonanz würde einen unerwünscht großen Spannungskontrast mit sich bringen).
- Die Auflösung erfolgt durch einen abwärts führenden Sekundschritt (Abwärtsbewegung bewirkt melodische Entspannung, Sekundbewegung verhindert auch hier einen zu großen Spannungskontrast).

Die Synkopendissonanz kann sowohl mit einer kleinen als auch einer großen Septime bzw. Sekunde gebildet werden (siehe das folgende Beispiel links). Der Septimen- und Sekundvorhalt hat im zweistimmigen Satz eine wesentlich größere Bedeutung als der Quartvorhalt. Ein Grund dafür ist, dass es der Quarte an spezifischer Dissonanzspannung ermangelt und sie nur aufgrund ihrer Labilität wie eine Dissonanz behandelt wird.[14] In der Kadenz wird der Quartvorhalt von der Sopran- und Bassklausel gebildet, einer im zweistimmigen Satz weitgehend unüblichen Kombination.[15] Allenfalls in Imitationen kommt der Quartvorhalt gelegentlich vor (Beispiel rechts).

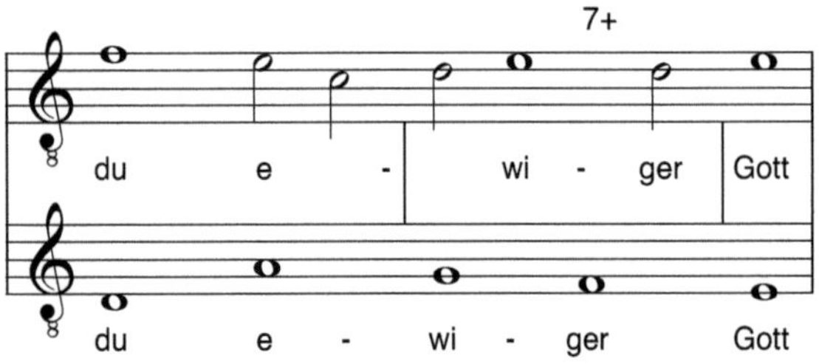

Othmayr, *Mitten wir im Leben sind*
Bicinia sacra, Nr. 23, T. 35

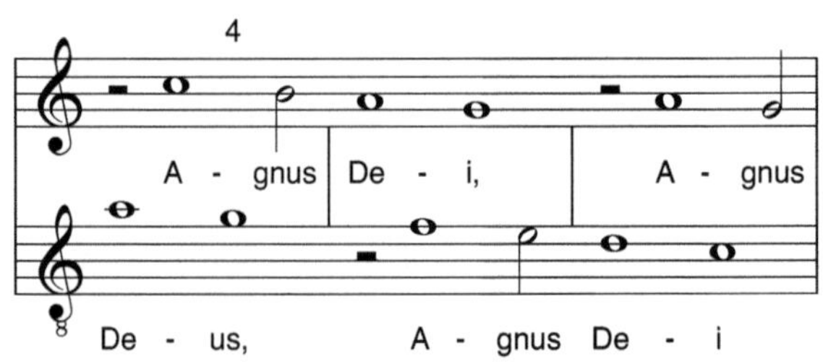

Lasso, *Missa Puis que i'ay perdu*
NR 4, Nr. 11, Gloria, T. 49

Da sich die Synkopendissonanz aus der Parallelführung von Sexten bzw. Terzen ableiten lässt, liegt es nahe, die Dissonanz auch durch eine Sexte bzw. Terz einzuführen. Dies ist auch überwiegend der Fall, doch liegt kein Zwang vor. Die Septime kann auch durch eine Oktave (siehe das folgende Beispiel links), die Sekunde durch eine Prime vorbereitet werden (Beispiel rechts). Der Kontrast zwischen der vollkommenen Konsonanz und der Dissonanz wird dabei in Kauf genommen.

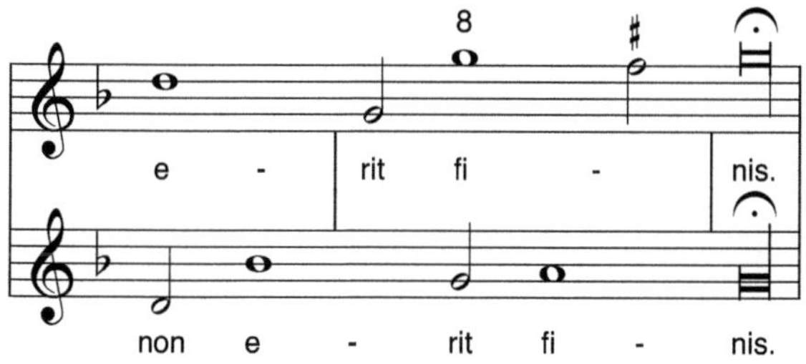

Lasso, *Missa super Frere Thibault*
NR 3, Nr. 4, Credo, T. 49

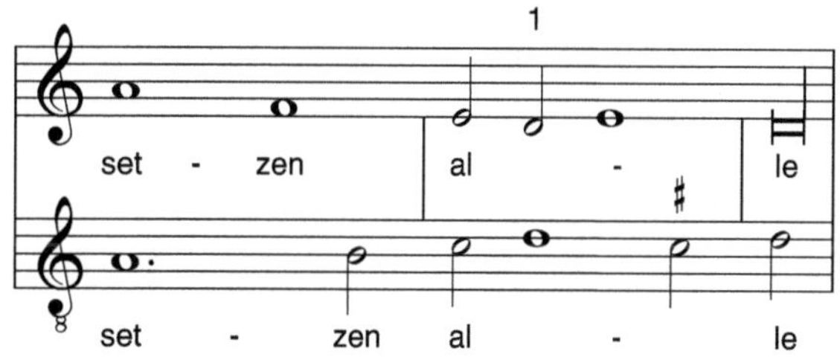

Othmayr, *Wär Gott nit bei uns diese Zeit*
Bicinia sacra, Nr. 9, T. 20

In allen bisherigen Beispielen wurde der aktive Ton auf der Senkung schrittweise eingeführt. Dies ist auch der Normalfall, von dem nur eine Ausnahme häufiger anzutreffen ist, nämlich die fallende Terz (Beispiel rechts). Dem Terzsprung geht meistens der übersprungene Ton voraus, so dass sich eine indirekte Sekundfortschreitung ergibt. Andere Sprünge in den Senkungston kommen zumindest im zweistimmigen Satz so selten vor, dass man sie als irregulär bezeichnen kann.[16] Selbst im drei- und vollstimmigen Satz findet man derartige Sprünge nur unwesentlich häufiger.

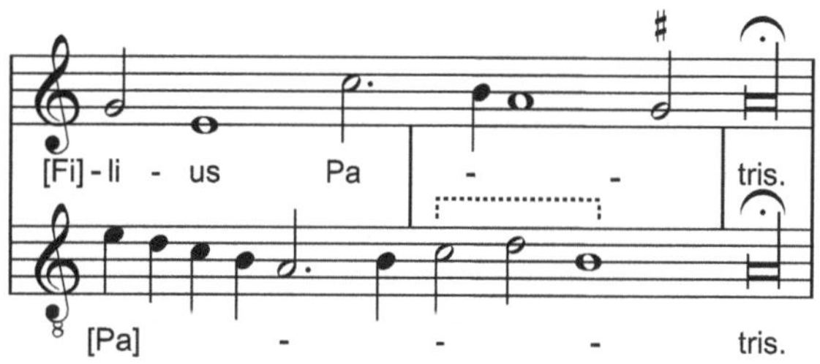

Lasso, *Missa O passi sparsi,* NR 4, Nr. 12, Gloria, T. 20

2.2 Verzierungen der Synkopendissonanz

Das Beispiel rechts zeigt eine Kadenz mit zwei Septimen-Vorhalten. Diese sind in typischer Weise verziert:

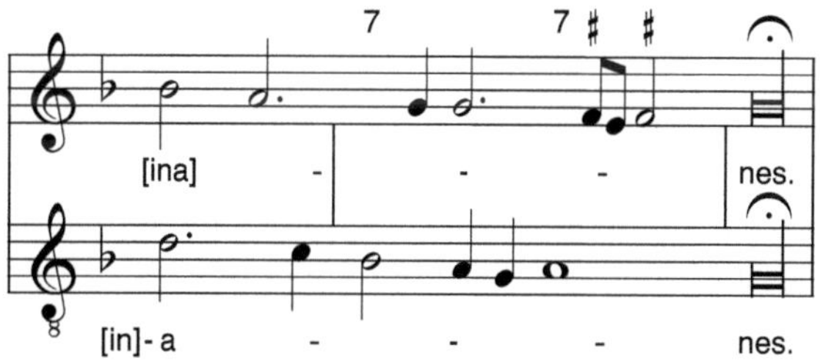

Lasso, *Magnificat Secundi Toni*
NR 14, Nr. 26, Vers 8, T. 21

- Die vorbereitende Synkope ist in eine punktierte halbe und eine Viertelnote aufgeteilt. Durch das Portamento erscheint der Auflösungston zwar um eine Viertelnote früher. Entscheidend ist aber, dass auf der leichten Halben nach dem Schlag ebenfalls der Auflösungston erklingt. Das Vorziehen desselben setzt also die entsprechende Regel nicht außer Kraft.
- Die Kadenz-Synkope ist in eine punktierte Halbe und ein Achtelpaar aufgeteilt. Auch hier erscheint der Auflösungston noch einmal auf der leichten Halben, wie es die Regel verlangt.
- Der Senkungston unter der vorbereitenden Synkope ist keine ganze Note, sondern er ist in eine Halbe und zwei Viertel aufgeteilt. Der Senkungston muss die Auflösung der Synkopendissonanz nicht abwarten: Nachdem er die Dissonanz gebildet hat, kann er sich schritt- oder sprungweise weiterbewegen.
- Beim Eintritt der Kadenz-Synkope bildet die Gegenstimme eine schwere Durchgangsdissonanz. Das ist regelgerecht, denn nur unmittelbar vor der Synkopendissonanz muss eine Konsonanz stehen. Der schwere Durchgang stellt eine spezifische Dissonanz dar, die ein Signal für die bevorstehende Synkopendissonanz ist.

Neben diesen allgemein üblichen Verzierungen gibt es auch solche, die seltener benutzt werden.[17] Nicht nur die Synkope, sondern auch der Auflösungston kann in kürzere Notenwerte aufgeteilt werden. Bis ins frühe 16. Jahrhundert hinein waren hier im Rahmen der Sopranklausel eine ganze Reihe von besonderen Verzierungen üblich.[18] Auch der (aktive) Senkungston kann aus Gründen der Textunterlegung in zwei halbe oder eine punktierte halbe mit nachfolgender Viertelnote aufgeteilt werden. Im folgenden Beispiel handelt es sich jedoch nicht um eine Tonwiederholung, sondern um eine Wechselbewegung. Der Senkungston wird so in zwei Viertel und eine halbe Note aufgelöst, dass die Viertelbewegung über den Dissonanzpunkt weiterläuft. Die Synkopendissonanz, eine Septime, wird durch den Eintritt des Tones *G* in der Unterstimme gebildet. Dieser ist daher nicht als Durchgang zu werten, ein solcher wäre auf dem Ganznoten-Schlag irregulär. Vielmehr ist der folgende Ton *F* eine konsonante Wechselnote.[19]

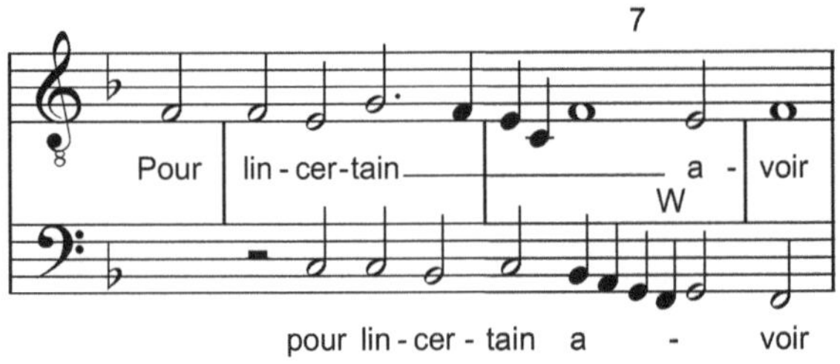

Anonymus, *Ung moins aymant*
Rhau, Bicinia II, Nr. 37, T. 40

2.3 Besondere Formen der Synkopendissonanz

Außer den beschriebenen Formen der Synkopendissonanz gibt es auch intervallische und rhythmische Varianten, die nicht so häufig zu finden sind. Der Nonenvorhalt spielt im drei- und vollstimmigen Satz eine wichtige Rolle. Er tritt dort immer gleichzeitig mit einem Septimenvorhalt auf. Im zweistimmigen Satz findet die None als Synkopendissonanz keine Anwendung, weil sie sich in die Oktave auflösen muss und daher der Forderung nach Auflösung in eine unvollkommene Konsonanz nicht entspricht. Gleichwohl gibt es in den Rhau-Bicinien eine Reihe solcher Fälle (siehe das Beispiel rechts).[20] Zu beachten ist, dass die None immer in Gegenbewegung eingeführt wird, um indirekte Oktavparallelen zu vermeiden.[21]

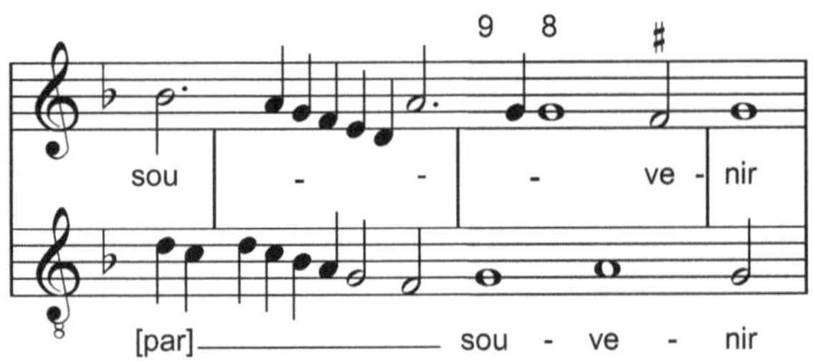

Gardane, Chanson *Si iay eu du mal*
Rhau, Bicinia I, Nr. 20, T. 5

Auch der Quartvorhalt in der Unterstimme mit Auflösung in eine Quinte ist irreglär, denn die Regel fordert die Auflösung der Synkopendissonanz in eine unvollkommene Konsonanz. In den Rhau-Bicinien gibt es dafür ebenfalls Beispiele (siehe unten links). In Rhaus Sammlung findet man auch die Auflösung der dissonierenden Quarte in der Unterstimme in eine verminderte Quinte und damit in eine weitere Dissonanz. Beide Beispiele kann man als Ausschnitt aus einer dreistimmigen Kadenz verstehen.[22]

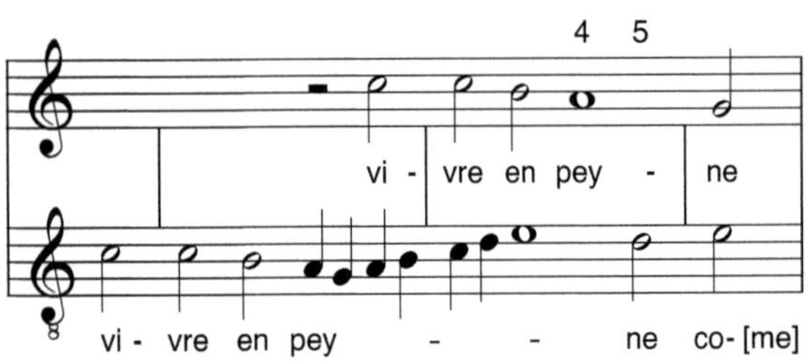

Gardane, Chanson *Il me convenient en tout temps*
Rhau, Bicinia I, Nr. 28, T. 8

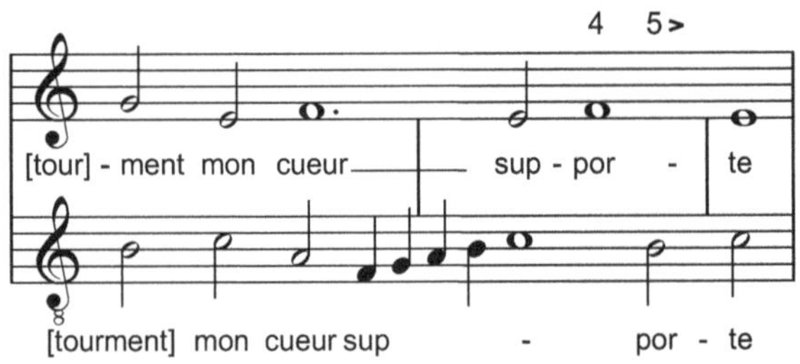

Gardane, Chanson *Disant hellas fortune*
Rhau, Bicinia I, Nr. 13, T. 10

Als rhythmische Variante ist der Eintritt des Vorhaltstons auf dem Ganznotenschlag als punktierte Ganze zu nennen. Die spezifisch rhythmische Spannung der Synkope entfällt, daher wird diese Vorhaltsform im zweistimmigen Satz als Schluss gar nicht, im Satzverlauf äußerst selten verwendet (siehe das folgende Beispiel links). Im mehr als zweistimmigen Satz fällt das Fehlen der Synkope allerdings weniger auf, dort spielt diese Vorhaltsform durchaus eine gewisse Rolle.

Gelegentlich wird die synkopierte ganze Note in zwei halbe aufgeteilt, um eine zusätzliche Silbe unterzubringen (Beispiel rechts). Im zweistimmigen Satz ist diese Variante irregulär, man findet sie allenfalls in volkssprachlichen Bicinien. Im drei- und vollstimmigen Satz ist sie jedoch nicht völlig ungebräuchlich.

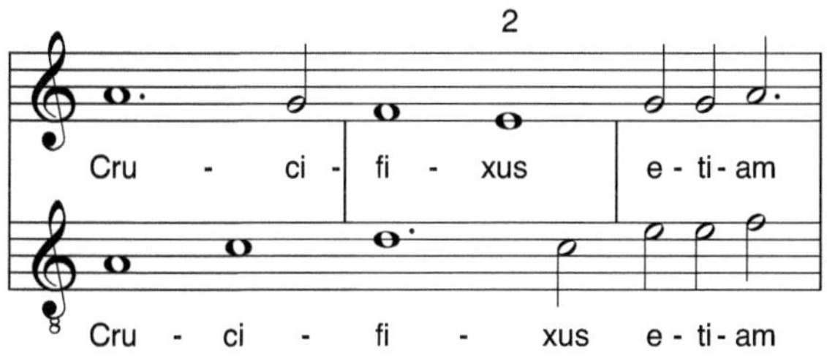

Palestrina, *Missa O Magnum Mysterium*
W 13, Credo, T. 82, Sopran, Alt I

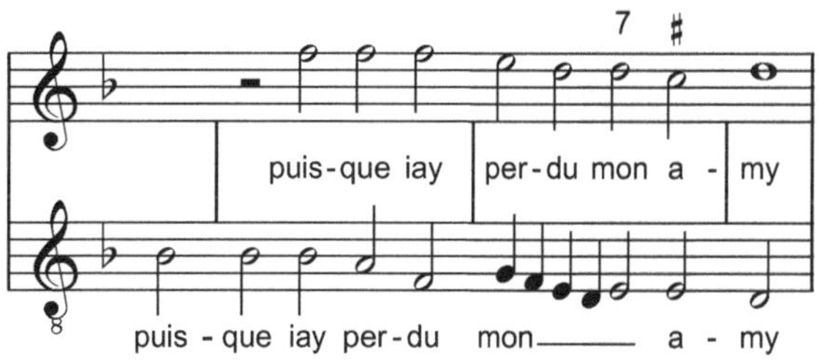

Iacotin, Chanson *Ie suis desheritee*
Rhau, Bicinia II, Nr. 22, T. 9

Die Diminution der Synkopendissonanz mit der Halben als Grundschlag ist in der Mitte des 16. Jahrhunderts nur eine Randerscheinung. Im folgenden Beispiel links bildet sie die Schlusskadenz mit einer diminuierten Tenor- und Sopranklausel.

Gelegentlich findet man auch die Kombination der „kleinen" Synkope mit einer nicht diminuierten Tenorklausel. Die Dissonanz wird dabei nicht konsonant vorbereitet (Beispiel rechts).

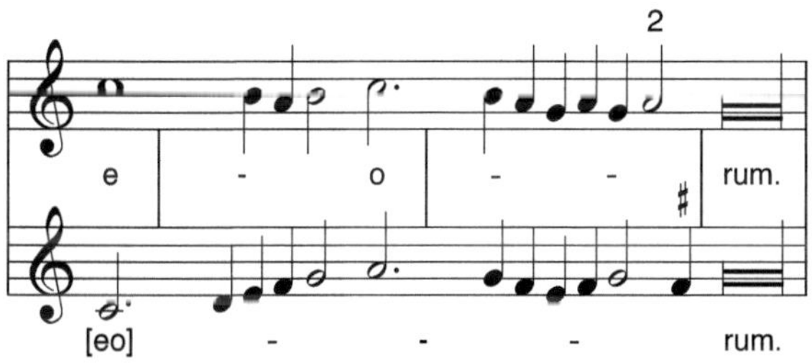

Stoltzer, *Oculi Domini super iustos*
Rhau, Bicinia I, Nr. 70, T. 24

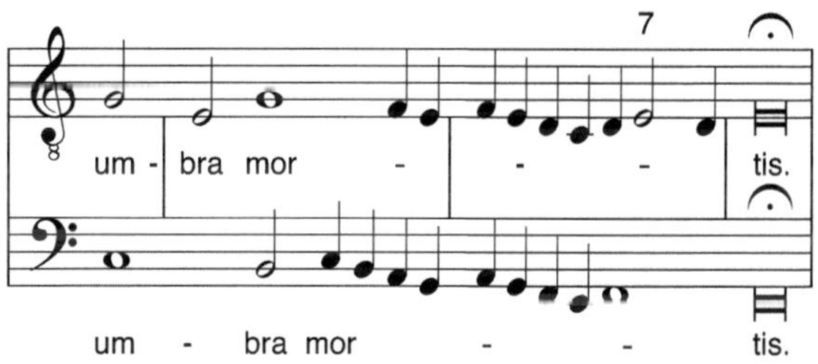

Lasso, *Responsorium octavum*
NR 24, Responsorien Nr. 17, T. 29

Anmerkungen

1. Meistens handelt es sich um große Sekunden, kleine Septimen und reine Quarten. Bei kleinen Sekunden, großen Septimen sowie dem Tritonus als Wechselnoten-Dissonanzen wird anscheinend die (offene oder latente) melodische Tritonus-Spannung als störend empfunden.

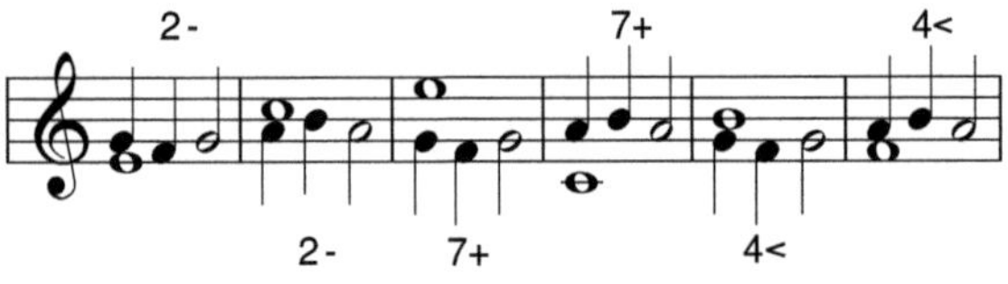

2. Zu Anfang der Motette *Pulchrae sunt genae tuae* von Palestrina (W 4, Nr. 6, T. 3) geht eine untere Wechselnote von der Oktave in die None, in Palestrinas Motette *Iste est* (W 5 I, Nr. 33, T. 4) von der Prime in die Sekunde.

3. In der Unterstimme kommt sie unter anderem im Bicinium *Der Herr kennet den Weg der Gerechten* von Othmayr vor (Bicinia sacra, Nr. 27, T. 4).

4. Selten ist dagegen die Rhythmisierung der Gegenstimme in durchlaufenden Vierteln, wie man sie in der anonymen Chanson *Il maviendra ce que vouldra*, Rhau, Bicinia II, Nr. 7 in T. 7, 30 und 38 findet (siehe S. 33-34).

5. Eines der raren Gegenbeispiele ist Mittantiers Bicinium *Tel en mesdit* (Rhau, Bicinia II, Nr. 9, T. 54).

6. Schwere Durchgangsdissonanzen in steigender Bewegung gibt es in dem anonymen Bicinium *Si confessus fueris* (Rhau, Bicinia I, Nr. 66, T. 27), dort sogar als große Septime.

7. Selten folgt dem Viertelpaar ein Terzsprung nach oben wie in Goudimels *Missa Tant plus je mets,* OC 12, Sanctus, Duo *Pleni,* T. 8.

8. Drei Dissonanzen hintereinander entstehen, wenn die Gegenbewegung nicht von der Dezime, sondern von der Terz ausgeht. Bei dieser Konstellation, in der sich die Stimmen kreuzen, ergibt sich die Intervallfolge Sekunde – Sekunde – Quarte (vgl. Gardanes Bicinium *Qui la vouldra*, Rhau, Bicinia I, Nr. 25, T. 20).

9. Eine Septime in steigender Bewegung gibt es in Lassos *Missa pro Defunctis* (NR 4, Nr. 15, Graduale *Si ambulem*, T. 39).

10. In den Bicinia von Rhau sind einige Beispiele zu finden (I, Nr. 30, T. 10, Nr. 64, T. 2, Nr. 65, T. 9; II, Nr. 56, T. 4 und 10). Bei Lasso dagegen ist der dissonierende Halbe-Durchgang extrem selten (*Missa super Qui la dira*, NR 10, Nr. 49, Credo, T. 100).

11. Auch zu dieser Dissonanzform gibt es Beispiele bei Rhau (Bicinia I, Nr. 38, T. 42 und 78), sogar auf der schweren Halben (II, Nr. 44, T. 41, Nr. 48, T. 30).

12. In den Bicinien von Rhau sind aber auch andere Dissonanzen (Sekunden, Nonen) zu finden. Die Stimmen können sich dabei in der gleichen oder entgegengesetzten Richtung bewegen. Einige von vielen Beispielen sind die Bicinia I, Nr. 13, T. 24, Nr. 29, T. 7 und Nr. 42, T. 15.

13. Grundsätzlich sind auch Synkopendissonanzen möglich, die durch Verzögerung von Dezimenparallelen entstehen. Bei einer Synkope in der Unterstimme entsteht so ein oktavierter Sekundvorhalt (Nonenvorhalt in der Unterstimme). Dieser ist zumindest als Kadenzvorhalt ungebräuchlich. Die wenigen Ausnahmen stehen oft im phrygischen Modus (z.B. Rhau, Bicinia II, Nr. 96, T. 36). Für Kadenzen mit dem Leitton in der Unterstimme gibt es äußerst wenige Beispiele (im letztgenannten Beispiel in T. 32). Oft wird dann die angezielte Oktave durch Klausel-Varianten oder Pausen vermieden (z. B. Lasso, NR 23, Nr. 6, Vers 6, T. 24).
Bei einer Synkope in der Oberstimme entsteht der gelegentlich anzutreffende Undezim-Vorhalt, also der um eine Oktave gestreckte Quartvorhalt (siehe z. B. Lasso, NR 4, Nr. 11, Gloria, T. 53 oder NR 24, Nr. 23, T. 35).

14. Vgl. S. 118.

15. Vgl. S. 95.

16. Einen Terzsprung aufwärts in den Quartvorhalt findet man bei Lasso, NR 9, Nr. 46, Sanctus, T. 21. Ebenfalls bei Lasso findet man sogar einen Quartsprung abwärts in den Sekundvorhalt (NR 24, Responsorium Nr. 9, T. 49).

17. Zu ihnen gehört die Terzsprungfigur als punktierte Halbe mit nachfolgender Viertelnote (z. B. Rhau, Bicinia II, Nr. 27, T. 38 und Nr. 71, T.11).

18. Modellbeispiel a zeigt die bekannte *Unterterz-* oder auch *Landinoklausel* (z. B. Rhau, Bicinia I, Nr. 36, T. 54), Beispiel b mit Achtelverzierung (z. B. Rhau, Bicinia I, Nr. 7, T. 41), Beispiel c sogar mit Sprung in die Dissonanz (z. B. Rhau, Bicinia I, Nr. 18, T. 35).

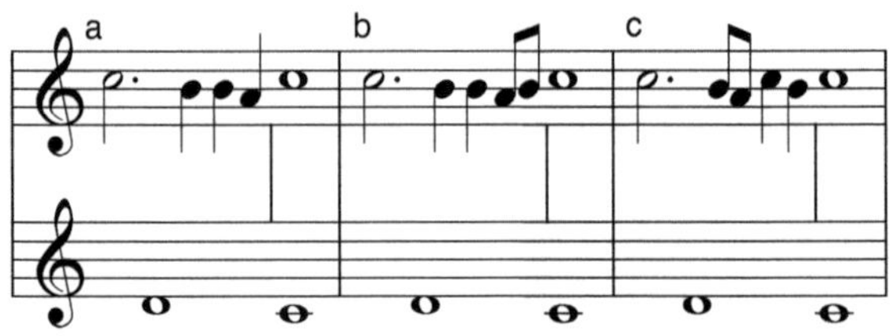

19. In Layolles Bicinium *Vade piger ad formicam* (Rhau, Bicinia I, Nr. 34) findet man in T. 29 die gleiche und in T. 30 eine ähnliche Verzierung wie im vorigen Beispiel sowie in T. 32 und 33 die Verzierung des Senkungstons durch die vier Viertel einer Durchgang-Terzsprung-Figur.

20. Vgl. Rhau, Bicinia I, Nr. 54, T. 39; II, Nr. 27, T. 10 und 49.

21. Brumel verkürzt in seinem Satz *Dominus dissipat consilia* (Rhau, Bicinia I, Nr. 36, T. 25) den Senkungston auf eine halbe Note und lässt ihn eine Terz aufwärts in die unvollkommene Konsonanz der Sexte springen. Er zerlegt also das im dreistimmigen Satz übliche harmonische Intervall in ein melodisches und vermeidet damit eine vollkommene Konsonanz als Auflösungsintervall.

22. Die Unterstimme wäre dann eine Sopranklausel, die Oberstimme eine modifizierte Terz-Altklausel. Eine Tenorklausel wäre noch zu ergänzen.

IX GATTUNGEN

1 Motette

Der Begriff „Motette" geht auf das altfranzösische *mot* („Wort") zurück.[1] Die Geschichte der Gattung beginnt im 13. Jahrhundert (Notre-Dame-Zeit und Ars antiqua) und geht über die *isorhythmische* Motette des 14. Jahrhunderts (Ars nova) bis zur *Tenormotette,* die sich um die Mitte des 15. Jahrhunderts durchzusetzen begann. Der Tenor enthält hier entweder einen *Cantus firmus*[2] in großen Notenwerten, einen kurzen Choralausschnitt oder eine aus Solmisationssilben gebildete Tonfolge. Tenormotetten sind im Normalfall fünfstimmig, bei kanonischer Verdopplung des Tenors auch sechsstimmig. Bei ihrem Aufbau spielen Zahlenproportionen eine große Rolle. Der erste bedeutende Komponist von Tenormotetten war Josquin Desprez (um 1440–1521).

In der Mitte des 16. Jahrhunderts wurde die Tenormotette weitgehend von freieren Formen der Choralbearbeitung und von der „freien" Motette abgelöst. Der Choral wurde häufig als Motivvorrat benutzt, indem z. B. das Initium als Subjekt eines durchimitierten Satzes diente. Am beliebtesten war die Vertonung von Psalmtexten, deren Ausdrucksstärke ihre musikalische Entsprechung in der Darstellung von Textdetails fanden. Der bedeutendste Komponist von rhetorisch durchgestalteten Motetten war Orlando di Lasso (1532–1594), während Giovanni Perluigi da Palestrina (um 1525–1594) in dieser Hinsicht zurückhaltender war. In seinem Streben nach einem Gleichgewicht aller Satzelemente vertrat er einen Stil, der als *prima prattica*[3] bis weit über das 17. Jahrhundert hinaus konserviert wurde.

Motetten wurden zur feierlichen Ausschmückung der Liturgie herangezogen. Sie wurden vor allem an den Stellen gesungen, die einen Bezug zum Text der Motette haben. In der Messe dienten sie auch zur Ausfüllung der Zeit während der stillen liturgischen Handlungen. Außerdem führte man Motetten als private Andachtsmusik oder als Festmotette zur Feier politischer Ereignisse auf.

Der von der Motette erwartete ernste und ruhige Charakter[4] lässt sich am ehesten im vollklingenden, mindestens vierstimmigen Satz verwirklichen. Motetten mit geringerer Stimmenzahl wurden meistens zu pädagogischen Zwecken geschrieben, wie die Verwendung von *Bicinien* im protestantischen Schulgesang zeigt. Einen Sonderfall bilden die zwölf lateinisch textierten zweistimmigen Sätze, die Lasso 1577 erstmals veröffentlichte, „Miniaturmotetten" auf höchstem künstlerischen Niveau.[5] Ähnlich anspruchsvoll ist auch eine Reihe seiner Duos aus seinen zyklischen Kompositionen.[6] Als Beispiel soll hier die 4. Strophe *Ipsa te cogat pietas* aus dem Hymnus *Jesu nostra redemptio* betrachtet werden (siehe S. 12–13). Lasso greift nicht auf den Choralhymnus zurück, sondern schreibt einen freien motettischen Satz.[7] Der Text hat vier Zeilen mit jeweils acht bzw. neun Silben. Diese gleichförmige Anlage wird aber nicht wie bei einer Chanson einfach in Musik übertragen. Aus den ersten beiden Textzeilen werden zwar musikalische Phrasen von etwa gleicher Länge, doch überlappen die Einsätze der einen die Klauseln der anderen Stimme (T. 4 bzw. 5). Auch zu Beginn der dritten Zeile (T. 9) wird die Kadenz unterlaufen, und zwar durch eine unterbrochene Terz-Tenorklausel. Die erste vollkommene Kadenz befindet sich erst in T. 15, die zweite am Schluss des Stückes. So werden die ersten drei Abschnitte zu einem großen Teil zusammengefasst. Dieser erhält seine Zuspitzung durch die Anlage der Imitationen, deren Einsatzabstände sich von drei („Ipsa") über zwei („ut mala") und einer Ganzen („parcendo") bis zu einer Halben („et voti") stetig verkürzen. Ein gewisses Gleichgewicht zum zweiten Teil mit nur einer einzigen Textzeile wird dadurch erreicht, dass diese zwei weitere Male wiederholt wird, also insgesamt dreimal erscheint. Auch dieser Teil erhält durch die Anlage der Imitationen einen klaren Aufbau. Das Subjekt, das den Text syllabisch in ansteigenden Halben deklamiert, und seine Oktavimitation (T. 16) erscheinen beim zweiten Mal in intervallischer Umkehrung (T. 19). Beim dritten Anlauf (T. 21 bzw. 22) werden steigende und fallende Bewegung durch Imitation in Gegenbewegung verbunden, bevor ein enggeführtes Viertel-Melisma in die Schlusskadenz mündet. Melismatische Viertelbewegung findet man an drei Stellen, und zwar wie üblich immer auf der letzten betonten Silbe vor dem Phrasenschluss („sú-per-es", „cóm-po-tes", „sá-ti-es"). Dadurch wird der erste große Teil noch einmal untergliedert (2+1 Textzeilen), zumal bei „parcendo" sequenzierte Kurzmotivik einsetzt.

In seiner modalen Anlage ist das Stück musterhaft. Sopran und Alt füllen mit Umfängen von $d^1 - d^2$ bzw. $g - g^1$ genau die dorischen Oktavrahmen aus. Der Sopran und damit auch der ganze Tonsatz steht im (transponierten) 2. Modus. Dieser kommt auch dadurch zur Geltung, dass die neben dem Schluss wichtigste Kadenz in T. 15 auf der 3. Stufe, dem traditionellen Rezitationston, gebildet wird. Normklauseln werden außerdem auf der 1. und 5., aber auch auf der 4. Stufe (T. 5) gebildet, was durch das quartweise steigende Subjekt und seine Imitation in der Unterquint bedingt ist.

Nicht nur durch die Imitationen, sondern auch durch die Anlage der melodischen Hochtöne des Soprans findet im ersten Teil eine durchgehende Steigerung statt (b^1 T. 2, c^2 T. 6 bzw. T. 11, d^2 T. 13). Der zweite Teil dagegen stagniert zunächst (d^2 in T. 17, 19 und 21), um dann zum schließenden g^1 hin abzufallen. Im Alt wird dieses Gefälle besonders deutlich ausgebildet (g^1 T. 18/19, f^1 T. 21, es^1 T. 22, d^1 T. 24 usw.).

In der Darstellung von Textdetails ist Lasso hier zurückhaltender als in vielen anderen Stücken. Die schrittweise fallende schlichte Syllabik bei „parcendo" („schonend"), durch die Sequenzierung gesteigert, und die sich neigende Geste bei „et voti compotes" („und mögest du das Opfer empfangen") als Quint-Terz-Synkope sind schon die einzigen Stellen. Ansonsten beschränkt sich Lasso darauf, Wörter entsprechend der Betonung im Satz auch musikalisch hervorzuheben, z. B. durch steigende Sprünge mit folgender Synkope („pietas", „superes"). In anderen Stücken sieht das anders aus. So drückt Lasso im Bicinium *Qui sequitur me* („Wer mir folgt") (siehe S. 16) das „Folgen" durch die enggeführte Imitation einer Quint-Sext- bzw. Quint-Terz-Synkope aus. Völlig ungewöhnlich ist, dass die Engführung das Stück eröffnet, während sie sonst meistens als Mittel zur Schlusssteigerung eingesetzt wird. Damit aber nicht genug: In der Fortsetzung „non ambulat in tenebris" („wird nicht wandeln in der Finsternis") wird zunächst der Terzfall des Subjekts normal imitiert, die folgende nach oben gehende Wechselnote aber in Gegenbewegung. Darauf wiederholt sich der Vorgang in ähnlicher Form (T. 9–11), um dann in einer enggeführten Gegenimitation eines Viertel-Melismas zu kulminieren. Hier gießt Lasso die Verneinung „*non* ambulat" in eine musikalische Gestalt, die sich dem Hörer in größter Deutlichkeit mitteilt.

2 Messe

Die Messe (lateinisch *missa*) ist der Hauptgottesdienst der abendländischen Kirche.[8] Sie besteht aus Gebeten und Lesungen, aus Gesängen, die im Kirchenjahr wechseln (dem *proprium missae*) sowie aus fünf feststehenden Choralgesängen, dem *ordinarium missae:*

- Kyrie,
- Gloria,
- Credo,
- Sanctus,
- Agnus Dei.

Während es schon zur Zeit des Papstes Gregor des Großen (590–604) einen umfangreichen Bestand an Propriumsmelodien gab, sind Ordinariumsmelodien erst seit dem 10. Jahrhundert überliefert. Aus dieser Zeit stammen auch die ersten mehrstimmigen Sätze. Im 14. Jahrhundert wurden Sammlungen von Einzelsätzen aus dem Ordinarium zusammengestellt, außerdem Satzpaare und schließlich auch vollständige Ordinarien. In den textarmen Teilen (Kyrie, Sanctus, Agnus Dei) bildet die zugehörige liturgische Choralmelodie das Gerüst des Tonsatzes, während die textreichen Teile (Gloria und Credo) meist in einem Cantus-firmus-freien, homorhythmischen Satz gehalten sind.

Im 15. Jahrhundert wurden die einzelnen Ordinariumssätze durch kompositorische Mittel immer stärker miteinander verbunden. Statt des von Satz zu Satz wechselnden liturgischen Chorals bildet ein einheitlicher Cantus firmus, der im Tenor in großen Notenwerten fortschreitet, das Gerüst der Messensätze. Neben fremden Choralmelodien waren vor allem weltliche Lieder wie das berühmte *L'homme armé* als Cantus firmi beliebt. Das berühmteste frühe Beispiel einer solchen *Tenormesse* ist die um 1450 entstandene *Missa Se la face ay pale* von Guillaume Dufay (um 1397–1474). Ihr liegt die Tenormelodie von Dufays gleichnamiger Chanson zugrunde. Weitere Mittel zur Vereinheitlichung des Ordinariumszyklus sind – neben der einheitlichen Tonart und Schlüsselung – gleiche Anfänge („Mottobeginn") und Schlüsse der Sätze. Die Korrespondenz textarmer und textreicher Teile und ihrer Gliederung (sowohl Kyrie als auch Agnus Dei sind dreiteilig) formen eine annähernd symmetrische Anlage. Innerhalb der Sätze bewirkt der Wechsel von voll- und geringstimmigen Teilen eine hörbare Formgliederung. Anlass für die Komposition und Aufführung von Messen waren oft festliche Ereignisse im kirchlichen oder höfischen Bereich.

Bis zum Ende des Jahrhunderts entwickelte sich die Messe zur führenden musikalischen Gattung. Mit großem kompositionstechnischem Aufwand wurden komplizierte Proportionskanons aus der Cantus-firmus-Stimme gebildet. Oft bildeten sie den krönenden Abschluss der Messe. Diese „Künste der Niederländer" sollten auf eine hinter dem Sinnlichen verborgene Realität hindeuten.

Josquin Desprez fasste mit seinen 18 Messen die Entwicklung der Gattung exemplarisch zusammen. Er war auch Wegbereiter ihrer Weiterentwicklung zur *Parodiemesse* im 16. Jahrhundert.[9] Im Gegensatz zur Tenormesse liegt ihr kein Cantus firmus zugrunde, vielmehr werden vollstimmige Abschnitte einer anderen Komposition oder auch einzelne Stimmen oder Motive übernommen und mit dem Text der Messe unterlegt. Im typischen Fall werden Anfänge und teilweise auch Schlüsse jeder der fünf Hauptteile der Messe aus dem Anfang bzw. Schluss der Vorlage gebildet. Unterabschnitte wie etwa das „Christe eleison", das zweite „Kyrie eleison" oder das zweite und dritte „Agnus Dei" beruhen auf Motiven der Vorlage oder sind freie Kompositionen. Als Vorlage wurde neben der Chanson oder dem Madrigal die moderne, in imitatorischem Satz komponierte Motette bevorzugt. Oft wurde die Messe mit der zugehörigen Motette gemeinsam aufgeführt und auch gedruckt. Von Palestrinas 104 Messen sind mehr als die Hälfte Parodiemessen. In den 63 Messen Lassos ist der Anteil der Parodiemessen noch größer. Neben höchst aufwendigen Messen für festliche Anlässe schrieb er auch anspruchslosere, kurze Werke für den gewöhnlichen Gebrauch.

In Lassos Messen findet man auch zahlreiche zweistimmige Abschnitte. Er folgt damit der Tradition, bestimmte Abschnitte geringstimmig zu setzen, z. B. das „Benedictus qui venit in nomine Domini" aus dem Sanctus. In seiner *Missa super Je suis desheritée* stützt er sich auch im Benedictus (siehe S. 23) auf die Vorlage der Messe, eine Chanson von Johannes Lupi (siehe das Notenbeispiel auf der folgenden Seite).

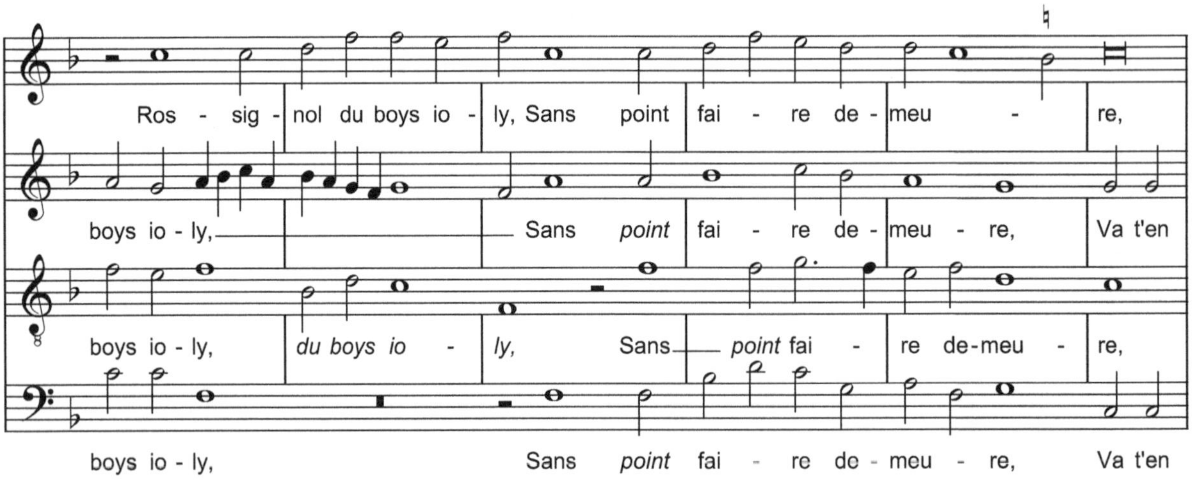

Lupi, *Chanson Je suis desheritée,* Lasso, NR 12, Nr. 11, T. 19

Während die Anfänge der fünf Hauptteile der Messe den Beginn der Chanson wörtlich oder variiert aufgreifen, beginnt das Benedictus zunächst ohne erkennbare Anlehnung an die Chanson. Der Tenor als Oberstimme des Duos zitiert erst ab T. 28 („in nomine Domini") den Chanson-Sopran ab T. 19, zunächst mit kleinen textbedingten rhythmischen Änderungen, in T. 30 mit geändertem Anschluss (Zäsur statt verkürztem Schlusston) und Verzierung der folgenden Phrase. Dann folgt er jedoch nicht weiter dem Sopran, sondern dem Tenor (T. 21–23), um letztlich aber doch die Klausel des Soprans (T. 26–27) leicht verändert aufzugreifen. Der Bass als Unterstimme des Duos orientiert sich in freier Weise am Tenor (T. 18–19), Alt (T. 19–20) und wieder am Tenor der Vorlage (T. 21–23).
Den freien ersten Teil seines Benedictus („Benedictus qui venit") legt Lasso kunstvoll im doppelten Kontrapunkt der Duodezime an, während im zweiten Teil das Subjekt dreimal kopfimitiert wird. Jede Phrase ist mit etwa 3 Takten ungefähr gleich lang. Durch die Wiederholungen ergibt sich eine Anlage von 6 (3+3) + 10 (3+3+4) Takten. Alle Abschnitte sind durch Überlagerungen bzw. „fliehende" Kadenzen miteinander verbunden, so dass der Satz klar gegliedert ist und trotzdem bruchlos weiterfließt.

3 Kanon

Mit dem lateinischen Wort *fuga* („Flucht") wurde ursprünglich die Imitation in ihrer strengsten Form bezeichnet, die später „Kanon" genannt wurde.[10] Dabei wird die führende Stimme *(guida)* von der nachfolgenden *(conseguente)* durchgängig und ausnahmslos nachgeahmt. *Canon* (griechisch-lateinisch im Sinne von „Regel", „Vorschrift") hieß die Anweisung („Kanondevise"), die den Zeitpunkt und das Intervallverhältnis der folgenden Stimme angibt, denn notiert wurde nur die Guida.[11] Einsatz und Schluss der Conseguente wurde auch durch ein „Kongruenzzeichen" angegeben.[12]

Der Kanon als satztechnisches Verfahren erlebte seine Blüte im 15. und dem Beginn des 16. Jahrhunderts. Die kanonische Verdopplung oder Vervielfachung einer Stimme wurde als Steigerungsmittel in zyklischen Kompositionen, vor allem der Messe, eingesetzt. Dadurch erhöht sich oft die Stimmenzahl des Schlusssatzes. Zahlreiche Messen werden aber auch durchgängig von einem Kanon als Gerüstsatz durchzogen. Eine solche *Kanonmesse* ist Johannes Ockeghems (um 1410–1497) *Missa prolationum.* Sie beginnt im Kyrie mit einem Kanon im Einklang, setzt im Christe mit einem Kanon in der Sekunde fort und so weiter, um im Hosanna zum Kanon in der Oktave zu gelangen.[13] Zu den „Künsten der Niederländer" gehörte auch der *Proportionskanon.* Durch die Anwendung verschiedener Mensuren erhält man aus einer notierten Stimme zwei oder mehr Stimmen mit proportional verschiedenen Notenwerten. Im folgenden Beispiel ist die Stimme im tempus imperfectum (C) gegenüber der Stimme im tempus imperfectum diminutum (¢) im Verhältnis 1:2 augmentiert.

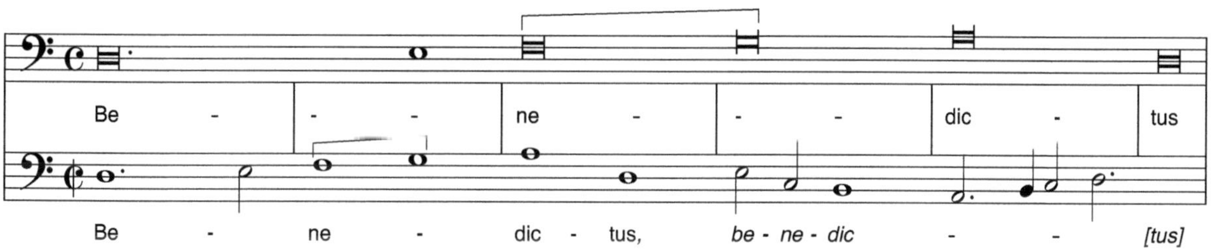

Josquin, *Missa L'homme armé super voces musicales,* Benedictus, W 1, T. 1

Auf diese Weise wurden aus einer notierten Stimme sogar drei- oder vierstimmige Kanons gebildet. In Ockeghems erwähnter Messe laufen über weite Strecken zwei zweistimmige Kanons gleichzeitig ab *(Doppelkanon).* Krebsförmig rücklaufende oder intervallisch umgekehrte Kanons wurden ebenso gepflegt wie solche mit absichtsvoll verrätselten Devisen *(Rätselkanon).*

Während des 16. Jahrhunderts verloren die Kanonkünste mehr und mehr an Bedeutung zugunsten eines durchimitierten, durch den Text geprägten Satzes. Eine gewisse Rolle spielte der Kanon aber als eigenständige Gattung, denn die Fuga war als Lehr- und Übungsbeispiel im protestantischen Schulgesang beliebt. Auch Joachim Hellers *Quam pulchra es* (siehe S. 25–26) gehört in diesen Zusammenhang. Das Stück wirkt in seinem Beharren auf dem Terzgerüst e^1 – g^1 – h^1 zunächst statisch, erweitert dieses dann aber nach oben (e^2 in T. 7) und nach unten (c^1 in T. 10). Die konsequente Ausweitung des Tonraums wird im dritten Teil des Stücks (ab T. 21 der Guida) wieder zurückgenommen. In diesem Schlussteil wird nicht nur der Text des Anfangs wieder aufgriffen, sondern er ist auch musikalisch als freie Reprise gestaltet. Zwischen Anfangs- und Schlussteil steht ein mittlerer Abschnitt (ab T. 13), der sich durch die Beschränkung auf halbe und ganze Noten abhebt. Die drei Abschnitte werden nicht durch Kadenzen abgeschlossen, vielmehr werden alle Klauseln in der einen durch die jeweils andere Stimme unterlaufen (sowohl die beiden Sopranklauseln in T. 11–12 bzw. 15 als auch die Tenorklausel in T. 21 der Guida, alle übrigens mit dem Zielton c^1 bzw. c^2). Auch der Schluss bleibt mit dem kurzen Anhang über einem Liegeton kadenzlos. Während Hellers Bicinium ein Kanon im Einklang ist, so kündigt der Titel von Johann Walters Fuga *Primi et secundi in diapente* (siehe S. 26–27) einen Kanon in der Quinte an. Ein solcher kann intervallisch nicht völlig streng sein,[14] wird doch der Halbtonschritt h – c^1 (z. B. in der Guida in T. 3) mit einem Ganztonschritt f^1 – g^1 beantwortet (Conseguente in T. 5), sofern man nicht eine akzidentielle Erhöhung annimmt

(Conseguente in T. 21). Noch größere Schwierigkeiten ergeben sich in modaler Hinsicht. Anfangs entfernt sich die Tonalität stetig in steigenden Quinten von dem Ausgangston *d*, denn die Kadenz auf *a* (T. 4–5) wird mit einer Kadenz auf e^1 beantwortet (T. 6–7). Der Schluss des ersten Teils (T. 13–14) wird aber ebenso konsequent erreicht, indem die angedeutete Kadenz auf c^1 (T. 9–10) zunächst auf *g* (T. 11–12) und schließlich auf *d* beantwortet wird. Auch der mittlere (T. 14–25) und der schließende Teil (ab T. 25) haben die gleiche Anlage.

Alle drei Teile werden nicht nur mit einer Finalkadenz beendet, sondern sind auch etwa gleich lang (13+11+11 Takte). Sie verwenden überdies deutlich voneinander verschiedene Soggetti. Dabei gelingt Walter zu Beginn des letzten Teils ein kleines Kunststück. Während die Stimmen sonst im Abstand von vier Ganzen aufeinander folgen, scheint sich dieser in T. 25 auf eine Ganze zu verkürzen und in T. 27 zum gleichzeitigen Erklingen des Subjekt und seiner Umkehrung zu führen. Dieser Eindruck wird durch zwei kurze Soggetti erreicht, die intervallisch gleich beginnen und unmittelbar aufeinander folgen (Guida in T. 23–27). Das erste dieser Soggetti wird schon am Ende des zweiten Teils eingeführt, wo es als Tenorklausel allerdings nicht besonders auffällt.

Der Beginn des Stücks ist ein Musterbeispiel für eine Exordialmelodie im ersten Modus. Auch die Tonumfänge von Guida und Conseguente, die der Titel nennt („im ersten und zweiten Ton"), entsprechen zunächst der Norm eines Biciniums mit gemischten Stimmen. Ab T. 12 bzw. 14 werden jedoch die Oktavrahmen des ersten bzw. zweiten Modus auf drastische Weise unterschritten. Aus den beschriebenen Gründen reicht die Guida sogar bis zum *G*, einen Ton unter dem plagalen Modus und im hohen Bassschlüssel nur mit einer Hilfslinie zu notieren. Obwohl Walter seine Sammlung *Fugen auf die acht tonos*[15] nennt und damit Musterbeispiele modalen Komponierens verspricht, ist dieses Stück als Lehrbeispiel für die modalen Oktavumfänge denkbar ungeeignet. Dass es sich gleichwohl um eine gelungene Komposition handelt, dürfte allerdings unbestreitbar sein.

4 Lateinischer Cantus-firmus-Satz

4.1 Hymnus

Im Mittelpunkt des lateinischen Kultus des Mittelalters standen die liturgischen Gesänge. Zu ihnen gehören auch die *Hymnen,* religiöse Lob- und Preisgesänge in feierlicher, gehobener Sprache.[16] Ihr Ursprung liegt im antiken Griechenland. Die ersten lateinischen Hymnen entstanden in Mailand unter dem Bischof Ambrosius. Sie sind freie Dichtungen und wurden von der römischen Kirche erst spät zugelassen.[17] Sie sind Bestandteil des *Officiums,* des kirchlichen Stundengebets.

Der Hymnus hat die Form eines Strophenliedes. Alle Strophen sind gleich gebaut und können daher auf dieselbe Melodie gesungen werden. Jeder Vers hat dieselbe Anzahl von Silben in strenger metrischer Ordnung. So besteht die *ambrosianische* Hymne, der am meisten verbreitete Typus, aus vierzeiligen Strophen zu je acht Silben im jambischen Versmaß (z. B. „Conditor alme siderum").

Dem Liedcharakter der Hymne entspricht eine überwiegend syllabische Text-Deklamation, die nur gelegentlich von zwei-, drei- oder mehrtönigen Melismen (Ligaturen) durchsetzt ist. Neben den *ferialen* (einfachen) gibt es auch *solemne* (prächtige, feierliche) Weisen, die stärker mit Ligaturen ausgeschmückt sind. Hymnen wurden gewöhnlich *alternatim* (abwechselnd) von zwei Chören vorgetragen.

4.2 Mehrstimmige Hymnen-Vertonungen

Die ersten mehrstimmigen Hymnenkompositionen entstanden um das Jahr 1400. Das Alternatim-Prinzip wurde beibehalten, indem die ungeradzahligen Strophen *choraliter* (einstimmig) und die geradzahligen *figuraliter* (mehrstimmig) ausgeführt wurden. Im 15. Jahrhundert erlangten die Hymnen Guillaume Dufays, kurze, meist dreistimmige Fauxbourdon-Sätze mit der Hymnenmelodie in der Oberstimme, die weiteste Verbreitung. Um die Wende zum 16. Jahrhundert setzte sich allmählich der durchkomponierte Hymnus durch, in dem alle mehrstimmig ausgeführten Strophen eigene Tonsätze erhielten. Bedeutende Hymnenzyklen stammen von Lasso (1580/81), Victoria (1581) und Palestrina (1589). Palestrinas *Hymni Totius Anni* („Hymnen für das ganze Jahr") fanden auch außerhalb Italiens weite Verbreitung.[18] Mit einer klaren Textdeklamation und dem weitgehenden Fehlen rhetorischer Figuren trugen Palestrinas Hymnen den Forderungen des Konzils von Trient (1545–1563) Rechnung. Entgegen der üblichen Praxis vertonte Palestrina die ungeradzahligen Strophen, wobei der Anfang choraliter intoniert wurde.

Auch im protestantischen Deutschland wurde die lateinische Hymne weiter gepflegt. Die dafür wichtigste Sammlung waren die 1542 bzw. 1545 bei Rhau erschienenen beiden Bücher der *Sacrorum Hymnorum* mit zusammen 256 Tonsätzen.

Die Hymnenkompositionen des 16. Jahrhunderts sind meistens vier- und mehrstimmig, aber auch in den durchkomponierten Hymnenzyklen gibt es geringstimmige Binnenstrophen. Während Victoria und Palestrina nur bis zur Dreistimmigkeit zurückgehen, schreibt Lasso auch zweistimmige Hymnenstrophen. Als Beispiel soll sein Duo *Cuius forti potentiae* aus dem Hymnus *Conditor alme siderum* dienen (siehe S. 29). Die Hymnenmelodie (siehe S. 202) wird im modal führenden Sopran bis auf eine Ausnahme rein syllabisch deklamiert. Die dritte und vierte Zeile wird wiederholt und die dritte dabei melismatisch erweitert. Vorherrschend sind halbe Noten, es sind aber auch ganze (auf dem Schlag und als Synkope), punktierte ganze Noten und eine Brevis untergemischt.

Lasso verbindet den Cantus-firmus-Satz mit der Imitationstechnik. Alle Zeilenanfänge werden von der Unterstimme kopfimitiert. Dabei wechseln Vor- und Nachimitation sowie die Imitationsintervalle (Oktave, Quarte und Quinte) miteinander ab. Der Einsatzabstand ist stets eine Ganze, die Länge der Anfangstöne differiert häufig (T. 1, 7 und 10). Besonders eindringlich ist die Imitationstechnik im vierten Vers. Aus dem Beginn des Cantus firmus („nutu fatentur") wird in der Unterstimme ein Kurzmotiv, das einen Ton höher wiederholt wird (beim ersten Mal erscheint es wegen der Dissonanzbehandlung in abgewandelter Form) und anschließend den Rest der Verszeile bringt. Bei der Wiederholung des vierten Verses wiederholt sich auch diese Anlage der Unterstimme mit dem einzigen Unterschied, dass die Wiederholung des Kopfmotivs auf dem gleichen Ton erfolgt. Durch die Wiederholungen wird eine finale Steigerung erreicht. Außerdem entsteht so aus den vier gleich langen Versen des Textes eine dreiteilige Form.

4.3 Magnificat

Die liturgischen Texte des Gottesdienstes, die zu einem großen Teil dem Psalter entstammen, wurden nicht gesprochen, sondern auf einem Ton singend rezitiert.[19] Der Rezitationston *(repercussa* oder *tenor)* wird durch eine melodische Anfangswendung *(initium)* eingeführt und läuft in eine Schlusswendung aus *(terminatio)*.[20] Psalmverse sind in der Regel zweiteilig, daher wird der erste Teil mit einer Mittelwendung beendet *(mediatio)*.[21]

1. Ton

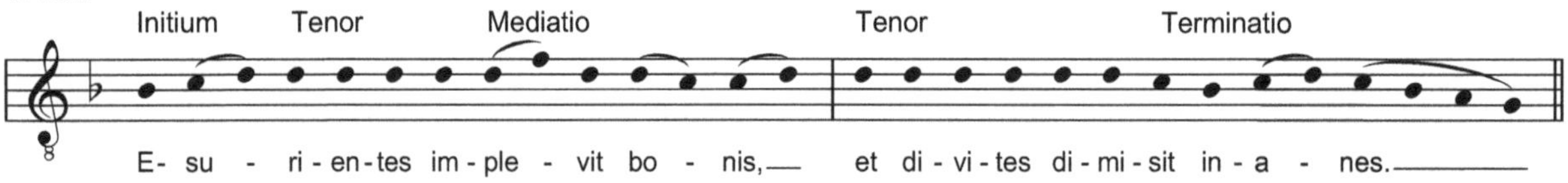

Das obige Beispiel ist kein Psalmvers, ist aber ebenfalls zweiteilig aufgebaut.[22] Es handelt sich um den 8. Vers des *Magnificat*.[23] Mit den Worten „Magnificat anima mea dominum" („Meine Seele erhebt den Herrn") beginnt der Lobgesang Mariens aus dem Lukas-Evangelium (Kap. 1, 46–55). In der römischen Liturgie bildet das Magnificat den Höhepunkt des Vespergottesdienstes. Zehn zweiteilige Verse werden durch die zwei Verse der Doxologie „Gloria Patris ..." abgeschlossen. Die Melodieformeln sind für alle zwölf Verse gleich. Das Magnificat wird von einer zweimal gesungenen Antiphon umrahmt, die zum Fest des Tages gehört.[24] Das Magnificat steht in demselben Modus wie die Antiphon. Daher gibt es acht Magnificat-„Töne", charakteristische Melodieformeln in jedem der acht Modi.[25]

2. Ton

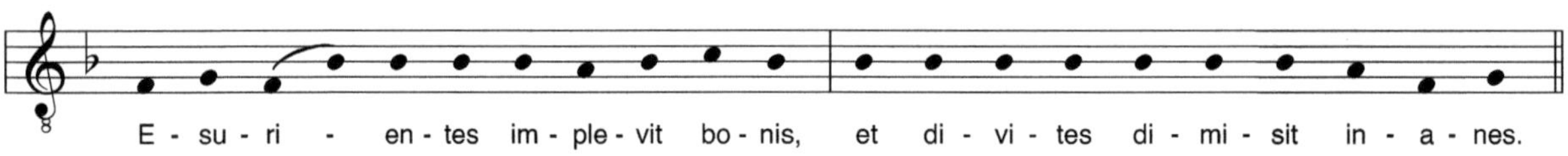

3. Ton

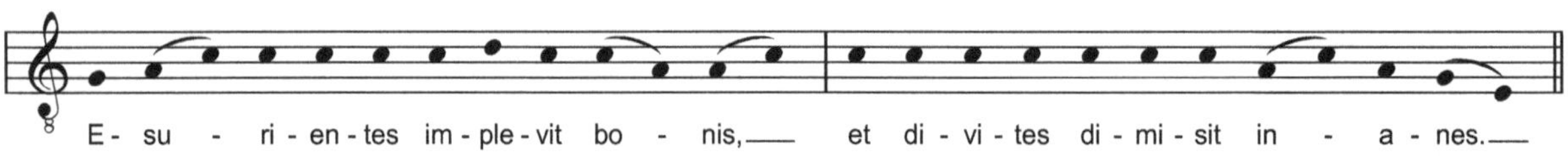

4. Ton

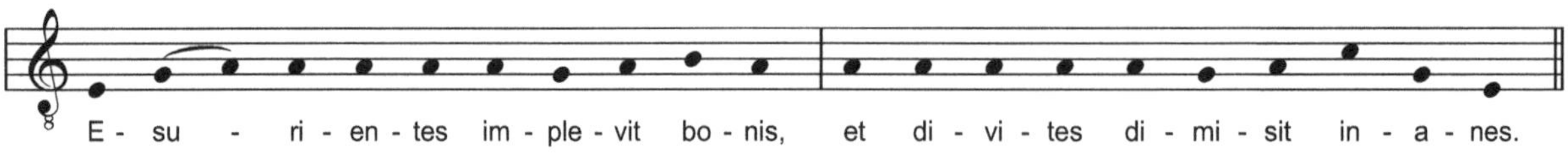

5. Ton

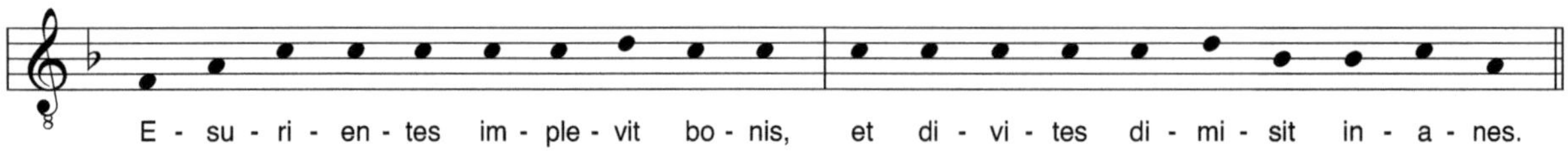

6. Ton

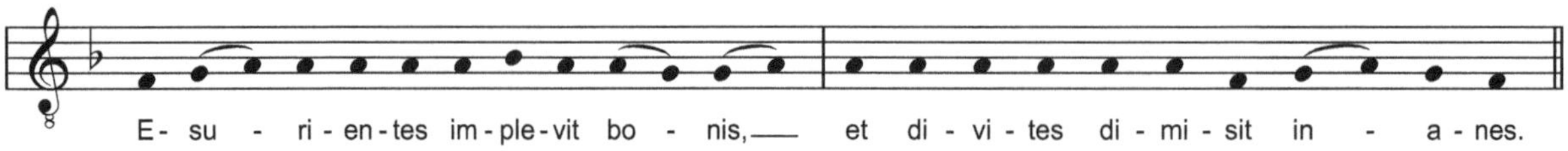

7. Ton

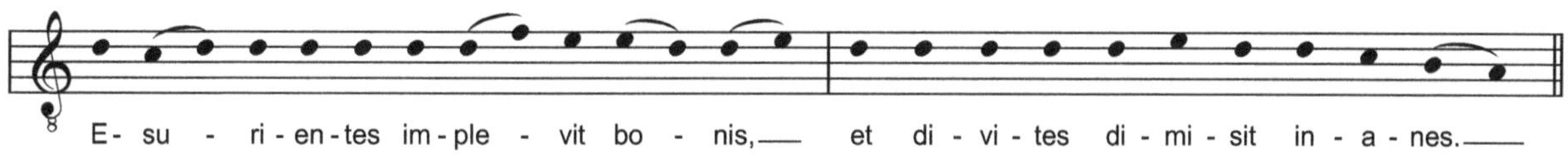

8. Ton

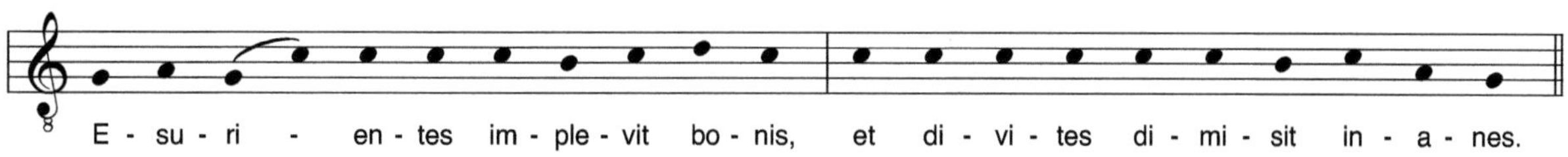

Der Tenor (Rezitationston) liegt immer über der Finalis des Modus. In den authentischen Modi ist der Tenor die 5. Stufe (im Phrygischen die 6.), in den plagalen die 3. Stufe (im Phrygischen und Mixolydischen die 4. Stufe). In der folgenden Übersicht bedeuten ● der Tenor und o die Finalis des Modus.

Dass der Ton *h* im 3. und 8.Ton als Tenor vermieden wird, hat mit dem Spannungsgehalt dieser Stufe zu tun. Allerdings gibt es auch Quellen, die im 3. Modus neben *c* auch *h* als Rezitationston verzeichnen.[26]

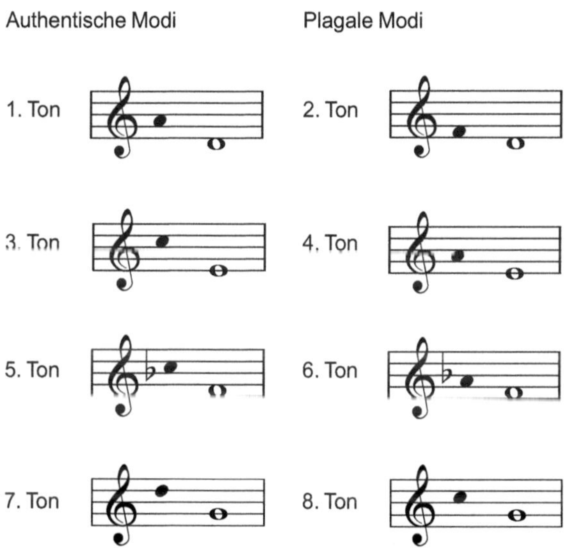

Vergleicht man die psalmodischen Rezitationstöne mit den Hauptstufen der freien Melodik, so stellt man eine Übereinstimmung fest. Die Tenores entsprechen im 1., 4., 5. und 8. Ton den sekundären, in den anderen Tönen den tertiären Hauptstufen. Diese Übereinstimmung hat zwei Gründe. Zum einen bildet der „gregorianische" Gesang auch noch in der Renaissance die Grundlage der Kirchenmusik, er ist ein selbstverständlicher Bestandteil der liturgischen Praxis. Zum andern wirken sowohl in den traditionellen liturgischen wie auch in frei komponierten Melodien die gleichen Spannungskräfte. Besonders deutlich wird das, wenn liturgische Choralmelodien und freie kontrapunktische Stimmen in einem Tonsatz vereinigt werden.

4.4 Mehrstimmige Magnificat-Vertonungen

Den mehrstimmigen Magnificat-Vertonungen liegen meist die solemnen, reicher verzierten Melodievarianten zugrunde. Die Bindung an den Choral ist allerdings verschieden stark ausgeprägt. Im einfachsten Falle erscheint er als Cantus firmus in einer Stimme in ruhigen Notenwerten. In kunstvolleren Sätzen werden aus dem Choral nur noch imitierte Soggetti sowie die Kadenzstufen abgeleitet. Auf diese Weise wird er ganz in den kontrapunktischen Satz aufgelöst. Eine besondere Gattung bildet das Parodie-Magnificat über einen fremden Cantus firmus oder über Motetten oder Madrigale.

Üblicherweise werden die zwölf Verse des Magnificat alternatim ein- und mehrstimmig gesungen.[27] Meist sind die geradzahligen Verse mehrstimmig gesetzt, während die anderen dem Choralgesang überlassen bleiben. Der 1. Vers („Magnificat anima mea Dominum") übernimmt dann die Rolle der Intonation, die mehrstimmige Komposition beginnt mit der Antwort „Et exsultavis spiritus meus". Die mehrstimmige Vertonung der ungeradzahligen Verse oder gar sämtlicher zwölf Verse ist dagegen seltener. Dann wird das Anfangswort „Magnificat" choralisch intoniert, der mehrstimmige Satz beginnt mit „Anima mea Dominum". Während der erste mehrstimmige Satz die volle Stimmenzahl aufweist (allgemein üblich ist die Vier- bis Sechsstimmigkeit), kann der Schlusssatz („Sicut erat ...") durch Zusatzstimmen hervorgehoben werden. Diese sind oft kanonische Verdopplungen anderer Stimmen. Bei allen anderen Versen ist dagegen auch

eine Verminderung der Stimmenzahl möglich. Besonders beliebt ist dafür der 8. Vers („Esurientes“), bei dem die Stimmenreduktion den Text ausdeutet („... und lässt die Reichen leer ausgehn“).
Da der Modus des Magnificat mit dem der Antiphon übereinstimmen muss, wurden Kompositionen in sämtlichen Modi gebraucht. Der Modus kommt schon im Titel zum Ausdruck (*Magnificat primi toni, Magnificat secundi toni* usw.). Magnificats wurden meist in Zyklen zusammengefasst, die jeweils ein Magnificat in allen acht Modi enthalten *(Magnificat octo tonorum)*. Durch die klare modale Ordnung waren die Magnificat-Zyklen auch als theoretische Demonstration für angehende Musiker geeignet.
Aus der ersten Hälfte des 15. Jahrhundert findet man strophisch angelegte Magnificats, in denen nur zwei, drei oder vier verschiedene Sätze abwechselnd den zwölf Versen unterlegt wurden. Die zwischen Drei- und Zweistimmigkeit abwechselnden Sätze dienten als einfache liturgische Gebrauchsmusik. In der zweiten Jahrhunderthälfte setzte sich dann allmählich das Alternatim-Magnificat in zyklischer Ordnung allgemein durch. In der ersten Hälfte des 16. Jahrhunderts entstanden neben einfachen Vertonungen auch die anspruchsvollen Zyklen Costanzo Festas (um 1490–1545) und Carpentras (um 1470–1548), durch die sich das Magnificat zur bedeutenden, repräsentativen Gattung entwickelte. Die äußerst weit verbreiteten Magnificats von Cristobal de Morales (um 1500–1553) waren dagegen knapper und weniger kunstvoll. Die Zyklen Palestrinas reduzieren den Aufwand noch weiter. So sind die 1591 gedruckten Magnificats einfach gesetzt und fast durchgehend vierstimmig ohne finale Steigerung.[28]
Orlando di Lasso übertrifft mit 102 Magnificats die Produktion aller übrigen Komponisten seiner Zeit. Die zwischen 1565 und 1579 entstandenen Werke, überwiegend Cantus-firmus-Sätze, fanden als liturgische Gebrauchsmusik weite Verbreitung. Von 1580 bis 1592 entstanden überwiegend Parodie-Magnificats, die weniger verbreitet waren und mehr von Kennern aus dem katholischen Adel geschätzt wurden. Sie verbinden eine anspruchsvolle kontrapunktische Technik mit der Ausdeutung von Textdetails.
Auch die protestantische Kirche hielt an dem Magnificat in lateinischer Sprache zunächst noch fest. Von der Mitte des 16. Jahrhunderts an wurde es allmählich von der deutschen Luther-Übersetzung („Meine Seele erhebt den Herrn“) abgelöst.
Als typisches Beispiel soll nun ein zweistimmiger „Esurientes“-Satz von Lasso betrachtet werden (siehe S. 30). Das hoch geschlüsselte Unterstimmen-Duo steht im ersten Ton *(Magnificat Primi Toni)*. Der modal führende Tenor ist eng an den gregorianischen Cantus firmus gebunden (siehe S. 146). Das Anfangsmotiv ist aus den ersten drei Tönen des c. f. gebildet, durch die Wiederholungen des ersten Tons ändert sich allerdings die Textunterlegung. Die sekundhöhere Wiederholung des Subjekts wird über den Ton f^1, den Höhepunkt des c. f., hinaus bis zum oberen Oktavrahmen g^2 fortgeführt. Hier beginnt ein bewegtes Melisma, das schließlich in eine Sopranklausel ausläuft. In dieser kann man die letzten drei Töne des c. f. wiederfinden. Das große Problem psalmodischer Cantus firmi zeigt sich am Beginn des zweiten Verses. Die bloßen Tonwiederholungen des c. f. eignen sich kaum für eine mehrstimmige Bearbeitung. Daher entwickelt Lasso vom Rezitationston ausgehend zunächst ein Subjekt mit dem Ambitus einer Terz („et divites“), bevor der Rest der c. f.-Zeile wörtlich in Ganzen und Halben übernommen wird. Dieser Abschnitt („dimisit inanes“) wird rhythmisch etwas verändert wiederholt und mit einer Sopranklausel beschlossen.
Im ersten Teil imitiert die Unterstimme das Subjekt in immer kürzeren Abständen (Brevis, Ganze, Halbe) erst in der Unterquart (Beginn mit der 7. Stufe!), dann in der Unterquint. Das Subjekt, mit dem der zweite Teil beginnt, wird vorimitiert und in freier Viertelbewegung fortgesetzt. Als Beginn des zweiten melodischen Abschnitts („dimisit inanes“) wird es rhythmisch wieder aufgenommen, doch ahmen die fallenden Viertel den Beginn der Oberstimme nach. Der imitatorische Bezug ist allerdings so schwach, dass der Bass eher wie eine freie polyphone Gegenstimme zum Tenor-c. f. wirkt. Die Wiederholung dieses c. f.-Abschnittes (T. 18) beginnt ähnlich, das Kopfmotiv ist dem c. f. noch etwas weiter angenähert. Wenn der Bass den Text wiederholt, deutet er eine Imitation in Gegenbewegung der drei absteigenden c. f.-Töne an. Lassos *Esurientes*-Duo beginnt also als imitatorischer und endet als c. f.-Satz. Allerdings wird der gesamte zweite Teil vom Kopfmotiv durchzogen und dadurch vereinheitlicht. Reine c. f.-Sätze sind in Lassos Magnificats sehr selten, als zweistimmige Sätze gibt es sie gar nicht. Sein Gefühl für eine lebendige Formgestaltung zeigt sich darin, dass die gleich langen Textzeilen musikalisch in einen kürzeren und einen längeren Teil umgesetzt werden (10+14 Takte) und der zweite dieser Teile wieder in einen längeren und einen kürzeren Abschnitt (8+6 Takte).

5 Chanson

Mit *Chanson* bezeichnet man das in französischer Sprache gesungene Lied. Dazu zählen sowohl einstimmige (z. B. das Minnelied der Trouvères) als auch (seit dem späten Mittelalter) mehrstimmige Gesänge. In der Geschichte der mehrstimmigen Chanson lösen sich mehrere Komponisten-Generationen und Satzmodelle ab.[29] Hier sollen jedoch nur Beispiele aus dem Umkreis der *Pariser Chanson* betrachtet werden. Zwischen 1528 und 1550 veröffentlichte der Pariser Drucker und Verleger Pierre Attaignant (um 1494 – um 1552) unter anderem eine große Anzahl von Chansonsammlungen in hohen Auflagen. Führender Komponist der frühen Jahre war Claudin de Sermisy (um 1495–1562). Viele Sätze wurden aber auch anonym abgedruckt.

Die Texte handeln entweder von der hochstilisierten höfischen oder aber von der derb-bäuerlichen Liebe. Bezüglich der Form handelt es sich meist um ein- oder mehrstrophige Vierzeiler in den traditionellen zehnsilbigen Versen mit einer Binnenzäsur nach den ersten vier Silben. Den Verszeilen entsprechen musikalische Abschnitte, die durch Kadenzen deutlich gegliedert sind. Die Abschnitte sind meist ähnlich aufgebaut. Oft wird der letzte Abschnitt refrainartig wiederholt.

Eine rhetorische Textausdeutung ist der Chanson fremd. Entscheidend ist vielmehr der „Ton“ des Stücks, der mit den Inhalten oft nicht übereinstimmt.

Als Beispiel soll die anonyme Chanson *Il maviendra ce que vouldra* betrachtet werden (siehe S. 33–34). Sie ist im zweiten Band der *Bicinia* von Rhau abgedruckt, geht aber vermutlich auf einen Attaignant-Druck zurück.[30] Der Text aus dem Bereich der höfischen Liebe ist als vierzeilige Strophe zu je elf Silben (die überzähligen Silben gehen auf die weiblich endenden Schlusswörter zurück) mit umgreifendem Reim (a – b – b – a) geformt.

Jeder Zeile entspricht ein musikalischer Abschnitt, der mit einer Kadenz endet. Der letzte Abschnitt wird refrainartig wiederholt. Musikalisch ist er mit dem ersten identisch, so dass sich die Form A – B – C – A – A ergibt. Jeder der fünf Abschnitte hat etwa die gleiche Länge von acht Takten.

Alle Abschnitte sind nach demselben Muster gebaut.[31] Nach der jeweils vierten Silbe folgt ein Einschnitt, der jede Zeile in zwei Unterabschnitte teilt. Jeder dieser acht kleinen Unterabschnitte beginnt mit einer Imitation. Der Text wird syllabisch deklamiert, nur das jeweils letzte Wort erhält ein Melisma. Die überwiegend sekundweise Melodik ist klar und flüssig, erschöpft sich andererseits aber auch in immer wiederkehrenden Formeln.

Klarheit und Eleganz auf der einen, Formelhaftigkeit und das Fehlen einer rhetorischen Textausdeutung auf der anderen Seite können als typische Eigenschaften der Chanson angesehen werden.

6 Weltlicher Liedsatz

Um 1460 hatte sich in Deutschland ein Satztyp herausgebildet, der sich in dieser Form mehr als 100 Jahre halten sollte: das *Tenorlied*. Als bedeutendster Komponist dieser Gattung gilt Ludwig Senfl (um 1490–1543). Sammeldrucke mit Tenorliedern waren vor allem im aufstrebenden Stadtbürgertum verbreitet. Erwähnt seien vor allem die *Frischen teutschen Liedlein* von Georg Forster (um 1510–1568), die in fünf Teilen zwischen 1539 und 1565 erschienen und 380 Lieder beinhalteten.[32]

Der Begriff *Tenorlied* will zum Ausdruck bringen, dass der Tenor die Hauptstimme ist. Er trägt eine übernommene (z. B. ein Volkslied) oder neu geschaffene Melodie als Cantus firmus vor. Das Tenorlied ist ursprünglich zwei- oder dreistimmig, die Vierstimmigkeit setzte sich um 1500 durch. Zunächst wurden die Begleitstimmen instrumental ausgeführt, erst 1536 erschien der erste in allen Stimmen textierte Druck.

Lieder sind Strophenformen. Die Strophen wiederum sind in Verszeilen gegliedert, die meist Paare bilden. Zahlreiche Lieder sind in der *Barform* geschrieben.[33] Hierunter ist das Formschema A – A – B (Stollen – Stollen – Abgesang) zu verstehen. Die Wiederholung des Stollens ist, sofern sie nicht ausgeschrieben ist, durch Wiederholungszeichen mit zwei untereinander stehenden Texten notiert. Ein Stollen beinhaltet meistens ein Verspaar, der Abgesang ein Terzett oder Quartett.

Das Lied wird im Tenor zeilenweise vorgetragen, wobei an das Ende der Verszeile ein Melisma angehängt werden kann. In den Begleitstimmen werden die Zeilenanfänge vorimitiert, ansonsten ist die Melodik vorwiegend melismatisch. Neben diesem imitatorischen Typus gibt es auch sehr einfache Tenorlieder, die ohne Imitationen und überwiegend Note gegen Note gesetzt sind.[34] Andere Tenorlieder übernehmen Muster der improvisierten Mehrstimmigkeit, z. B. Melismen über ausgehaltenen Schlusstönen der Liedzeilen.[35] Textausdeutung im Sinne der musikalischen Rhetorik findet man kaum.

Ein typisches Beispiel für ein zweistimmiges Tenorlied ist das anonyme *Entlaubet ist der Walde* (siehe S. 38–39). Die Barform ist schon an den Wiederholungszeichen zu erkennen. Die beiden Stollen haben das Reimschema a – b / a – b, der Abgesang ist ein Quartett mit dem Schema c – d / c – d. Der zweistimmige Satz (Sopran und Tenor, Ambitus im Oktavabstand) ist bis auf die letzte Zeile (d^2) vollkommen durchimitiert. Aufgrund der Stimmendisposition wird stets in der Oktave imitiert. Der zeitliche Imitationsabstand verringert sich von fünf (a) über drei (b) auf eine ganze Note (c). Die nächste Zeile „die mir gefallen tut" (d^1) wird wieder im Abstand von fünf Ganzen imitiert, im Gegensatz zur ersten Zeile aber mit einer bewegten Gegenstimme. Vom Tenor-c. f. weicht die begleitende Sopranstimme nur am Ende der Zeile c^1 und in der weitgehend frei geführten Schlusszeile d^2 ab. Auch die an die Liedzeilen angehängten Melismen (die in der Quelle nicht textiert sind) sind ungefähr gleich verteilt (im Sopran nach b und d^1, im Tenor nach c^1 und d^1). Obwohl der Tenor die Hauptstimme ist, sind also beide Stimmen annähernd gleichwertig. In ihrer Verwobenheit sind sie ein eindrucksvolles Beispiel für das durchimitierte Tenorlied.

Andererseits ist unübersehbar, dass in diesem wie auch in anderen Liedbicinien der Rhau-Sammlung eine gewisse Unbekümmertheit in Bezug auf die Dissonanzbehandlung und andere Satzregeln besteht. So dissoniert zum Beispiel die Synkope in T. 7 bei ihrem Eintritt, springt der Sopran in T. 21 in eine Quarte zum Tenor und verursacht die Viertelfigur im Sopran in T. 22 eine schwere Durchgangsdissonanz in steigender Richtung. In allen drei Fällen wird eine strenge Imitation mit einem Dissonanzfehler erkauft. In T. 18–19 führt die Dezime in die Oktave, eine Folge der Stimmen- und Klauseldisposition. In T. 24–25 entstehen indirekte Oktavparallelen. Oft finden auch Silbenwechsel nach einer vorhergehenden Viertelnote statt (T. 3, 6, 22 und 24).

Die Epoche des Tenorliedes endete, als 1567 Orlando di Lassos erster Liederdruck erschien. Mit der Abkehr vom Cantus-firmus-Prinzip, vom regelmäßigen Zeilenvortrag und von der Bar- bzw. Strophenform schuf er einen neuen Typus des deutschen mehrstimmigen Liedes.

7 Geistlicher Liedsatz

7.1 Das protestantische Kirchenlied

Die Entwicklung des volkssprachlichen geistlichen Liedes hängt eng mit der Reformation zusammen. Als Gemeindelied spielte es eine wichtige Rolle bei der liturgischen Gestaltung des protestantischen Gottesdienstes. Eine herausragende Rolle kommt dabei Martin Luther (1483–1546) zu. Er dichtete, übersetzte und bearbeitete zahlreiche Liedtexte, schrieb aber auch Melodien und gestaltete ältere Vorlagen um. Nicht zuletzt gab er Gesangbücher heraus, die eine weite Verbreitung fanden.[36]
Viele Kirchenlieder sind aber auch in der Tradition des Tenorliedes als Tenores mehrstimmiger Sätze veröffentlicht worden. Hier sind vor allem die Sammlungen von Johann Walter zu nennen.[37]
Betrachtet man die rhythmische Gestaltung, so kann man drei Typen von Kirchenliedern unterscheiden. Der erste geht auf den „gregorianischen" Gesang mit seinen frei fließenden, nicht genau festgelegten Tondauern zurück. Diese werden nun in gleich lange Notenwerte (meist Ganze) übertragen, die erste und letzte Silbe der Verszeilen wird gedehnt (Brevis). Ein Beispiel hierfür ist das Lied *Komm, Gott Schöpfer, heiliger Geist* (siehe S. 214 oben), das auf den gregorianischen Hymnus *Veni creator spiritus* zurückgeht.
Ein zweiter Typ bewegt sich vorwiegend in Halben und Ganzen, beruht rhythmisch aber von vornherein auf genau abgemessenen Notenwerten, ihren Proportionen und ihrer Beziehung zum Taktschlag. Das Lied *Aus tiefer Not schrei ich zu dir* (S. 211 oben) beginnt zwar auch mit Brevis und Ganzen, doch die prägnante Synkope zu Beginn des Abgesangs macht die andersartige rhythmische Konzeption deutlich. Luther soll übrigens dieses Lied, eine Übertragung des 130. Psalms *De profundis clamavi ad te Domine*, selbst komponiert haben.
In einem dritten Liedtyp findet man Melismen mit Viertelbewegung. Ein berühmtes Beispiel ist *Ein feste Burg ist unser Gott* (S. 213 oben). Die einzige Viertelnote führt am Anfang des Abgesangs in eine Sopranklausel mit typischer Doppel-Synkope. Wesentlich stärker verziert ist *Ich dank dir, lieber Herre* (S. 216), übrigens eine Kontrafaktur[38] des Liedes *Entlaubet ist der Walde* (S. 209). Hier wird in drei Verszeilen die jeweils vorletzte betonte Silbe mit einem kleinen Melisma verziert.
Wie die weltlichen Lieder sind auch die Kirchenlieder strophisch gebaut. Ein Beispiel für ein einfaches Strophenlied ist *Vom Himmel hoch, da komm ich her* (S. 215 unten). Es besteht aus vier Zeilen zu je 8 Silben in jambischem Versmaß. Das Reimschema a – a / b – b gliedert die vier Zeilen zu zwei Paaren. Komplizierter ist das Lied *Mit Fried und Freud fahr ich dahin* (S. 210). Es hat sechs Zeilen mit wechselnder Silbenzahl (8 – 4 – 8 – 4 – 7 – 7), das Metrum wechselt zwischen Jambus und Trochäus. Das Reimschema ist paarig (a – b / a – b / c – d).
Zahlreiche Kirchenlieder sind in der Barform geschrieben. Ein typisches Beispiel mit einem Verspaar als Stollen und einem Quartett als Abgesang ist das Lied *Ich dank dir, lieber Herre* (S. 216). Ein Terzett als Abgesang (Reimschema c – c – d) hat das Lied *Ach Gott, vom Himmel sieh darein* (S. 212 oben).

7.2 Geistlicher Liedsatz

Im Protestantismus entstand auch das Bedürfnis nach mehrstimmiger geistlicher Musik für die Schulen und den Gottesdienst. Man übernahm das Modell des Tenorliedes und verwendete nun Kirchenlieder als Cantus firmi. Die erste bedeutende Sammlung war das schon erwähnte *Wittenberger Geystliche gesangk Buchleyn*, das in seiner ersten Ausgabe (1524) 38 vier- und fünfstimmige Sätze von Johann Walter enthielt. Die 1544 von Georg Rhau herausgegebene Sammlung *Newe deudsche geistliche Gesenge* enthielt 123 Werke von 19 Komponisten. Im Zentrum des zweistimmigen Repertoires stehen die *Bicinia sacra* (1547) von Caspar Othmayr (1515–1553).[39]
Der geistliche Liedsatz war im Verlauf des 16. Jahrhunderts stärkeren Veränderungen unterworfen als der weltliche Tenorliedsatz. So verlagerte sich beispielsweise die Hauptstimme mehr und mehr zum Sopran.

Grundsätzlich lassen sich vier Satztypen unterscheiden:

- Der einfache Satz Note gegen Note,
- der polyphone Satz mit frei kontrapunktierenden Stimmen, aber homophonen Zeilenanschlüssen,
- der imitatorische Liedsatz,
- die Liedmotette.

Ein Beispiel für den einfachen Satz ist Othmayrs *Es woll uns Gott genädig sein* (siehe S. 41). Der Satz Note gegen Note wird nur dann durch kleine Schlussmelismen in der Begleitstimme aufgelockert, wenn der Cantus firmus längere Notenwerte hat (eine Ganze bzw. die Schlusslonga). Die einzelnen Zeilen sind ausschließlich durch Zäsuren getrennt.

Der zweite Satztyp ist unter den zweistimmigen Sätzen häufiger vertreten. In Othmayrs *Ein feste Burg ist unser Gott* (siehe S. 42) sind beide Stimmen lebhaft und abwechslungsreich. Die Eigenständigkeit der Gegenstimme zeigt sich darin, dass sich die Silben innerhalb der Zeilen gegenüber dem Cantus firmus häufig verschieben. Auch hier sind aber alle Verszeilen durch Zäsuren getrennt.

In den meisten Sätzen werden die Anschlüsse durch Vorimitation gestaltet. In dem Liedsatz *Gelobet seist du, Jesu Christ,* ebenfalls von Othmayr (siehe S. 44), geht die Begleitstimme den Zeilenanfängen des Cantus firmus außer beim Beginn des Liedes stets um eine halbe oder ganze Note voraus. Bei der zweiten und dritten Zeile handelt es sich um normgerechte Kopfimitationen, bei der vierten um eine „tonale" Imitation und bei der letzten nur um einen verschobenen Einsatz. Der erste Zeilenanschluss ist als Zäsur über einem Liegeton gestaltet, die übrigen arbeiten mit verkürztem Schlusston.

Othmayrs *Bicinia sacra* beginnen überwiegend Note gegen Note. Daneben gibt es noch einige Sätze, in denen die Begleitstimme später einsetzt, während der Anfang des Textes entfällt (Nr. 7, 12, 14, 17). Nur der letzte Cantus-firmus-Satz *Nun komm, der Heiden Heiland* (Nr. 25) beginnt mit einer echten Vorimitation. Dem gegenüber lässt Johann Wannenmacher (um 1485–1551) alle acht geistlichen Liedsätze seiner *Bicinia* (1553) mit Imitationen beginnen.

In der *Liedmotette* werden die Cantus-firmus-Zeilen nacheinander durchimitiert. Dabei können Zeilen wiederholt oder durch frei komponierte Einschübe erweitert werden. Außerdem können aus den Zeilen auch kürzere Teile herausgelöst und als Subjekte imitiert werden. Die Trennung von Haupt- und Begleitstimme tritt dadurch zurück, und es entstehen ausgedehnte, oft mehrteilige Großformen. Dieser Satztyp ist fast ausschließlich dem mindestens drei-, häufiger aber vier- und mehrstimmigen Satz vorbehalten. Eines der wenigen zweistimmigen Beispiele ist Wannenmachers Bicinium *Es woll uns Gott genädig sein* (Nr. 7).

Anmerkungen

1. Zur Geschichte der Motette siehe NHM, Bd. 3, S. 277–370 sowie HMG, Bd. 9, Kap. I und III.

2. *Cantus firmus* (abgekürzt *c. f.*), wörtlich „feststehender Gesang", bedeutet eine sich von den Begleitstimmen unterscheidende Hauptstimme.

3. *Prima prattica* („erstes Verfahren") im Gegensatz zur *seconda prattica*, des auf dem solistischen, mit einem Akkordinstrument begleiteten Gesangs beruhenden affektiven Stils etwa bei Monteverdi.

4. Vgl. HMG, Bd. 9, S. 107.

5. Mit den ihnen folgenden weiteren zwölf untextierten (instrumentalen) Bicinien eröffneten sie später Lassos *Magnum opus musicum* (SW 1, Nr. 1–24) (siehe auch S. 16–17, Beispiel 1.5).

6. An erster Stelle sind hier Lassos Bußpsalmen zu nennen (NR 26) (siehe auch die Literaturbeispiele 1.1, 1.3, 1.4 und 1.6 auf S. 11–15 und 17–18).

7. Hymnensätze unter Verwendung eines Cantus firmus siehe S. 145, Abschnitt 4.2.

8. Zur Geschichte der Messe siehe NHM, Bd. 3, Kap. III sowie HMG, Bd. 9, Kap. II und IV.

9. *Parodie* (von griechisch *parodia*) nennt man die Verwendung einer bestehenden Komposition in einer neuen Komposition. Dabei wird entweder das ganze Stück einfach umtextiert oder es werden nur einzelne Abschnitte oder Stimmen in das neue Stück übernommen.

10. Gelegentlich werden aber auch imitatorische Stücke so bezeichnet, z. B. die *Duorum vocum egregia fuga* von Johann Walter (SW, Bd. 4, Nr. 17). Vgl. den Artikel „Kanon" in MGG 2, Sachteil 4, Sp. 1677 ff.

11. Beispielsweise „In Hyperdiapente, post pausam semibrevem" („In der Oberquinte, nach einer Pause von einer ganzen Note") (Rhau, Bicinia I, Nr. 74).

12. Die Form dieses *signum congruentiae* (lateinisch „Zeichen der Übereinstimmung") besteht aus drei Punkten oder einer S-förmigen, von zwei Punkten umgebenen Linie (siehe die Literaturbeispiele auf S. 25–27).

13. Palestrina wählte in seiner *Missa Repleatur os meum* (W 12, Nr. 6) die rückläufige Anordnung von der Oktave zum Einklang, wobei der zeitliche Einsatzabstand von acht Ganzen bis zu zwei Ganzen abnimmt.

14. Vergleiche Kapitel III, Abschnitt 2.1, S. 81.

15. Der vollständige Titel lautet *Fugen auf die acht tonos/ zwei- und dreistimmig/sonderlich auf Zinken/1542.*

16. Zur Geschichte des Hymnus siehe MGG, Bd. 6, Sp. 987-1030 sowie MGG 2, Sachteil Bd. 4, Sp. 464-508.

17. Die geläufige Bezeichnung „Gregorianik" bzw. „gregorianischer Choral" für den lateinischen liturgischen Gesang bezieht sich auf Papst Gregor I (Pontifikat von 590 bis 604). Sie ist auf die nichtrömischen „Dialekte" und besonders auf die aus eigenständigen Liturgien hervorgehenden Gesänge (z. B. in Mailand) streng genommen nicht anwendbar.

18. Palestrina, W 8.

19. Die sogenannte *Psalmodie* („Psalmgesang").

20. Mehrere Psalmtöne besitzen unterschiedliche Wendungen zu unterschiedlichen Schlusstönen *(differentiae)*, durch die das Psalmende an die folgende Antiphon angepasst wird.

21. Ist die erste Vershälfte sehr lang, kann sie durch eine *flexa* noch einmal untergliedert werden.

22. Die „gregorianischen" Gesänge werden üblicherweise auf einem vierlinigen System mit quadratischen Notenköpfen aufgeschrieben. Die in der Übertragung mit Bögen versehenen Melismen werden als zusammengesetzte *Neumen* notiert. Als Beispiel diene hier das „Gloria Patri" im 2. Ton (Graduale Romanum, S. 123*).

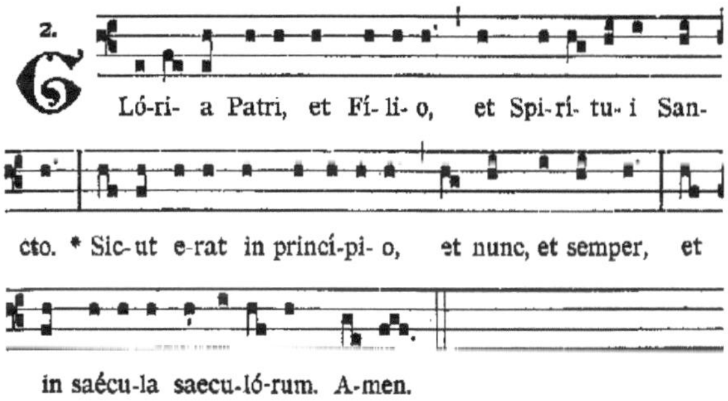

23. Die hier zitierten Magnificat-Töne waren im Umkreis Orlando di Lassos gebräuchlich (vgl. Lasso, NR 13, S. XIV). Sie weichen von den allgemein gebräuchlichen (römischen) Magnificat-Tönen ab (vgl. Liber Usualis, S. 212–223). Den 1. und 2. Ton verwendete Lasso transponiert, die anderen Töne untransponiert (vereinzelte Ausnahmen siehe NR 14, Nr. 40 und 44 sowie NR 16, Nr. 90).

24. *Antiphona* hieß ursprünglich der Wechselgesang zweier Chöre. Später bezeichnete dieser Begriff das refrainartig wiederkehrende Gesangsstück.

25. Dazu kommt noch der *Tonus peregrinus,* der in den beiden Vershälften unterschiedliche Tenores hat.

26. Vgl. MGG 2, Sachteil 7, Sp. 1866 ff.

27. Zur Geschichte des Magnificat siehe NHM, Bd. 3, S. 372–386.

28. Palestrina, W 27.

29. Vgl. den Artikel *Chanson* in MGG 2, Sachteil Bd. 2, Sp. 559–601 sowie den Abschnitt *Die französische Chanson* im NHM, Bd. 3, S. 499–536.

30. Vgl. das Vorwort zu Rhau, Bicinia, S. X.

31. Die kleine Textwiederholung in T. 11–12 lockert die Strenge des Schemas nur wenig auf.

32. Vgl. den Artikel *Das Tenorlied des 14. bis 16. Jahrhunderts* im MGG 2, Sachteil Bd. 5, Sp. 1270 ff. sowie die Ausführungen im NHM, Bd. 3, S. 544 ff.

33. *Bar* bezeichnet den mehrstrophigen Aufbau des Meisterliedes, mit dem Begriff *Barform* ist gewöhnlich der Aufbau einer Strophe gemeint (vgl. MGG, Artikel *Barform, Bar*, Bd. 1, Sp. 1259 ff.).

34. Z. B. Hans Voits *Fur all ich krön* in Rhaus Bicinia I, Nr. 89.

35. Z. B. *Hertzlich thut mich erfrewen* in Rhau, Bicinia I, Nr. 91, T. 6 f und 17 f.

36. Das erste von Luther herausgegebene Gesangbuch ist das *Achtliederbuch* (1524), das letzte erschien 1545 bei Valentin Babst in Leipzig unter dem Titel *Geystliche Lieder*.

37. Das *Wittenberger Geystliche gesangk Buchleyn*, ebenfalls 1524 zum ersten Mal erschienen, versammelt 38 vier- und fünfstimmige Sätze.

38. Kontrafaktur (von lateinisch *contrafacere*) bedeutet die geistliche Umtextierung eines weltlichen Liedes.

39. Vgl. den Artikel *Choralbearbeitung* im MGG 2, Sachteil Bd. 2, Sp. 827–829 sowie die Ausführungen im NHM, Bd. 3, S. 555–561.

Dritter Teil

Lehrgang

Inhalt Lehrgang

I BASISLEHRGANG

1 Grundlagen

Das Thema des Basislehrgangs ist der zweistimmige imitatorische Satz. Dieser Satztyp ist in der zweiten Hälfte des 16. Jahrhunderts die Grundlage der geistlichen Musik. Zur Vollstimmigkeit erweitert, bauen darauf Gattungen wie die Motette oder die Messe auf. Auf den Basislehrgang folgen Übungen zum Messduo, Kanon, Lateinischen Cantus-firmus-Satz, zur Chanson, zum Weltlichen und Geistlichen Liedsatz. Durch sie können die im Basislehrgang vermittelten Kenntnisse und Fähigkeiten vertieft und erweitert werden.
Der Basislehrgang führt in kleinen Schritten durch die Literaturbeispiele und die Melodie- und Satzlehre. In den einführenden Aufgaben soll das Verständnis des Textteils, Kapitel I (Grundlagen) vertieft werden.

1 Auf den vorderen und hinteren Umschlagseite des Buchs ist das Duo *Discedite a me* von Orlando di Lasso abgebildet. Übertragen Sie den Anfang des Satzes in moderne Notation. Welche Fragen ergeben sich daraus für Sie (z. B. Notenschlüssel, Stimmlagen, Taktart, Länge der Noten und Pausen, Tempo, Tonart, Text)? Vergleichen Sie Ihre Lösung mit der Übertragung auf S. 11–12. Singen Sie den Satz.

2 Lesen Sie in der Melodie- und Satzlehre, Kapitel I (Grundlagen) die Abschnitte 1.1 und 1.2 (S. 47–48).

3 In welchem Modus steht die folgende Melodie? Text: Veni sponsa Christi (Komm, Braut Christi).

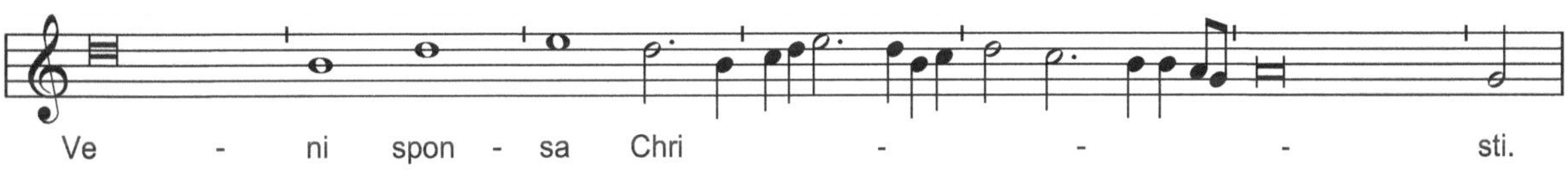

Palestrina, Motette *Veni sponsa Christe,* W 5 I, Nr. 35, T. 1, Sopran

4 Schreiben Sie eine Tonleiter im transponierten 2. Modus (Hypodorisch).

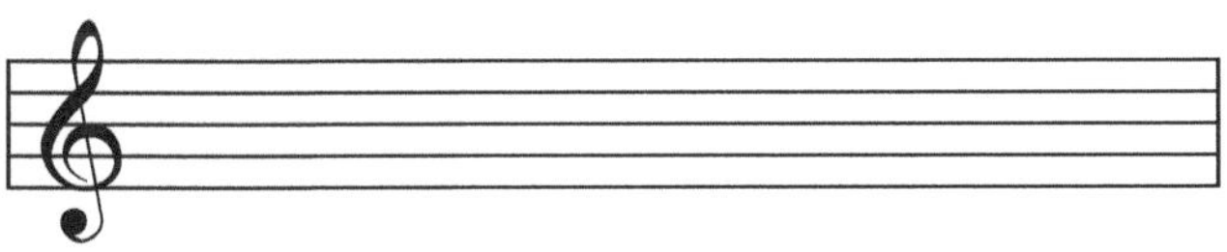

5 Lesen Sie Abschnitt 1.3 (S. 48–49).

6 Fügen Sie erforderliche Versetzungszeichen hinzu.

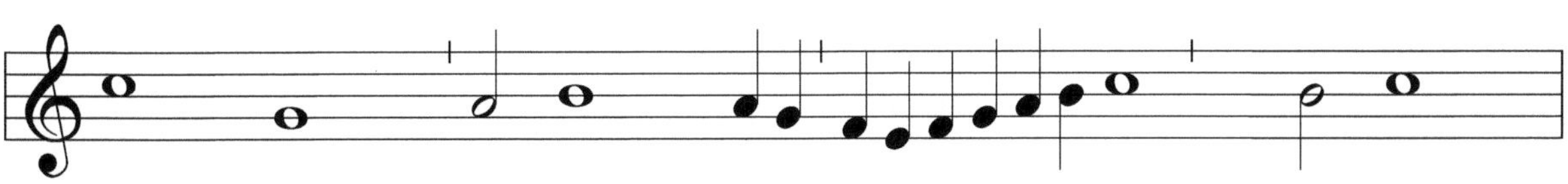

7 Lesen Sie die Abschnitte 1.4 und 1.5 (S. 49–50).

8 Fügen Sie erforderliche Versetzungszeichen hinzu.

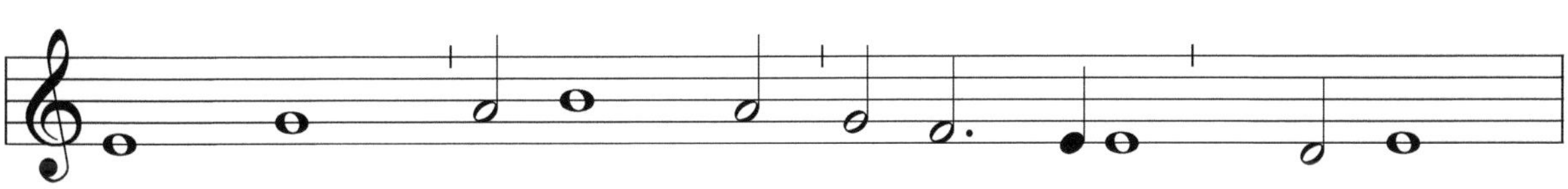

9 Streichen Sie die Versetzungszeichen durch, die nicht verwendet werden können.

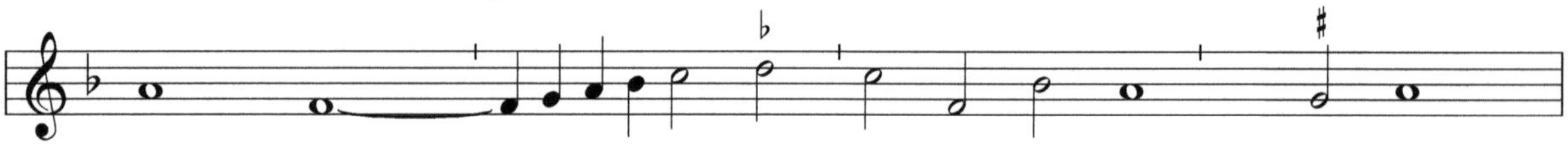

10 Lesen Sie Abschnitt 2.1 (S. 51).

11 Markieren Sie im Notenbeispiel von Aufgabe 9 die Notenwerte, die nicht verwendet werden können. Machen Sie einen Verbesserungsvorschlag.

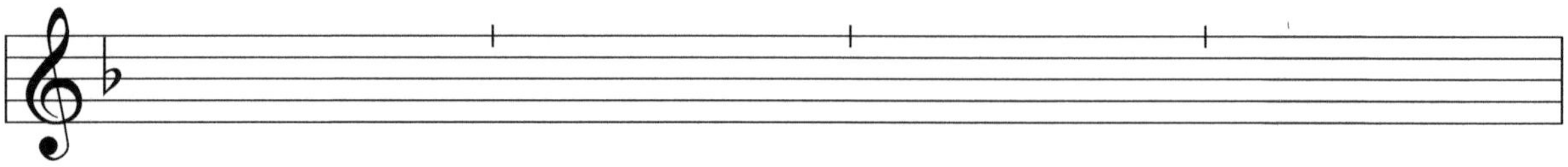

12 Lesen Sie die Abschnitte 2.2, 2.3 und 2.4 (S. 51–53).

13 Ist das folgende Beispiel rhythmisch regelgerecht?

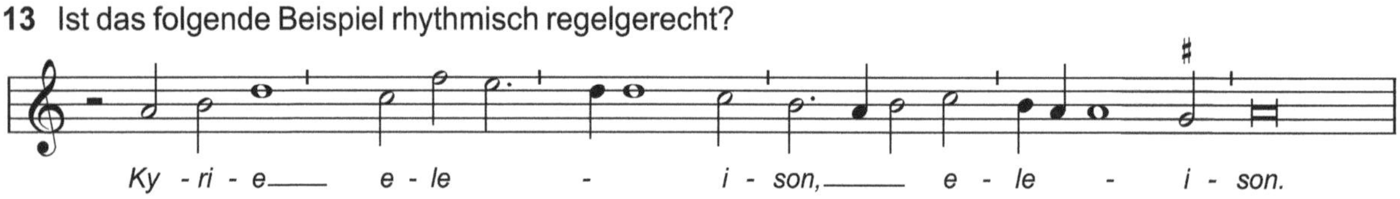

Palestrina, *Missa Ave Maria,* W 16, S. 1, Kyrie, T. 16

14 Im folgenden Beispiel befinden sich rhythmische Fehler. Benennen Sie die Fehler und machen Sie einen Verbesserungsvorschlag.

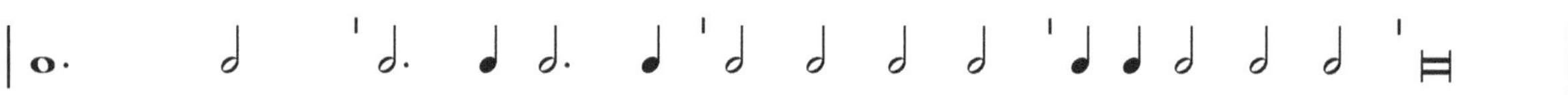

15 Lesen Sie die Abschnitte 2.5 und 2.6 (S. 53–55).

16 Folgt die Melodie von Aufgabe 13 der Quantitativo-Regel? Wie steht es im selben Beispiel um die rhythmische Varietas?

2 Melodik in ganzen und halben Noten

17 Lesen Sie in der Melodie- und Satzlehre, Kapitel II (Melodik) die Abschnitte 1.1 und 1.2 (S. 57–58).

18 Kennzeichnen Sie in der folgenden Melodie die indirekten Sekundfortschreitungen.

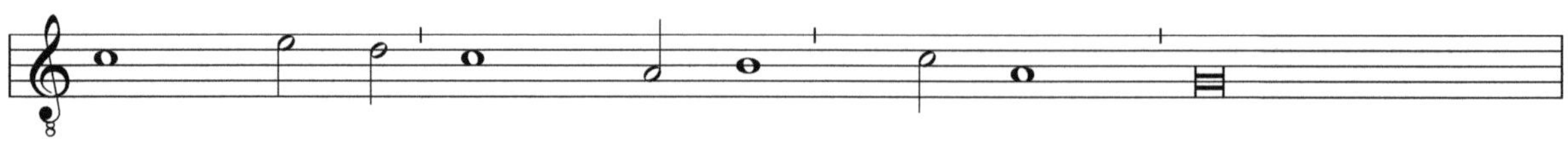

19 Ergänzen Sie die folgende Melodie durch eine ganze Note.

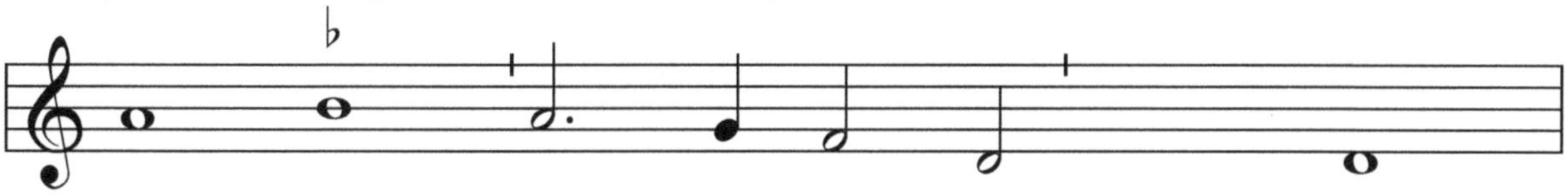

20 Lesen Sie Abschnitt 1.3 (S. 58–59).

21 Kennzeichnen Sie die Tonräume (Tetrachord, Pentachord und Trichorde) der folgenden Tonleiter.

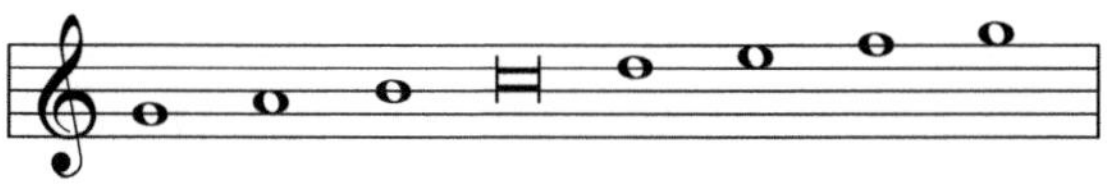

⊨ = Finalis

22 Lesen Sie Abschnitt 1.4 (S. 59–60).

23 Welche Töne sind Hauptstufen? Kennzeichnen Sie Durchgänge und Wechselnoten (D, W).

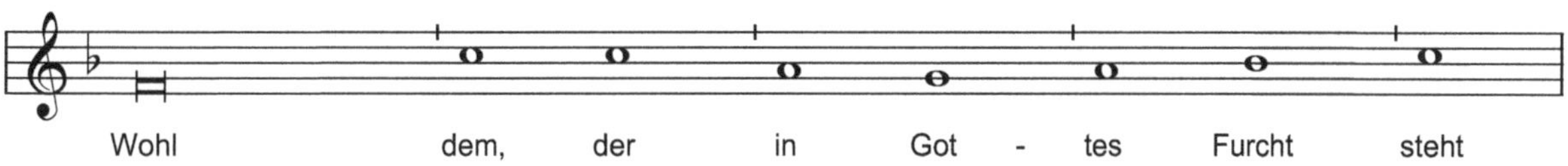

24 Ergänzen Sie die Lücken durch Durchgänge und Wechselnoten (nur ganze Noten).

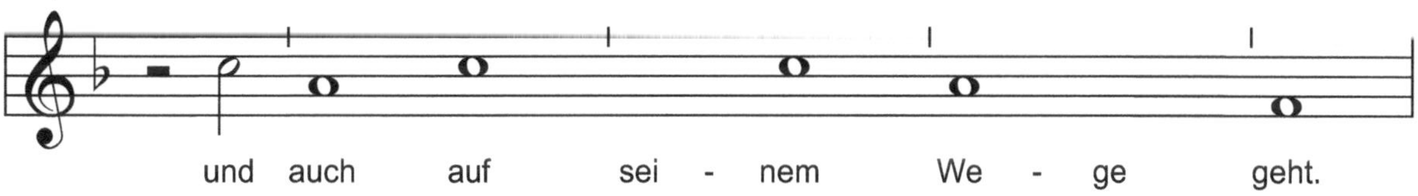

Die Melodien von Aufgabe 23 und 24 bilden den Anfang eines Geistlichen Liedes. Vergleichen Sie Ihre Lösung mit dem Lied auf S. 212 unten. Singen Sie das gesamte Lied.

25 Welche Töne sind Hauptstufen? Kennzeichnen Sie die Nebennote (N^{an} oder N^{ab}).

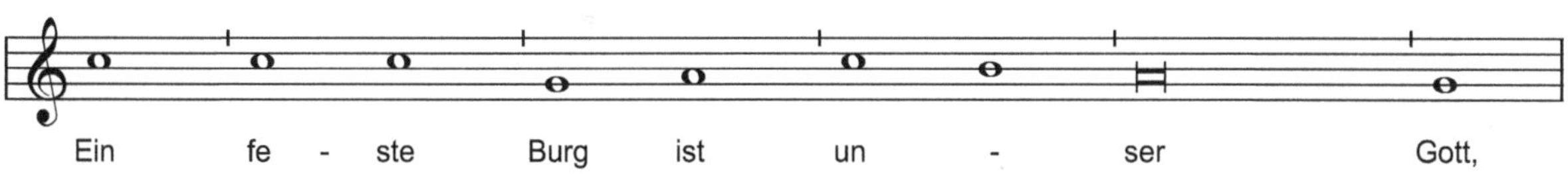

26 Ergänzen Sie die Lücken durch Nebennoten (nur ganze Noten).

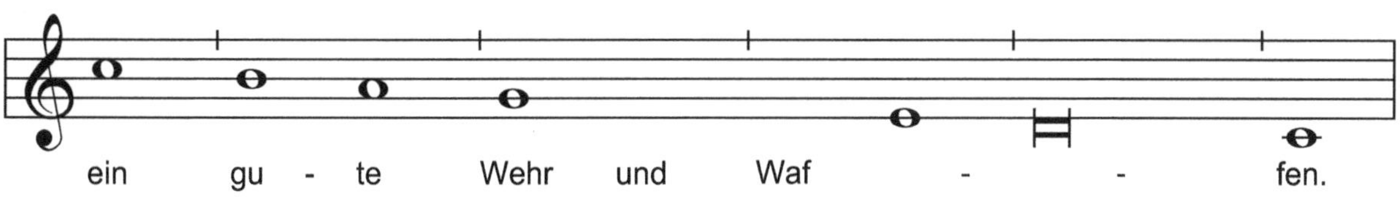

Die Melodien von Aufgabe 25 und 26 bilden zusammen den Anfang eines Geistlichen Liedes. In welchem Modus steht die Melodie? Vergleichen Sie Ihre Lösung mit dem Lied auf S. 213 oben. In welchem Modus steht das Lied dort? Singen Sie die gesamte Unterstimme des Liedsatzes.

27 Lesen Sie Abschnitt 2.1 (S. 61).

28 Kennzeichnen Sie die Halbnoten-Durchgänge und -Wechselnoten (D, $\overline{\text{D}}$, W, $\overline{\text{W}}$).

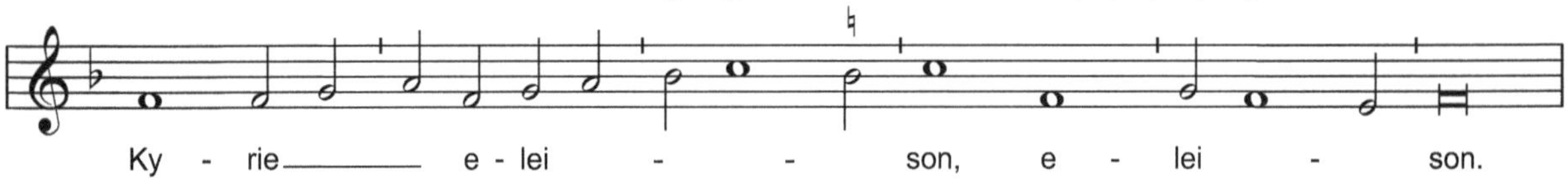

29 Fügen Sie an den markierten Stellen Durchgänge oder Wechselnoten ein.

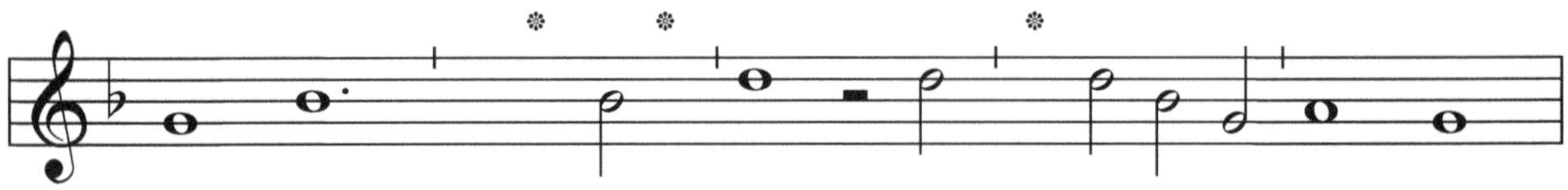

30 Lesen Sie Abschnitt 2.2 (S. 61–62).

31 Wo befinden sich in der folgenden Melodie Sprünge zwischen Hauptstufen? Bezeichnen Sie die metrischen Positionen (Senkung und Hebung) der Sprungtöne. Entspricht die Richtung des Sprungs dem Taktmetrum? Beschreiben Sie die Wirkung des Sprungs im melodischen Zusammenhang.

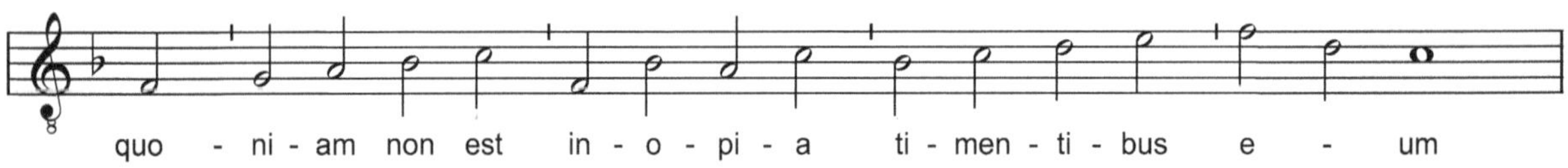

Georg Forster, ***Timete Dominum,*** Rhau, Bicinia I, Nr. 79, T. 5, Tenor

32 Lesen Sie Abschnitt 2.3 (S. 62).

33 Kennzeichnen Sie die Nebennoten im Beispiel von Aufgabe 31 (N^{an}, $\overline{N}^{an}$, N^{ab}, $\overline{N}^{ab}$).

34 Fügen Sie an den markierten Stellen angesprungene oder abspringende Nebennoten ein.

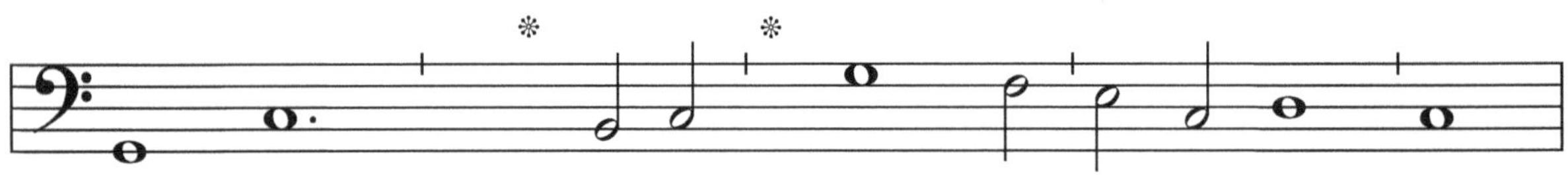

35 Lesen Sie Abschnitt 2.4 (S. 62).

36 Das folgende Beispiel unterscheidet sich in einem Detail von dem Beispiel von Aufgabe 28. Beschreiben Sie diese Änderung.

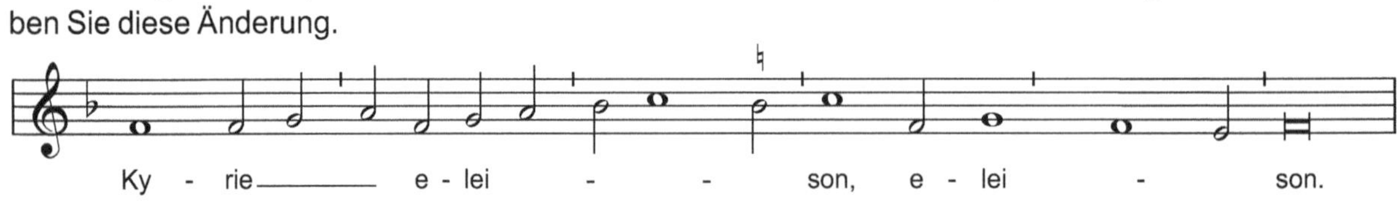

Palestrina, ***Missa Aeterna Christi munera,*** Kyrie, T. 8, Sopran

3 Anfänge und Schlüsse in ganzen und halben Noten

37 Lesen Sie in der Melodie- und Satzlehre, Kapitel III (Anfänge) den Abschnitt 1.1 (S. 75).

38 Sind die folgenden Anfänge rhythmisch regulär?

a **b**

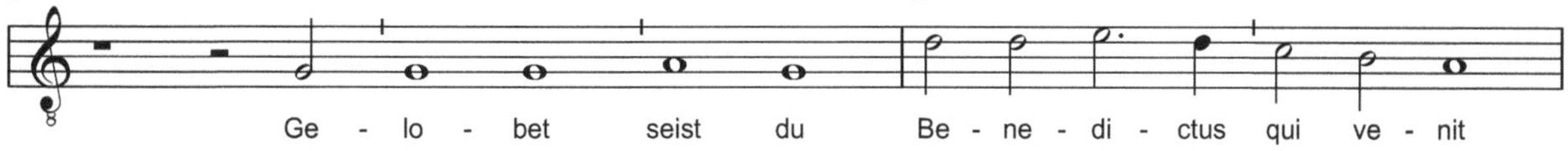

Caspar Othmayr, *Gelobet seist Du, Jesu Christ*
Bicinia sacra, Nr. 4, T. 1, Tenor (siehe S. 42)

Petrus Roselli, *Benedictus*
Rhau, Bicinia I, Nr. 62, T. 1, Tenor

39 Lesen Sie in der Melodie- und Satzlehre, Kapitel IV (Schlüsse) den Abschnitt 1.1 (S. 89).

40 Beenden Sie die folgende Melodie mit der Tenorklausel auf dem Ton *f*. Verwenden Sie nur halbe und ganze Noten.

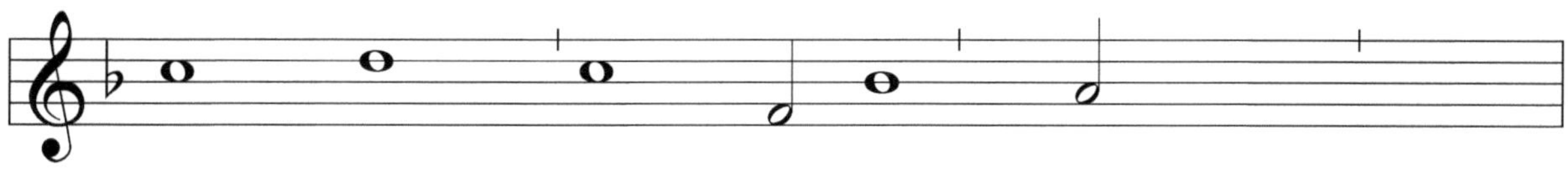

41 Beenden Sie die folgende Melodie mit der Sopranklausel auf dem Ton *e*.

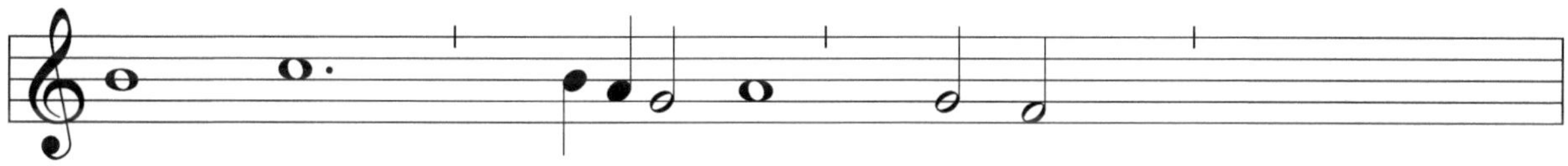

42 Setzen Sie erforderliche Versetzungszeichen.

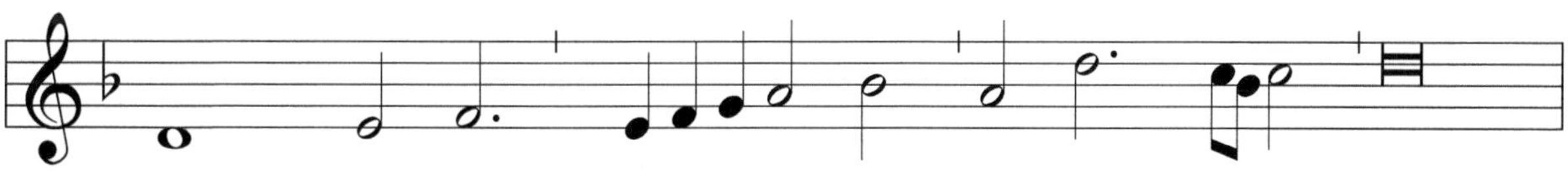

43 Lesen Sie die Abschnitte 1.2 und 1.3 (S. 89–90).

44 Um welche rhythmische Klausel-Variante handelt es sich?

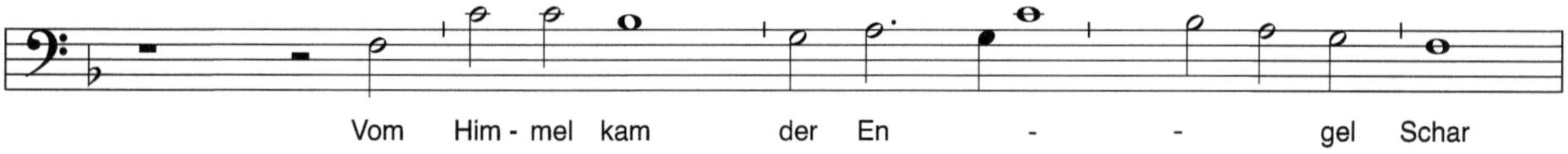

Othmayr, *Vom Himmel kam der Engel Schar,* Bicinia sacra, Nr. 16, T. 1, Bass

45 Lesen Sie Abschnitt 1.5 (S. 91).

46 Setzen Sie den folgenden Anfang fort und beenden Sie die Melodie mit einer Tenorklausel auf dem Ton *g*. Führen Sie die Klausel dabei auf typische Weise ein. Verwenden Sie nur halbe und ganze Noten.

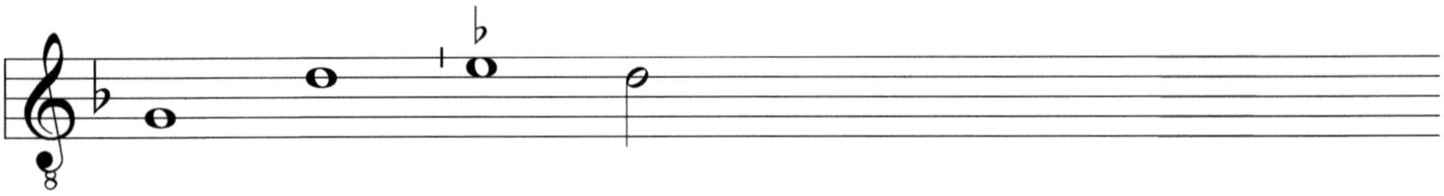

47 Setzen Sie den folgenden Anfang fort und beenden Sie die Melodie mit einer Sopranklausel auf dem Ton *a* (nur halbe und ganze Noten).

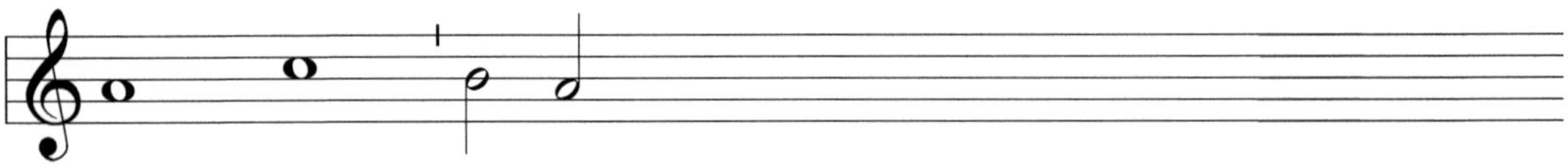

4 Textierung von ganzen und halben Noten

48 Lesen Sie in der Melodie- und Satzlehre, Kapitel VI (Musik und Text) den Abschnitt 1.1 (S. 106).

49 Untersuchen Sie das Verhältnis von Text und Metrum in dem folgenden Ausschnitt aus dem geistlichen Lied *Herr Christ, der einig Gott's Sohn*. Setzen Sie zu diesem Zweck Akzentzeichen über die betonten Silben. Fallen die betonten Silben auf die Senkung oder die Hebung des Taktes?

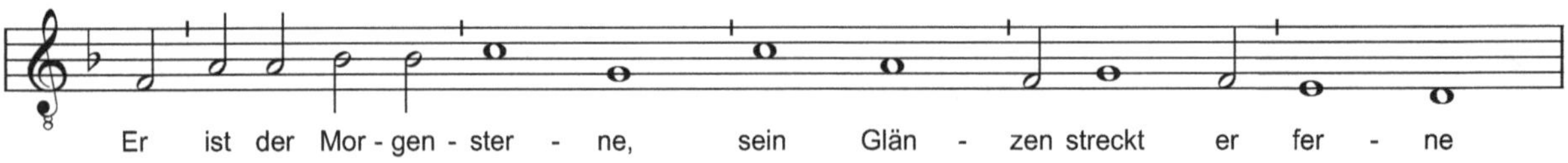

50 Rhythmisieren Sie den folgenden Text in halben und ganzen Noten:
Éc-ce con-cí-pi-es et pá-ri-es fí-li-um (Siehe, du wirst empfangen und einen Sohn gebären).

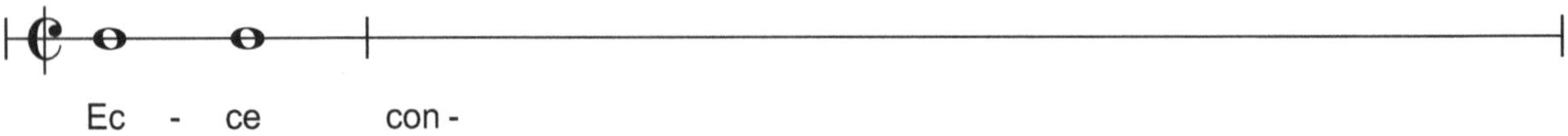

51 Melodisieren Sie den rhythmisierten Text von Aufgabe 51 im 8. Modus (plagales Mixolydisch).

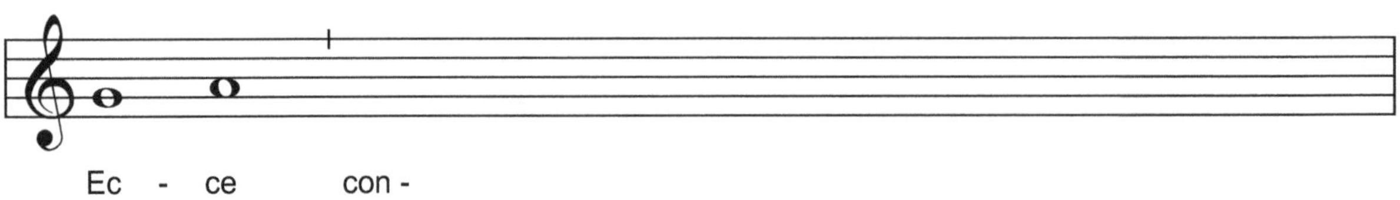

5 Zweistimmiger Satz

52 Lesen Sie in der Melodie- und Satzlehre, Kapitel VII (Zweistimmiger Satz) die Abschnitte 1 und 2 (S. 116).

53 Untersuchen Sie die anonyme Chanson *Donnez moy donc le don* (S. 36–37): Bestimmen Sie Finalis, die Schlüsselumfänge (die Umfänge, die in den originalen „alten" Schlüsseln ohne Hilfslinien darstellbar sind), die in dem Satz verwendeten Stimmumfänge und die Oktavrahmen (bitte in die folgenden Notensysteme eintragen). Um welche Stimmlagen handelt es sich? Welche ist die modal führende Stimme (unterstreichen) und in welchem Modus steht das gesamte Stück?

Finalis	Schlüsselumfang	Verwendeter Stimmumfang	Oktavrahmen	Stimmlagen Führende Stimme	Modus des Stücks

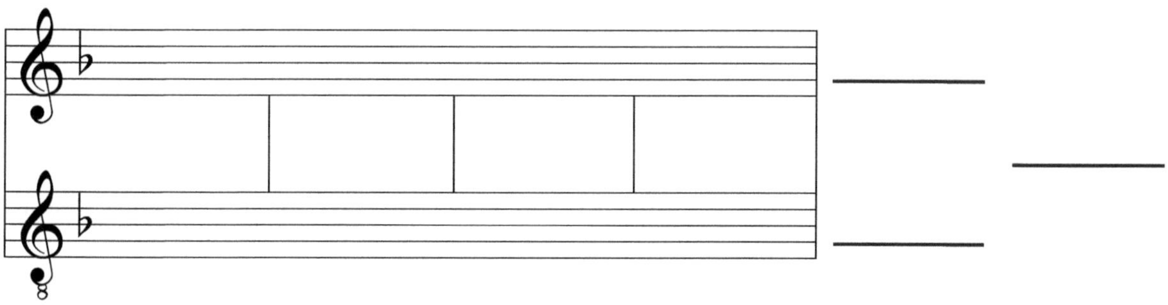

54 Lesen Sie Abschnitt 3 (S. 117)

55 Entspricht die Schlüsselung der in Aufgabe 53 untersuchten Chanson der Tabelle auf S. 117?

56 Disponieren Sie einen Satz für Sopran und Alt im transponierten 1. Modus (authentisches Dorisch). Schreiben Sie die originalen und die modernen Schlüssel in das Notensystem, bestimmen Sie die Finalis, die Oktavrahmen und Schlüsselumfänge (die Umfänge der originalen Schlüssel).

57 Lesen Sie Abschnitt 4 (S. 117–118).

58 Bestimmen Sie die Konsonanzklassen der notierten Intervalle (vollkommene Konsonanz, unvollkommene Konsonanz, Dissonanz).

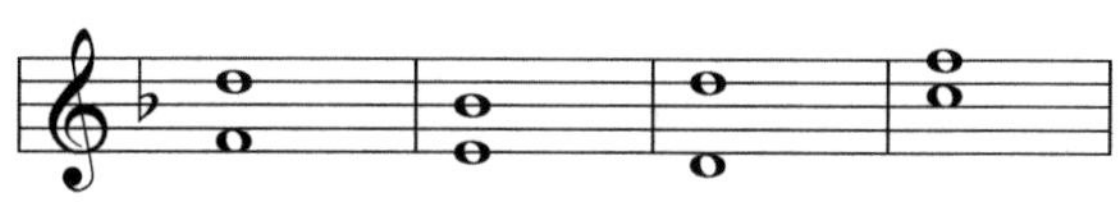

59 Lesen Sie die Abschnitte 5, 6 und 7 (S. 118–120).

60 In welchen Bewegungsarten (Gg, S, Gr, P) werden in Othmayrs Liedsatz *Gelobet seist du, Jesu Christ* (S. 44, T. 1–9/1) die vollkommenen Konsonanzen erreicht?

61 Ergänzen Sie die Oberstimme. Der Rhythmus ist durch die Verteilung des Textes vorgegeben. Zwischen den Stimmen sollen nur Konsonanzen bestehen. Achten Sie besonders auf die Einführung der vollkommenen Konsonanzen. Der Text ist der ersten Strophe des Hymnus *Jesu redemptor omnium* entnommen (Jesus, Du Erlöser Aller).

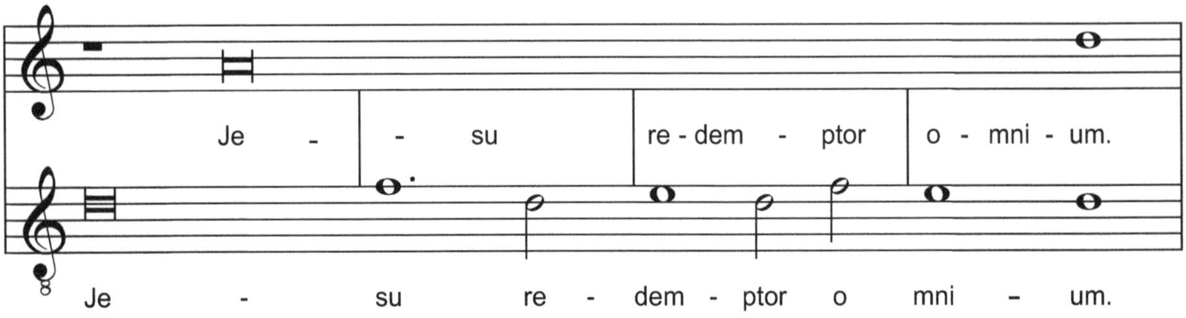

62 Lesen Sie die Abschnitte 8 und 9 (S. 120–121).

63 Beseitigen Sie in dem folgenden Satz die Quintparallelen durch Gegen- und Seitenbewegung. Ändern Sie dazu den Rhythmus der Ober- oder Unterstimme oder fügen Sie Töne ein (halbe Noten als kürzester Wert). Zwischen den Stimmen sollen nur Konsonanzen bestehen.

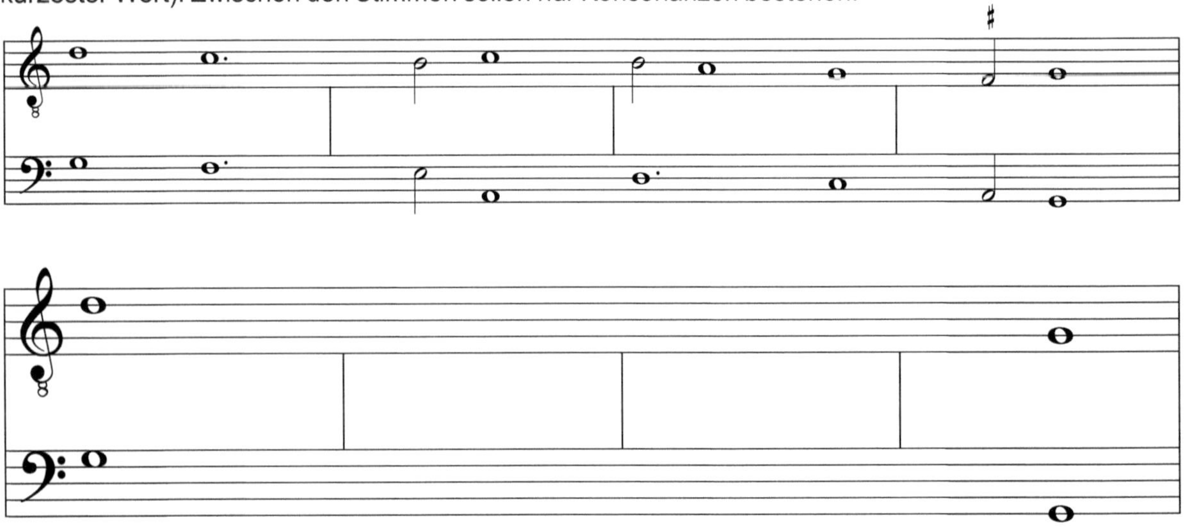

64 Lesen Sie Abschnitt 10 (S. 122).

65 Ergänzen Sie die Unterstimme so, dass nur unvollkommene Konsonanzen zwischen den Stimmen bestehen. Es sollen nicht mehr als drei Terzen oder Sexten aufeinander folgen. Text: Quem lucis ante originem (Den vor des Lichtes Anbeginn).

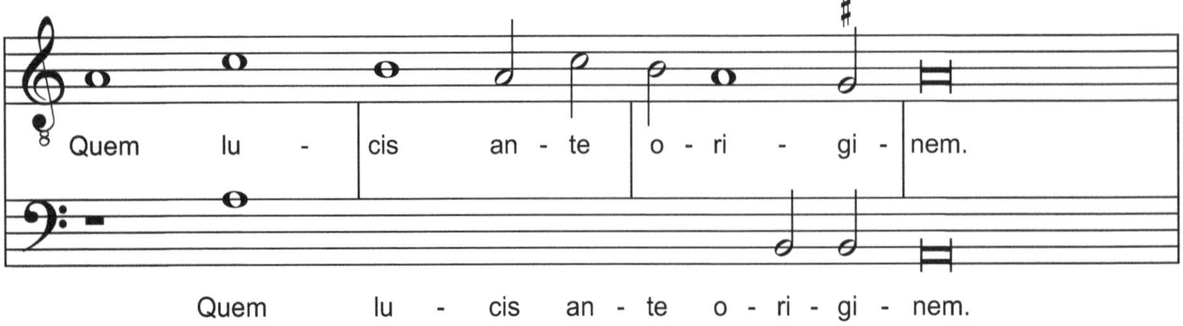

66 Lesen Sie die Abschnitte 11 und 12 (S. 122–123).

67 Wo kreuzen sich die Stimmen am Anfang von Joachim Hellers Kanon *Quam pulchra es* (S. 25, T. 1–8)? Werden die Stimmkreuzungen aus dem Einklang oder im Sprung vollzogen?

68 Lesen Sie Abschnitt 13 (S. 123).

69 Suchen Sie die tritonischen Querstände im Schlussabschnitt von Lassos Bicinium *Ipsa te cogat pietas* (S. 13, T. 21 ff.). Welche Wirkung haben sie?

70 Lesen Sie Abschnitt 14 (S. 124–125).

71 Ergänzen Sie die Oberstimme mit den dargestellten Satzmodellen. Verwenden Sie nur Konsonanzen. Text: Parem paternae gloriae (Gleich der väterlichen Herrlichkeit).

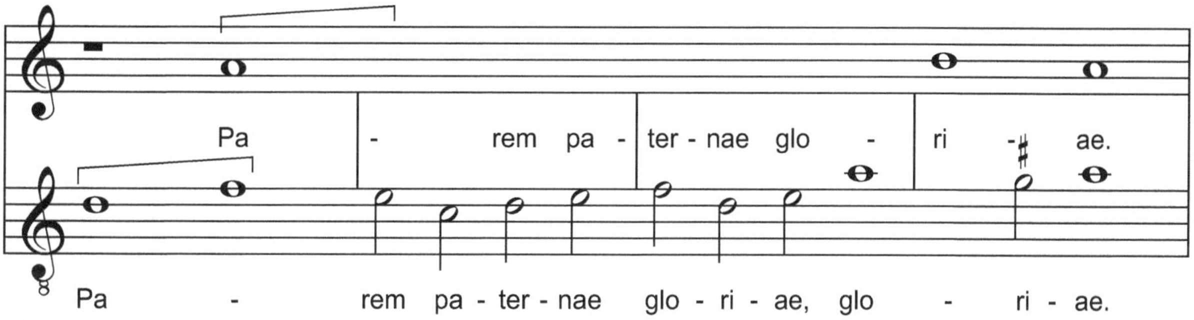

72 Ergänzen Sie die Unterstimme mit einem sequenzierenden Satzmodell. Verwenden Sie nur Konsonanzen. Text: Pater supremus edidit (Der höchste Vater hervorbrachte).

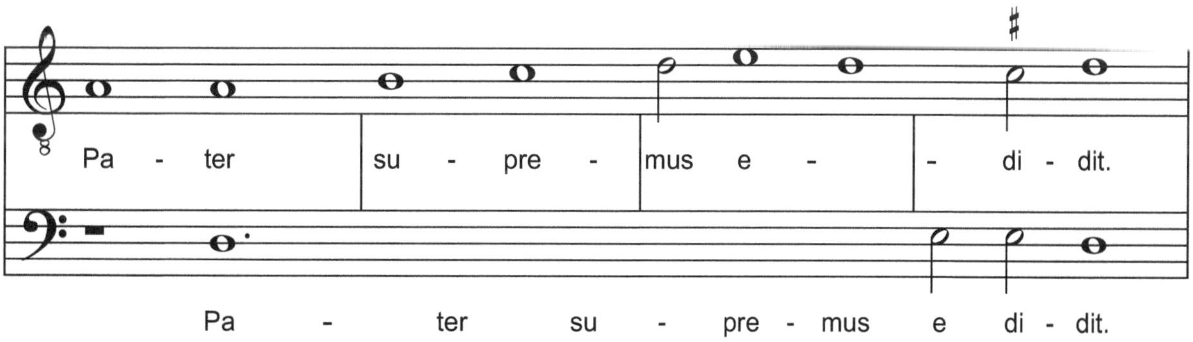

Singen Sie die Lösungen der Aufgaben 63, 67, 73 und 74 als zusammenhängenden Satz.

6 Zweistimmige Schlüsse

73 Lesen Sie in der Melodie- und Satzlehre, Kapitel VIII (Konsonanz und Dissonanz) den Abschnitt 2.1 (S. 134–135).

74 Lösen Sie die folgenden Synkopendissonanzen auf.

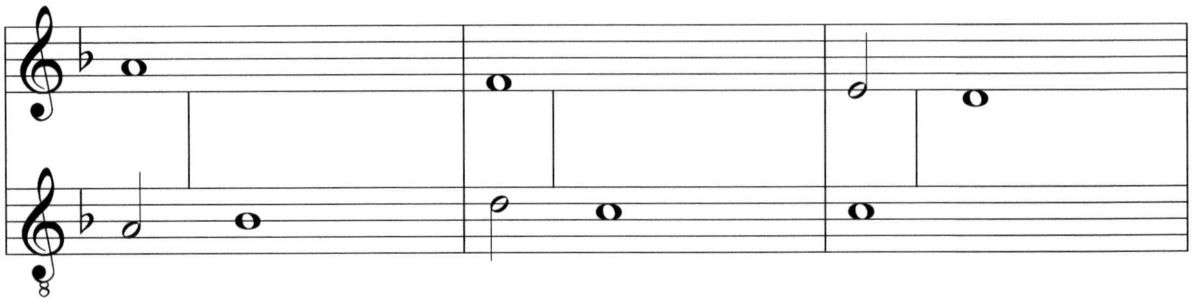

75 Bilden Sie Synkopendissonanzen und lösen Sie sie auf.

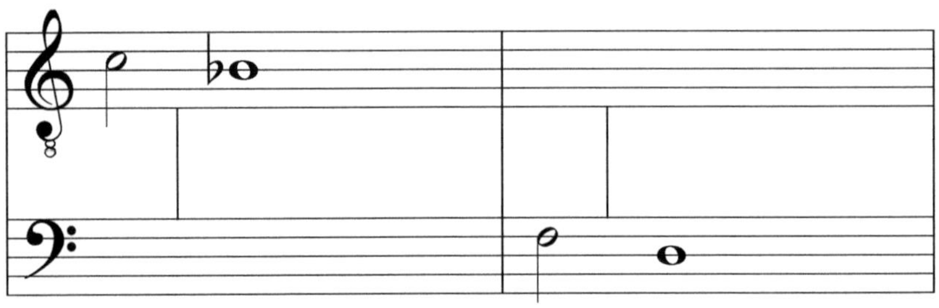

76 Lesen Sie in der Melodie- und Satzlehre, Kapitel IV (Schlüsse) den Abschnitt 2.1 (S. 93).

77 Welche der folgenden Kadenzen ist fehlerhaft?

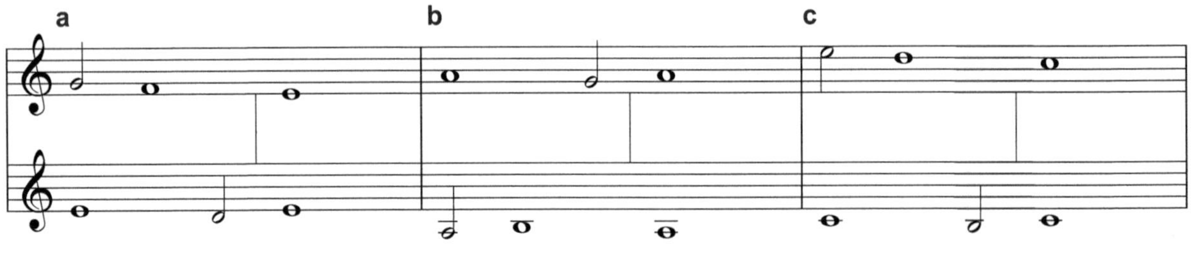

78 Lesen Sie Abschnitt 2.2 (S. 93–94).

79 Ergänzen Sie die fehlende Stimme. Die Kadenz soll durch eine Sequenz der Synkopendissonanz eingeführt werden. Verwenden Sie nur halbe und ganze Noten.

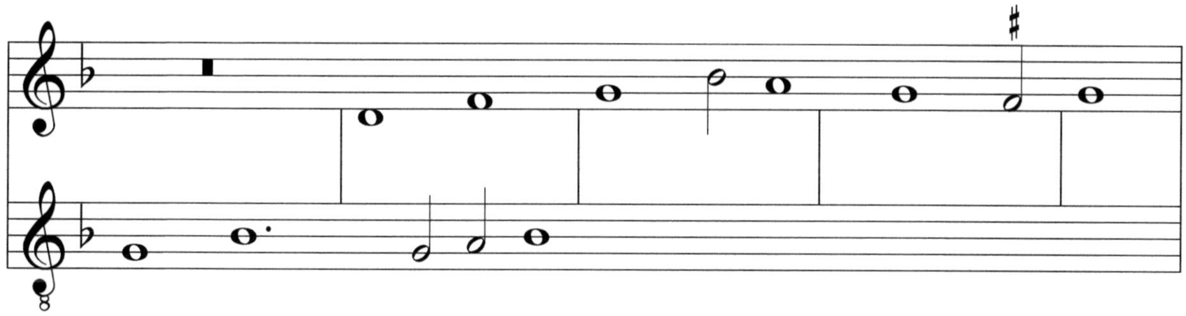

80 Die Kadenz soll durch einen Synkopenstau eingeführt werden (nur halbe und ganze Noten).

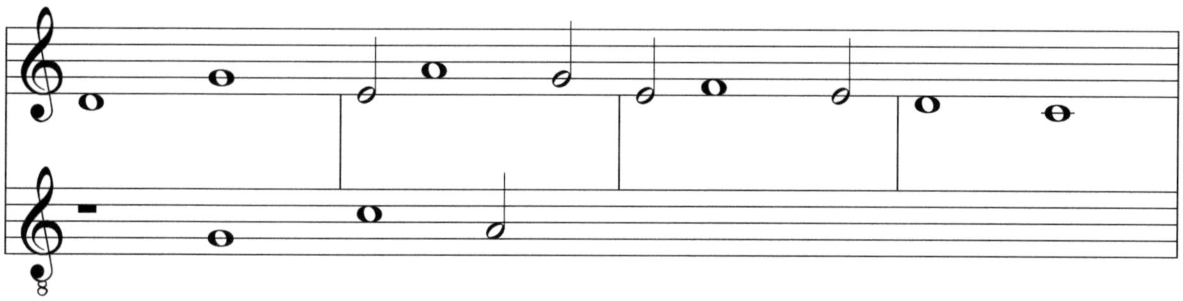

7 Melodik in Viertel- und Achtelnoten

81 Lesen Sie in der Melodie- und Satzlehre, Kapitel II (Melodik) den Abschnitt 3.1 (S. 63).

82 Verzieren Sie zwei Terzsprünge mit Durchgängen in Viertelnoten.

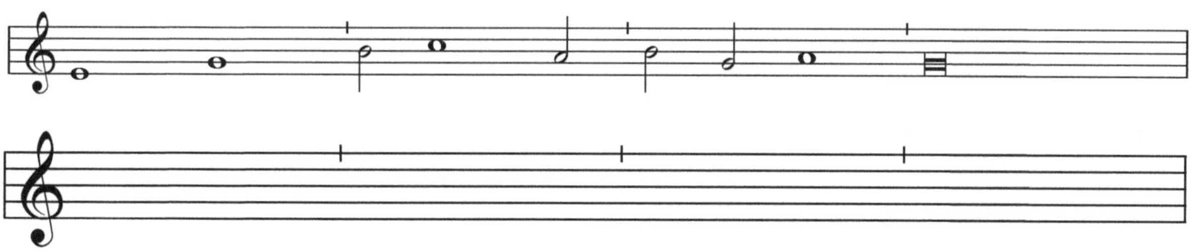

83 Lesen Sie Abschnitt 3.2 (S. 63).

84 Kennzeichnen Sie die Wechselnoten (W). Um welche Typen von Wechselnoten-Figuren handelt es sich (anlaufend, gliedernd, auslaufend)?

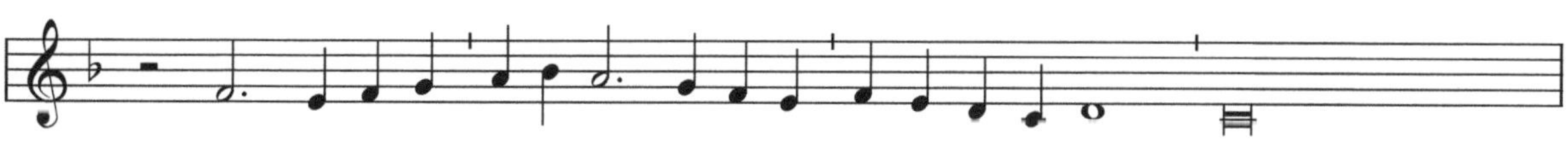

85 Verzieren Sie die folgende Melodie durch eine Wechselnote und eine Durchgangsnote.

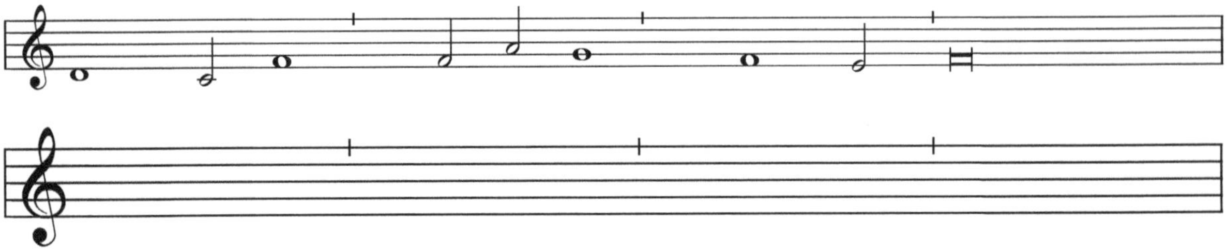

86 Lesen Sie die Abschnitte 3.3 und 3.4 (S. 64).

87 Verzieren Sie die Melodie in Aufgabe 85 durch ein Portamento.

88 Lesen Sie Abschnitt 3.5 (S. 64–65).

89 Verzieren Sie die folgende Melodie durch eine einfache Terzsprung-Figur (punktierte Halbe und Viertel) und eine Durchgang-Terzsprung-Figur.

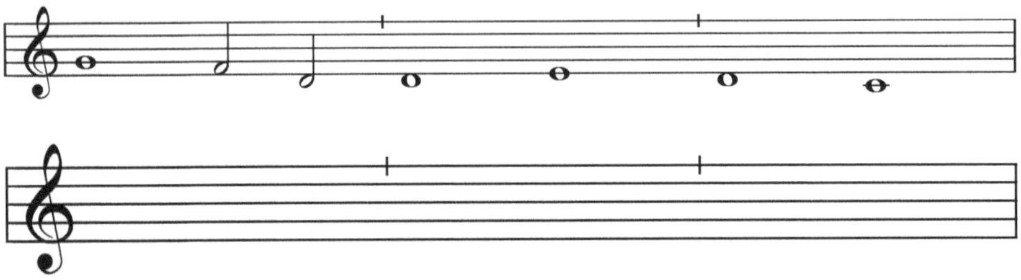

90 Lesen Sie Abschnitt 3.6 (S. 65).

91 Verzieren Sie die folgende Melodie durch eine strenge und eine freie Cambiata.

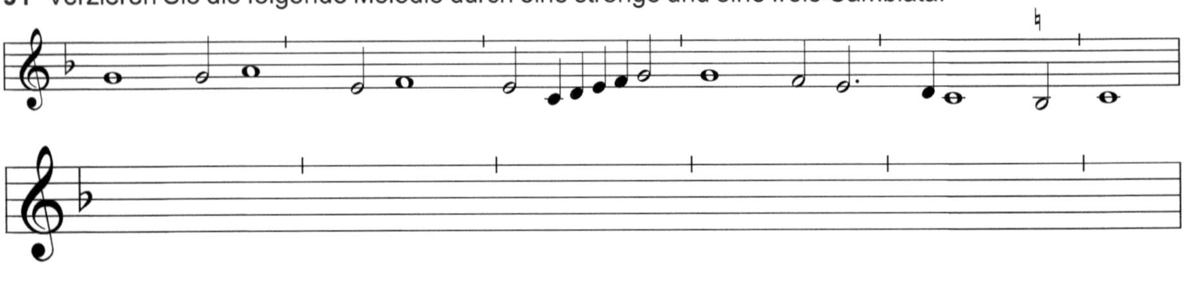

92 Lesen Sie Abschnitt 3.7 (S. 66).

93 Suchen Sie steigende Sprünge in Viertelnoten in dem Satz *Intellectum tibi dabo* von Orlando di Lasso (S. 13–14). Welche Sprünge wirken unauffällig, welche akzentuierend?

94 Ergänzen Sie an den markierten Stellen jeweils zwei Viertelnoten.

a

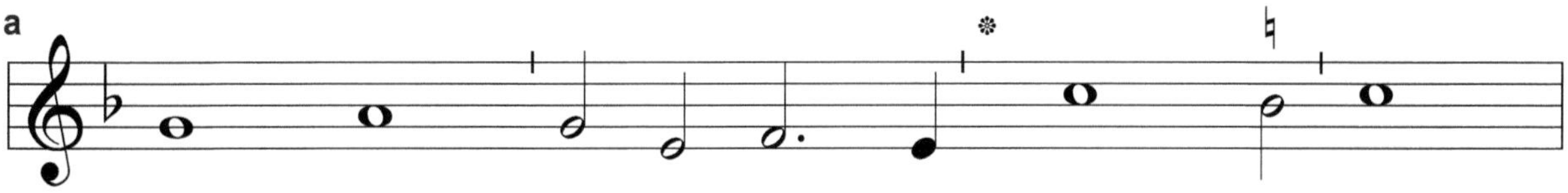

b

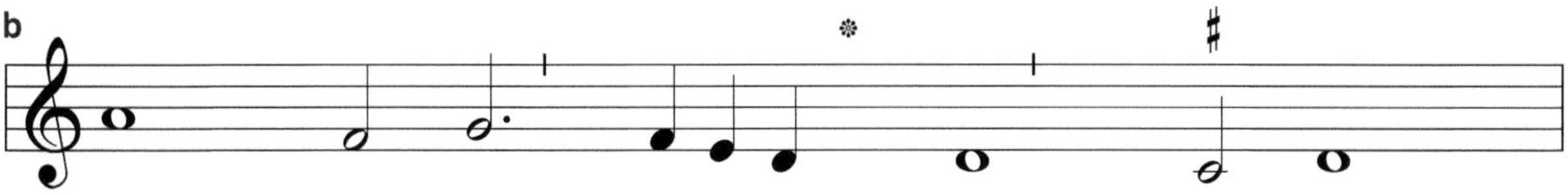

95 Lesen Sie den Abschnitt 4 (S. 67).

96 Untersuchen Sie die Melodik in Achtelnoten in Orlando di Lassos Satz *Qui sequitur me* (S. 16–17). Welche Intervalle werden durch die Achtel verziert?

97 Verzieren Sie die folgende Melodie durch Achtelbewegung.

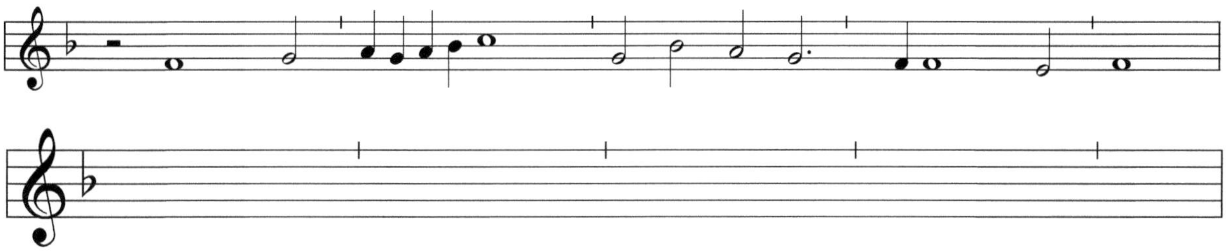

8 Verzierung von Schlüssen

98 Lesen Sie in der Melodie- und Satzlehre, Kapitel IV (Schlüsse) die Abschnitte 1.4 und 1.6 (S. 90–92).

99 Führen Sie die Klauseln durch Viertelbewegung ein.

a

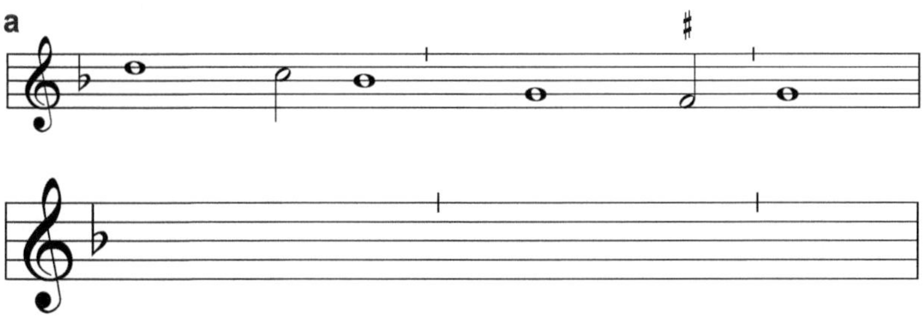

b

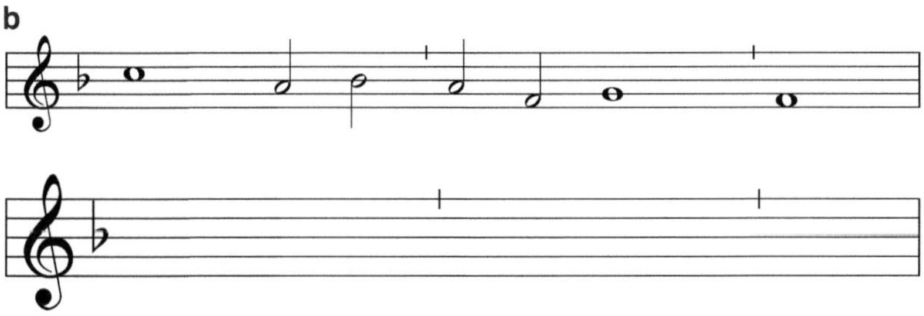

9 Textierung von Viertel- und Achtelnoten

100 Lesen Sie in der Melodie- und Satzlehre, Kapitel VI (Musik und Text) den Abschnitt 1.2 (S. 107).

101 Unterlegen Sie der folgenden Melodie diesen Text:
E-go sum re-sur-ré-cti-o et vita. (Ich bin die Auferstehung und das Leben.)

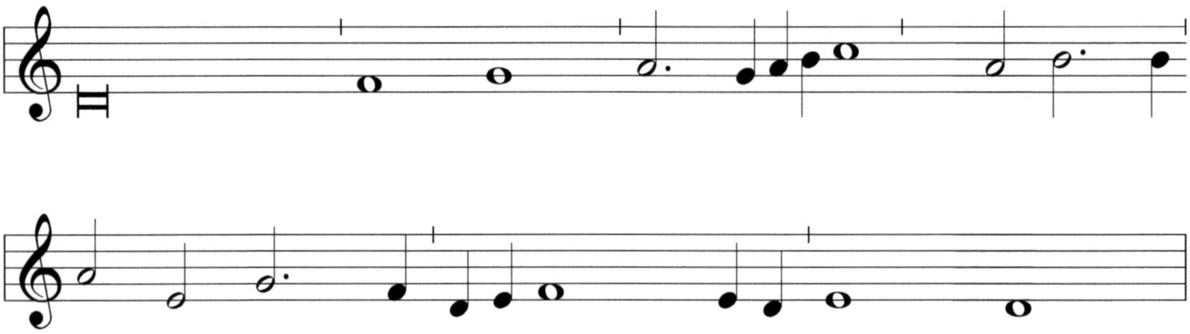

102 Lesen Sie Abschnitt 1.3 (S. 108).

103 Schreiben Sie eine Melodie im 5. Modus (authentisches Lydisch). Heben Sie betonte Silben wichtiger Wörter durch kleine Melismen hervor. Text: O quam glo-ri-ó-sum est re-gnum (O, wie herrlich ist das Reich). Rhythmisieren Sie erst den Text und melodisieren ihn dann.

104 Lesen Sie Abschnitt 1.4 (S. 108).

105 Unterlegen Sie den Text der folgenden Melodie. Der Text soll an die Melodie durch Textwiederholungen angepasst werden. Text:

Et o-mnis qui vi-vit et cre-dit in me,
non mo-ri-é-tur in ae-tér-num.

(Und jeder, der da lebt und an mich glaubt,
wird nicht sterben in Ewigkeit.)

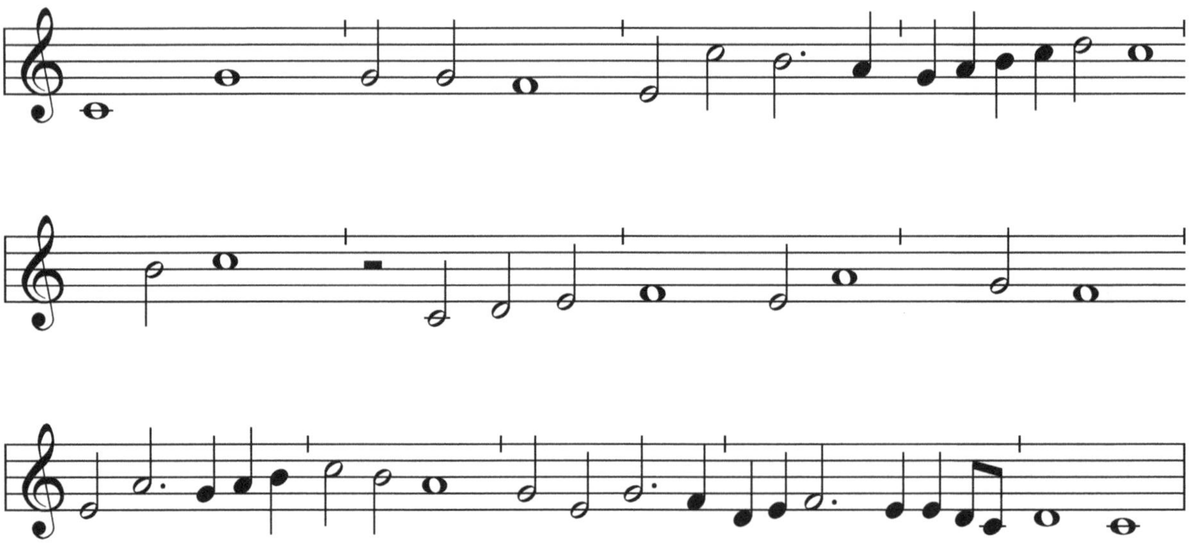

106 Lesen Sie Abschnitt 1.5 (S. 109–110).

10 Melodisch bedingte Dissonanzen

107 Lesen Sie in der Melodie- und Satzlehre, Kapitel VIII (Konsonanz und Dissonanz) die Abschnitte 1.1 und 1.2 (S. 129–130).

108 Vervollständigen Sie den folgenden Satz. Kennzeichnen Sie die entstehenden Durchgangs- und Wechselnotendissonanzen. Beenden Sie den Satz mit einer Kadenz auf dem Ton *c.* Text: Exsultemus (Lasst uns frohlocken).

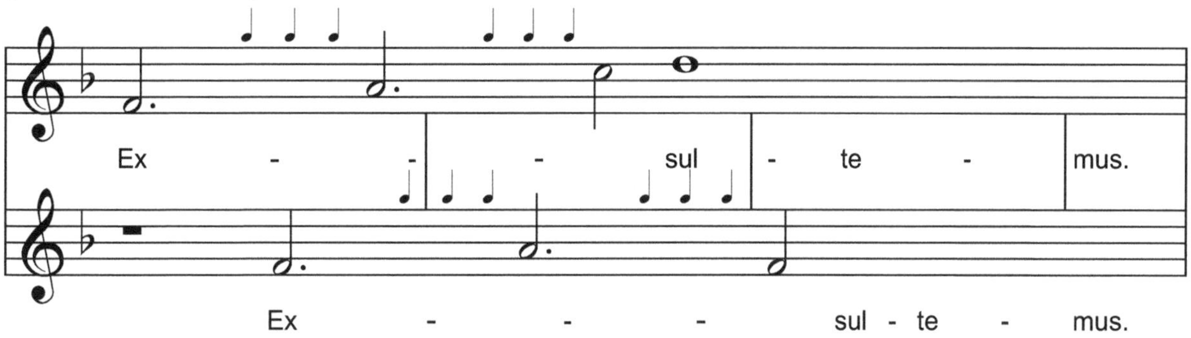

109 Lesen Sie die Abschnitte 1.3 und 1.4 (S. 130–131).

110 Bestimmen Sie die Dissonanzen auf leichter Viertelposition in Othmayrs Liedsatz *Ein feste Burg ist unser Gott* (S. 42, T. 1–12).

111 Lesen Sie Abschnitt 1.5 (S. 131).

112 Welche Achtelnoten in Lassos Satz *Putruerunt et corruptae* (S. 15, T. 9, 14 und 18) dissonieren? Welche Bewegungsform haben sie?

113 Lesen Sie Abschnitt 1.6 (S. 132–133).

114 Bestimmen Sie die schweren Durchgangs-Dissonanzen im Anfangsabschnitt der anonymen Chanson *Du cueur le don* (S. 35, T. 1–8).

115 Lesen Sie Abschnitt 2.2 (S. 135–136).

116 Ergänzen Sie den folgenden Satz. Es soll eine schwere Durchgangsdissonanz entstehen. Text: Adoramus te (Wir beten dich an).

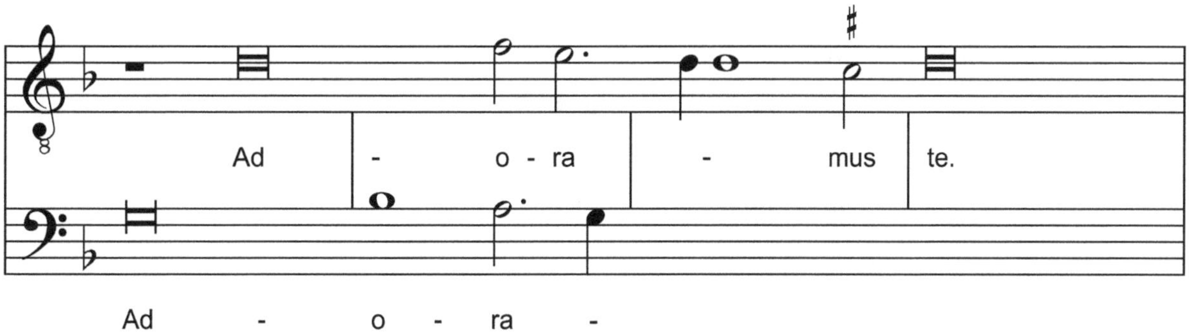

117 Lesen Sie Abschnitt 2.3 (S. 136–137).

118 Suchen Sie im folgenden Beispiel Fehler in der Dissonanzbehandlung.

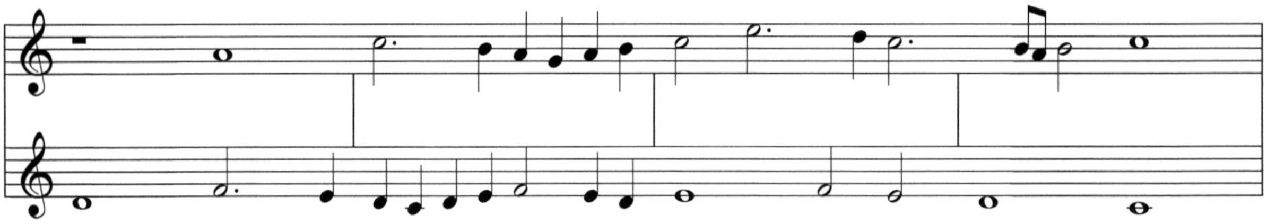

119 Lesen Sie Abschnitt 1.7 (S. 133).

11 Kadenz

120 Lesen Sie in der Melodie- und Satzlehre, Kapitel IV (Schlüsse) den Abschnitt 2.3 (S. 94).

121 Schließen Sie das folgende Beispiel mit einer Kadenz auf dem Ton *c*. Verwenden Sie zunächst nur ganze und halbe Noten und verzieren Sie danach die Kadenzeinführung. Text: Et adorate Dó-mi-num (Und betet den Herrn an).

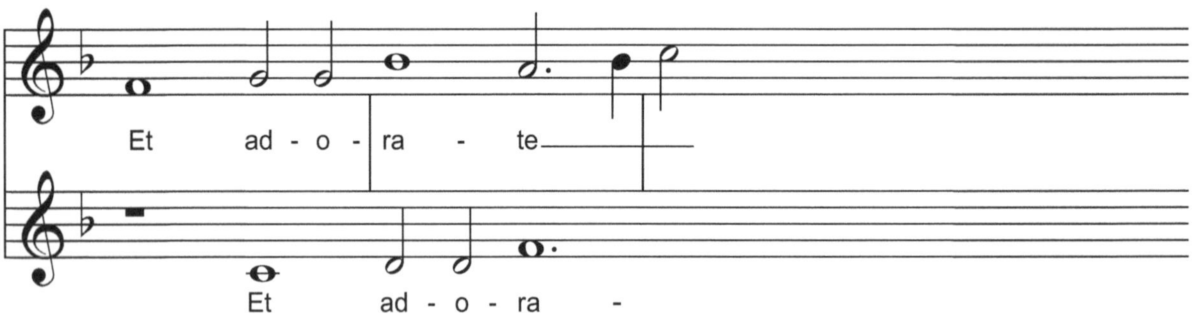

122 Schließen Sie das folgende Beispiel mit einer Kadenz auf *a*. Führen Sie die Kadenz mit mindestens einer Viertelnote in jeder Stimme ein. Text: Quam fecit Dó-mi-nus ([Das ist der Tag,] den der Herr gemacht hat).

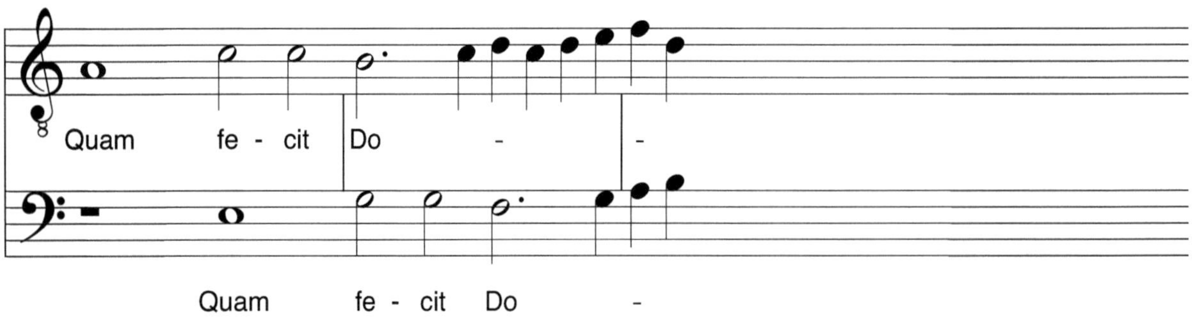

123 Lesen Sie Abschnitt 2.4 (S. 94).

124 Um welche rhythmischen Klausel-Varianten handelt es sich?

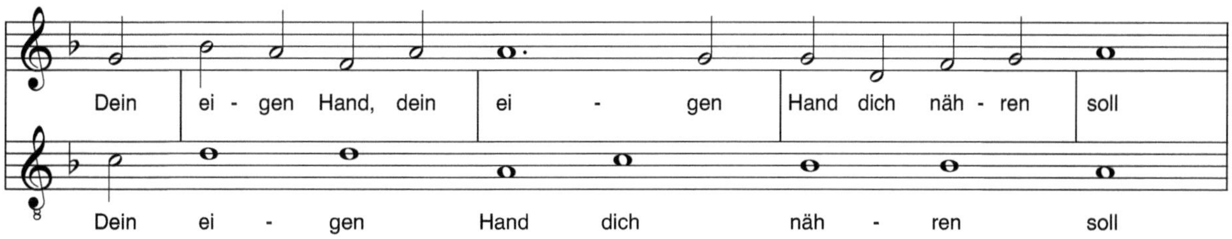

Othmayr, Liedsatz *Wohl dem, der in Gottes Furcht steht,* Bicinia sacra, Nr. 21, T. 9

125 Lesen Sie die Abschnitte 2.5 (S. 95) und 2.8 (S. 97).

12 Zweistimmige Viertelbewegung

126 Lesen Sie in der Melodie- und Satzlehre, Kapitel VII den Abschnitt 15 (S. 125–126).

127 Ergänzen Sie die Oberstimme mit durchlaufender Viertelbewegung. Text: Aeternum (Ewigkeit).

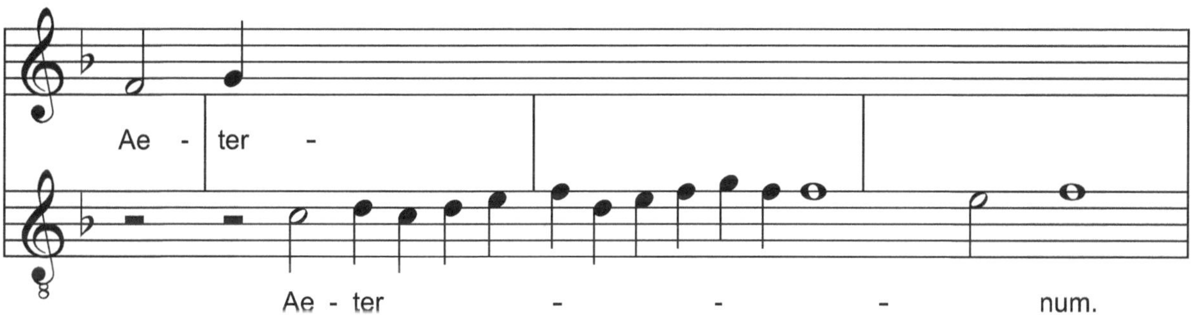

128 Ergänzen Sie die Oberstimme so, dass sich vorwiegend komplementäre Viertelbewegung ergibt. Text: Sperabo in eum (Ich hoffe auf ihn).

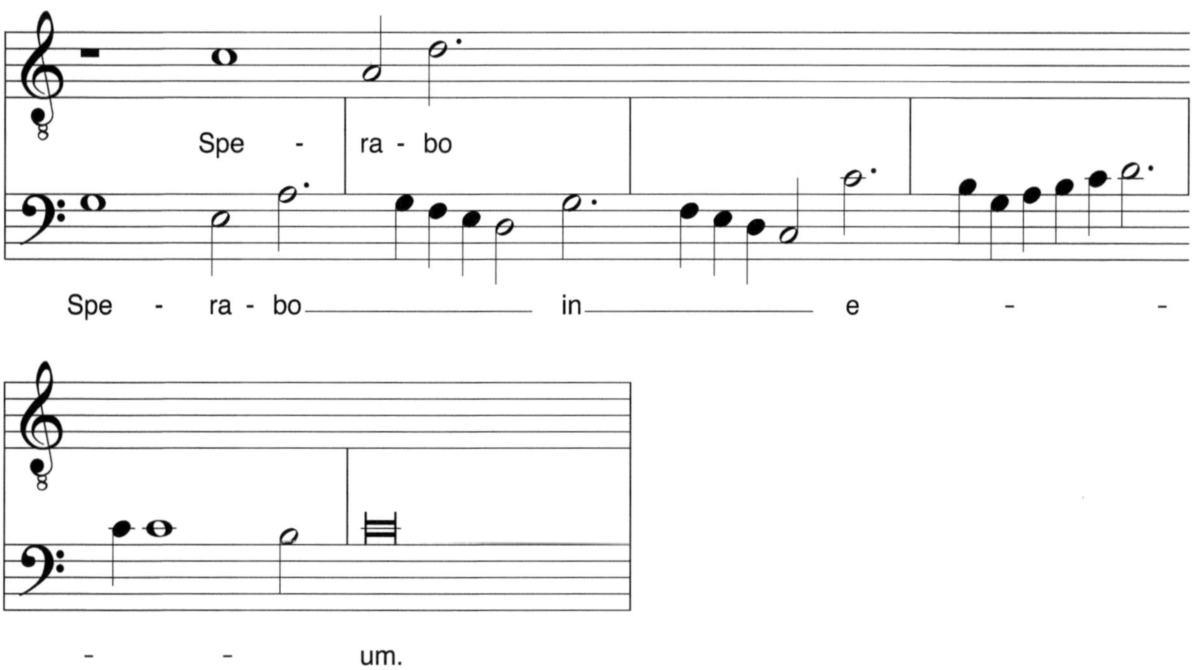

13 Modale Melodik

129 Lesen Sie in der Melodie- und Satzlehre, Kapitel II (Melodik) den Abschnitt 6.1 (S. 70).

130 Bestimmen Sie den Modus der Oberstimme von Lassos Duo *Crucifixus* (S. 21). Bestimmen Sie die Hauptstufen anhand der Anfangstöne und Klauselstufen der Phrasen sowie anhand auffälliger Sprünge.

131 Lesen Sie Abschnitt 6.2 (S. 71–72).

132 Bestimmen Sie den Modus und die Hauptstufen der Unterstimme von Lassos Psalmvers *Putruerunt et corruptae* (S. 15). Berücksichtigen Sie auch die Oberstimme in T. 2–5. Lesen Sie dann die Anmerkung unten auf S. 15.

133 Lesen Sie Abschnitt 6.3 (S. 72).

134 Bestimmen Sie den Modus, die Hauptstufen und die typische Melodiewendung der Oberstimme von Lassos Magnificat-Vers *Esurientes* (S. 31).

135 Lesen Sie Abschnitt 6.4 (S.73).

136 Lesen Sie in der Melodie- und Satzlehre, Kapitel IV (Schlüsse) den Abschnitt 2.7 (S. 96).

137 Welche Kadenzstufe der anonymen Chanson *Donnez moy donc le don* (siehe S. 36–37) ist ungewöhnlich? Was könnte der Grund für ihre Verwendung sein?

138 Lesen Sie in der Melodie- und Satzlehre, Kapitel III (Anfänge) den Abschnitt 1.2 (S. 76–80).

139 Schreiben Sie eine Anfangsphrase im 1. Modus (authentisches Dorisch) für Tenor. Text: Ver-ba me-a au-di Dó-mi-ne (Höre meine Worte, Herr). Rhythmisieren Sie den Text zunächst. Markieren Sie die die Finalis und den Oktavrahmen und melodisieren Sie dann den Rhythmus.

140 Schreiben Sie eine Anfangsphrase im transponierten 2. Modus (plagales Dorisch) für Tenor mit demselben Text wie in Aufgabe 139.

141 Schreiben Sie eine Anfangsphrase im 8. Modus (plagales Mixolydisch) für Tenor mit demselben Text wie in Aufgabe 139.

14 Melodische Formbildung

142 Lesen Sie in der Melodie- und Satzlehre, Kapitel II (Melodik) den Abschnitt 5.1 (S. 68).

143 Schreiben Sie die Hauptstufen der folgenden Melodie auf.

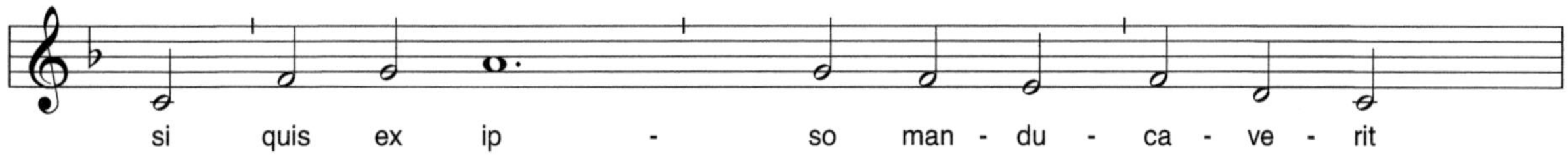

Palestrina, Motette *Ego sum panis vivus,* W 5 II, Nr. 9, T. 47, Sopran

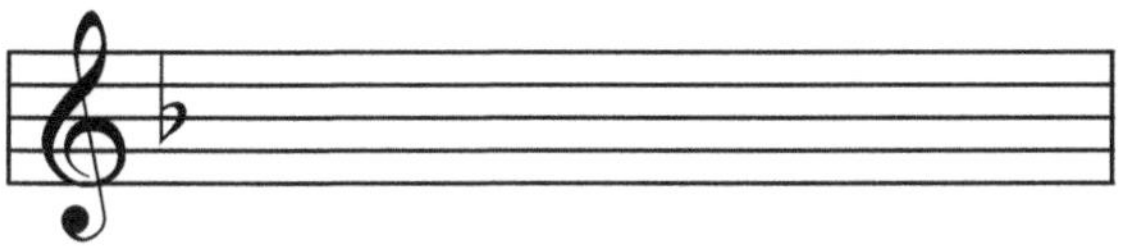

144 Schreiben Sie eine Melodiephrase mit den nachstehenden Hauptstufen. Text: Ve-ni spon-sa Chri-sti (Komm, Braut Christi).

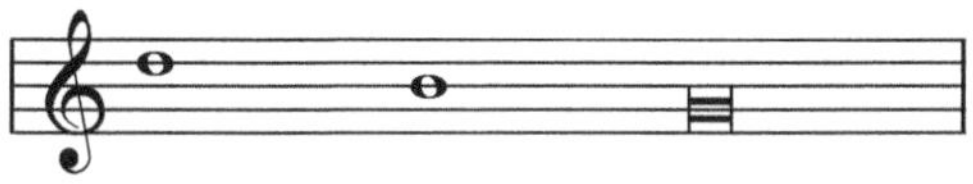

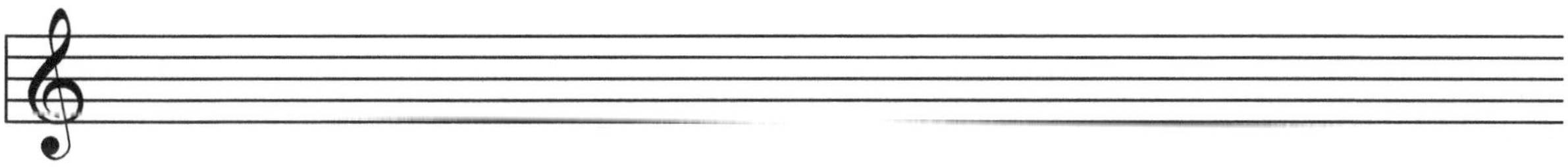

145 Lesen Sie Abschnitt 5.2 (S. 69).

15 Einstimmige Anschlüsse

146 Lesen Sie in der Melodie- und Satzlehre, Kapitel V (Anschlüsse) die Abschnitte 1.1 und 1.2 (S. 99).

147 Im folgenden Beispiel sind zwei Melodiephrasen durch eine Zäsur getrennt (O großes Geheimnis / und staunenswürdiges Sakrament).

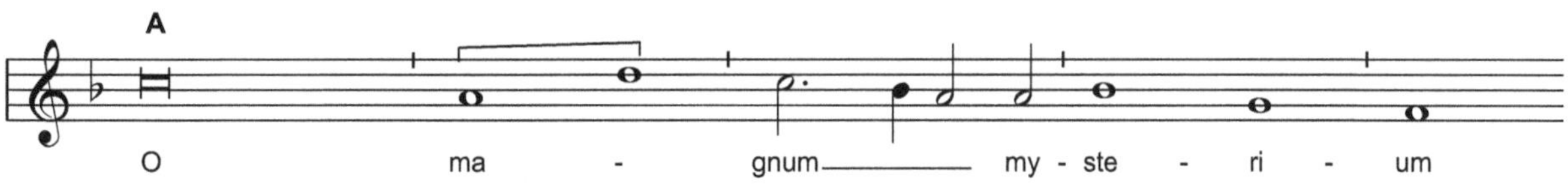

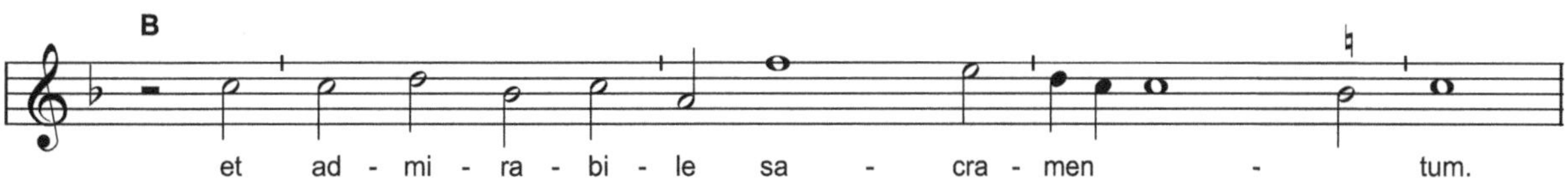

Verkürzen Sie den Schlusston der Phrase A und schließen Sie die Phrase B an. Es ist dabei unvermeidlich, dass sich der Taktstrich von B verschiebt.

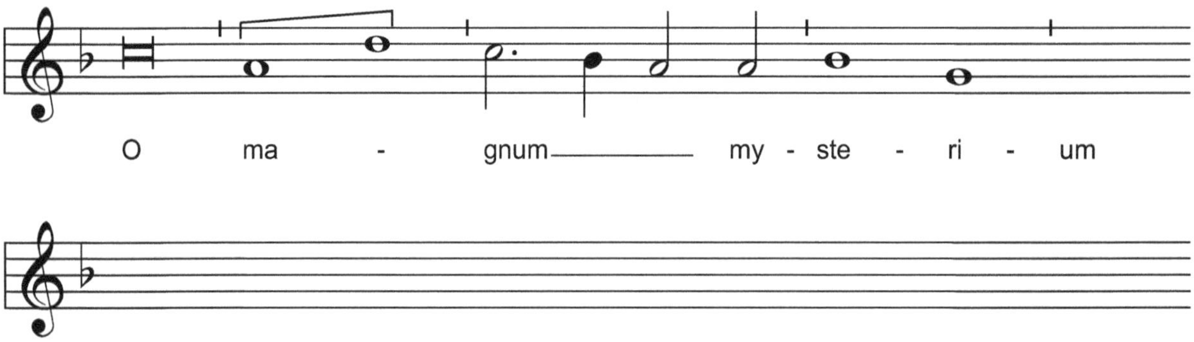

148 Lesen Sie Abschnitt 1.3 (S. 100).

149 Unterbrechen Sie die Tenorklausel der Phrase A. Um den Text unterzubringen, muss der Schluss verändert werden. Schließen Sie die Phrase B an. Erfinden Sie auch Varianten für den Anfang von B.

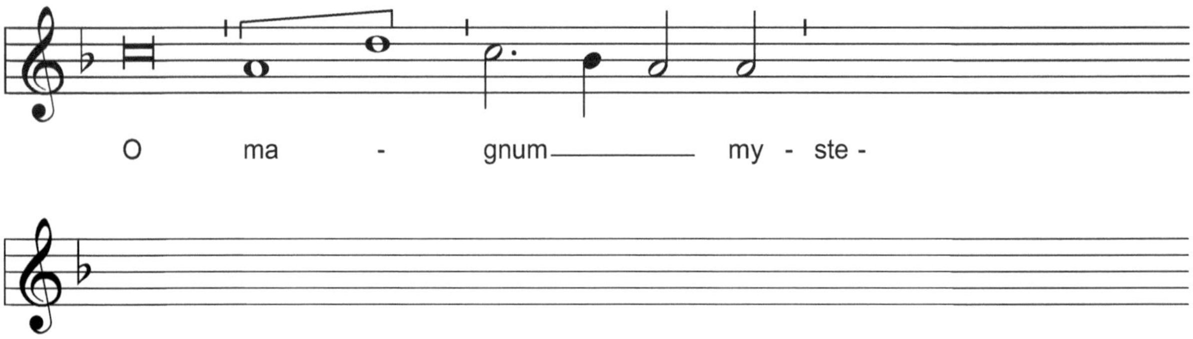

150 Lesen Sie im Kapitel IV (Schlüsse) den Abschnitt 1.7 (S. 92).

151 Schreiben Sie zwei Melodiephrasen für Tenor auf den folgenden Text: Di-es san-cti-fi-cá-tus / il-lú-xit no-bis (Ein geheiligter Tag / ist uns aufgeleuchtet). Sie sollen im transponierten 6. Modus stehen (plagales Lydisch). Die erste Phrase soll auf der Hebung schließen.

152 Lesen Sie in der Melodie- und Satzlehre, Kapitel V (Anschlüsse) die Abschnitte 1.4 und 1.5 (S. 100).

153 Analysieren Sie die Gliederung der Oberstimme von Lassos Duo *Caro cibus* (S. 32). Wie schließen die Melodiephrasen aneinander an? Wie ist die Binnengliederung der längeren Melodieabschnitte beschaffen?

16 Imitation

154 Lesen Sie in der Melodie- und Satzlehre, Kapitel III (Anfänge) den Abschnitt 2.1 (S. 81–82).

155 Imitieren Sie die folgende Melodiephrase streng quinthöher.

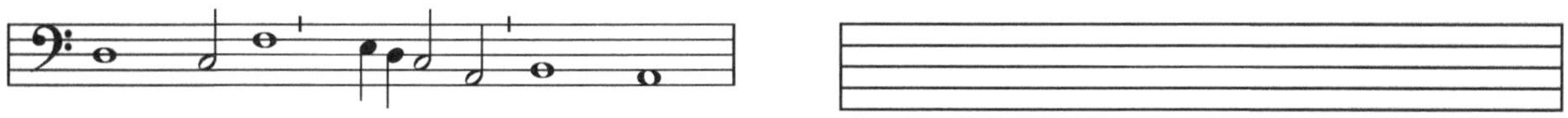

156 Analysieren Sie die folgenden Anfangsimitationen:
- Bestimmen Sie die jeweilige Finalis und
- die Oktavrahmen.
- Schreiben Sie die Hauptstufen von Subjekt und Imitation in die unten stehenden Notensysteme.
- Bestimmen Sie das Imitationsintervall,
- die Lage des Subjekts und der Imitation im Tonraum und
- den zeitlichen Abstand bis zum Beginn der Imitation.

Orlando di Lasso, *Putruerunt et corruptae*
(siehe Noten auf S. 15, T. 1–4 und Aufgabe 132)

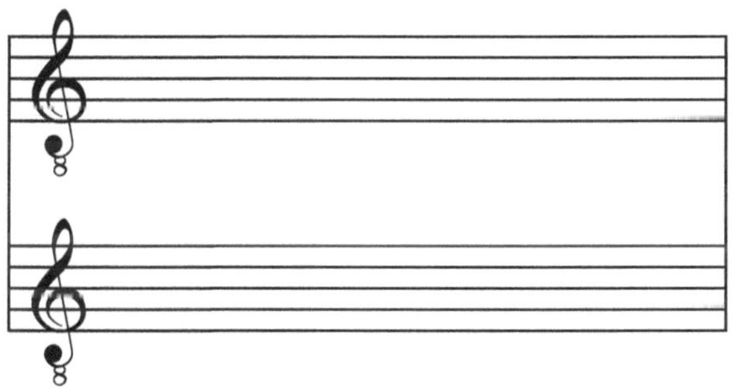

Orlando di Lasso, *Esurientes*
(siehe Noten auf S. 31, T. 1–3 und Aufgabe 134)

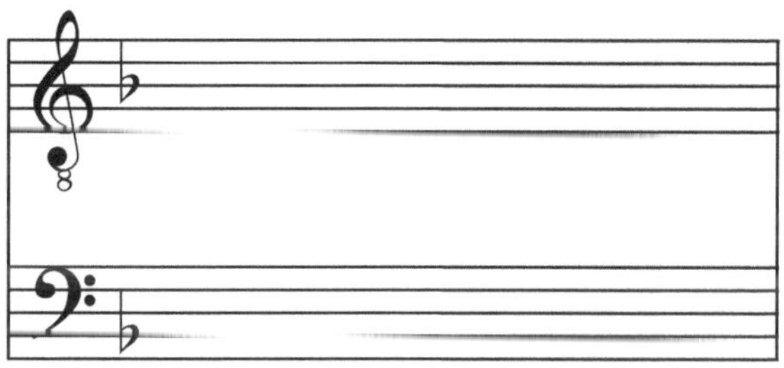

157 Lesen Sie Abschnitt 2.2 (S. 82–83).

158 Beginnen Sie mit dem Subjekt auf den Text „O quantus luctus“. Wiederholen Sie den Text als freien Kontrapunkt und setzen Sie diesen mit dem verbleibenden Text „hominum“ bis zur Kadenz fort (O, wie groß [ist] die Trauer der Menschen).

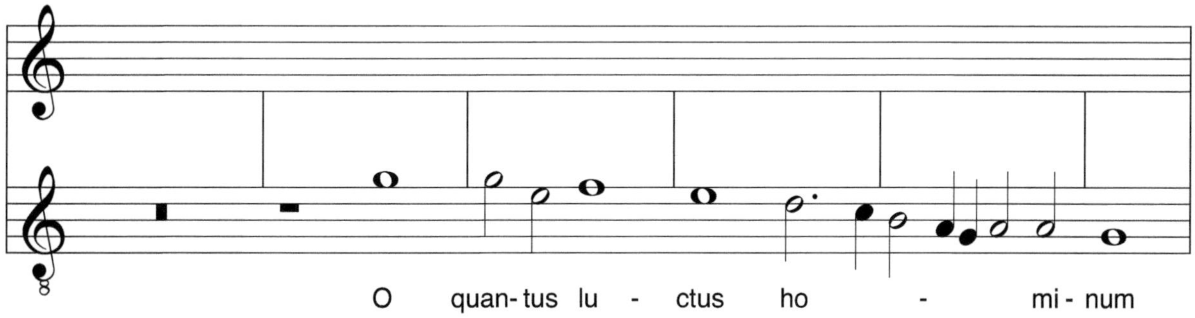

159 Erfinden Sie selbst ein Subjekt und imitieren es nach dem obigen Muster im 5. Modus (authentisches Lydisch) für Tenor und Bass. Text: To-ta pul-chra es / a-mí-ca me-a (Du bist vollkommen schön, meine Freundin). Kadenzieren Sie auf der erst- oder zweitrangigen Hauptstufe.

160 Bilden Sie eine Imitation mit Kontrasubjekt für Tenor und Bass auf diesen Text: Tu es Christus / Fí-li-us De-i / vi-vi (Du bist Christus, der Sohn des lebendigen Gottes). Imitieren Sie zunächst das Subjekt („Tu es Christus"). Schreiben Sie dann zu der Imitation in der Unterstimme ein Kontrasubjekt auf den Text „Filius Dei". Imitieren Sie dieses Kontrasubjekt in der Oberstimme. Führen Sie beide Stimmen mit dem verbleibenden Text „vivi" in eine Kadenz auf der erst- oder zweitrangigen Hauptstufe.

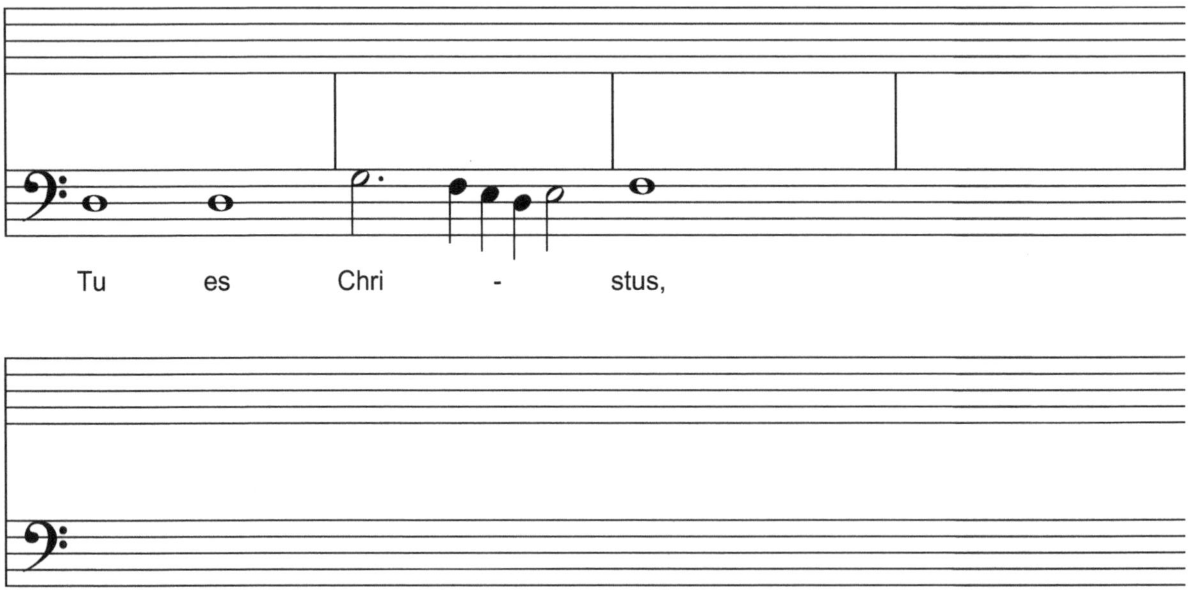

161 Imitieren Sie die folgende Melodie zum frühestmöglichen Zeitpunkt und so weit wie möglich. Führen Sie anschließend beide Stimmen in eine Kadenz auf der erst- oder zweitrangigen Hauptstufe (Schön sind deine Wangen).

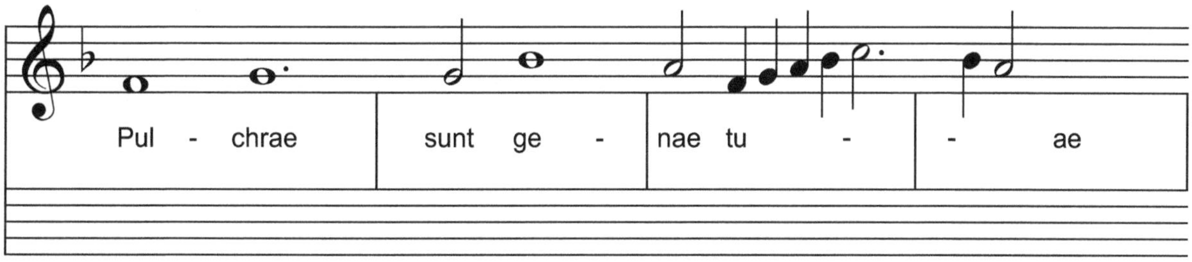

162 Erfinden Sie selbst ein Subjekt im 8. Modus (plagales Mixolydisch). Stimmlagen: Tenor und Bass. Text: E-go ro-gá-bo Pa-trem (Ich will den Vater bitten). Wählen Sie zunächst die Anfangstöne des Subjekts und der Imitation. Beginnen Sie mit der Imitation, bevor das Subjekt zu Ende ist. Schreiben Sie die ersten Töne des Subjekts bis zum Anfangston der Imitation, keinesfalls darüber hinaus. Imitieren Sie diesen Teil des Subjekts. Setzen Sie dann das Subjekt bis zum Ende der Imitation fort (auch hier nicht darüber hinaus). Wiederholen Sie diese Arbeitsschritte nach Bedarf, bis das Subjekt vollständig ist. Die Übung braucht nicht durch eine Kadenz abgeschlossen werden. (Siehe auch Aufgabe 301 zum Kanon im Lehrgang, S. 198).

163 Imitieren Sie beide Subjekte ohne Kadenz (Sei gegrüßt, wahre Jungfräulichkeit).

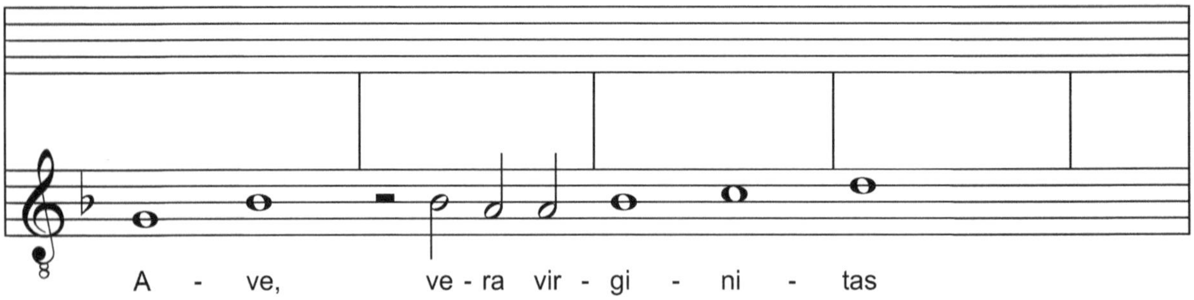

164 Lesen Sie Abschnitt 2.3 (S. 84)

165 Bilden Sie eine Kopfimitation und enden Sie mit einer Kadenz (Bestärke das, o Gott).

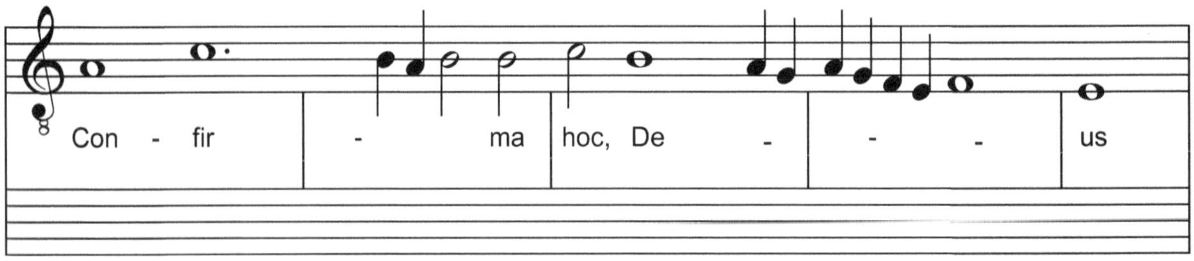

166 Erfinden Sie selbst eine Kopfimitation im transponierten 2. Modus (plagales Dorisch). Stimmlagen: Sopran und Alt. Text: Dul-cis est so-mnus o-pe-rán-ti (Süß ist der Schlaf des Arbeitenden). Kadenz auf der erst- oder zweitrangigen Hauptstufe.

167 Lesen Sie Abschnitt 2.4 (S. 84–85).

168 Untersuchen Sie die Imitationstechnik in Lassos Motette *Qui sequitur me* (S. 16, T. 14–18).

169 Lesen Sie Abschnitt 2.5 (S. 85–86).

170 Bilden Sie eine Engführung mit Kadenz (Ewigkeit).

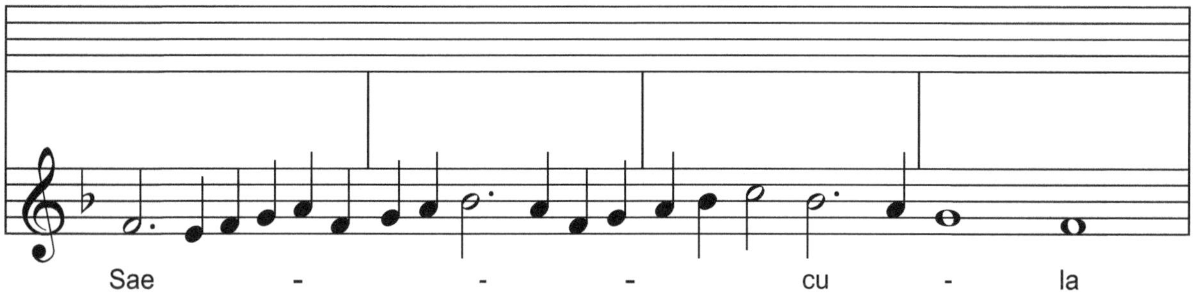

171 Schreiben Sie selbst eine Engführung im 7. Modus (authentisches Mixolydisch) für Tenor und Bass mit Kadenz auf der erst- oder zweitrangigen Hauptstufe. Text: Al-le-lú-ia.

172 Lesen Sie in der Satzlehre, Kapitel III den Abschnitt 2.6 (S. 86).

173 Imitieren Sie in Gegenbewegung und enden Sie mit einer Kadenz (Hohn hat mein Herz erwartet).

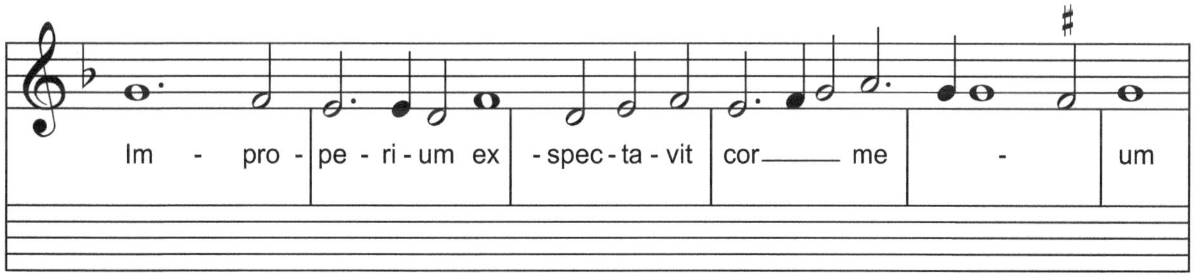

174 Lesen Sie Abschnitt 2.7 (S. 86–87).

17 Zweistimmige Anschlüsse

175 Lesen Sie in der Melodie- und Satzlehre, Kapitel V (Anschlüsse) die Abschnitte 2.1 und 2.2 (S. 101–102).

176 Analysieren Sie den Anschluss in Lassos *Crucifixus* (S. 21, T. 70–71).

177 Ergänzen Sie den Schluss des ersten und die Anfangsimitation des zweiten Abschnitts (Zäsur mit Liegeton). Text: In te speravi / salva me (Auf dich hoffe ich / errette mich).

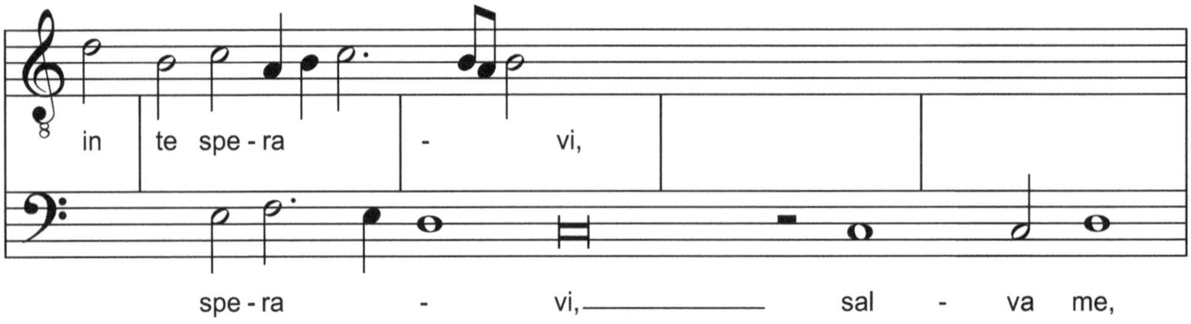

178 Lesen Sie Abschnitt 2.3 (S. 102–103).

179 Analysieren Sie den Anschluss in Lassos Satz *Ipsa te cogat pietas* (S. 13, T. 18–19).

180 Ergänzen Sie das folgende Beispiel (verkürzter Schlusston). Text: Domine Deus / in te speravi (Herr Gott / auf dich hoffe ich).

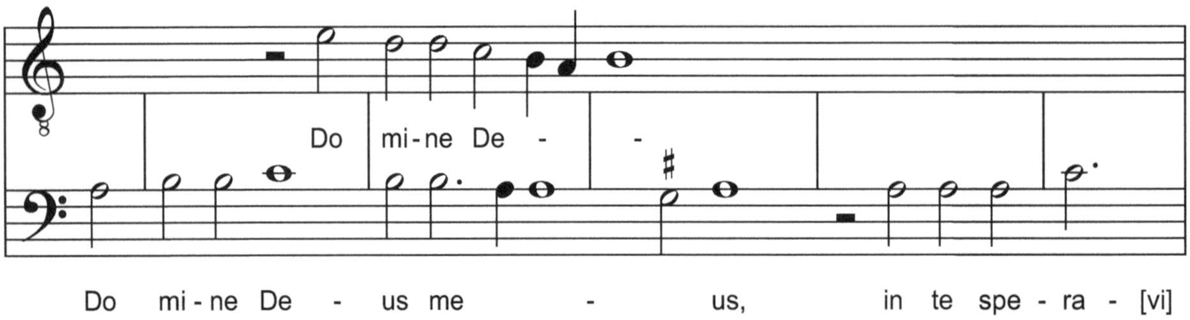

181 Lesen Sie Abschnitt 2.4 (S. 103).

182 Analysieren Sie den Anschluss in Lassos Bicinium *Ipsa te cogat pietas* (S. 12, T. 8–10).

183 Ergänzen Sie das folgende Beispiel (unterbrochene Tenorklausel) und schließen Sie den Satz durch eine phrygische Kadenz. Text: Et libera me / libera me (Und befreie mich / befreie mich).

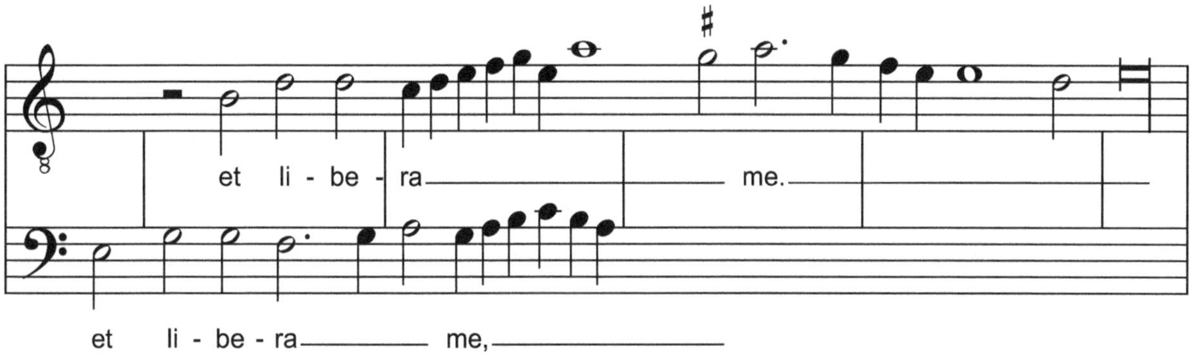

184 Lesen Sie Abschnitt 2.5 (S. 104).

185 Analysieren Sie den Anschluss in Lassos *Benedictus* (S. 23, T. 29–31).

186 Ergänzen Sie das folgende Beispiel (Klauselanhang). Text: [Salva me ab omnibus] persequentibus me / et libera ([Errette mich von allen] meinen Verfolgern / und befreie mich).

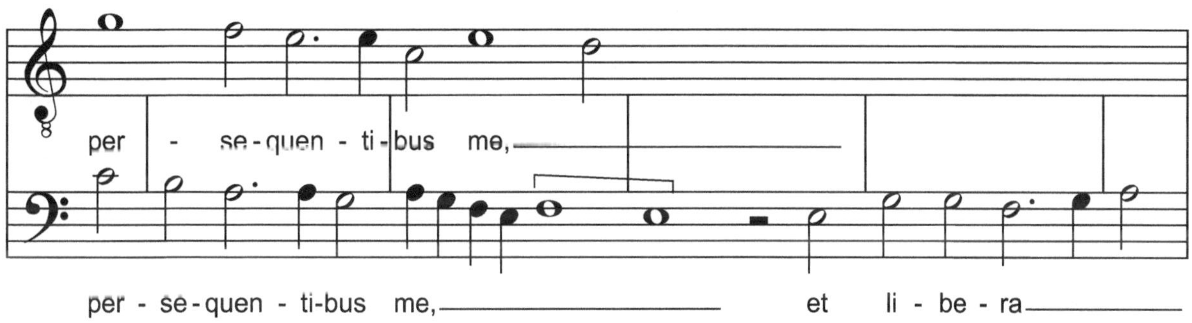

187 Lesen Sie den Abschnitt 2.6 (S. 104–105).

188 Analysieren Sie die Überlagerung von Kurzphrasen in Lassos Bicinium *Ipsa te cogat pietas* (S. 12–13, T. 9–15).

189 Ergänzen Sie das folgende Beispiel (sequenzierte Kurzphrasen). Text: Salva me / salva me / ab omnibus [persequentibus me] (Errette mich / von allen [meinen Verfolgern]).

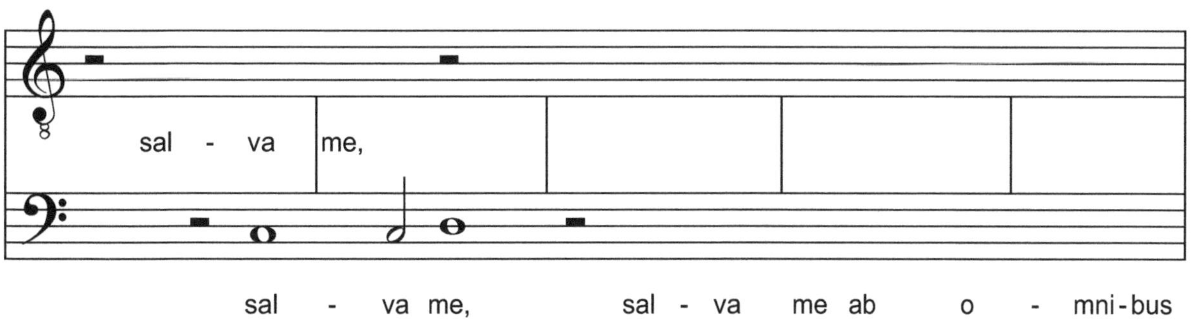

Lösungsvorschläge für die Aufgaben 177, 180, 183, 186 und 189 finden Sie auf S. 217 als zusammenhängenden Satz. Singen Sie den Satz.

18 Motettische Sätze mit einer vorgegebenen Stimme

190 Die folgenden Aufgaben (190 und 195) fassen alle bisher erarbeiteten Mittel zusammen. Sie sind der letzte Schritt vor der freien Arbeit.
Ergänzen Sie die fehlende Stimme. Gehen Sie dabei folgendermaßen vor:

- Analysieren Sie die gegebenen Stimmen. Wie heißt die Finalis? Ist der Umfang authentisch oder plagal? In welchem Modus stehen die gegebenen Stimmen? In welcher Stimmlage (Sopran, Alt, Tenor, Bass)? Welche ist die modal führende Stimme?
- Disponieren Sie den Satz: Notieren Sie am Anfang in jeder Stimme die Finalis und den Oktavrahmen. Passen letztere in die normale oder in die hohe Schlüsselung? Notieren Sie den maximalen Stimmumfang (den Umfang, der in den originalen „alten" Schlüsseln ohne Hilfslinien darstellbar ist). Wenn Sie nicht sicher sind, können Sie Ihr Ergebnis anhand der Tabelle auf S. 117 kontrollieren.
- Gliedern Sie die gegebene Stimme anhand der Klauseln in Abschnitte. Gehen Sie dann Abschnitt für Abschnitt vor. Singen Sie den gegebenen Melodieabschnitt. Mit welcher Klausel wird er beendet? Ergänzen Sie die Klausel in der anderen Stimme.
- Jeder Abschnitt beginnt normalerweise mit einer Imitation. Welche Imitationsmöglichkeiten gibt es am Anfang des jeweiligen Abschnitts? Wie schließt der Abschnitt an den vorhergehenden an?
- Entwickeln Sie die Melodik vom Text her. Rhythmisieren Sie zunächst den Text, bevor Sie den Melodieverlauf entwickeln. Schreiben Sie keine längeren Phrasen ohne Text. Singen Sie jede Phrase.
- Achten Sie auf die Klänge zwischen den Stimmen. Bevorzugen Sie Terzen und Sexten. Bedienen Sie sich der gängigen Satzmodelle (siehe S. 124–127). Führen Sie vollkommene Konsonanzen in Seiten- oder Gegenbewegung ein. Kontrollieren Sie die melodisch bedingten Dissonanzen.
- Überprüfen Sie Ihren Satz erst dann am Instrument, wenn Sie mit ihrer Lösung völlig zufrieden sind oder wenn Sie eine Stelle trotz andauernder Bemühung nicht bewältigen können. Das gilt erst recht für die Lösungsvorschläge des Verfassers, die Sie am Schluss des Lehrgangs finden (S. 218–222). Oft gibt es nicht nur eine einzige gute Lösung.
- Singen Sie Ihre Sätze mit Ihren Mitstudierenden zweistimmig.

a *Qui diligitis Dominum*

Qui diligitis Dominum odite malum,
custodit Dominus animas sanctorum suorum,
de manu peccatorum liberabit eos.

Die ihr den Herrn liebt, hasst das Böse.
Es bewahrt der Herr die Seelen seiner Heiligen,
aus der Hand der Sünder wird er sie erretten.

(Psalm 97, 10)

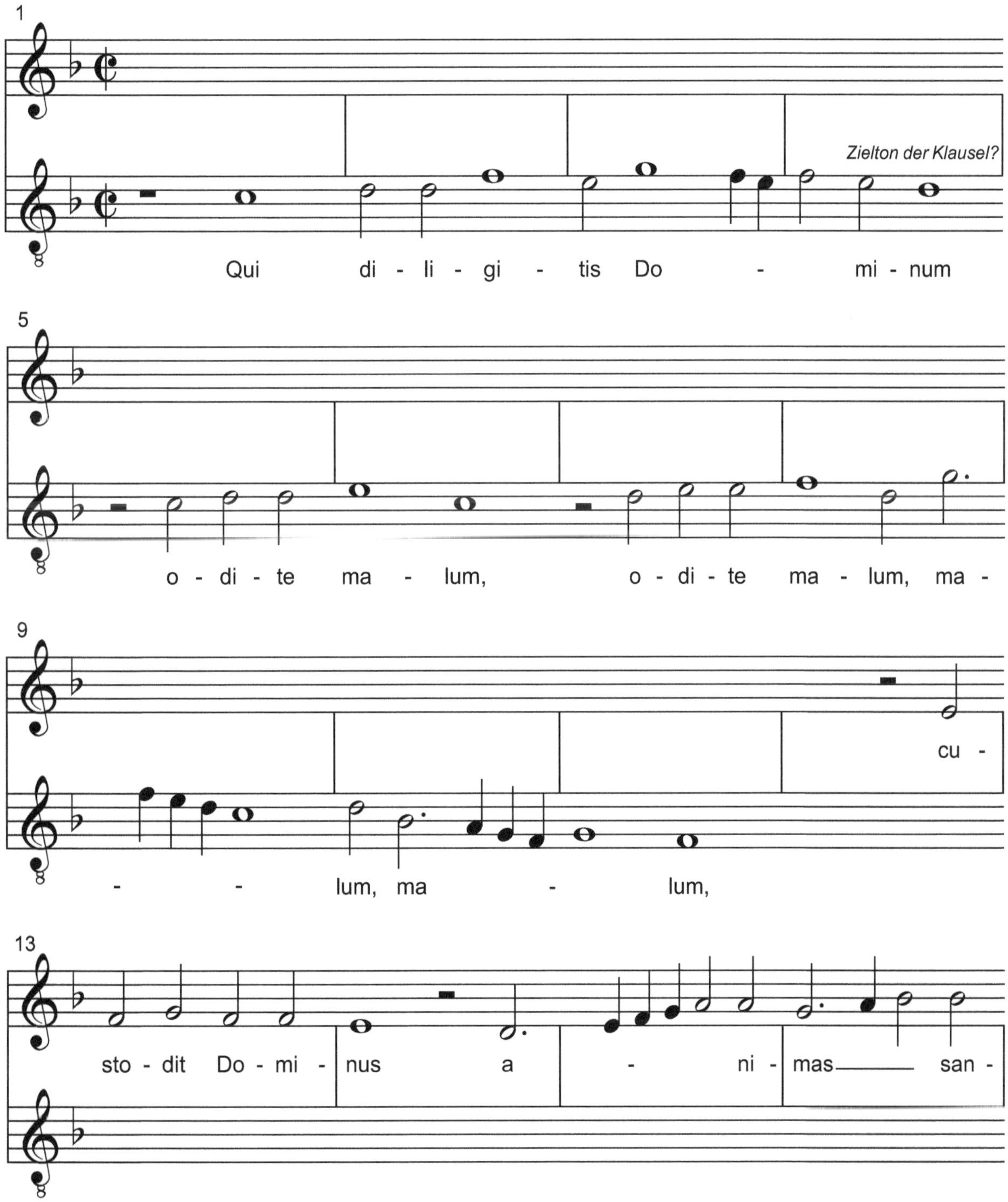

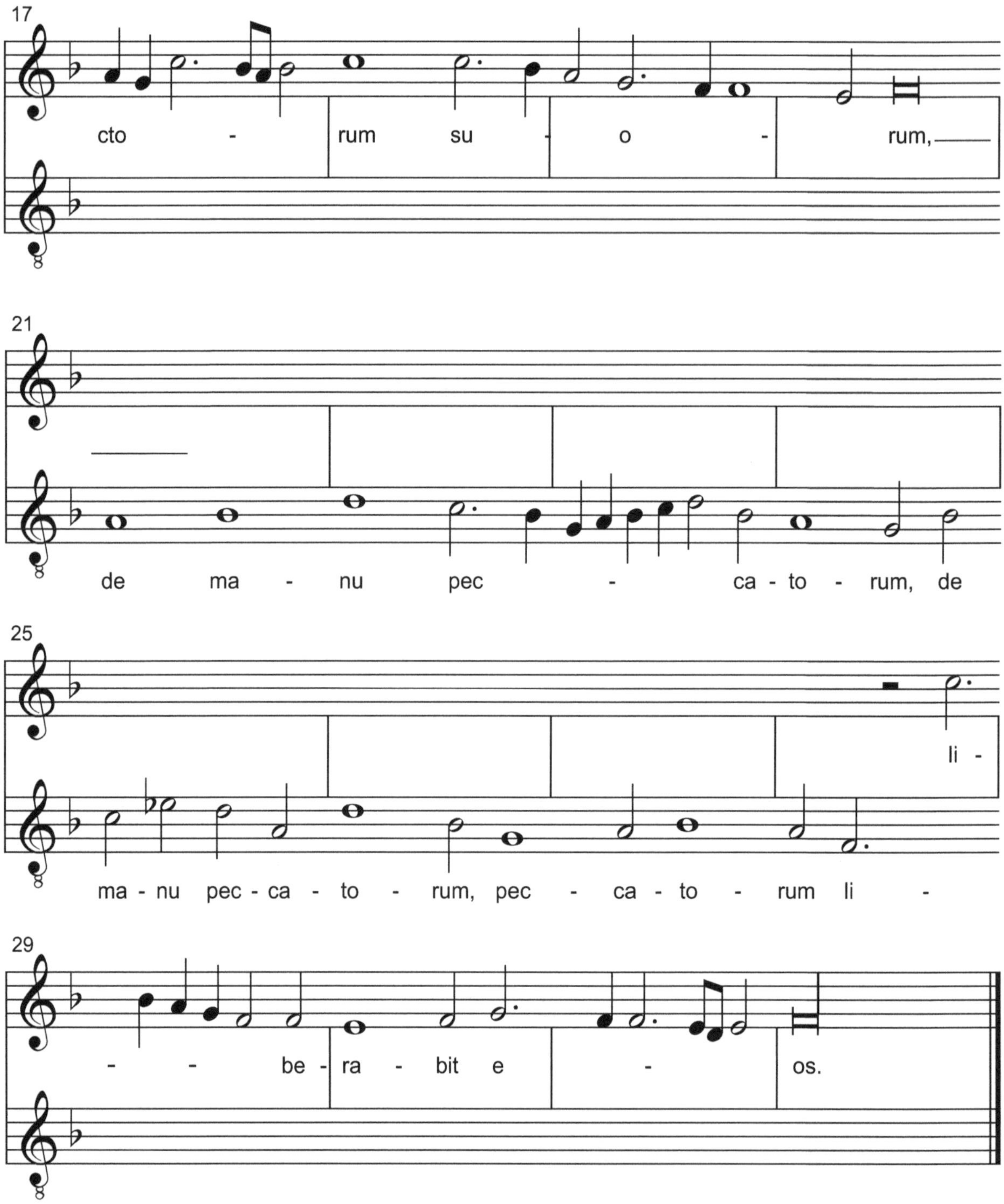
17
cto - rum su - o - rum,
21
de ma - nu pec - ca - to - rum, de
25
li -
ma - nu pec - ca - to - rum, pec - ca - to - rum li -
29
- - be - ra - bit e - os.

b *Miserere mei Deus*

Miserere mei Deus,
quoniam conculcavit me homo,
tota die impugnans tribulavit me.
Ego vero in te sperabo.

Erbarme dich meiner, Gott,
denn mich unterdrückt der Mensch,
alle Tage bekämpft und peinigt er mich.
Ich werde aber auf dich hoffen.

(Psalm 56, 2–4)

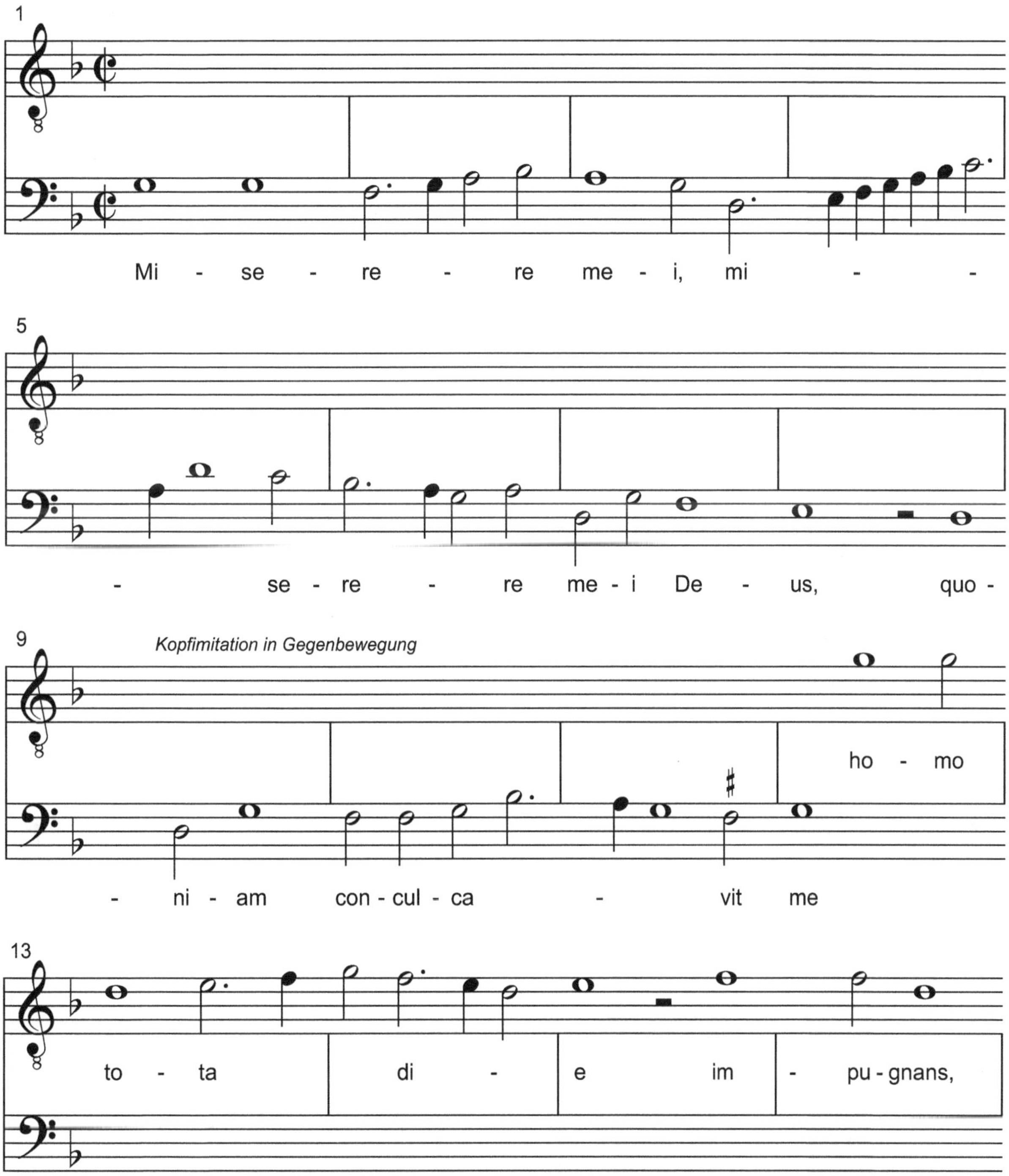

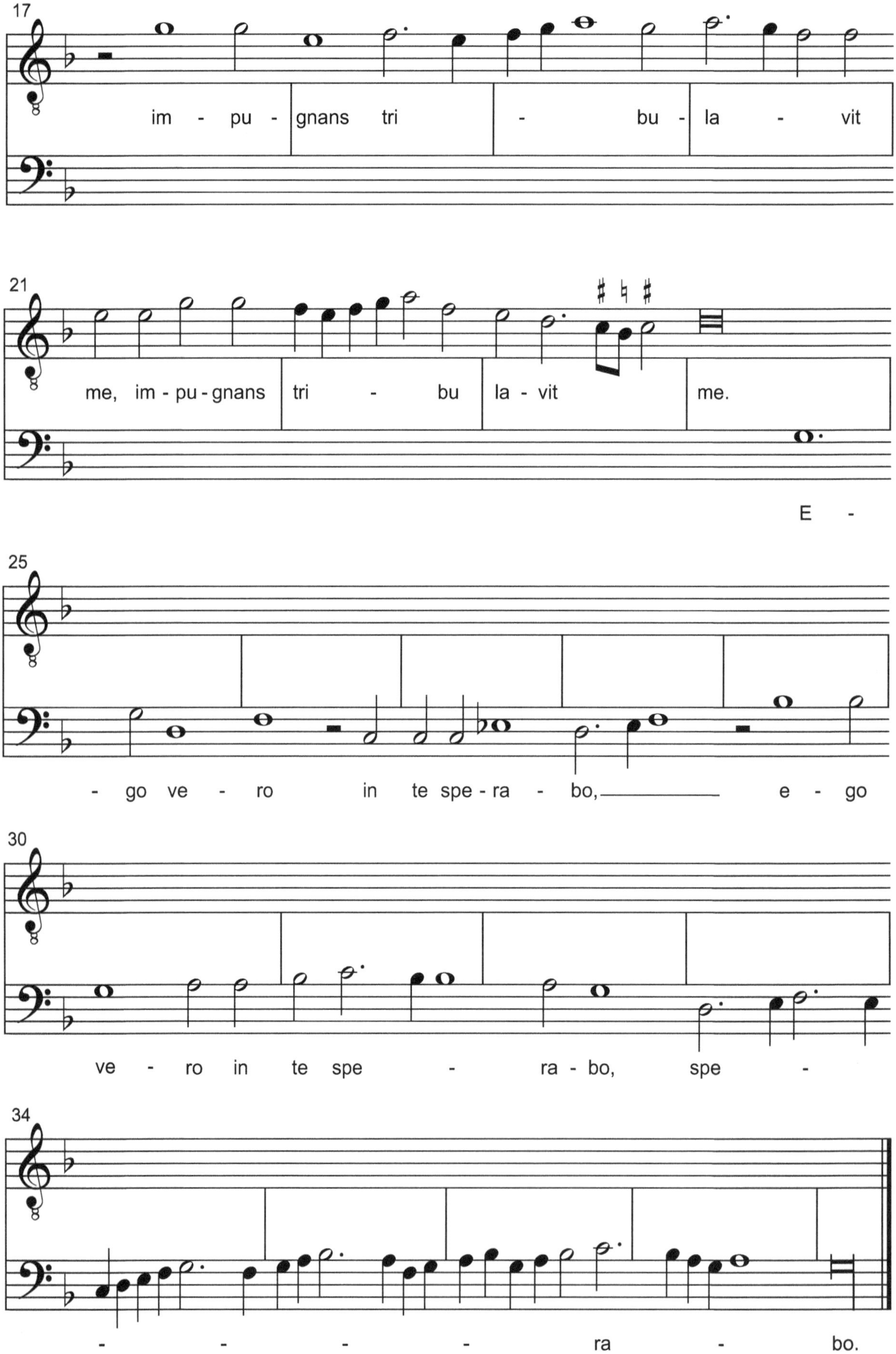
im - pu - gnans tri - bu - la - vit
me, im - pu - gnans tri - bu la - vit me.
E - - go ve - ro in te spe - ra - bo, e - go
ve - ro in te spe - ra - bo, spe -
- - - - ra - bo.

c *O Domine*

O Domine, libera animam meam.
Misericors Dominus et iustus,
et Deus noster miseretur.

O Herr, befreie meine Seele.
Mitleidig ist der Herr und gerecht,
und unser Gott erbarmt sich.

(Psalm 116, 4–5)

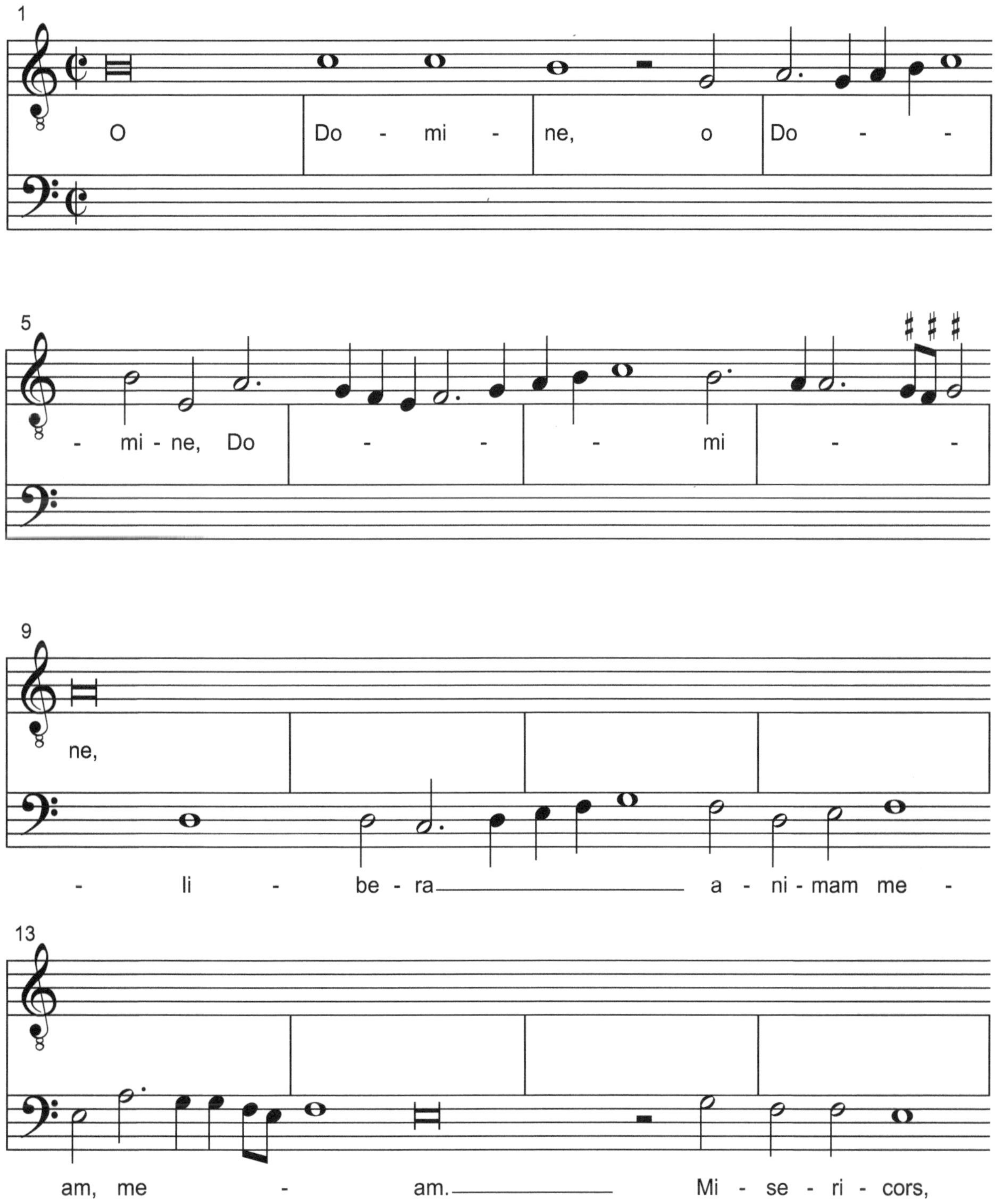

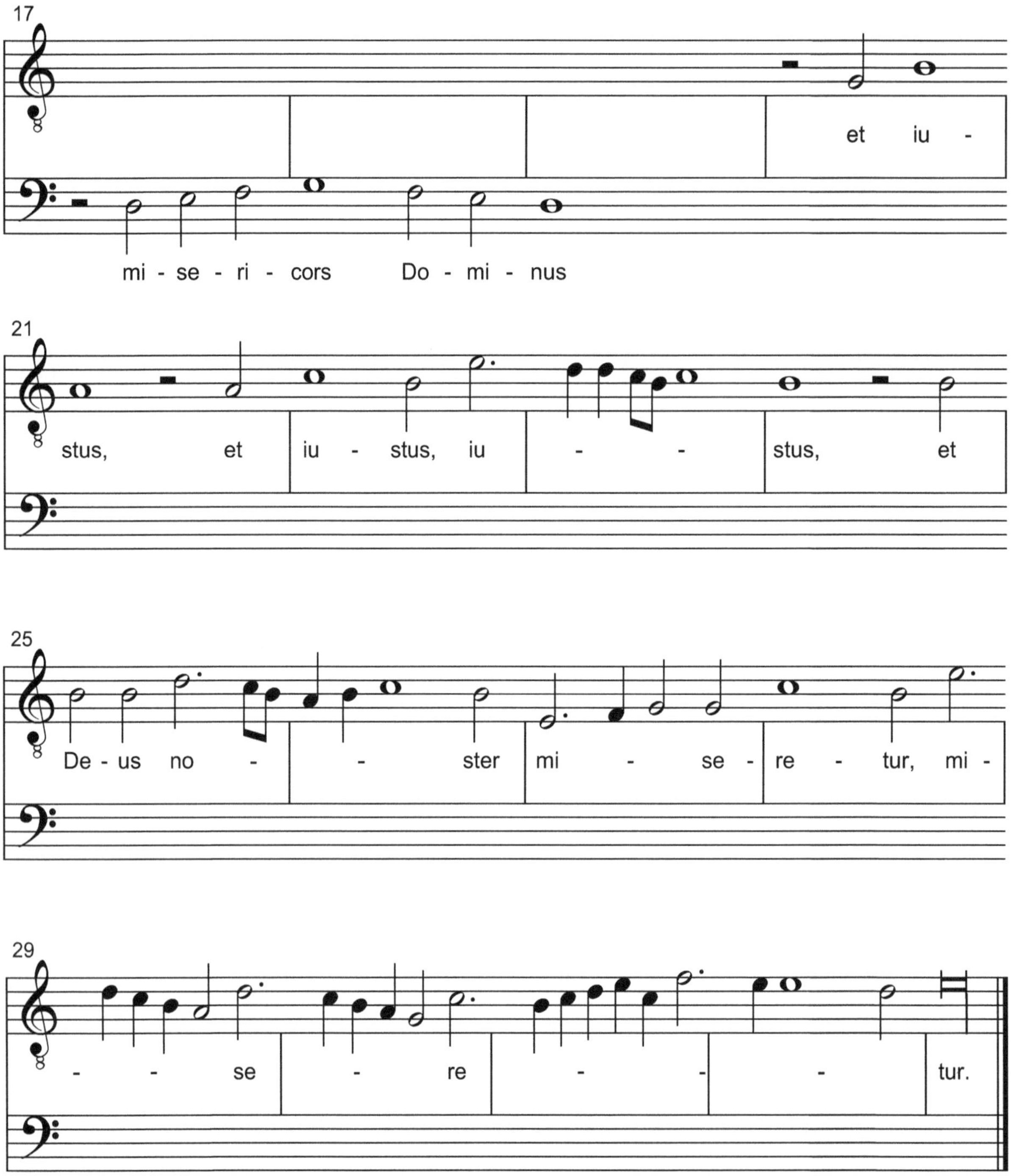
17
et iu -
mi - se - ri - cors Do - mi - nus
21
stus, et iu - stus, iu - - stus, et
25
De - us no - - ster mi - se - re - tur, mi -
29
- - se - re - - - tur.

19 Motettische Sätze mit einer vorgegebenen Eröffnung und freier Fortsetzung

191 Lesen Sie in der Melodie- und Satzlehre, Kapitel IX (Musik und Text) den Abschnitt 2.3 (S. 111–112).

192 Analysieren Sie die Gliederung des Duos *Intellectum tibi dabo* von Orlando di Lasso (S. 13–14).

193 Lesen Sie Abschnitt 2.4 (S. 112–113).

194 Beschreiben Sie die rhetorische Figur in der Eröffnung von Lassos Satz *Discedite a me* (S. 11, T. 1–6). Bauen Sie in Aufgabe 195 a mindestens eine rhetorische Figur ein.

195 Die folgenden Aufgaben gehen noch einen Schritt weiter als die Aufgaben 190 a–c. Hier ist jeweils nur eine Stimme des eröffnenden Abschnitts und das Subjekt des zweiten vorgegeben. Ergänzen Sie den ersten Abschnitt. Imitieren Sie das Subjekt des zweiten Abschnitts und führen Sie ihn zu Ende. Der dritte Abschnitt soll frei gestaltet werden.
Orientieren Sie sich bei der Entwicklung des Subjekts, das den dritten Abschnitt eröffnet, an den typischen Eröffnungen der verschiedenen Modi (siehe S. 76–80). Beachten Sie auch, dass die Längen der Abschnitte in einem ausgewogenen Verhältnis zueinander stehen sollen. Textreiche Abschnitte sollten daher vorwiegend syllabisch, textarme dagegen eher melismatisch gesetzt werden.

a *Exsurgat Deus*

Exsurgat Deus, et dissipentur inimicis e-ius, et fú-gi-ant, qui o-dé-runt e-um, a fá-ci-e e-ius.	*Es erhebe sich Gott, dass seine Feinde zerstreut werden, und fliehen, die ihn hassen, vor seinem Angesicht.*

(Psalm 68, 2)

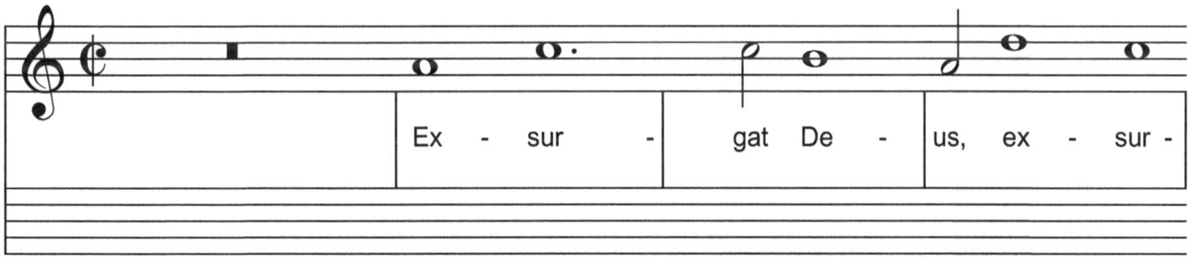

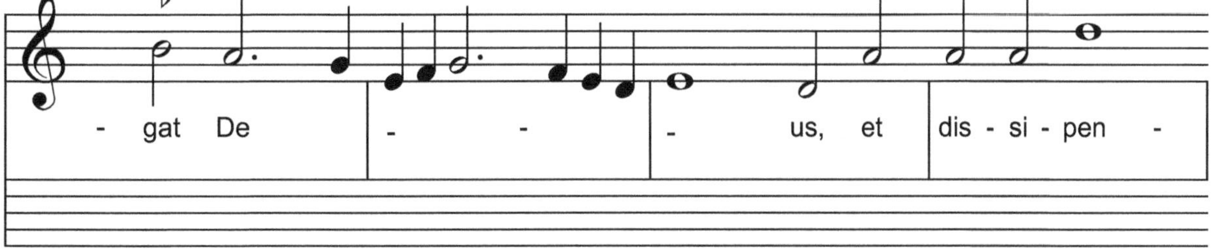

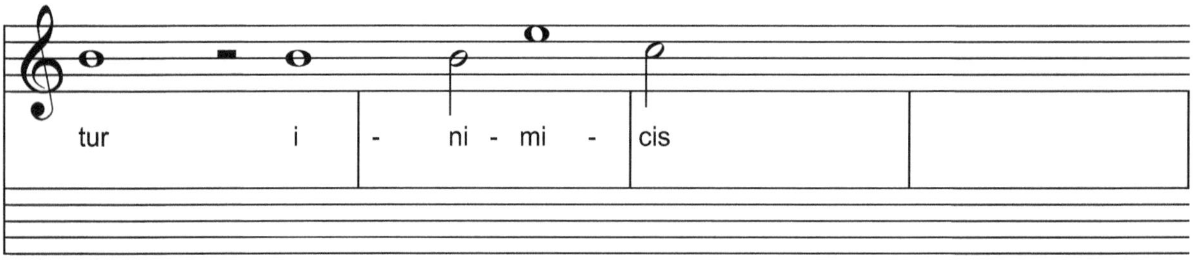

b *Iubilate Deo*

Iubilate Deo omnis terra,
servite Domino in lae-tí-ti-a,
in-trá-te in con-spéc-tu e-ius in ex-sul-ta-tió-ne.

Jauchzet Gott, alle Welt,
dient dem Herrn mit Freuden,
tretet vor sein Angesicht mit Frohlocken.

(Psalm 100, 1)

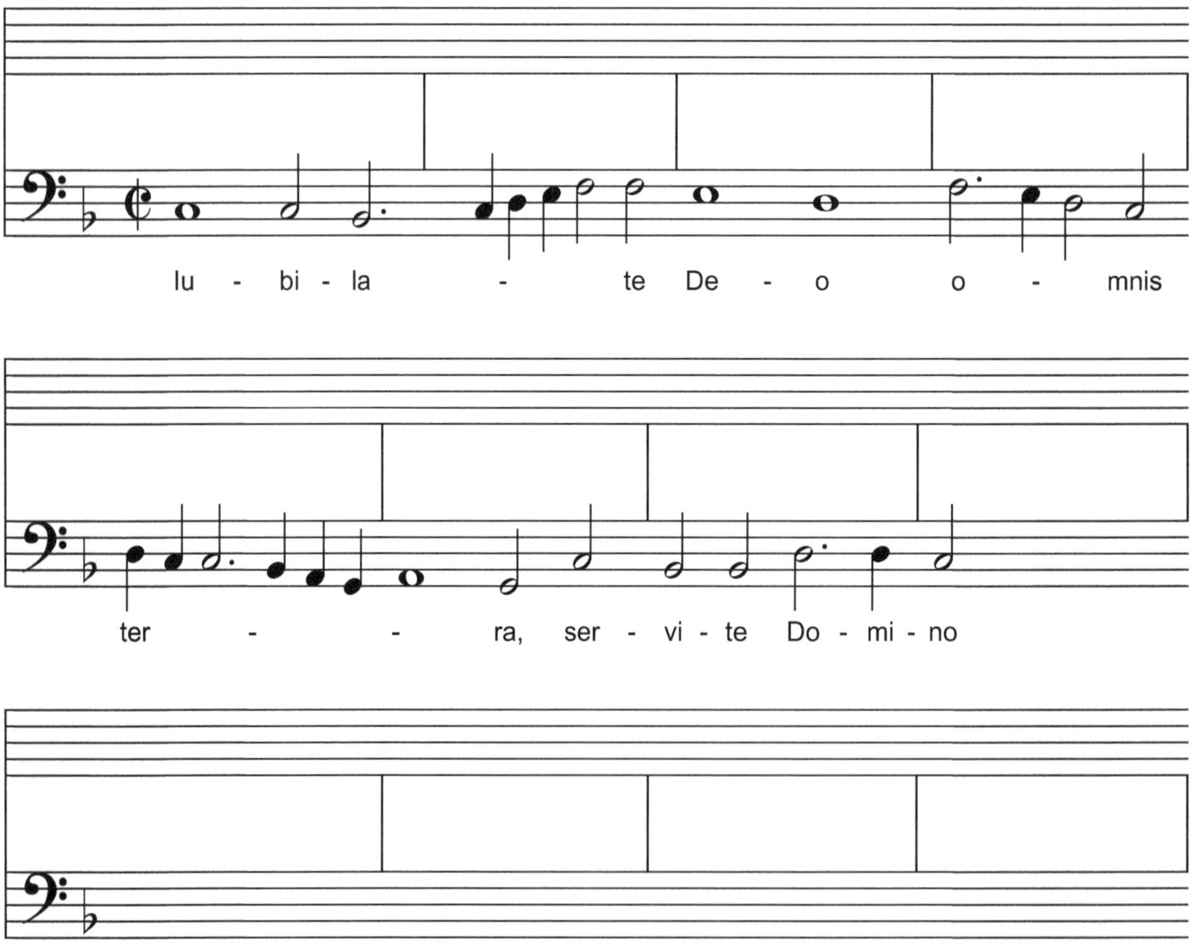

c *Ego lux*

Ego lux, veni in mundum,
ut omnis qui cre-dit in me,
in té-ne-bris non má-ne-at.

Ich bin das Licht, ich bin in die Welt gekommen,
dass jeder, der an mich glaubt,
im Finstern nicht bleibe.

(Johannes 12, 46)

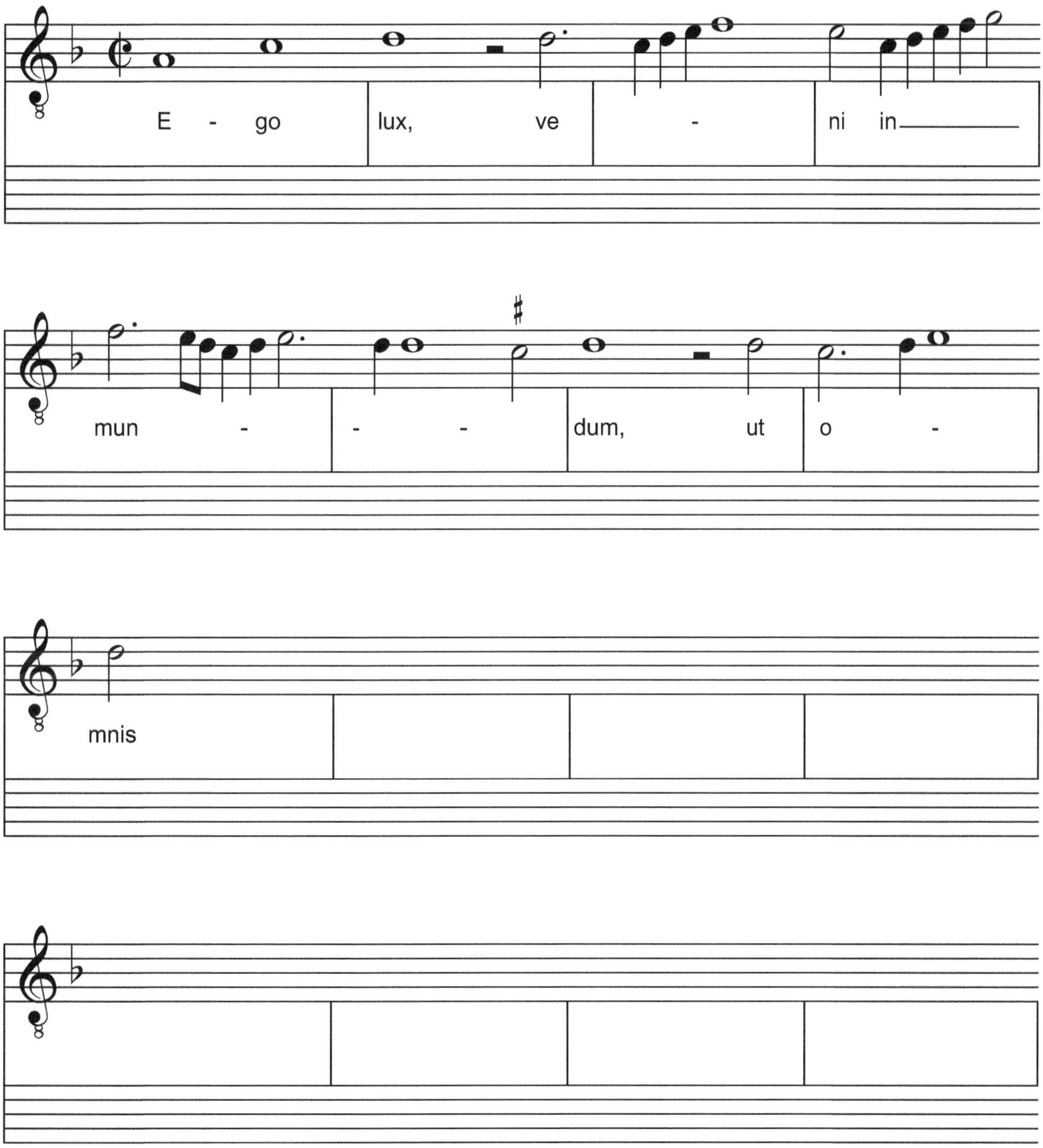

20 Motettische Sätze nach vorgegebenem Text

196 Lesen Sie in der Melodie- und Satzlehre, Kapitel IX (Gattungen) den Abschnitt 1 (S. 139–140).

197 Lesen Sie in der Melodie- und Satzlehre, Kapitel VI (Musik und Text), die Abschnitte 2.1 und 2.2 (S. 111).

198 Hier folgen nun lateinische Texte zur freien Bearbeitung. Gehen Sie so vor:

- Wählen Sie zuerst den Modus und disponieren Sie die Stimmen (Finalis, Oktavrahmen, normale oder hohe Schlüsselung, maximaler Stimmumfang).
- Beginnen Sie jeden Textabschnitt mit einer Imitation. Das Subjekt sollte für den Modus typisch sein. Erproben Sie verschiedene Imitationstechniken (strenge Imitation, Kopfimitation, verschiedene Intervall- und Zeitabstände usw.).
- Beenden Sie jeden Abschnitt mit einer Kadenz auf den üblichen Kadenzstufen des Modus. Die erste Kadenz muss auf der erst- oder zweitrangigen Hauptstufe stattfinden. Erproben Sie verschiedene satztechnische Situationen (Sopranklausel in der Ober- oder Unterstimme, verschiedene Arten der Kadenzeinführung usw.).
- Gestalten Sie auch die Anschlüsse zwischen den Abschnitten abwechslungsreich (Zäsur mit Liegeton, verkürzter Schlusston, unterbrochene Tenorklausel, Klauselanhang).
- Die Länge der Abschnitte sollte nicht allzu stark voneinander abweichen. Vertonen Sie textreiche Abschnitte vorwiegend syllabisch in halben und ganzen Noten, textarme dagegen eher melismatisch mit reichlicher Viertelbewegung.
- Versuchen Sie, den Text rhetorisch angemessen darzustellen (z. B. durch Hervorhebung wichtiger Wörter).
- Schreiben Sie Sätze in verschiedenen Modi und Stimmlagen. Weitere Texte können Sie den biblischen Schriften, vor allem dem Psalter, entnehmen.

a

Sen-sus car-nis mors est,	*Der Sinn des Fleisches ist der Tod,*
sen-sus au-tem spí-ri-tus vi-ta est	*der Sinn des Geistes aber ist das Leben*
et pax.	*und der Friede.*
(Römer 8, 6)	

b

Qua-re tri-stis es á-ni-ma me-a,	*Warum bist du betrübt, meine Seele,*
et qua-re con-túr-bas me?	*und warum verwirrst du mich?*
Spe-ra in De-o.	*Hoffe auf Gott.*
(Psalm 42, 6)	

c

In-tén-de vo-ci o-ra-ti-ó-nis me-ae,	*Vernimm das Gebet meiner Stimme,*
Rex me-us et De-us me-us,	*mein König und mein Gott,*
quó-ni-am ad te o-rá-bo Dó-mi-ne.	*denn ich bete zu dir, Herr.*
(Psalm 5, 3–4)	

d

E-rí-pe me de i-ni-mí-cis me-is Dó-mi-ne,	*Errette mich vor meinen Feinden, Herr,*
ad te con-fú-gi,	*zu dir fliehe ich,*
do-ce me fá-ce-re vo-lun-tá-tem tu-am,	*lehre mich deinen Willen tun,*
qui-a De-us me-us es tu.	*denn du bist mein Gott.*
(Psalm 143, 9–10)	

II MESSENSATZ

Zweistimmige Messensätze gliedern vollstimmige Messkompositionen. Die meisten Messduos sind durchimitierte Sätze ohne Bindung an einen Cantus firmus oder eine parodierte Vorlage. Der Unterschied zur Motette besteht nur in der Verwendung des liturgischen Messtextes.

200 Lesen Sie in der Melodie- und Satzlehre, Kapitel IX (Gattungen) den Abschnitt 2 über die Messe (S. 141–142).

201 Analysieren Sie das Duo *Pleni sunt coeli* aus der Messe *Audi filia* von Claude Goudimel (S. 20). Die Gesichtspunkt sind die gleichen wie bei der Motette, also die modale Disposition der Stimmen, Imitationen, Schlüsse, Anschlüsse, Zusammenhang von Abschnittsgliederung und Text usw.

202 Ergänzen Sie die fehlende Stimme. Beachten Sie dabei die gleichen Gesichtspunkte wie in Aufgabe 190 (S. 184). Die Übersetzung des Textes steht in Aufgabe 204 d (S. 197). Einen Lösungsvorschlag finden Sie auf S. 222.

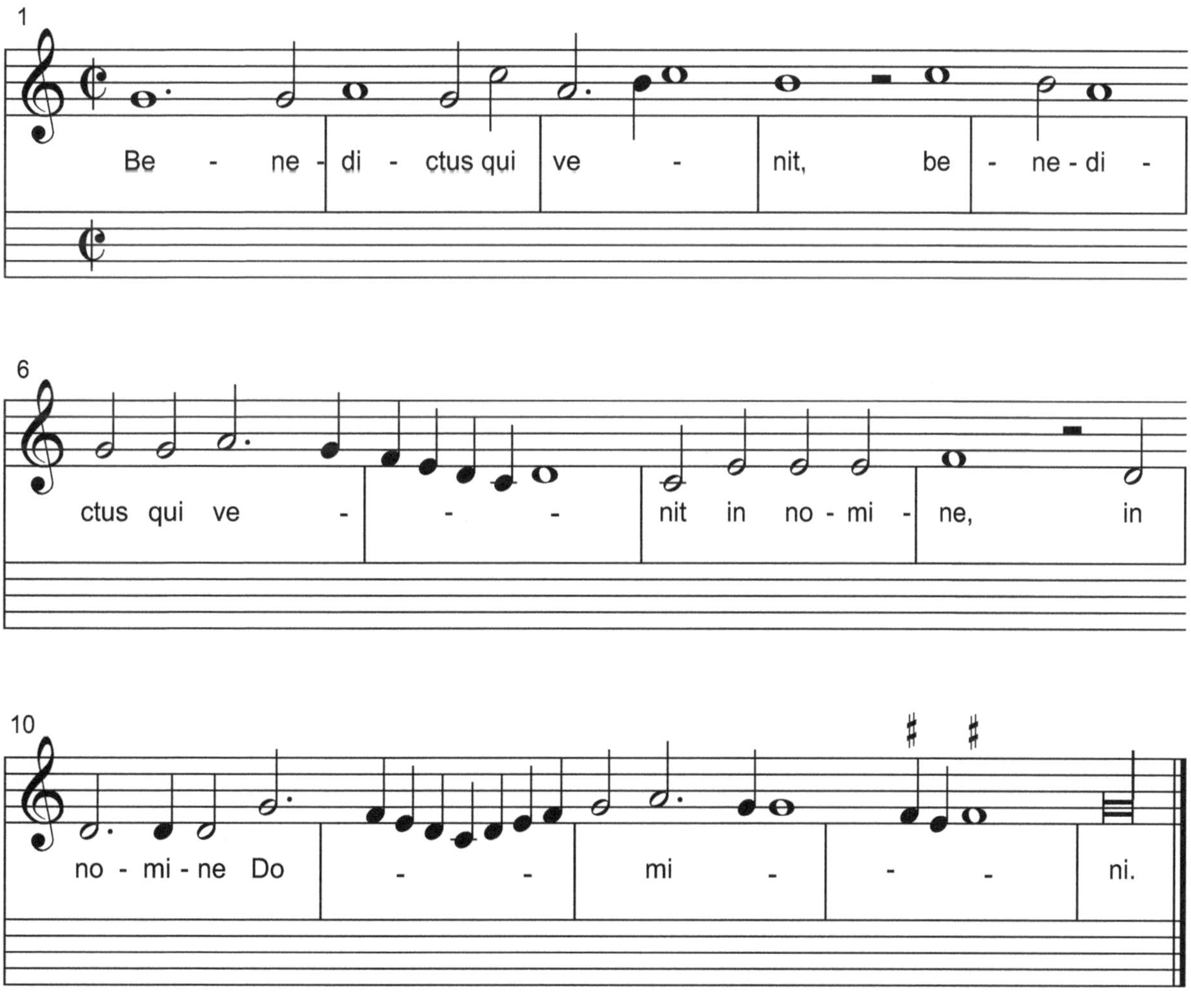

203 In der folgenden Aufgabe ist ebenfalls nur eine Stimme vorgegeben. Im ersten Abschnitt ist sie vollständig, im zweiten bricht sie nach dem Subjekt ab. Imitieren Sie das Subjekt und führen Sie den zweiten Abschnitt zu Ende. Der dritte Abschnitt soll frei gestaltet werden. Der vollständige Text lautet (Übersetzung in Aufgabe 204 b, S. 197):

Crucifixus etiam pro nobis
sub Pontio Pilato,
pas-sus et se-púl-tus est.

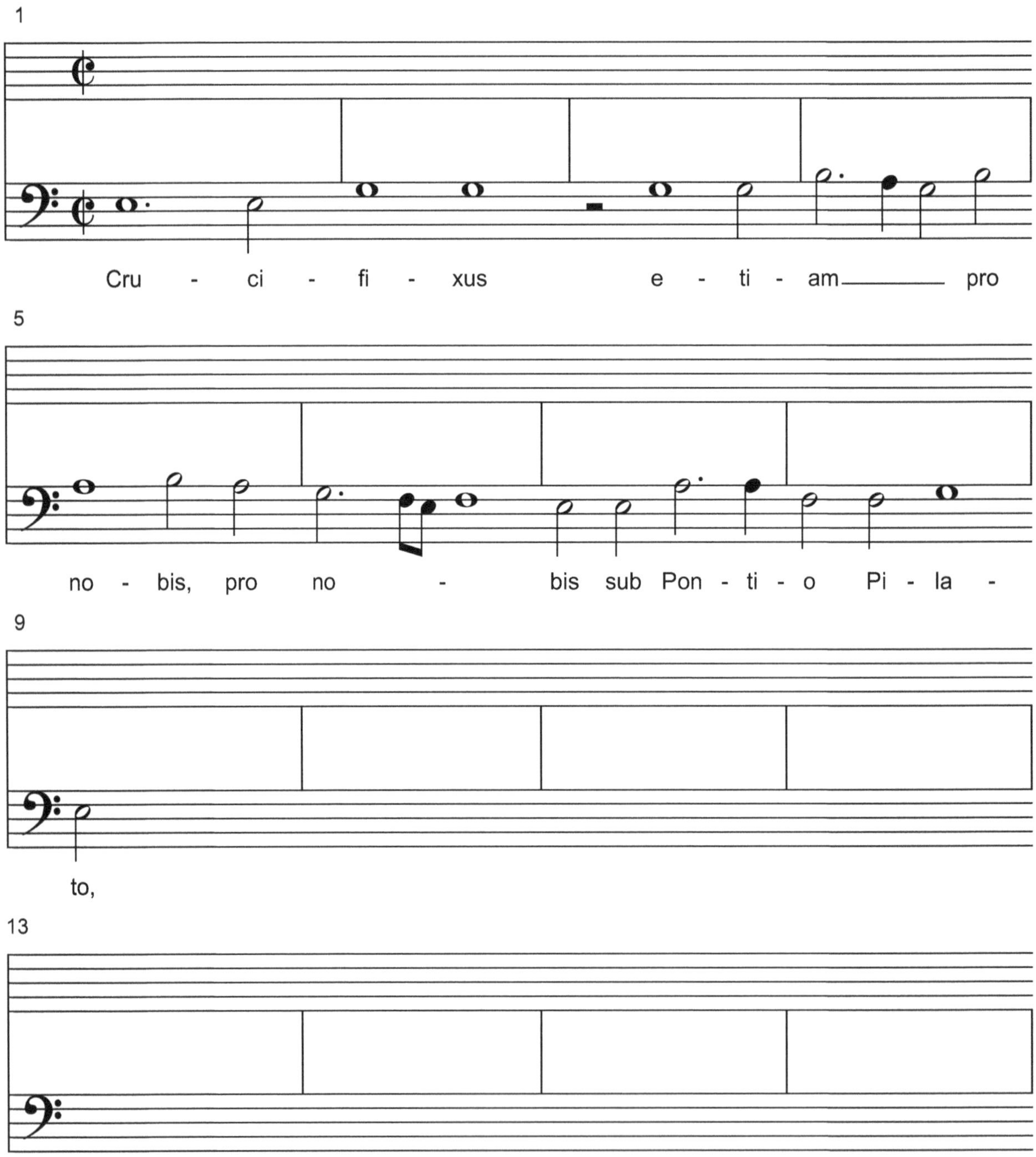

204 Im Folgenden sind die Texte der Messteile wiedergegeben, die oft zweistimmig gesetzt werden. Schreiben Sie Duos in verschiedenen Stimmlagen (Sopran/Alt oder Tenor/Bass) und in verschiedenen Modi.

Aus dem *Gloria:*

a

Dó-mi-ne De-us,	*Herr Gott,*
A-gnus De-i,	*Lamm Gottes,*
Fí-li-us Pa-tris.	*Sohn des Vaters.*

Aus dem *Credo:*

b

Cru-ci-fí-xus é-ti-am pro no-bis	*Gekreuzigt auch für uns*
sub Pón-ti-o Pi-lá-to,	*unter Pontius Pilatus,*
pas-sus et se-púl-tus est.	*gestorben und begraben.*

Aus dem *Sanctus:*

c

Ple-ni sunt coe-li et ter-ra	*Erfüllt sind Himmel und Erde*
gló-ri-a tu-a.	*von deiner Glorie.*

d

Be-ne-dí-ctus qui ve-nit	*Gelobt sei, der da kommt*
in nó-mi-ne Dó-mi-ni.	*im Namen des Herrn.*

III KANON

Kanons werden oft, etwa im Schlusssatz der Messe, als Stimmengerüst in einen vollstimmigen Satze integriert. Der zweistimmige Kanon als eigene Gattung spielte seinerzeit eine gewisse Rolle als Unterrichtsgegenstand. Proportionskanons oder andere komplizierte Kanonkünste kommen dabei nicht in Betracht. Im Folgenden werden daher Übungen zum Kanon im Einklang und in der Quinte angeboten.

300 Lesen Sie in der Melodie- und Satzlehre, Kapitel IX (Gattungen) den Abschnitt 3 über den Kanon (S. 143–144).

301 Die Grundlagen der strengen Imitation wurden bereits im Basislehrgang behandelt (siehe vor allem Aufgabe 162, S. 179). Die Arbeitsschritte werden im Folgenden an einem Beispiel dargstellt.

- Gegeben ist die Guida bis zum Kongruenzzeichen.
- Die Conseguente wird notiert.

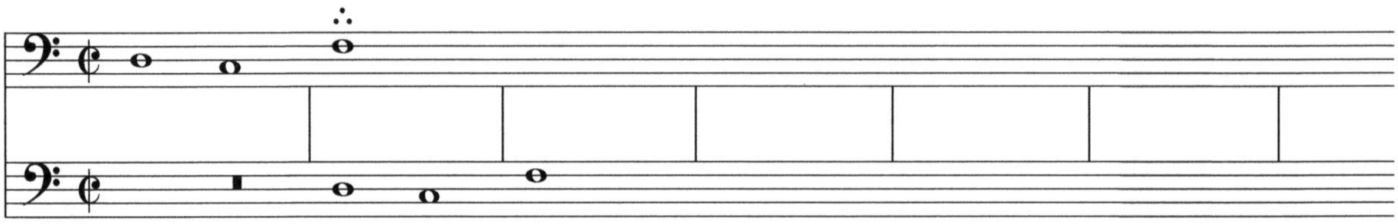

- Die Guida wird bis zum letzten Ton des Conseguente fortgesetzt (eckige Klammer). Es ist unter allen Umständen zu beachten, dass nicht über den Schluss des Conseguente hinaus geschrieben wird!
- Die neu geschriebenen Töne werden auch im Conseguente angefügt.

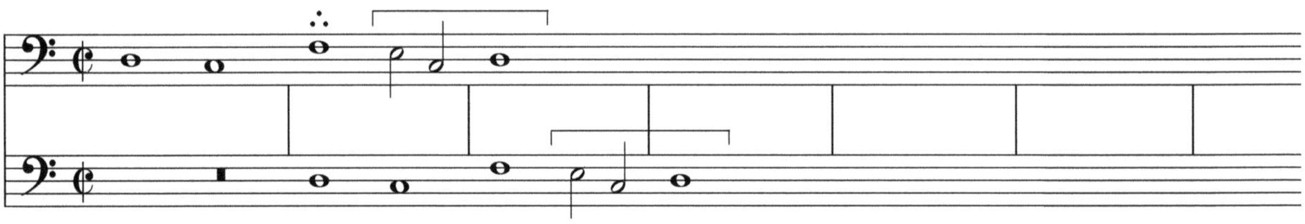

- Diese Arbeitsschritte wiederholen sich, so lange der Kanon dauern soll.
- Der Kanon kann durch Kadenzen gegliedert und soll auf jeden Fall durch eine Kadenz abgeschlossen werden. Im Beispiel sieht man, wie in der Guida zunächst eine zur Terz führende Tenorklausel gesetzt wird (eckige Klammer). Wenn diese im Conseguente erscheint, wird in der Guida die entsprechende Diskantklausel dazu gesetzt.

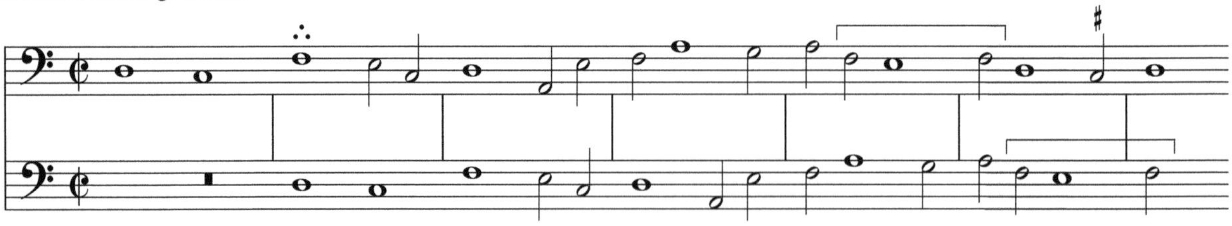

- Im obigen Beispiel handelt es sich nur um eine Binnenkadenz. Im Falle einer Schlusskadenz würde die Tenorklausel natürlich zum Grundton führen und dieser mit einem Kongruenzzeichen markiert. Die drei letzten Töne der Guida würden dann nicht mehr im Conseguente erscheinen.

Bei dem Beispiel handelt es sich um eine Fuga *Secundi toni* von Johann Walter (Walter, SW Bd. 4, Nr. 14), die ein melodisch sehr schönes und für den 2. Modus typisches Exordium aufweist.

302 Setzen Sie die folgende Eröffnung fort und schreiben Sie einen Kanon im Einklang (Walter, Fuga *Quinti toni,* SW Bd. 4, Nr. 23).

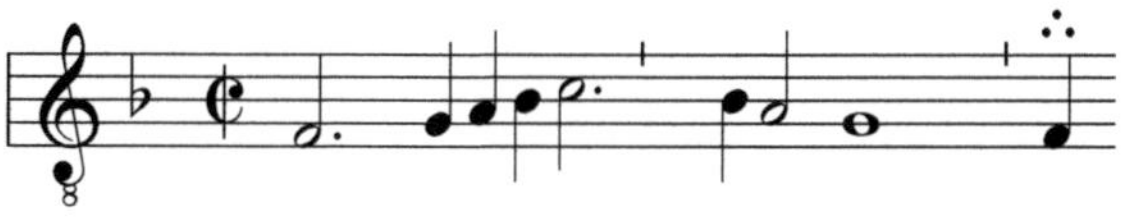

303 Setzen Sie die untenstehende Eröffnung fort (die Dauer des letzten Tons ist freigestellt) und schreiben Sie einen Kanon im Einklang (Rhau, Bicinia I, Nr. 78). Text:

Converte nos Deus sa-lu-tá-ris no-ster,	*Wende dich zu uns, Gott, unser Heil,*
et a-vér-te i-ram tu-am a no-bis.	*und wende deinen Zorn von uns.*
Ost-én-de no-bis Dó-mi-ne mi-se-ri-cór-di-am tu-am,	*Zeige uns, Herr, dein Erbarmen,*
et sa-lu-tá-re tu-um da no-bis.	*und gib uns dein Heil.*
(Psalm 85, 5,8)	

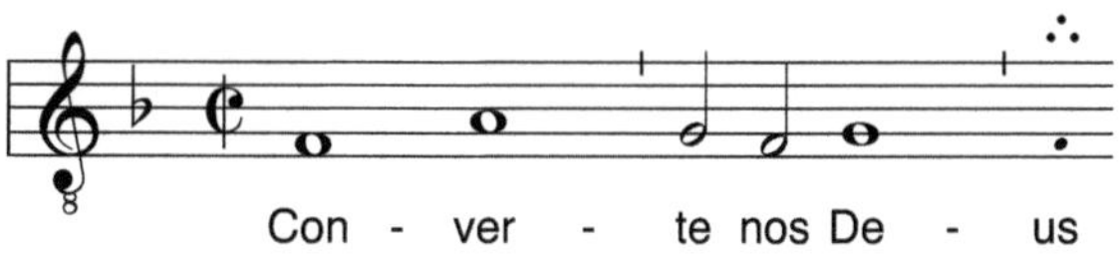

304 Setzen Sie die folgende Eröffnung fort und schreiben Sie einen Kanon in der Unterquinte (Brumel, *In Hypodiapente,* Rhau, Bicinia I, Nr. 80). Finalis soll der Ton *g* sein.

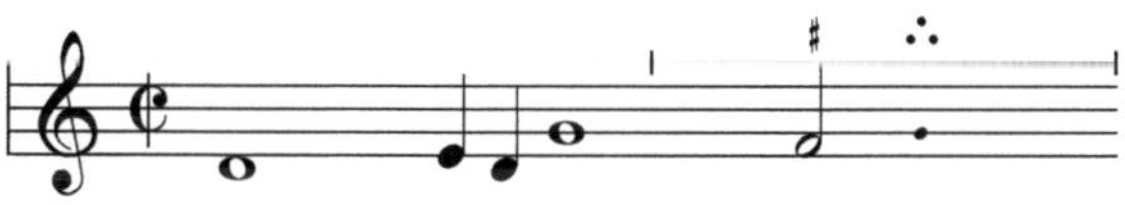

305 Schreiben Sie Kanons im Einklang oder im Quintabstand (Ober- oder Unterquint) auf eigene Soggetti. Für textierte Kanons können Sie sich der Texte in den Aufgaben 198 a–d bedienen (S. 194).

IV Lateinischer Cantus-firmus-Satz

Die zweistimmige Bearbeitung lateinischer Cantus firmi soll hier an Hymnen und Magnificatmelodien geübt werden. Zweistimmige Hymnensätze sind selten (Palestrina oder Victoria schrieben keine Duos, Lasso nur drei), so dass das Anschauungsmaterial sehr beschränkt ist. Der immer gleiche Versaufbau der ambrosianischen Hymne wirkt auf die Dauer starr. Zweistimmige Magnificatsätze sind dagegen wesentlich zahlreicher. Hier ist es der dominierende Rezitationston, der die Gefahr melodischer Eintönigkeit mit sich bringt. In beiden Gattungen besteht die Kunst daher darin, rhythmische und melodische Abwechslung und Geschmeidigkeit zu erreichen.

400 Lesen Sie in der Melodie- und Satzlehre, Kapitel IX (Gattungen) die Abschnitte 4.1 und 4.2 über den Hymnus und mehrstimmige Hymnen-Vertonungen (S. 145–146).

401 Vergleichen Sie die Melodie des Hymnus *Tristes erant apostoli* (Aufgabe 405 h, S. 203) mit der Tenorstimme des Satzes *Quo agnito discipuli* (S. 28).

402 Untersuchen das Verhältnis von Ober- und Unterstimme in demselben Hymnus:
- Wie werden die Zeilenanfänge imitiert? Welche Rückschlüsse ergeben sich daraus auf die rhythmische Einrichtung der c. f.-Stimme in T. 6?
- Wie reagiert der Bass auf die Zeilenschlüsse?
- Wo wird Viertelbewegung eingesetzt und warum?

403 Schreiben Sie einen zweistimmigen Satz für Tenor und Bass auf den Hymnus *Immense caeli Conditor,* 4. Strophe „Lucem fides inveniat“ (Aufgabe 405 f, S. 203).
- Richten Sie den c. f. zunächst rhythmisch ein. Zu empfehlen ist, die erste und letzte Zeile in ganzen Noten zu rhythmisieren, die mittleren dagegen vorwiegend in halben Noten. So tritt am Anfang und am Ende der Cantus firmus deutlich hervor, während er sich in der Mitte der Begleitstimme angleicht.
- Versuchen Sie, zu allen Zeilen Kopfimitationen zu bilden. Hierfür eignen sich Subjekte mit halben Noten eher als solche, die sich ausschließlich in ganzen Noten bewegen.

Einen Lösungsvorschlag finden Sie auf S. 224.

404 Viele lateinische Choräle sind durch Ligaturen ausgeschmückt. In den Hymnenmelodien in Aufgabe 405 a–c, e und h (S. 201–203) findet man zahlreiche Ligaturen aus zwei oder drei Tönen. Das Beispiel zum 1. Modus hat sogar eine Ligatur aus fünf Tönen. Wie Ligaturen im zweistimmigen Satz rhythmisch eingerichtet werden, kann man an der Strophe „Caro cibus“ aus der Sequenz *Lauda Sion Salvatorem* sehen. Das entsprechende Duo von Orlando di Lasso finden Sie auf S. 32.

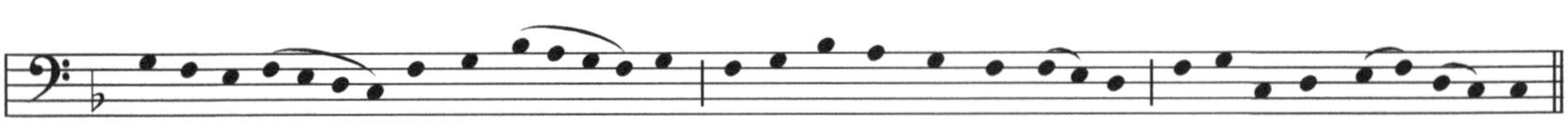

Die Zweier-Ligaturen bei „to[tus]“ und „spe[cie]“ sind, wie allgemein üblich, jeweils mit zwei ganze Noten rhythmisiert. Die letzte Ligatur bei „[spe]ci[e]“ entfällt, um eine ab-schließende Tenorklausel zu erhalten. Die Vierer-Ligatur bei „ci[bus“] ist durch die Punktierung nur leicht aufgelockert, während diejenige bei „po[tus]“ in die übliche Rhythmik einer Sopranklausel samt Einführung verwandelt ist. Die Tonhöhen sind bis auf die akzidentielle Erhöhung des *f* zum *fis* unverändert. Eine melismatische Erweiterung findet man dagegen in der Hymnenstrophe „Cuius forti potentiae“ (Melodie Aufgabe 405 d, Duo auf S. 29). Hier wird die dritte Zeile wiederholt und dabei gegen Ende frei umspielt.

Schreiben Sie einen zweistimmigen Satz für Sopran und Alt auf den Hymnus *Christe redemptor omnium,* 4. Strophe „Hic praesens testatur dies" (Aufgabe 405 a, siehe unten).

- Richten Sie den c. f. in Sopranlage zunächst rhythmisch ein. Zu empfehlen ist, die erste und letzte Zeile in ganzen Noten zu rhythmisieren, die mittleren dagegen vorwiegend in halben Noten.
- Die Vierer-Ligatur in der zweiten Zeile („cir[culum]") kann diminuiert werden und in eine Sopranklausel münden.
- In der dritten Zeile können auch die Zweier-Ligaturen frei behandelt werden.
- Versuchen Sie, zu allen Zeilen Kopfimitationen zu bilden.

Einen Lösungsvorschlag finden Sie im Anhang auf S. 223.

405 Schreiben Sie nun Duos auf die folgenden Hymnen. Bei den einfachen Melodien ohne Ligaturen (d, f und h) kann es durchaus sinnvoll sein, einzelne Zeilen zu wiederholen, wenn diese durch eine Rhythmisierung mit halben Noten allzu kurz geraten. Die Wiederholung kann auch variiert sein, etwa durch Kolorierung. Ein einschlägiges Beispiel hierfür ist Lassos Hymnenstrophe „Cuius forti potentiae" (siehe S. 29).

a *Christe redemptor omnium* (1.Modus)

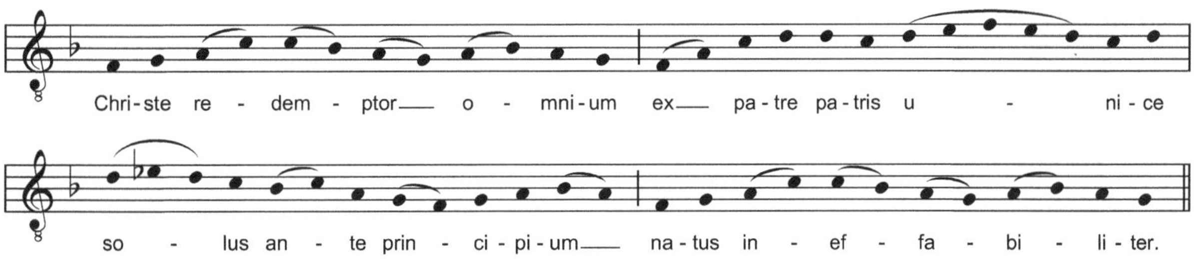

4. Hic prae-sens tes-tá-tur di-es,
cur-rens per an-ni cír-cu-lum,
quod so-lus a se-de Pa-tris
mun-di sa-lus ad-vé-ne-ris.

Dies bezeugt der gegenwärtige Tag,
der durch den Jahreskreis läuft,
dass allein du vom Thron des Vaters,
Heil der Welt, gekommen seist.

Nach Lasso, NR 18, Nr.5

b *Jesu corona virginum* (2. Modus)

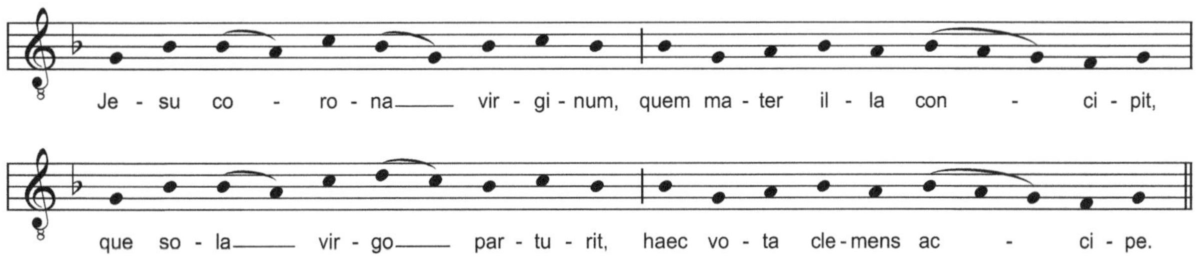

4. Te de-pre-cá-mur lár-gi-us,
no-stris ad-au-ge sén-si-bus,
ne-scí-re pror-sus ó-mni-a
cor-ru-pti-ó-nis vúl-ne-ra.

Wir flehen dich noch mehr an,
stärke uns in unserer Gesinnung,
dass uns gänzlich unbekannt bleiben alle
Wunden des Verderbens.

Nach Lasso, NR 18, Nr. 3

c ***Deus tuorum militum*** (3. Modus)

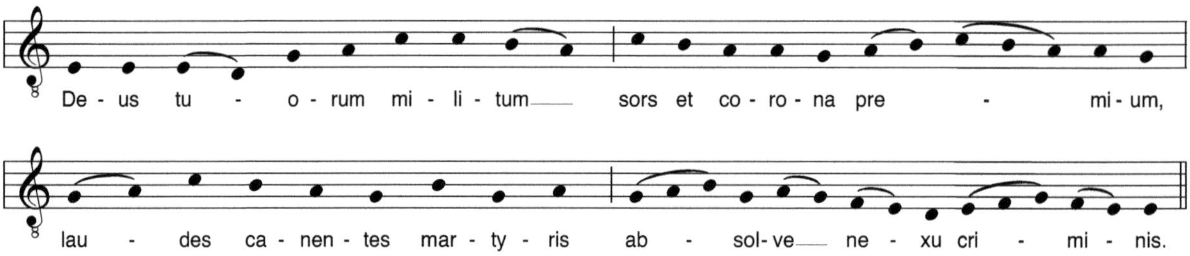

4. Ob hoc pre-cá-tu súp-pli-ci
te pó-sci-mus pi-ís-si-me,
in hoc tri-úm-pho már-ti-ris,
di-mít-te no-xam sér-vu-lis.

Wegen dieser demütigen Bitte
fordern wir von dir frömmstens:
Bei diesem Triumph des Märtyrers
erlasse die Strafe den jungen Sklaven.

Nach Lasso, NR 18, Nr. 30

d ***Conditor alme siderum*** (4. Modus)

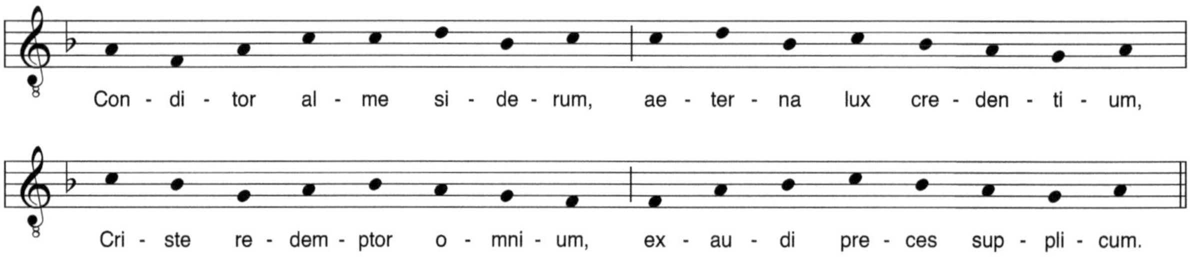

4. Cu-ius for-ti po-tén-ti-ae,
ge-nu cur-van-tur ó-mni-a,
coe-lé-sti-a ter-ré-stri-a,
nu-tu fa-tén-tur súb-di-ta.

Vor dessen starker Macht
beugen alle das Knie,
Himmlische und Irdische
müssen sich durch [Gottes] Willen als untertan bekennen.

Nach Lasso, NR 18, Nr. 4 (siehe S. 29)

e ***Proles de coelo prodiit*** (5. Modus)

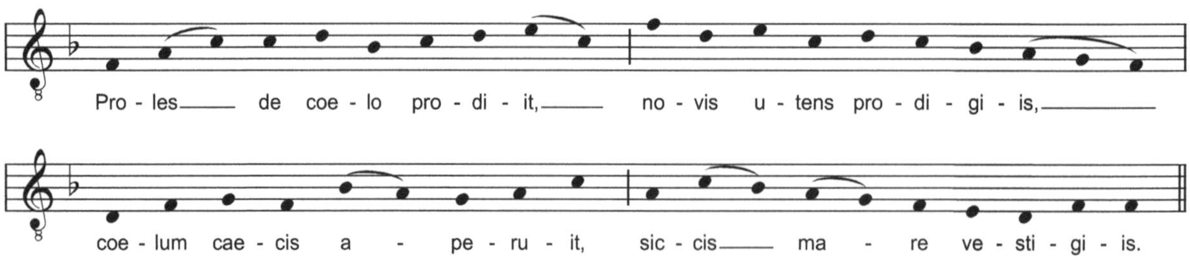

3. As-súm-ptus cum a-pó-sto-lis
in mon-tem no-vi lú-mi-nis,
in pau-per-tá-tis práe-di-is,
Chri-sto Fran-cí-scus ín-tu-lit.

Aufgenommen mit den Aposteln
auf den Berg des neuen Lichts
hat sich in Armut Franziskus aus den Landgütern
zu Christus begeben.

Nach Palestrina, W 8, Nr. 39 bzw. Stäblein, Hymnen, Nr. 752

f ***Immense caeli Conditor*** (6. Modus)

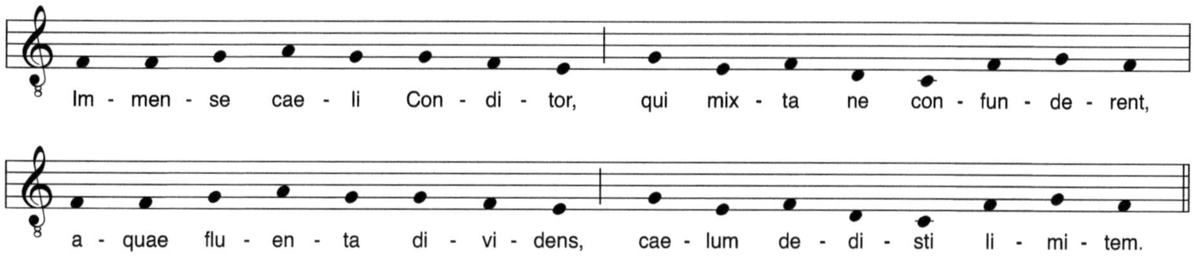

4. Lu-cem fi-des in-vé-ni-at,
sic lú-mi-nis lu-bar fe-rat,
haec va-na cun-cta tér-re-at,
hanc fal-sa nul-la cóm-pri-mant.

Der Glauben möge das Licht finden,
so trage er des Lichtes Glanz,
diese Eitlen alle verscheuche er,
damit diese Falschen nichts unterdrücken.

g ***Jesu redemptor omnium*** (7. Modus)

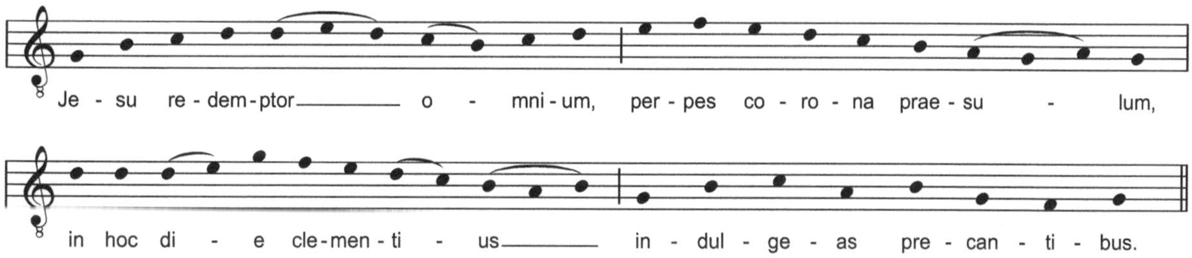

4. Hu-ius be-ní-gnus án-nu-e,
no-bis se-qui ve-stí-gi-a,
hu-ius pre-cá-tu sér-vu-lis
di-mít-te no-xam crí-mi-nis.

Diesem stimme gütig zu,
geleite uns auf unseren Wegen,
durch dieses Gebet deiner Diener
erlass' die Strafe für das Verbrechen.

Nach dem Antiphonale Romanum, S. [58]

h ***Tristes erant apostoli*** (8. Modus)

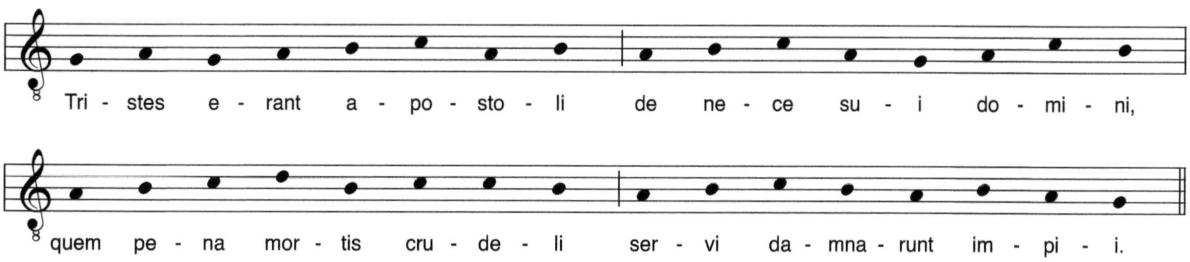

4. Quo á-gni-to di-scí-pu-li
in ga-li-lé-am pró-pe-re
per-gunt vi-dé-re fa-ci-em
de-si-de-rá-tam dó-mi-ni.

Da die Jünger [ihn] erkannt,
machen sie sich eilends nach Galiläa auf,
um zu sehen das Angesicht,
das ersehnte, des Herrn.

Nach Lasso, NR 18, Nr. 26 (siehe S. 28)

406 Lesen Sie in der Melodie- und Satzlehre, Kapitel IX (Gattungen) die Abschnitte 4.3 und 4.4 über das Magnificat und Mehrstimmige Magnificat-Vertonungen (S. 146–148).

407 Vergleichen Sie die „Esurientes"-Melodie im 2. Ton (S. 146) mit dem modal führenden Sopran in dem entsprechenden Duo Lassos (S. 31).

408 Untersuchen Sie in dem Duo das Verhältnis der beiden Stimmen:
- Wie werden die Zeilenanfänge imitiert? Welche Rückschlüsse ergeben sich daraus auf die rhythmische Einrichtung der c. f.-Stimme?
- Wie reagiert der Bass auf die Zeilenschlüsse? Wo wird mit Kadenzen geschlossen und wo wird die Überlagerungstechnik eingesetzt?

409 Schreiben Sie einen zweistimmigen „Esurientes"-Satz im 3. Ton für Tenor und Bass (c. f. auf S. 146).
- Versuchen Sie, zu allen Zeilen Kopfimitationen zu bilden. Diese sollten sich vorwiegend in halben Noten bewegen. Nutzen Sie zur Bildung der Soggetti die Melodik des Initiums und der Mediatio. Die Soggetti des zweiten Teils sind frei zu bilden. Dabei kann man sich an die Wiederholungen des Rezitationstons zunutze machen.
- Um größere Abschnittslängen zu erhalten, empfiehlt es sich, kurze Phrasen zu wiederholen und diese in der anderen Stimme zu überlagern.
- Der Schluss sollte sich an der Terminatio orientieren. Ihre Ligaturen sollen durch Kolorierung aufgelöst werden. Auch die Einführung der anderen Schlüsse sollte koloriert werden.

Einen Lösungsvorschlag finden Sie im Anhang auf S. 225.

410 Schreiben Sie weitere Magnificat-Duos in den verschiedenen Tönen. Die c. f. finden Sie in der Melodie- und Satzlehre auf S. 146–147.
Außer dem 8. Vers („Esurientes") können auch alle anderen geradzahligen Verse vertont werden mit Ausnahme des 2., der den vollstimmigen Beginn nach der Choralintonation bildet. Vor allem die Verse 6, 8 und 10 sind von Lasso häufig zweistimmig gesetzt. Der Text muss gegebenenfalls dem Initium, der Mediatio und der Terminatio angepasst werden.

4. Qui-a fe-cit mi-hi ma-gna po-tens est, et san-ctum no-men e-ius.	*Denn er hat Großes an mir getan, der da mächtig* *und dessen Name heilig ist.*
6. Fe-cit po-tén-ti-am in brá-chi-o su-o, di-spér-sit su-pér-bos men-te cor-dis su-i.	*Er übt Macht aus mit seinem Arm,* *zerstreut, die hochmütig in ihrem Herzen sind.*
10. Si-cut lo-cú-tus est ad pa-tres no-stros, Á-bra-ham et sé-mi-ni e-ius in sáe-cu-la.	*Wie er geredet hat zu unsern Vätern,* *Abraham und seinem Geschlecht in Ewigkeit.*

V Chanson

500 Lesen Sie in der Melodie- und Satzlehre, Kapitel IX (Gattungen) den Abschnitt 5 über die Chanson (S. 149).

501 Analysieren Sie die Chanson *Du cueur le don* (S. 33–34). Beachten Sie vor allem die Abschnittsgliederung, namentlich die Gestaltung der Einschnitte innerhalb der Zeilen.

502 Schreiben Sie Chansons auf die folgenden Texte. Diese sind hier in der ursprünglichen Sprache, in modernem Französisch und in deutscher Übersetzung wiedergegeben.[1] Beginnen Sie alle Abschnitte imitatorisch, auch die Unterabschnitte innerhalb der Zeile. Wiederholen Sie den letzten Abschnitt.

a

Sou-vent a-mour / me li-vre grand tour-ment,
mais ie co-gnois / quil est trai-stre par-faict,
par quoy ie veulx / dis-sim-mu-ler son faict,
pour en a-voir / meil-leur con-ten-te-ment.
(Rhau, Bicinia I, Nr. 10)

Souvent l'amour me livre un grand tourment,
mais je connais qu'il est traître parfait,
par quoi je veux dissimuler son fait,
pour en avoir un meilleur contentement.

Oft bereitet mir die Liebe große Pein,
aber ich erkenne, dass sie ganz treulos ist,
deshalb möchte ich sie verheimlichen,
um so eine größere Zufriedenheit zu erlangen

b

Con-tent de-sir / qui cau-se ma dou-leur,
heu-reux sca-voir / qui mon tra-vail ren-for-ce,
ou fort a-mour / qui ma ren-du sans for-ce,
don-nes se-cours / a ma pay-ne et lan-gueur.
(Rhau, Bicinia I, Nr. 11)

Content désir qui cause ma douleur,
heureux savoir qui renforce ma souffrance,
oh fort amour qui m'a rendu sans force,
donne secours à ma paine et à ma langueur.

Angenehmer Wunsch, der meinen Schmerz verursacht,
glückliches Wissen, das mein Leiden verstärkt,
o starke Liebe, die mich machtlos gemacht hat,
hilf meinem Kummer und meiner Schwäche.

c

Vi-vre ne puis / con-tent sans ta pre-sen-ce,
mou-rir mest doulx / si ie na-vois les poir
de pront ra-cueil / et que lo-yal deb-voir
de mon a-mour / luy en fist co-gnoys-san-ce.
(Rhau, Bicinia I, Nr. 12)

Je ne peux pas vivre content sans ta présence,
mourir m'est doux, si je n'avais pas l'espoir
d'un prompt accueil et que le loyal devoir
de mon amour lui en fît connaissance

Ich kann nicht glücklich ohne dich leben,
sterben wäre für mich süß, wenn ich nicht die Hoffnung hätte,
bald erhört zu werden und die treue Pflicht
meiner Liebe mich dazu brächte, sie ihr zu offenbaren.

1 Übertragung ins moderne Französisch und deutsche Übersetzung von Christiane Strucken-Paland.

VI Weltlicher Liedsatz

600 Lesen Sie in der Melodie- und Satzlehre, Kapitel IX (Gattungen) den Abschnitt 6 über den Weltlichen Liedsatz (S. 150).

601 Analysieren Sie den Liedsatz *Was wird es doch* (S. 39–40). Beachten Sie vor allem die Abschnittsgliederung, namentlich die Gestaltung der Einschnitte innerhalb der Zeilen.

602 Im Folgenden finden Sie Tenorstimmen Weltlicher Lieder, zunächst solche mit einfacher Rhythmisierung, dann solche mit stärkerer Kolorierung. Ergänzen Sie die fehlende Stimme. Gehen Sie dabei folgendermaßen vor:

- Analysieren Sie die gegebene Stimme. Wie heißt die Finalis? Ist der Umfang authentisch oder plagal? In welchem Modus steht die gegebene Stimme?
- In welcher Stimmlage soll die zu schreibende Stimme stehen? Da der Tenor gegeben ist, kommen die Kombinationen Tenor – Bass, Alt – Tenor oder Tenor – Sopran (im Oktavabstand) in Frage. Bestimmen Sie die Oktavrahmen, die Schlüsselung (normal oder hoch) und den maximalen Stimmenumfang.
- Gliedern Sie die gegebene Stimme anhand der Klauseln in Abschnitte. Mit welchen Klauseln werden sie beendet? Welche Imitationsmöglichkeiten gibt es am Anfang der Abschnitte? Welche Anschlüsse ergeben sich daraus?
- Die meisten Liedzeilen enden mit einer ganzen Note, auf die eine halbe Pause folgt. Das legt nahe, in der Begleitstimme den Schlusston zu verkürzen und den Beginn der folgenden Zeile vorzuimitieren. Das mag gleichförmig wirken, gehört aber zu den unvermeidlichen Gattungseigentümlichkeiten.

Im Anschluss an jedes Lied ist die Quelle, Erscheinungsort und -jahr, ggfs. der Verleger bzw. Komponist sowie der Textdichter angegeben. Die Schlussnoten wurden einheitlich als Longa wiedergegeben. Die Akzidentien wurden teilweise ergänzt. Der Text wurde der heutigen Orthografie und Interpunktion angepasst.

a ***Es gingen zwei Gespielen gut*** (1. Modus)

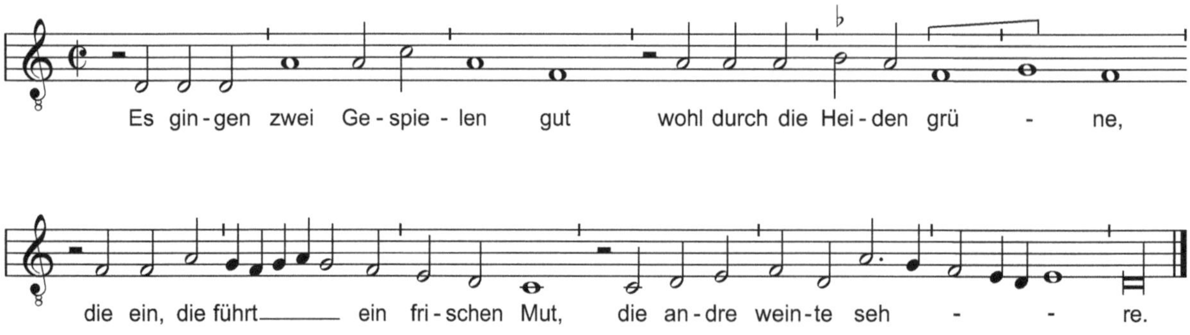

Niederländisches Volkslied *Het waren twe ghespeelkens goet*
Jacobus Clemens non Papa, Souterliedekens, Nr. 8, Tenor
Übertragung des niederländischen Textes ins Deutsche nach dem Antiqua Chorbuch, Teil II, hg. von Helmut Mönkemeyer, Mainz o. J., S. 99

b ***Artlich und schön*** (5. Modus)

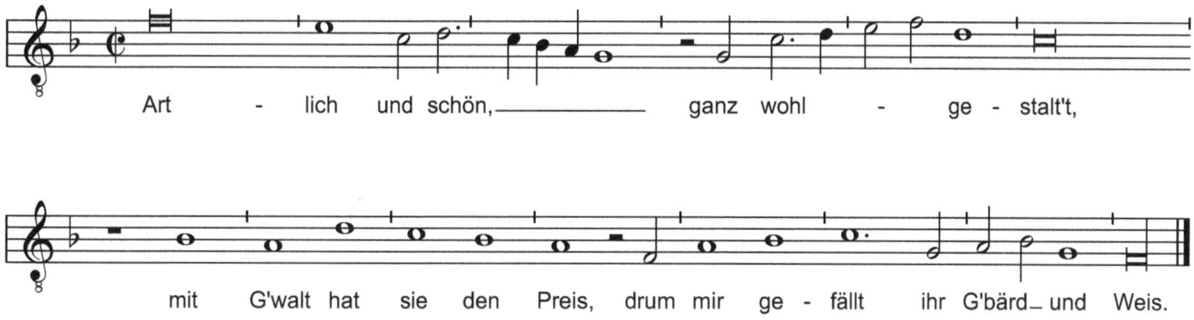

Caspar Bohemius, in: Georg Forster, Frische teutsche Liedlein I, Nr. 23, Tenor

c ***Innsbruck, ich muss dich lassen*** (6. Modus)

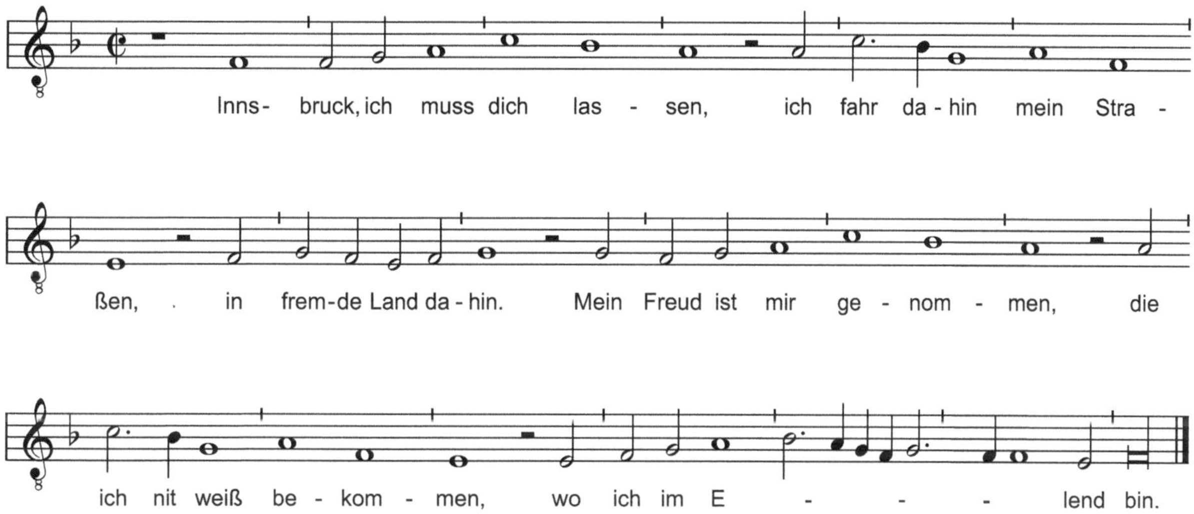

Heinrich Isaac, in: Georg Forster, Frische teutsche Liedlein I, Nr. 36, Tenor
Bei Isaac wird die Schlusszeile wiederholt. In dem Satz von Leonhard Lechner über den gleichen Cantus firmus (in: Teutsche Villanellen, 1590) beginnt die Wiederholung des Stollens mit dem Ton *f*.

d ***Aus Grund verwund't*** (7. Modus)

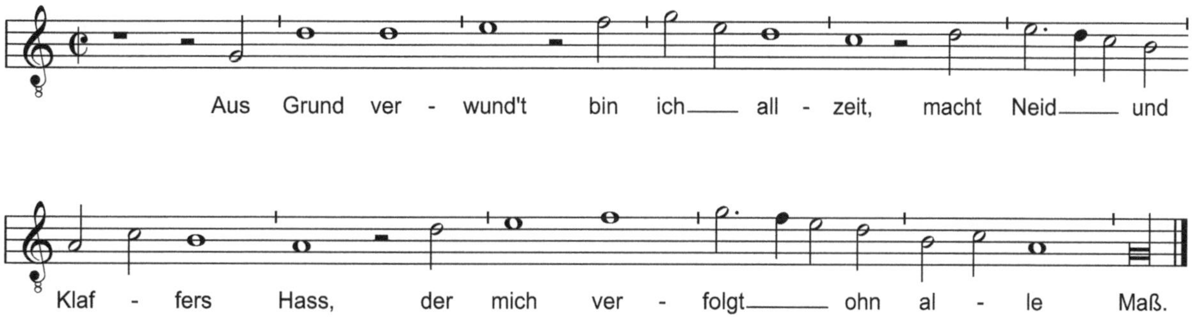

Georg Forster, Frische teutsche Liedlein I, Nr. 70, Tenor

e ***Erst wird erfreut*** (8. Modus)

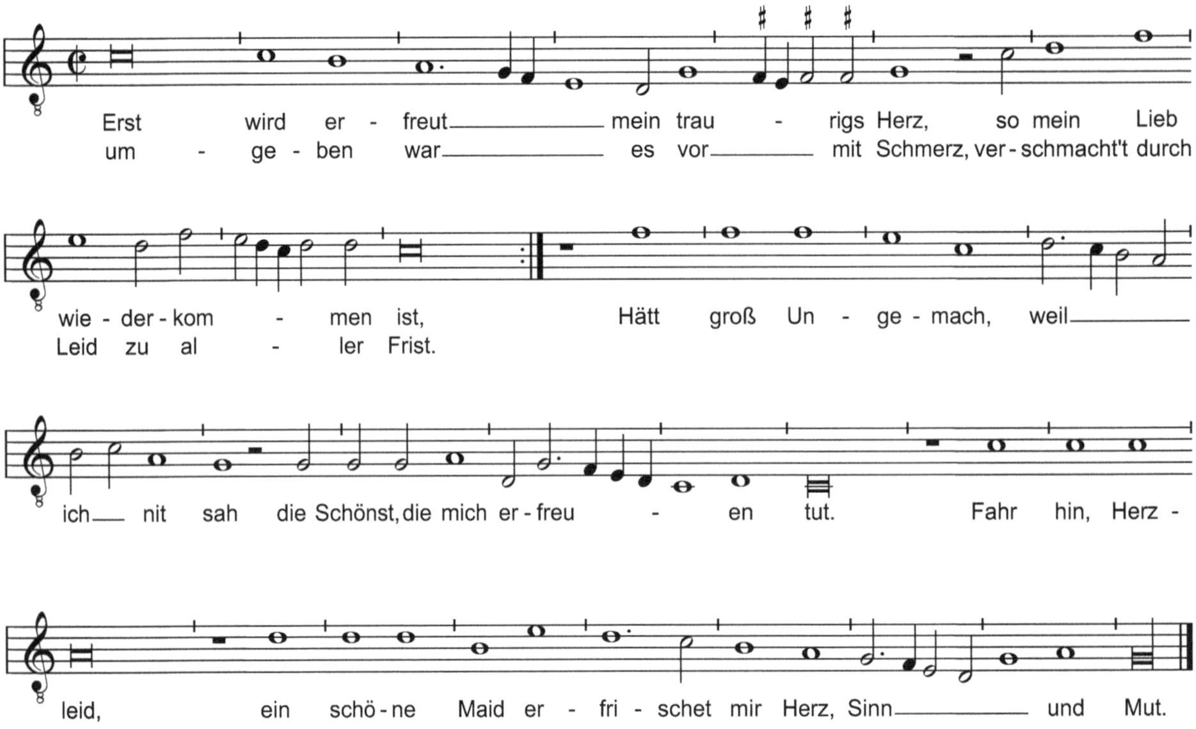

Thomas Stoltzer, in: Georg Forster, Frische teutsche Liedlein I, Nr. 75, Tenor

f ***Ei, wie so gar freundlich*** (10. Modus)

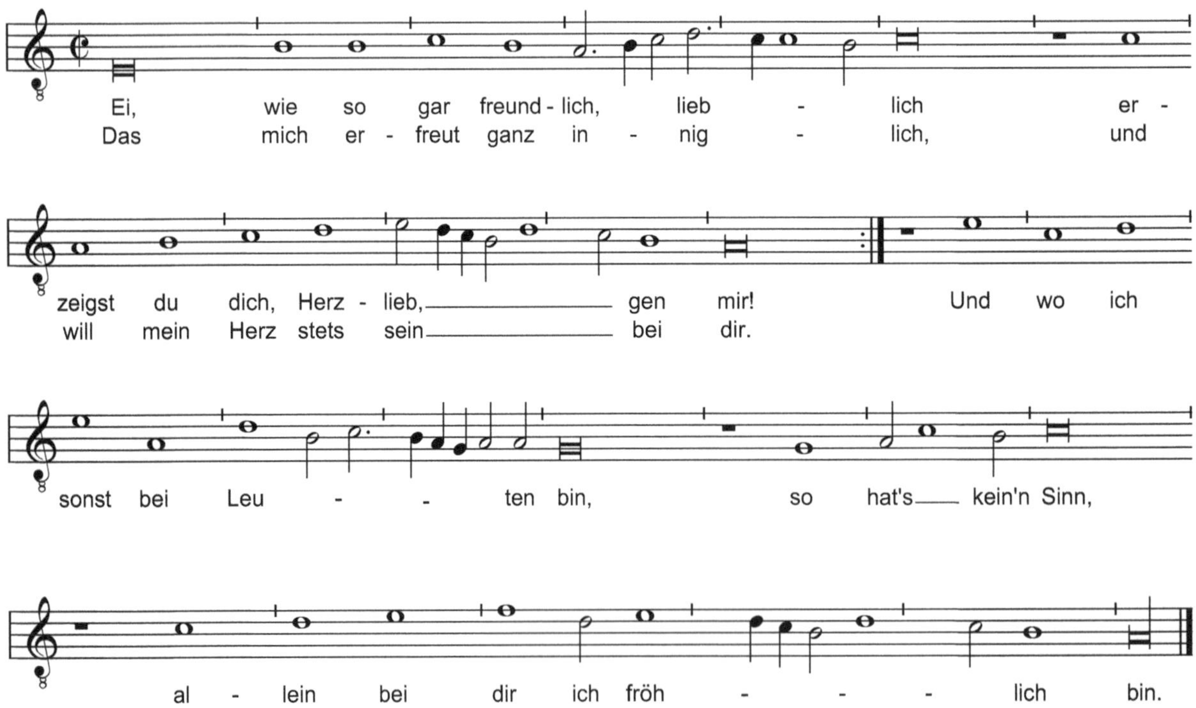

Georg Forster, Frische teutsche Liedlein I, Nr. 101, Tenor

g ***Entlaubet ist der Walde*** (12. Modus)

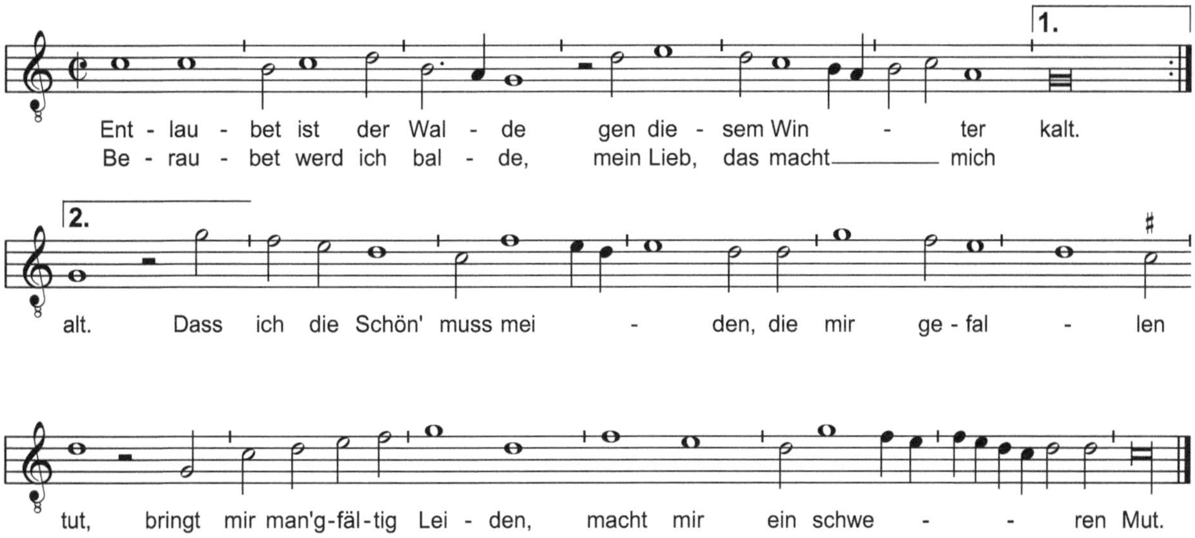

Thomas Stoltzer, in: Peter Schöffer und Matthias Apiarius, Fünff und sechzig teütscher Lieder, Straßburg 1536, Nr. 42, Tenor
Vgl. auch die Kontrafaktur mit dem geistlichen Text „Ich dank dir, lieber Herre“, Aufgabe 602 I, S. 216, sowie den anonymen zweistimmigen Satz auf S. 38–39.

VII Geistlicher Liedsatz

700 Lesen Sie in der Melodie- und Satzlehre, Kapitel IX (Gattungen) den Abschnitt 7 über den Geistlichen Liedsatz (S. 151–152).

701 Analysieren Sie die im Text erwähnten Liedsätze *Es woll uns Gott genädig sein* (S. 41), *Ein feste Burg ist unser Gott* (S. 42) und *Gelobet seist du, Jesu Christ* (S. 44) von Caspar Othmayr. Welche Stimmlagen liegen vor, welche Stimme hat den Cantus firmus? Wie eng ist die Begleitstimme an den Cantus firmus gebunden? Wie reagiert die Begleitstimme auf die Zäsuren zwischen den Liedzeilen?

702 Lesen Sie in der Melodie- und Satzlehre, Kapitel IV (Schlüsse) auf S. 95–96 den Abschnitt 2.6 über den Schlussanhang.

703 Analysieren Sie den Schlussanhang in Caspar Othmayrs Satz *Aus tiefer Not schrei ich zu dir* (S. 43).

704 Im Folgenden finden Sie Tenorstimmen Geistlicher Lieder. Ergänzen Sie die fehlende Stimme. Gehen Sie dabei folgendermaßen vor:

- Analysieren Sie die gegebene Stimme. Wie heißt die Finalis? Ist der Umfang authentisch oder plagal? In welchem Modus steht die gegebene Stimme?
- Wählen Sie die Stimmlagen und disponieren Sie die Stimmen (Oktavrahmen, normale oder hohe Schlüsselung, maximaler Stimmenumfang).
- Beginnen Sie mit einem Liedsatz des einfachen Typs. Gehen Sie vom Satz Note gegen Note aus. Skizzieren Sie die Anfangstöne der Liedzeilen.
- Mit welchen Klauseln werden die Liedzeilen beendet? Ergänzen Sie die Klauseln der Begleitstimme.
- Ergänzen Sie die fehlenden Töne. Bilden Sie homorhythmische Zeilenanschlüsse.
- Schreiben Sie dann Liedsätze mit stärkerer Eigenständigkeit der Begleitstimme.
- Schreiben Sie Liedsätze mit homorhythmischem Beginn und Vorimitation ab der zweiten Liedzeile.

a ***Mit Fried und Freud fahr ich dahin*** (1. Modus)

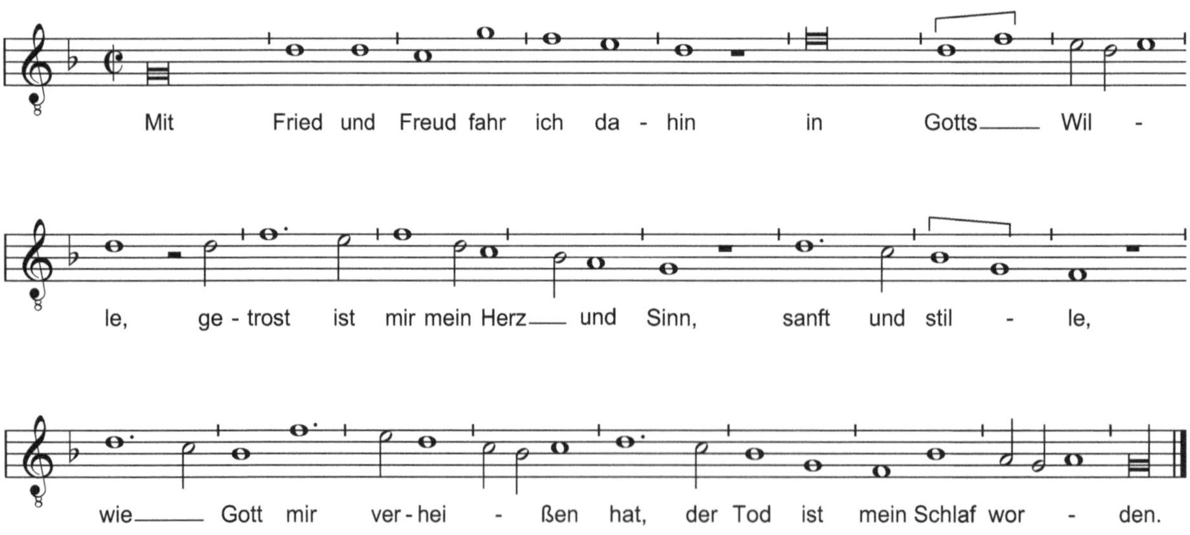

Wittenberg 1533
Martin Luther
Othmayr, Bicinia sacra, Nr. 15

b ***Aus tiefer Not schrei ich zu dir*** (3. Modus)

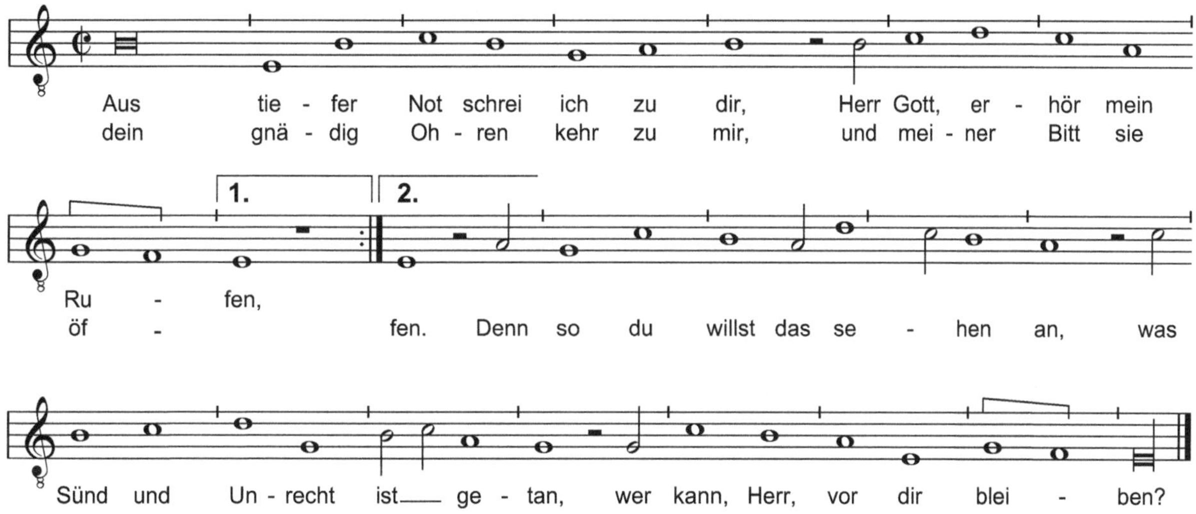

Erfurt 1524
Martin Luther
Othmayr, Bicinia sacra, Nr. 13 (S. 43)

c ***Es woll uns Gott genädig sein*** (3. Modus)

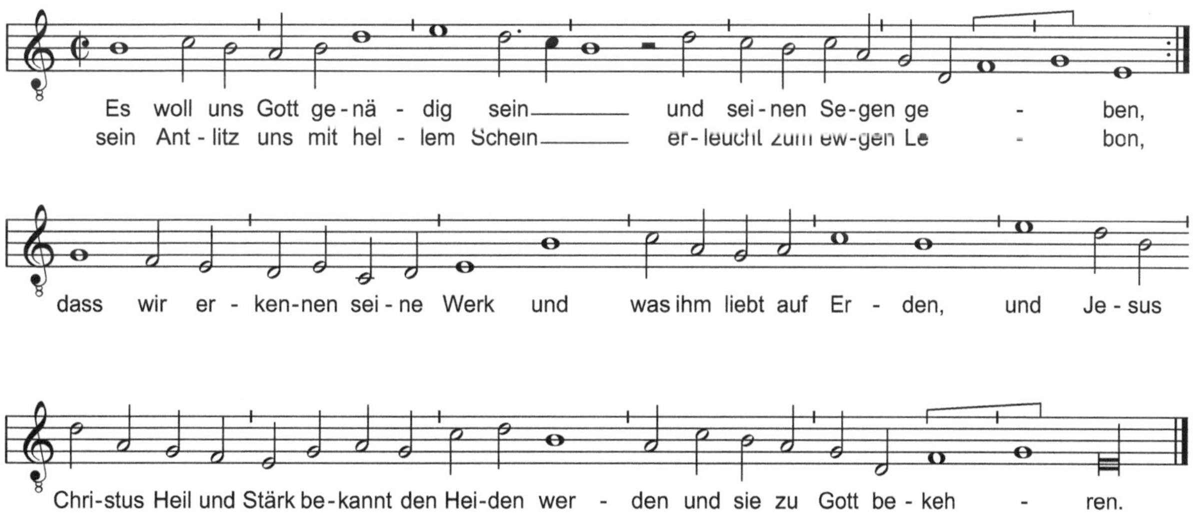

Erfurt 1524
Martin Luther
In der angegebenen Quelle ist das Stück in der *Proportio quadrupla* (¢ 2) notiert. Das bedeutet gegenüber dem *Tempus imperfectum diminutum* eine weitere Diminution im Verhältnis 1:2. Daher sind die originalen Notenwerte in der oben stehenden Übertragung um die Hälfte verkürzt. In mehrstimmigen Bearbeitungen findet man das Lied aber vorwiegend mit ganzen Noten als Silbenträger.
Othmayr, Bicinia sacra, Nr. 10 (S. 41)

d *Ach Gott, vom Himmel sieh darein* (4. Modus)

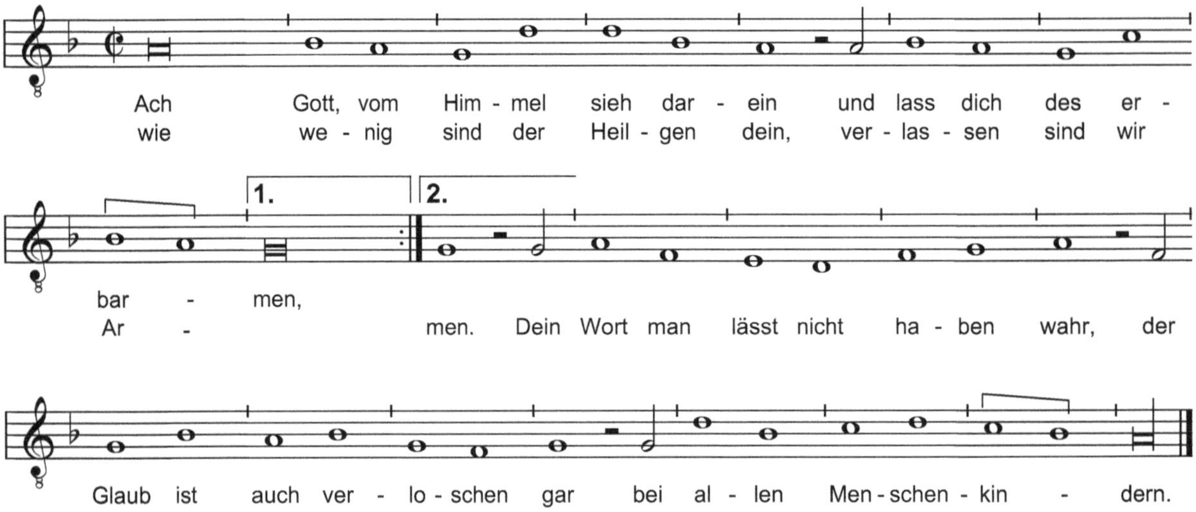

Erfurt 1524
Martin Luther
Die erste Wiederholungsklammer wurde ergänzt.
Othmayr, Bicinia sacra, Nr. 1

e *Wohl dem, der in Gottes Furcht steht* (5. Modus)

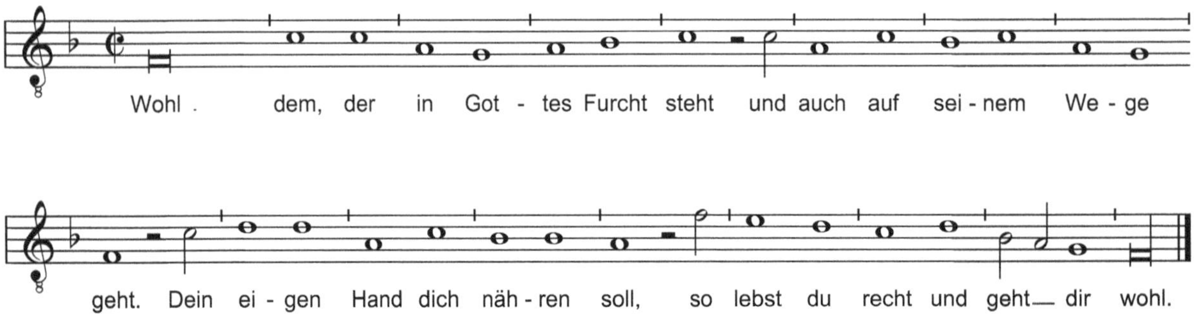

Wittenberg 1533 (Joseph Klug)
Martin Luther
Othmayr, Bicinia sacra, Nr. 8

f ***Ein feste Burg ist unser Gott*** (5. Modus)

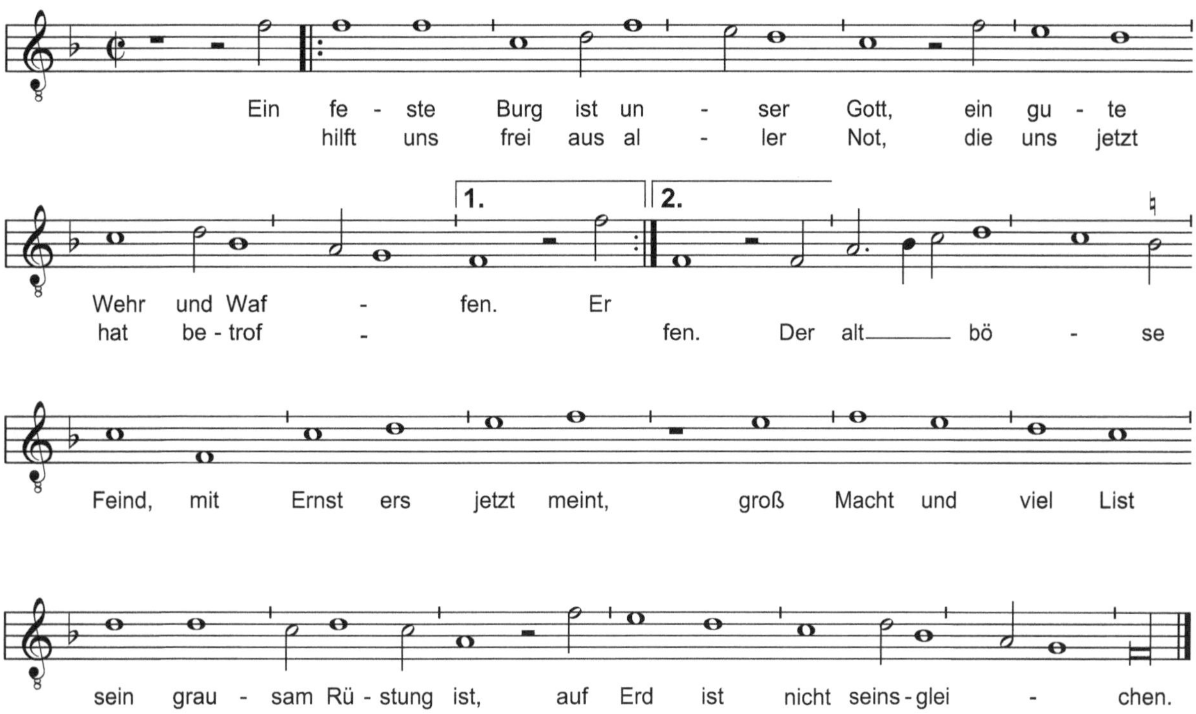

Nürnberg 1529
Martin Luther
Othmayr, Bicinia sacra, Nr. 2 (S. 42) und Johann Walter, SW, Bd. 3, S. 66

g ***Herr Christ, der einig Gotts Sohn*** (6. Modus)

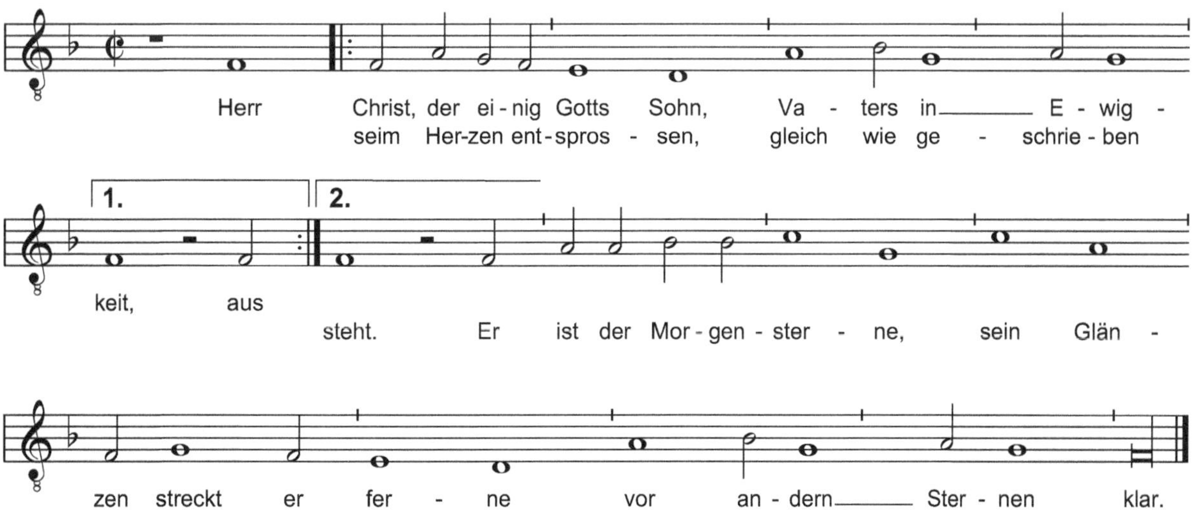

Erfurt 1524
Elisabeth Cruciger
Othmayr, Bicinia sacra, Nr. 7

h ***Komm, Gott Schöpfer, heiliger Geist*** (8. Modus)

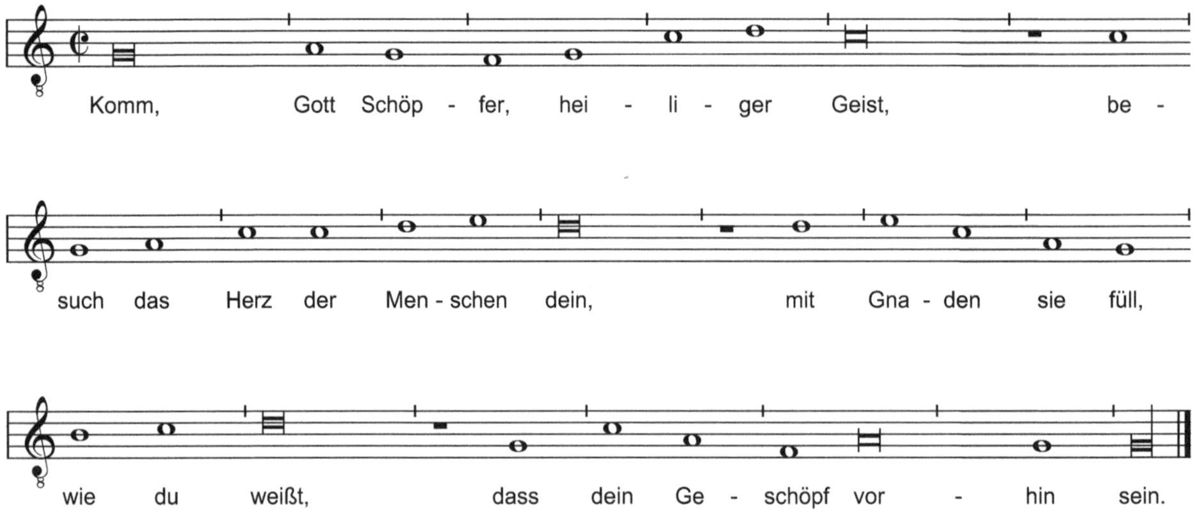

Erfurt 1531
Martin Luther

i ***Gelobet seist du, Jesu Christ*** (8. Modus)

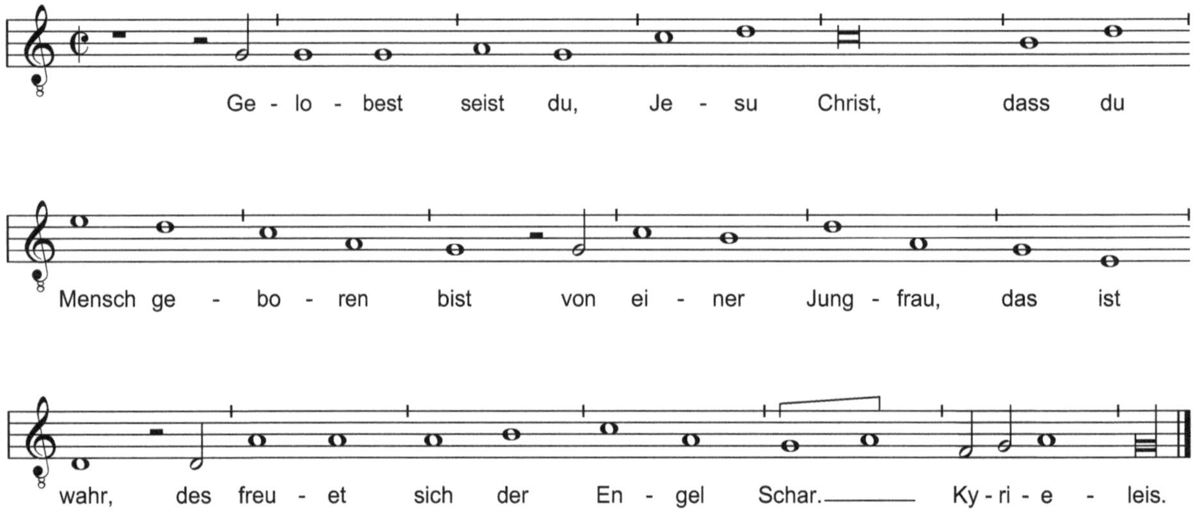

Wittenberg 1524 (Johann Walter)
Martin Luther
Othmayr, Bicinia sacra, Nr. 4 (S. 44)

j *Nun freut euch, lieben Christen gmein* (8. Modus)

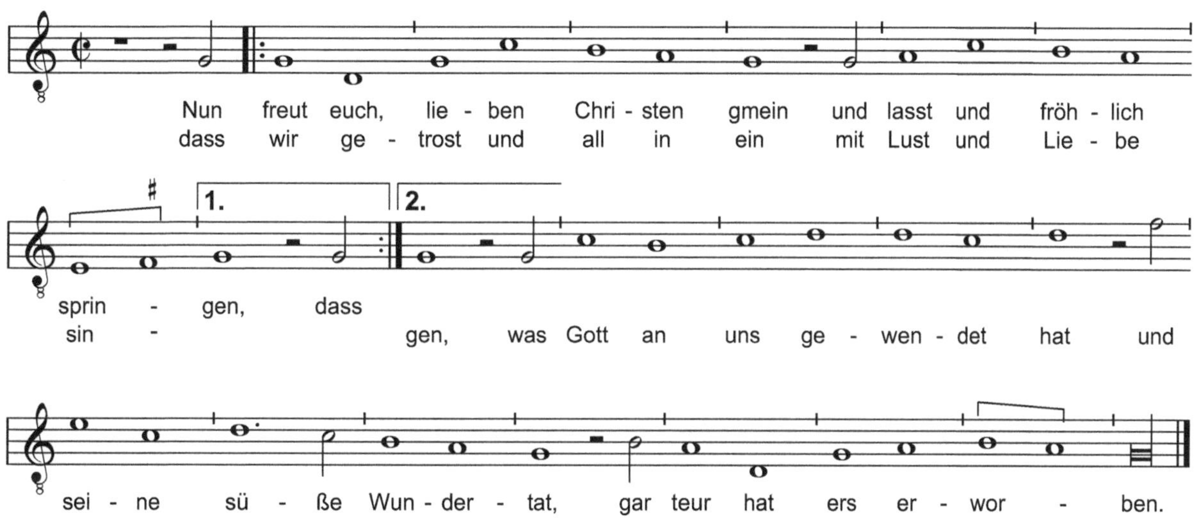

Augsburg 1524
Martin Luther
Die akzidentielle Erhöhung in T. 8 wurde entsprechend der späteren lydischen bzw. ionischen Fassungen ergänzt.
Anstelle des Tons *f* am Ende von T. 13 hat sich später die Wiederholung des *d* durchgesetzt.
Othmayer, Bicinia sacra, Nr. 22

k *Vom Himmel hoch, da komm ich her* (11. Modus)

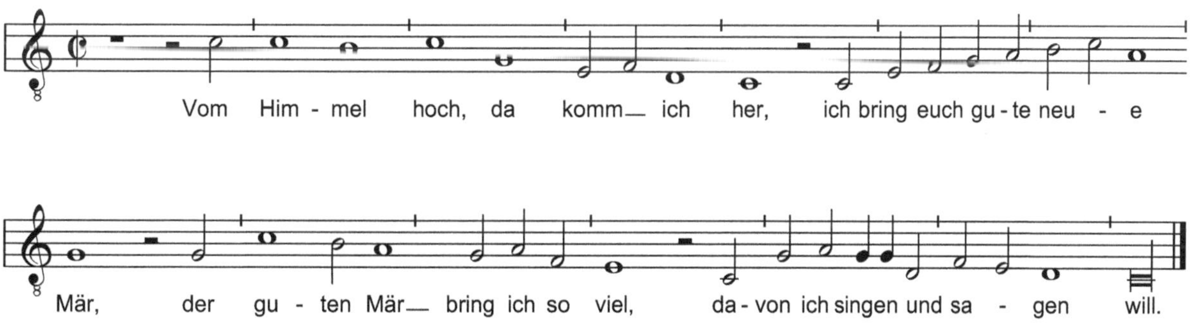

Wittenberg 1545 (Johann Walter)
Martin Luther
Othmayr, Bicinia sacra, Nr. 6

I *Ich dank dir, lieber Herre* (12. Modus)

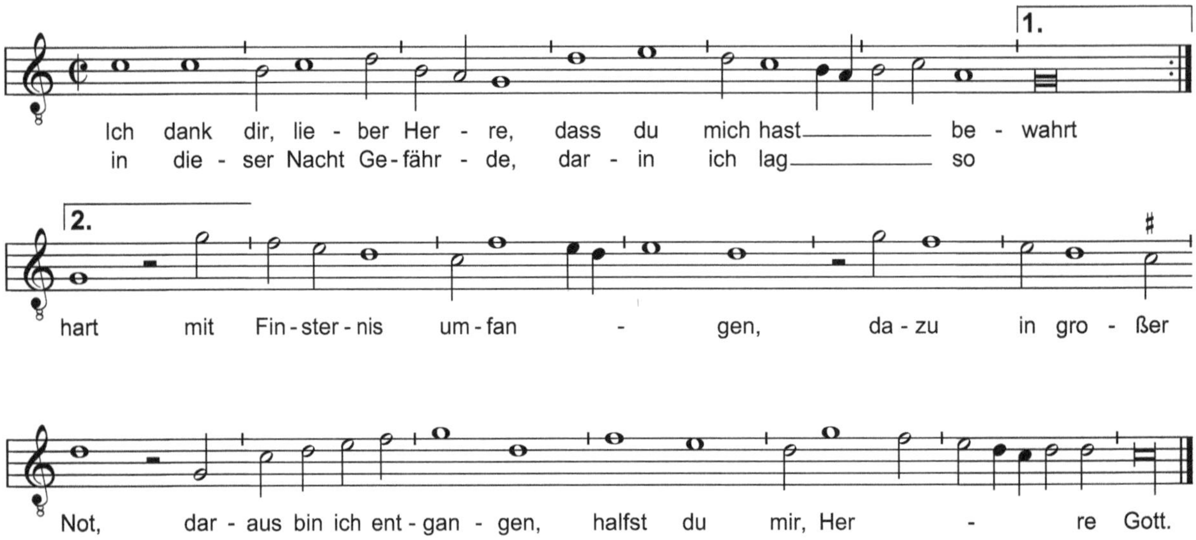

Nürnberg 1532
Johannes Kolrose
Die zweite Wiederholungsklammer wurde hinzugefügt.
Vgl. auch die Fassung mit dem weltlichen Text „Entlaubet ist der Walde“, Aufgabe 602 g auf S. 209 und den anonymen zweistimmigen Satz auf S. 38–39.

Lösungen

177 / 180 / 183 / 186 / 189 ***Domine Deus meus***

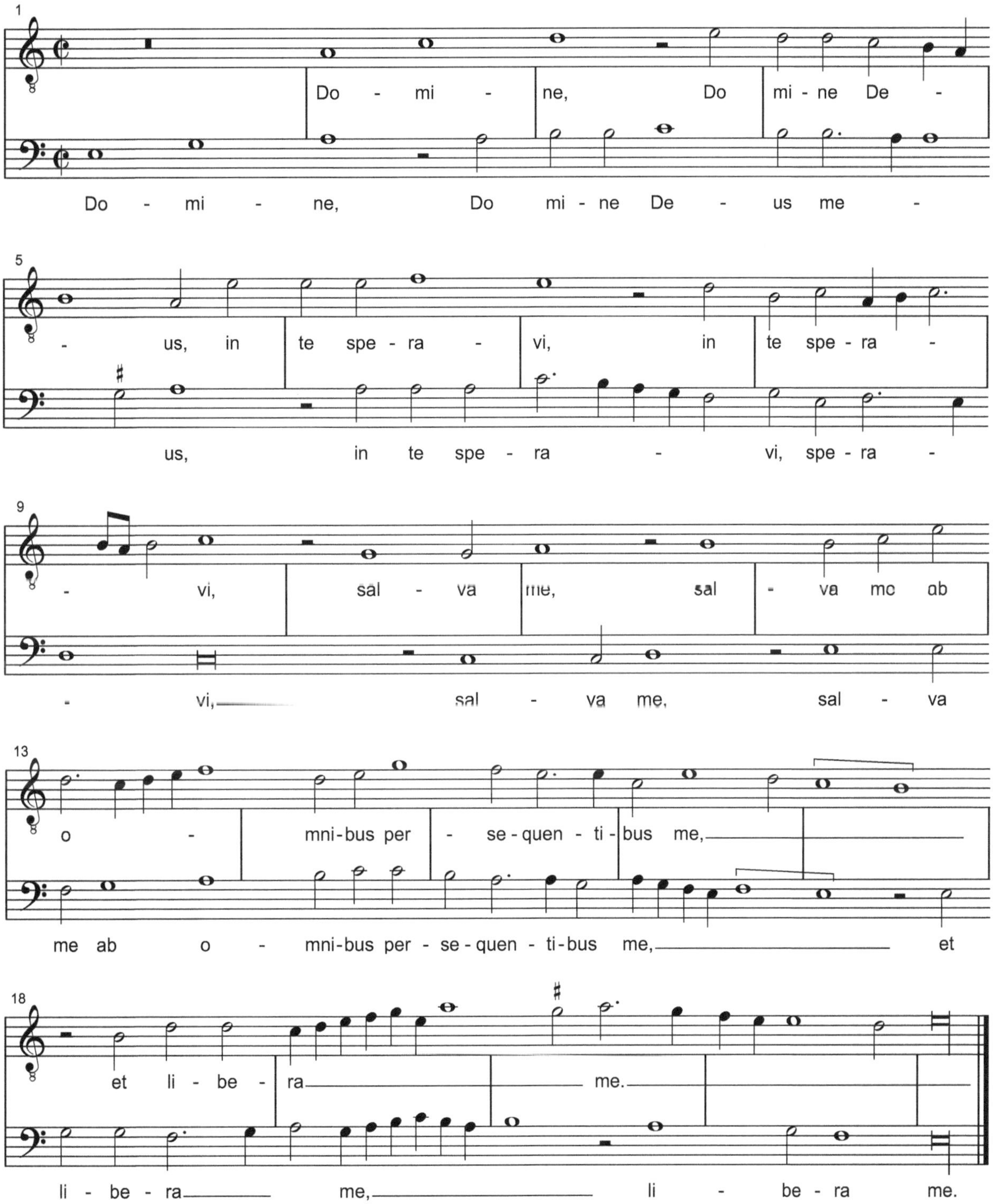

Domine Deus meus in te speravi,
salva me ab omnibus persequentibus me
et libera me.
(Psalm 7, 2)

Herr Gott, auf dich hoffe ich,
errette mich von allen meinen Verfolgern
und befreie mich.

190 a *Qui diligitis Dominum*

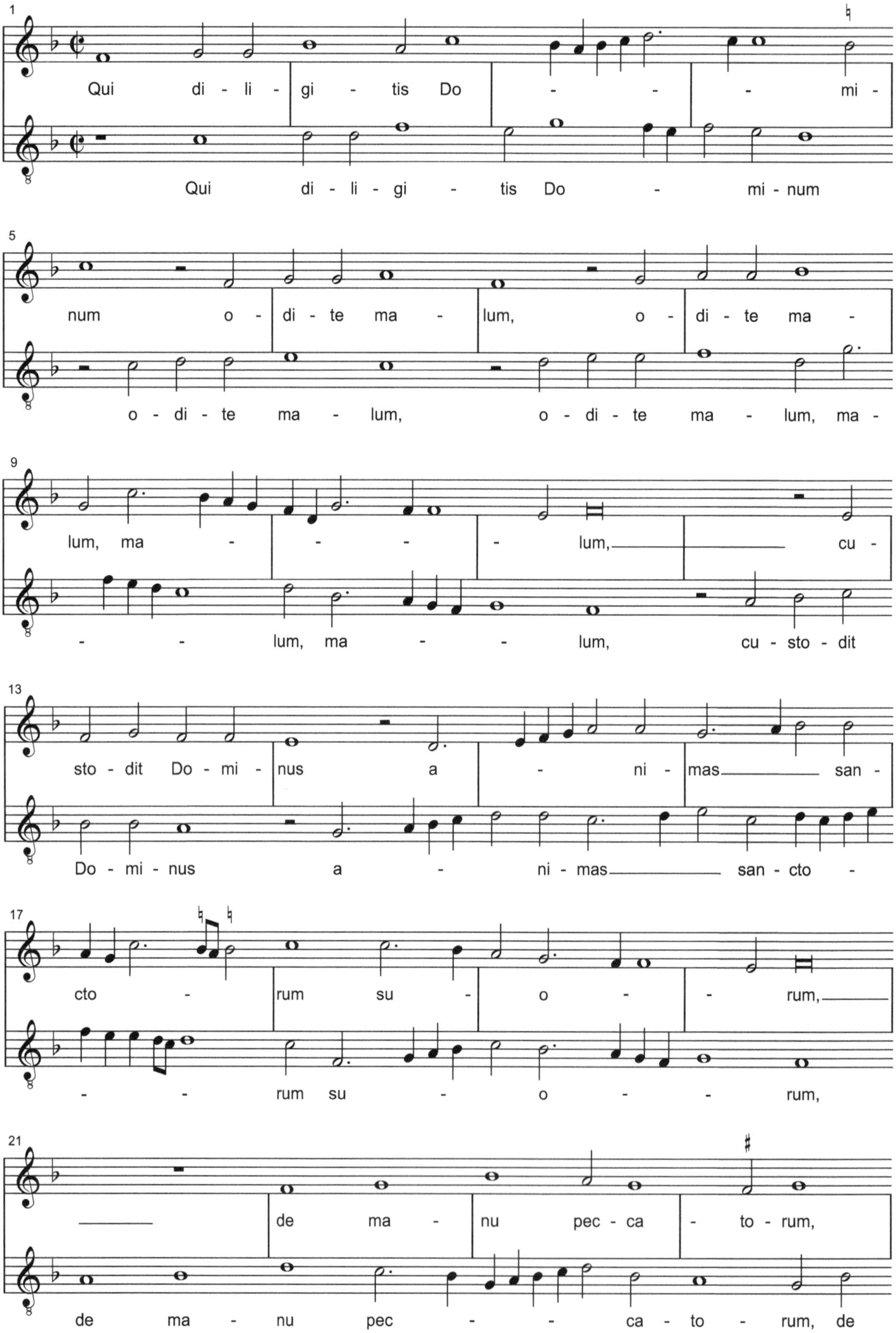

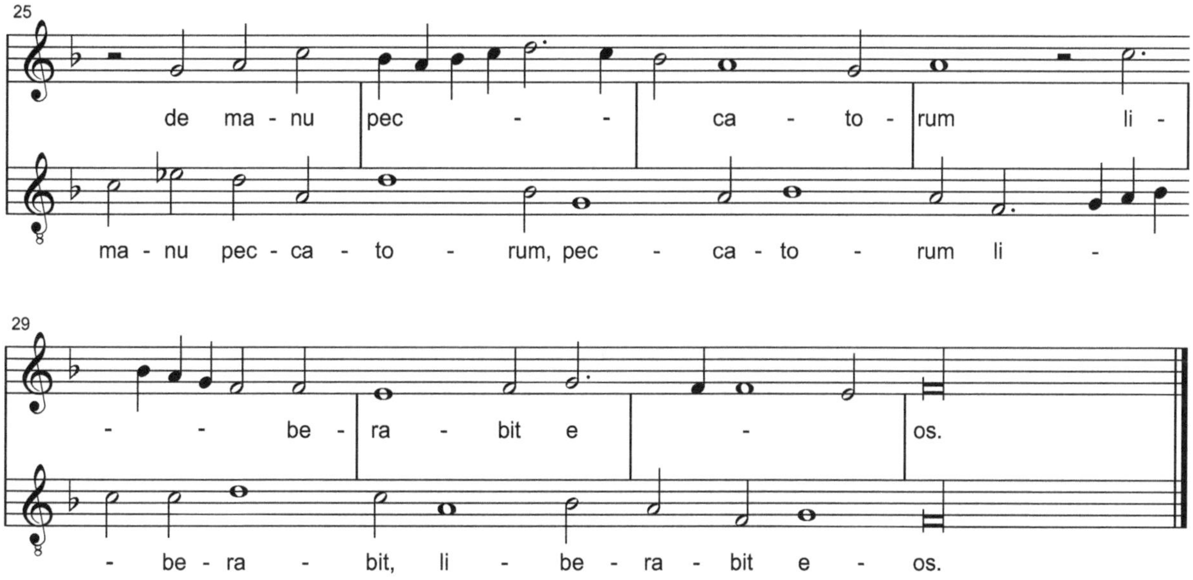

190 b *Miserere mei Deus*

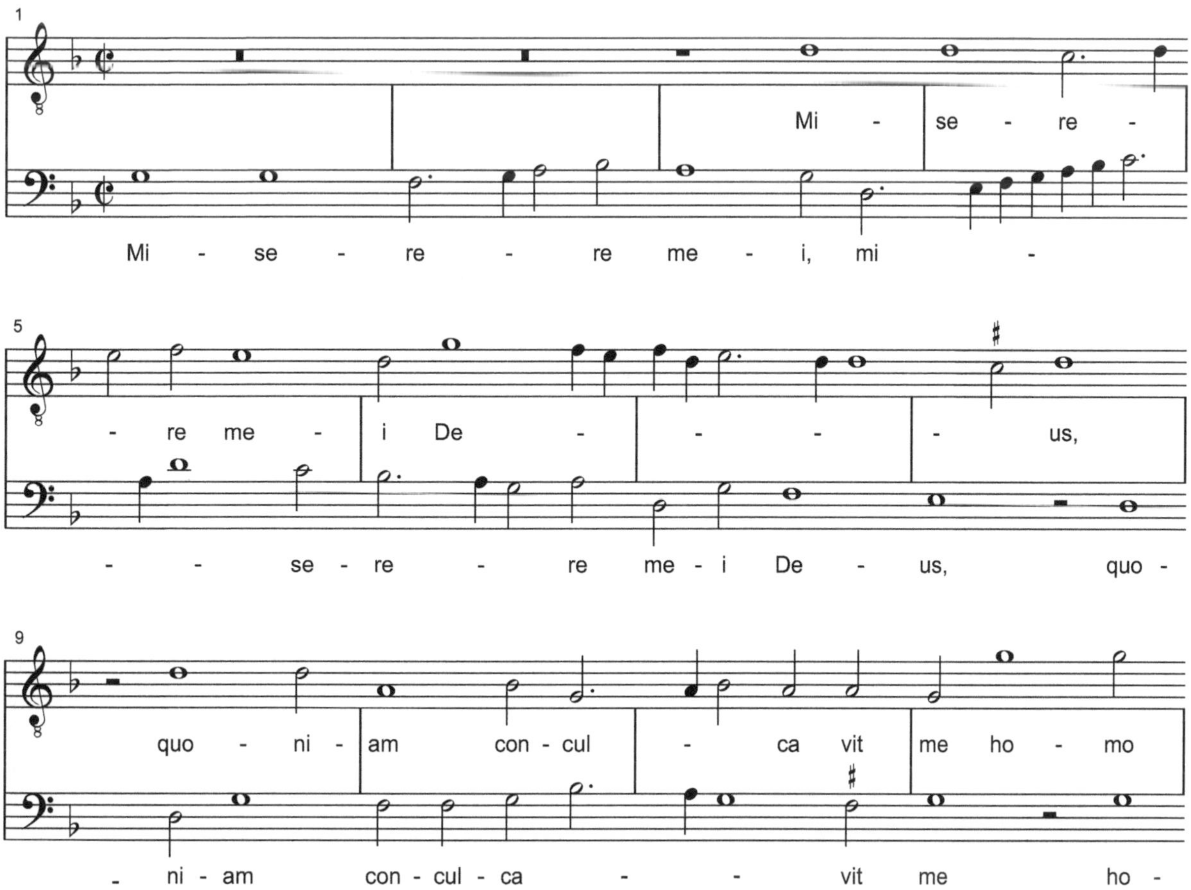

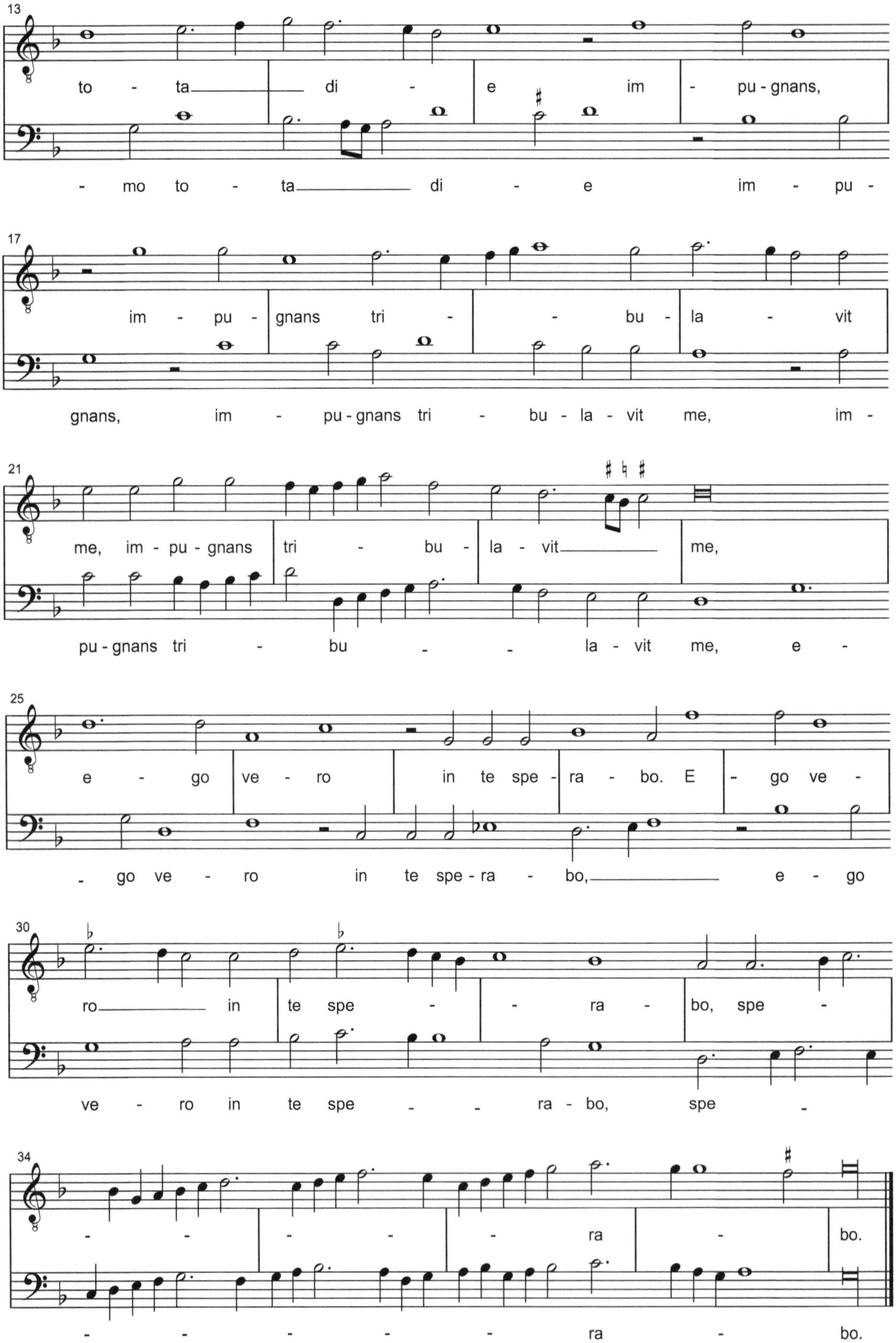
13
to - ta di - e im - pu - gnans,
- mo to - ta di - e im - pu -
17
im - pu - gnans tri - - bu - la - vit
gnans, im - pu - gnans tri - bu - la - vit me, im -
21
me, im - pu - gnans tri - bu - la - vit me,
pu - gnans tri - bu - - la - vit me, e -
25
e - go ve - ro in te spe - ra - bo. E - go ve -
- go ve - ro in te spe - ra - bo, e - go
30
ro in te spe - - ra - bo, spe -
ve - ro in te spe - - ra - bo, spe -
34
- - - - - ra - bo.
- - - - - ra - bo.

190 c *O Domine*

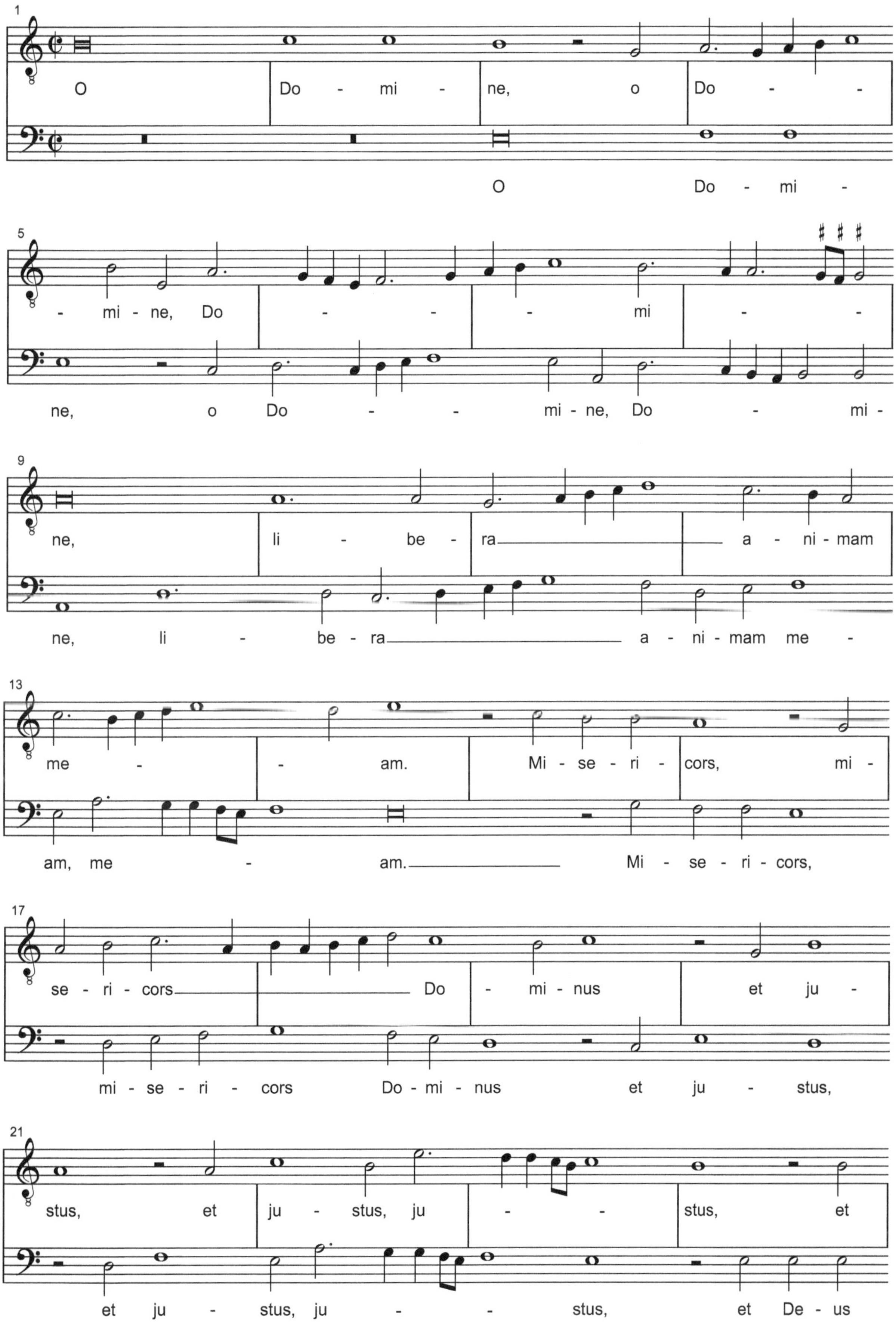

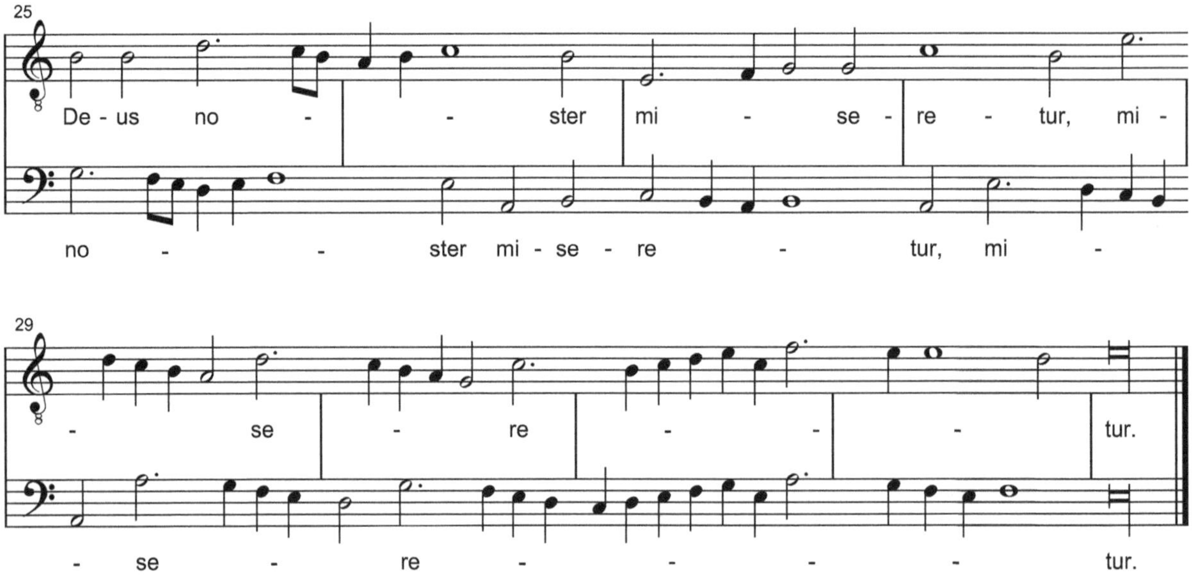

202 *Benedictus*

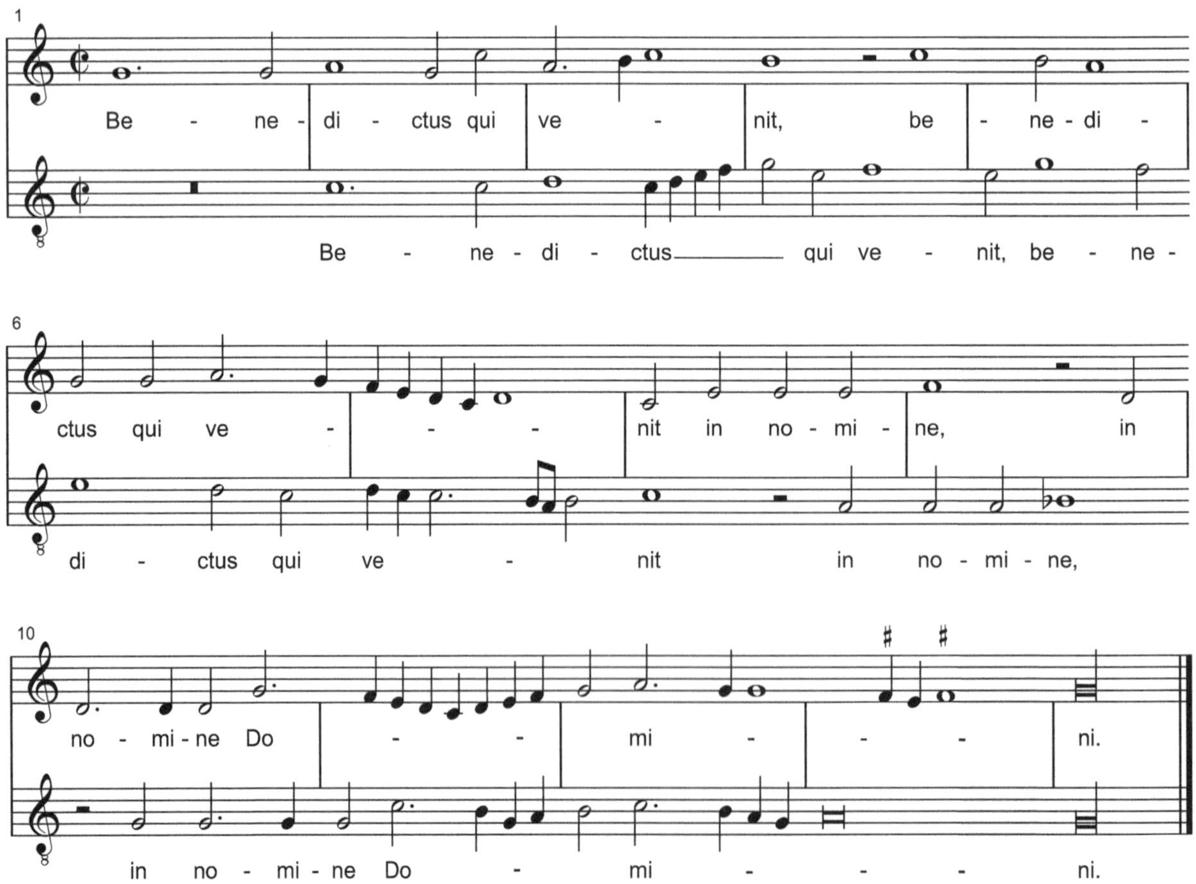

404 *Hic praesens testatur dies*

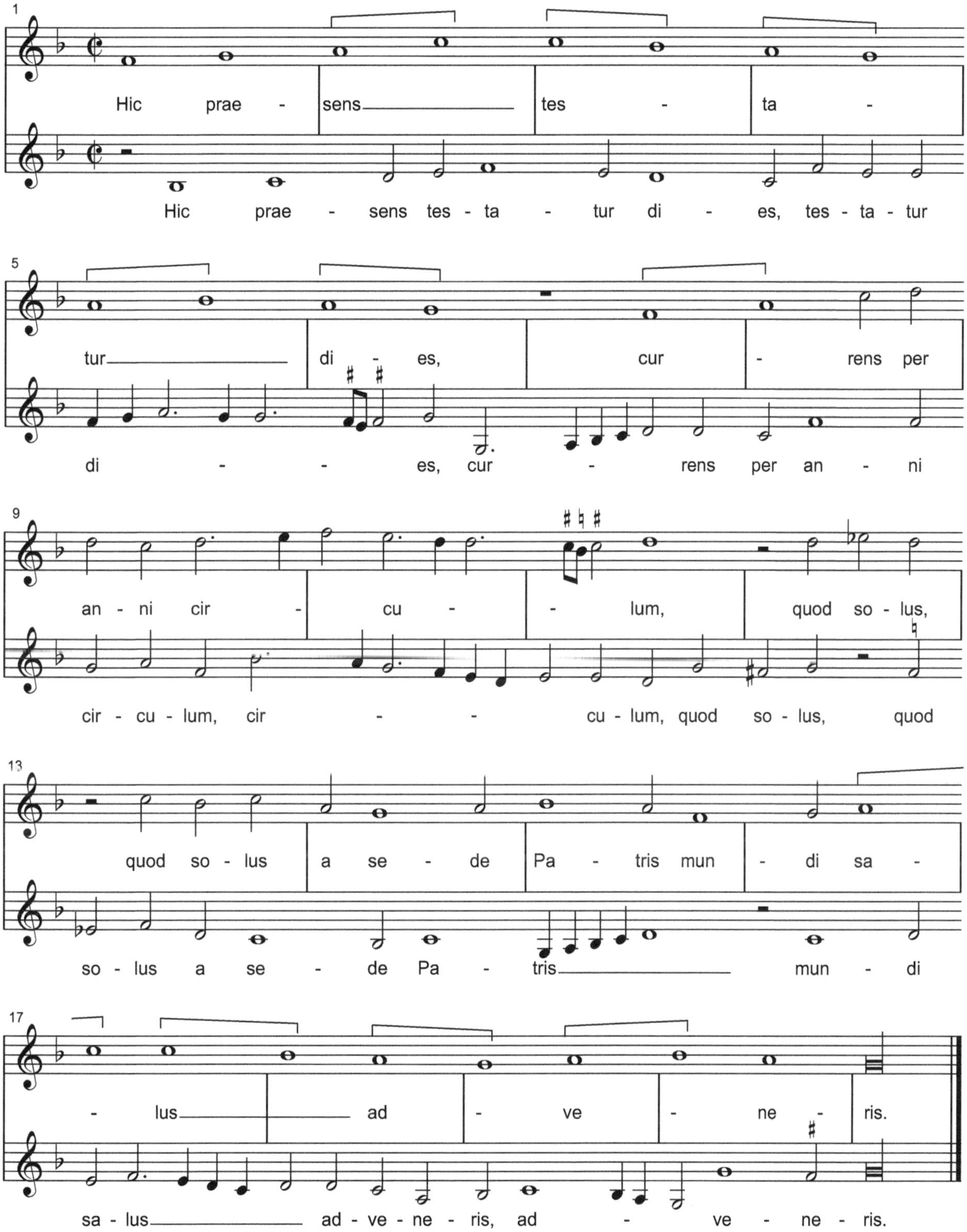

405 f ***Lucem fides inveniat***

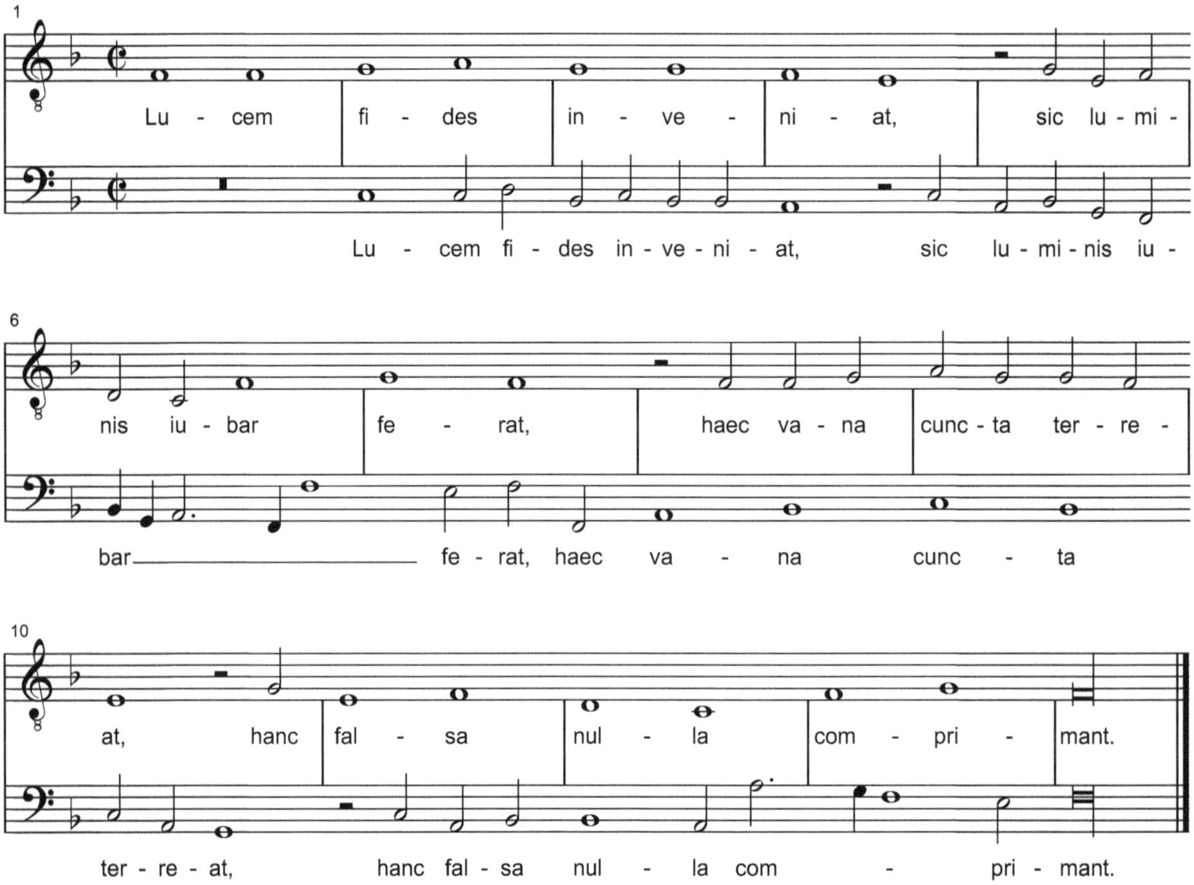

409 ***Esurientes***

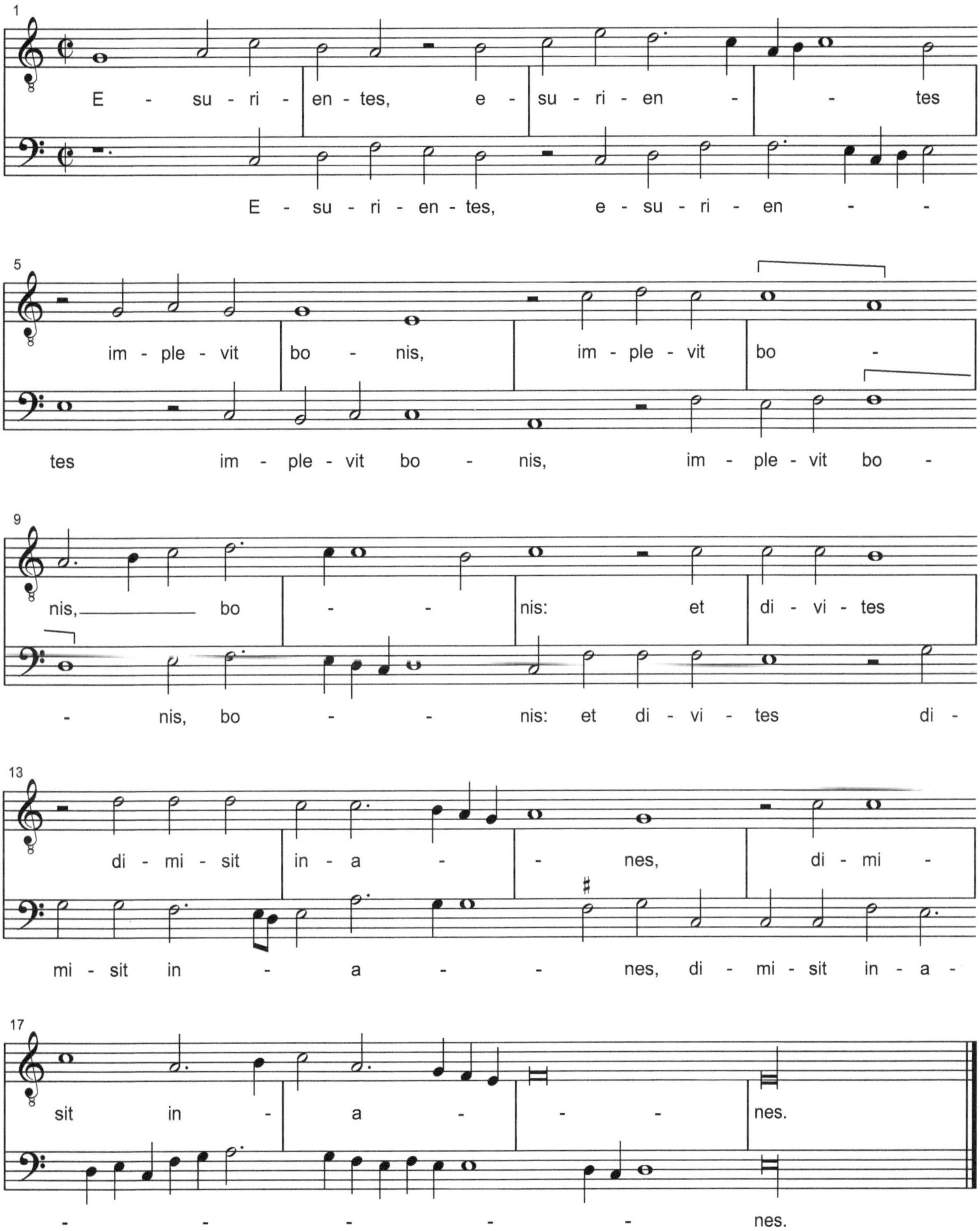

Notenausgaben

Certon, Pierre, *Messes à quatre voix,* hg. von M. Henry Expert (Monuments de la Musique Française au temps de la Renaissance, Bd. 2), Paris 1925, Nachdruck New York o. J.

Clemens non Papa, Jacobus, *Souterliedekens (Psalmi Neerlandici),* Opera omnia, hg. von Karel Philippus Bernet Kempers, Bd. 2 (Corpus Mensurabilis Musicae, 4), Rom o. J.

Forster, Georg, *Frische teutsche Liedlein,* Erster Teil (1539) hg. von Kurt Gudewill (Das Erbe Deutscher Musik, Erste Reihe, Bd. 20), Wolfenbüttel und Berlin 1942.

Goudimel, Claude, *Œuvres complètes,* hg. von Henri Gagnebin u. a., 14 Bde., New York und Basel 1967–1983 (= OC).

Graduale de tempore et de Sanctis (Graduale Romanum), Paris, Tournai, Rom 1924.

Lasso, Orlando di, *Sämtliche Werke,* hg. von Franz Xaver Haberl u. a., 21 Bde., Leipzig 1894–1927 (= SW);

ders., *Sämtliche Werke – Neue Reihe,* hg. von Wolfgang Boetticher u. a., 26 Bde., Kassel etc. 1956–1995 (= NR).

Liber antiphonarius pro diurnis horis (Antiphonale Romanum), Paris, Tournai, Rom 1949.

Othmayr, Caspar, *Bicinia sacra,* Nürnberg 1547 (?), hg. von Hans Albrecht (Das Erbe Deutscher Musik, Bd. 26), Frankfurt 1956.

Palestrina, Giovanni Perluigi da, *Werke,* hg. von Theodor de Witt u. a., 33 Bde., Leipzig 1862–1907 (= W);

ders., *Le opere complete,* hg. von Raffaele Casamiri, 34 Bde., Rom 1939 ff. (= OC).

Rhau, Georg, *Bicinia Gallica, Latina, Germanica,* Wittenberg 1545 (Übertragungen im vorliegenden Buch vom Verfasser);

ders., *Bicinia Gallica, Latina, Germanica,* Wittenberg 1545, hg. von Bruce Bellingham, in: Georg Rhau, Musikdrucke aus den Jahren 1538–45 in praktischer Neuausgabe, Kassel etc. 1980.

Schöffer, Peter und Apiarius, Matthias, *Fünff und sechzig teütscher Lieder,* Straßburg 1536, Reprint Stuttgart 2005.

Stäblein, Bruno, (Hg.), *Die mittelalterlichen Hymnen des Abendlandes* (Monumenta Monodica Medii Aevi, Bd. 1), Kassel und Basel 1956.

Stalmann, Joachim u. a. (Hg.), *Das Deutsche Kirchenlied.* Kritische Gesamtausgabe der Melodien, Abteilung III: Die Melodien aus gedruckten Quellen bis 1680, 2 Bde., Kassel etc. 1993–2002 (= DKL).

Victoria, Tomás Luis de, *Opera omnia,* hg. von Felipe Pedrell und Higino Anglès, Bd. 2 und 4 (Monumentos de la Música Española, 26 bzw. 31), Rom 1965 bzw. 1968.

Walter, Johann, *Sämtliche Werke,* hg. von Otto Schröder u. a., 6 Bde., Kassel 1943–1973 (= SW).

Wannenmacher, Johann, *Bicinia,* Bern 1553 (Übertragung im vorliegenden Buch vom Verfasser).

Literatur

Apel, Willi *Die Notation der polyphonen Musik,* Leipzig 1962.

Bartel, Dietrich, *Handbuch der musikalischen Figurenlehre,* Laaber 1985.

Bellermann, Heinrich, *Der Contrapunct,* Berlin 1862.

Bossuyt, Ignace, *Die Kunst der Polyphonie. Die flämische Musik von Guillaume Dufay bis Orlando di Lasso,* Zürich und Mainz 1997.

Burmeister, Joachim *Musica Poetica,* Rostock 1606, Faksimile-Nachdruck, hg. von Martin Ruhnke (Documenta musicologica 10, 1. Reihe), Kassel 1955.

Dahlhaus, Carl, *Studien zu den Messen Josquin des Prés,* Göttingen 1953.

Daniel, Thomas, *Kontrapunkt. Eine Satzlehre zur Vokalpolyphonie des 16. Jahrhunderts,* Köln 1997;

ders., *Zweistimmiger Kontrapunkt. Ein Lehrgang in 30 Lektionen,* Köln 2002.

Finscher, Ludwig (Hg.), *Die Musik des 15. und 16. Jahrhunderts* (Neues Handbuch der Musikwissenschaft, hg. von Carl Dahlhaus und Hermann Danuser, Bd. 3), Laaber 1989/90, Sonderausgabe 1996 (= NHM).

Fux, Johann Joseph, *Gradus ad Parnassum,* Wien 1725.

Glareanus, *Dodekachordon,* Basel 1547.

Hermelink, Siegfried, *Dispositiones modorum. Die Tonarten in der Musik Palestrinas und seiner Zeitgenossen,* Tutzing 1960 (Münchner Veröffentlichungen zur Musikgeschichte 4).

Jeppesen, Knud, *Das „Sprunggesetz" des Palestrinastils bei betonten Viertelnoten (halben Taktzeiten). Eine vorläufige Mitteilung,* in: Wilhelm Merian (Hg.), Bericht über den Musikwissenschaftlichen Kongress in Basel [...] vom 26. bis 29. September 1924, Leipzig 1925, S. 211–219;

ders.: *Der Palestrinastil und die Dissonanz,* Leipzig 1926;

ders.: *Kontrapunkt. Lehrbuch der klassischen Vokalpolyphonie,* Leipzig 1935, 10. Auflage Wiesbaden 1980.

Leuchtmann, Horst und Mauser, Siegfried (Hg.), *Messe und Motette,* (Handbuch der musikalischen Gattungen, hg. von Siegfried Mauser, Band 9), Laaber 1988 (= HMG).

Meier, Bernhard, *Die Tonarten der klassischen Vokalpolyphonie,* Utrecht 1974.

Menke, Johannes, *Kontrapunkt I: Die Musik der Renaissance,* Laaber 2015.

Motte, Diether de la, *Kontrapunkt. Ein Lese- und Arbeitsbuch,* München und Kassel 1981.

Die Musik in Geschichte und Gegenwart, hg. von Friedrich Blume, Kassel usw. (Bärenreiter) 1949–1986 (= MGG);

zweite Ausgabe hg. von Ludwig Finscher, Kassel usw. (Bärenreiter) und Stuttgart usw. (Metzler) 1997–2008 (= MGG 2).

Osthoff, Helmuth, *Die Niederländer und das deutsche Lied,* Berlin 1938, Nachdruck Tutzing 1967;

ders., *Josquin Desprez,* 2 Bde., Tutzing 1962 und 1965.

Reese, Gustav, *Music in the Renaissance,* New York 1954.

Ruhnke, Martin, *Die Motette Exaudi, Domine, vocem meam von Orlando di Lasso,* in: Chormusik und Analyse, hg. Von Heinrich Poos, Mainz 1983, S. 103–119.

Schönberg, Arnold, *Preliminary Exercises in Counterpoint* [1936–50], hg. von Leonard Stein, London 1963; deutsch als *Vorschule des Kontrapunkts,* hg. von Leonard Stein und Friedrich Saathen, Wien 1977.

Swindale, Owen, *Polyphonic Composition. An introduction to the art of composing vocal counterpoint in the sixteenth-century style,* Oxford 1962.

Tinctoris, Johannes, *Liber de arte contrapuncti,* Neapel 1477, in: Johannes Tinctoris Opera theoretica, hg. von Albert Seay (Corpus scriptorum de musica, Bd. 22, II), [Rom] 1975–1978.

Unger, Hans-Heinrich, *Die Beziehungen zwischen Musik und Rhetorik im 16. – 18. Jahrhundert,* Würzburg 1941, Nachdruck Hildesheim 1969.

Wolf, Erich, *Die Lehre vom Kontrapunkt,* in: Die Musikausbildung. Band III, Wiesbaden 1969 (5. Auflage).

Zarlino, Gioseffo, *Le istitutioni harmoniche,* Venedig 1558.

Personen- und Werkregister

Sachregister